GÉNIE

MANUEL

DU

COMMANDANT D'UNE COMPAGNIE DÉTACHÉE

PAR

Félix MONSAINGEON

CAPITAINE AU 2e RÉGIMENT DU GÉNIE

NEVERS

IMPRIMERIE Ve GOURDET ET FILS

1883

MANUEL

DU

COMMANDANT D'UNE COMPAGNIE DÉTACHÉE

NEVERS, IMP. Ve GOURDET ET FILS.

GÉNIE

MANUEL

DU

COMMANDANT D'UNE COMPAGNIE DÉTACHÉE

F. MONSAINGEON

CAPITAINE AU 2e RÉGIMENT DU GÉNIE

NEVERS

IMPRIMERIE Ve GOURDET ET FILS

1882

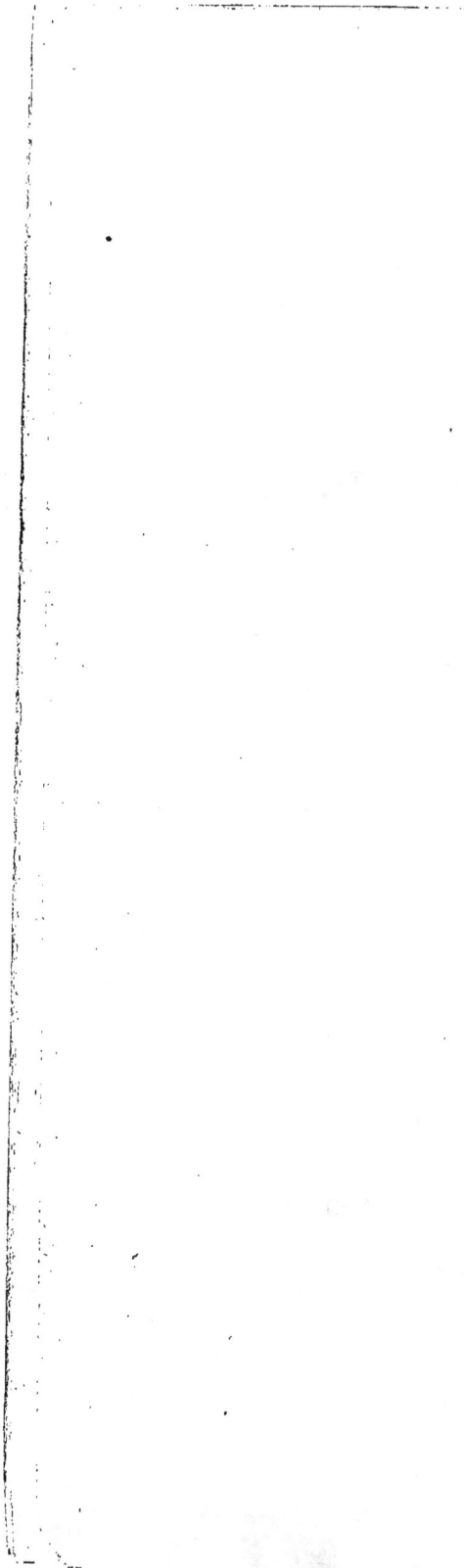

TABLE DES MATIÈRES

CHAPITRE PREMIER.

Administration d'une compagnie.

CHAPITRE II.

Comptabilité — Finances.

De la solde.

Des accessoires de solde.

Des masses.

Allocation, perception et payement de l'indemnité dûe aux sous-officiers rengagés.

Des prestations en nature.

Des bons de perception et de distribution.

Registres et documents à tenir.

CHAPITRE III

Renseignements divers.

CHAPITRE IV

Comptabilité — Matières.

CHAPITRE V

Dispositions générales relatives à l'habillement, à l'équipement et au campement.

Effets confectionnés par les ouvriers de la compagnie.

Paiement des effets reçus à charge de remboursement, et des matières et effets achetés par la compagnie.

CHAPITRE VI

Division du matériel en deux catégories.

Dispositions relatives au petit équipement.

Dispositions relatives aux effets et objets de campement.

CHAPITRE VII

Dispositions relatives à la remonte.

CHAPITRE VIII

Dispositions relatives au harnachement (service du génie).

CHAPITRE IX

Dispositions relatives à l'armement.

CHAPITRE X

Lits militaires.

CHAPITRE XI

Cuisines et Ordinaires.

CHAPITRE XII

Transports-convois, service des convois militaires à l'intérieur.

CHAPITRE XIII

Logement et cantonnement.

CHAPITRE XIV

Avancement. — Suspensions. — Cassation. Rétrogradations.

CHAPITRE XV

Justice militaire.

CHAPITRE XVI

Immatriculation et recrutement.

CHAPITRE XVII

Rengagements.

CHAPITRE XVIII

Officiers d'approvisionnement.

Réquisitions.

ERRATAS

Pages 6.— 6° Indemnité, ajouter à la fin du 1er paragraphe « de » avant « leurs chevaux: »

8.— Deuxième ligne, au lieu de « au frais » lire « aux frais. »

9.— Retenues à faire sur la solde, première ligne, après « grade » ajouter « en activité. »

12.— 4° Versement, deuxième ligne, au lieu de « au remboursement, » lire « ou remboursement. »

60.— Troisième ligne, au lieu de « de l'école, » lire « des écoles. »

75.— Neuvième ligne, au lieu de « différends, » lire « différents. »

80.— Dix-huitième ligne, au lieu de « on fait sortie. » lire « ou fait sortie. »

95.— Trompette ou clairon, troisième ligne, au lieu de « ave les poincons, » lire « avec les poinçons. »

95.— Au lieu de « effets de peeit équipement, » lire « petit équipement. »

111.— Vingt-cinquième ligne, au lieu de « solon, « lire « selon. »

123.— Douzième ligne, au lieu de « pris, » lire « prix. »

125.— Troisième ligne, au lieu de « ils, » lire « il. »

170.— Première ligne, au lieu de « le l'acte, » lire « de l'acte. »

174.— Trentième ligne, au lieu de « lorsqu'elle pourra, » lire « lorsqu'elle ne pourra. »

175.— Haute paie journalière d'ancienneté, à la fin du troisième alinéa, mettre (1), et au bas de la page mettre (1) Les sous-officiers rengagés antérieurement au renvoi de leur classe entreront en jouissance de la première haute-paye journalière d'ancienneté à une date unique qui sera indiquée au journal militaire.

Les sous-officiers provenant des engagés volontaires auront droit à la haute-paye d'ancienneté en même temps que les sous-officiers rengagés de la classe comptant 3 ans de service qui se seront rengagés en même temps qu'eux (9 mai 1882, J. M.)

Page 178.— Avant « fonctionnement du service, » mettre :

Indemnité.

Une indemnité journalière de *1 franc* est accordée aux officiers ou sous-officiers faisant fonctions d'officier d'approvisionnement dans les unités ci-après : demi-compagnie divisionnaire du génie, parc de réserve du génie.

Dans les détachements éventuels pris dans des corps ou groupes pourvus d'un officier d'approvisionnement titulaire, une indemnité prélevée sur celle de l'officier titulaire pourra, s'il y a lieu, être allouée à l'officier ou sous-officier chargé temporairement de l'approvisionnement ; le taux en sera chaque fois fixé par le chef de corps. (Bulletin rectificatif du 24 mai 1882).

L'indemnité est payable *mensuellement* et à terme échu, par les soins du comptable du convoi administratif. (17 mars 1882).

Page 186.— Avant-dernière ligne, au lieu de « (voir mod. 231), » lire « (voir mod. 231 bis).

GÉNIE

MANUEL

DU

COMMANDANT D'UNE COMPAGNIE DÉTACHÉE

CHAPITRE PREMIER

ADMINISTRATION D'UNE COMPAGNIE

L'administration d'une compagnie a pour objet de pourvoir à tous les besoins des militaires qui en font partie, d'après les droits définis par les règlements, et d'en présenter les comptes.

Attributions et devoirs du commandant de Compagnie

Le commandant de compagnie est seul chargé, sous la surveillance des fonctionnaires de l'Intendance, de tous les détails et écritures qui ont pour objet l'administration de la troupe placée sous ses ordres : il fait tenir les écritures par le sergent-major et le fourrier.

Il veille incessamment aux intérêts du soldat et doit s'attacher à prévenir tout ce qui pourrait avoir pour effet d'obérer les masses individuelles (Décision ministérielle du 16 octobre 1876).

Responsabilité

Il est pécuniairement responsable des fonds, effets et fournitures quelconques, dont il donne quittance ou récépissé, et des distributions de toute nature effectuées en excédant des droits réels, d'après les situations qu'il a certifiées (Ordonnance du 2 novembre 1833, art. 67, et ordonnance du 10 mai 1844, art. 95, interprétées par la circulaire ministérielle du 6 février 1874. — Circulaire ministérielle du 5 avril 1876, page 682).

Compagnies divisionnaires du Génie

Les compagnies divisionnaires du génie se partagent, pour faire campagne, en deux sections attachées chacune à l'une des divisions d'infanterie du corps d'armée.

Ces deux sections pouvant, par suite des événements de guerre, rester pendant un certain temps sans communication entre elles, chacune d'elles sera pourvue d'une administration distincte, conformément à l'art. 4 de l'ordonnance du 10 mai 1844 (Décision ministérielle du 5 juillet 1877, page 28).

CHAPITRE II

COMPTABILITÉ — FINANCES

Prestations en deniers

Le service de la solde a pour objet de pourvoir à toutes les prestations qui entrent dans la composition du traitement en deniers, soit des militaires considérés individuellement, soit des corps de troupes et autres réunions considérées comme parties prenantes collectives.

Les prestations qui ressortissent au service de la solde sont :

La solde proprement dite ;
Les accessoires de solde ;
La masse individuelle ;
La masse générale d'entretien (n'est perçue qu'à la portion centrale du corps) ;
La masse du harnachement et ferrage.

Les droits aux prestations de cette nature sont définis par l'ordonnance du 25 décembre 1837, modifiée par le décret du 25 décembre 1875.

DE LA SOLDE

Officiers

On distingue deux espèces principales de solde : la solde d'activité et la solde de non activité.

La solde d'activité se divise en solde de présence et solde d'absence.

La solde de présence est la même sur le pied de paix que sur le pied de guerre ; elle est due à tous les officiers présents à la compagnie.

La solde d'absence est la même dans toutes les positions : en congé, à l'hôpital, en jugement, en détention et en captivité.

La solde de présence est due aux officiers entrant à l'hôpital *aux armées*, jusqu'à leur sortie des hôpitaux et ambulances; elle sera acquise sans interruption à ceux qui seront l'objet d'une évacuation.

En Algérie, cette disposition n'est applicable qu'aux officiers faisant partie des colonnes expéditionnaires

La justification du droit à conserver la solde de présence sera établie par le billet d'hôpital relatant d'une façon précise que la blessure a été reçue ou la maladie contractée dans un service de guerre; de plus, la mutation dans les feuilles de journées devra toujours faire mention de cette circonstance (Décision ministérielle du 3 novembre 1881. J. M. 2e 81).

La solde des officiers se décompte par mois à raison de la douzième partie de la fixation annuelle, et par jour à raison de la trois cent soixantième partie de la même fixation (Voir le tarif, *modèle n° 1)*.

Troupe

La solde de la troupe se décompte par jour; elle est due pour toutes les journées de présence seulement (Tarif, *modèle n° 1)*.

Les sous-officiers rengagés ou commissionnés pourront recevoir la solde de présence pour les permissions n'excédant pas trente jours, et dans une certaine limite, pendant les congés de convalescence et pour se rendre aux eaux. (Décret présidentiel du 1er août 1881).

Tout homme de troupe entrant en position d'absence ne touche aucune espèce de solde pendant tout le temps que dure l'absence, du moment qu'elle dépasse 24 heures.

Pour les autres congés (affaires personnelles), les sous-officiers rengagés ou commissionnés, auront droit à une solde d'absence, fixée provisoirement à la moitié de la solde de présence. (Décret du 1er août 1881.

Cessation des droits à la solde d'activité

Les droits à la solde d'activité cessent, savoir :

1° Pour tous les militaires présents décédés, du lendemain du jour de leur décès ;

2° Pour tous les militaires tombés au pouvoir de l'ennemi, du lendemain du jour où ils ont été faits prisonniers de guerre;

3° Pour l'officier démissionnaire, le lendemain du jour où l'acceptation de sa démission lui a été notifiée, qu'il se trouve à l'intérieur ou à l'armée.

Si l'officier était en congé ou en permission, ses droits cesseraient à partir du jour où il a quitté le corps pour aller en congé;

4° Pour les officiers placés dans la position de non activité ou de réforme, du lendemain du jour où ils reçoivent l'ordre de rentrer dans leurs foyers;

5° Pour les hommes de troupe, libérés, réformés, renvoyés pour quelque cause que ce soit, du jour de leur mise en route;

6° Pour les militaires retraités, du jour de la notification de la pension;

7° Pour tous les militaires qui s'absentent illégalement, à compter du lendemain de leur disparition.

Privation de solde

Les hommes de troupe qui s'absentent sont privés de toute solde pour toutes les journées passées dans cette position; ceux qui s'absentent illégalement perdent le droit à la solde à partir du lendemain de leur absence jusqu'au jour inclus de leur rentrée.

Sont également privés de solde les militaires qui voyagent sous l'escorte de la gendarmerie.

Des accessoires de solde

Les prestations comprises sous le nom d'accessoires de solde sont :

Les indemnités;
Les hautes payes;

Des indemnités

(Décret du 25 décembre 1875 modifié par celui du 20 janvier 1880)

1° Indemnité pour frais de service accordée aux officiers de tous grades et assimilés en activité de service, pourvus de commandements ou remplissant les fonctions à l'exercice desquels est attribuée l'indemnité pour frais de service, pour le temps de présence à leur poste, et pendant les deux premiers mois de leur absence si le déplacement est occasionné par le service; dans le cas où l'absence est motivée pour toute autre cause, elle est allouée pour un mois seulement.

Le rappel n'a lieu qu'au retour des officiers ou assimilés à leur poste.

L'indemnité est acquise à l'officier qui est chargé de remplir l'emploi, soit comme titulaire, soit en qualité d'intérimaire, quel que soit son grade.

L'officier nommé à un emploi n'a droit à l'indemnité pour frais de service que cet emploi comporte qu'à partir du jour où il prend possession de celui-ci.

2° *Indemnité d'entrée en campagne* accordée aux officiers de tous grades qui reçoivent l'ordre de se rendre à une armée active autrement que pour y remplir une mission temporaire, mais elle ne peut être payée que sur l'autorisation du Ministre de la guerre. (Etat, *modèle n° 11*).

Elle est due également à tout sous-officier promu officier étant à une armée active, s'il y reste employé dans son nouveau grade ou s'il passe à une autre armée.

Un officier qui avance en grade sans cesser de faire partie d'une armée active a droit à la différence entre l'indemnité accordée à son ancien grade et celle allouée au nouveau. (Tarif, *modèle n° 1*).

3° *Indemnité pour frais de bureau* accordée aux commandants de compagnie et décomptée à raison de 30 jours par mois. (Tarif, *modèle n° 2*. — Etat, *modèle n° 75*).

4° *Indemnité en remplacement de vivres de campagne.* Des indemnités peuvent être accordées en remplacement de vivres de campagne.

Hors le cas de force majeure, aucune indemnité en remplacement de vivres ne doit être allouée sans une décision spéciale du Ministre de la guerre qui en fixe le taux.

5° *Indemnité de première mise d'équipement* allouée à tout sous-officier en activité de service au moment de sa promotion au grade de sous-lieutenant. (Tarif, *modèle n° 3*. — Etat, *modèle n° 15*).

Une première mise est également due à tout sous-officier, promu adjudant. (Tarif, *modèle n° 3*. — Etat, *modèle n° 16*).

6° *Indemnité pour perte de chevaux et d'effets.* Les officiers autorisés, en raison de leur arme et de leur grade, à avoir des chevaux à titre onéreux, et qui ont été faits prisonniers de guerre, autrement que par capitulation, reçoivent à leur retour des prisons de l'ennemi une indemnité pour la perte leurs chevaux.

L'indemnité pour perte d'effets est due aux officiers qui, ayant été faits prisonniers de guerre autrement que par capitulation, et étant de retour des prisons de l'ennemi, reçoivent l'ordre de rentrer immédiatement en campagne. (Tarif, *modèle n° 1*).

Les pertes de cette nature, éprouvées par les officiers dans d'autres circonstances dérivant d'un service commandé et par suite d'évènements de force majeure dûment constatés, n'ouvrent des droits à l'indemnité qu'en vertu d'une décision spéciale du Ministre, rendue sur un rapport motivé.

Les indemnités pour pertes de chevaux ou d'effets ne peuvent être accordées à l'officier que sur un certificat du commandant de la compagnie, constatant l'époque de la captivité et l'affaire où elle a eu lieu. Ce certificat doit être visé par le sous-intendant militaire et appuyé d'un état de perte *certifié sur l'honneur* par l'officier intéressé.

Les officiers qui, dans une affaire contre l'ennemi, ont eu des chevaux tués, reçoivent pour chaque cheval l'indemnité fixée par le tarif. *(Modèle n° 1).*

La perte est constatée par des certificats qui en précisent la date et indiquent où l'affaire a eu lieu.

Ces certificats sont délivrés par le commandant de la troupe et visés par le général commandant le corps d'armée. Ils doivent sous peine de déchéance, être remis dans les quinze jours qui suivent l'évènement, au sous-intendant chargé d'ordonnancer le payement de la solde des officiers qui ont éprouvé des pertes.

En fin de trimestre, il est établi par le commandant de la compagnie, pour être mis à l'appui de l'extrait du registre-journal des recettes et dépenses, un état conforme au modèle n° 17.

7° *Indemnité aux vaguemestres des compagnies.* Les vaguemestres et les militaires qui en remplissent les fonctions reçoivent pour les journées effectives de service dans cet emploi une indemnité dont la quotité est fixée à 0 fr. 03 par jour et par compagnie et qui est payable sur les fonds de la 2e portion de la masse d'entretien. (*Modèle n° 18*).

8° *Indemnité pour résidence dans Paris* due en principe pour toutes les journées de présence dans l'enceinte des nouveaux forts; elle est maintenue en outre pendant les deux premiers mois de leur absence, aux officiers, assimilés et employés militaires qui se déplacent pour le service, et durant un mois seulement si l'absence est motivée pour toute autre cause; toutefois le rappel n'en est fait qu'au retour des intéressés. (Tarif, *modèle n° 1*).

9° *Indemnité pour résidence en Algérie* allouée pour toutes les journées de présence passées sur le sol de la Colonie. Elle est due également aux officiers pour les deux premiers mois de l'absence, lorsque celle-ci est motivée par le service, et pour le premier mois seulement, quand l'absence résulte de toute autre cause; le rappel n'a lieu qu'au retour des intéressés. (Tarif, *modèle n° 1*).

L'allocation en est suspendue à partir du jour de l'embarquement jusqu'à celui du débarquement exclusivement, pendant la durée des traversées accomplies par les officiers, fonctionnaires et employés militaires, qui reçoivent à bord leur nourriture aux frais de l'Etat.

Lorsque, exceptionnellement, il est délivré des rations de vivres en nature aux officiers, fonctionnaires et employés militaires jouissant de l'indemnité pour résidence en Algérie les rations en question ne sont perçues par eux qu'à charge de remboursement. *(Modèle n° 58).*

10° Indemnité en rassemblement allouée pour toutes les journées passées dans la circonscription du rassemblement soit en marche soit en station. (Tarif, *modèle n° 1).*

Toutefois, pour les officiers et assimilés, elle est due pendant les deux premiers mois, de leur absence, s'ils se déplacent pour raison de service et pendant le premier mois, si l'absence est motivée pour toute autre cause.

Le rappel n'a lieu qu'au retour des intéressés.

11° Indemnité à l'occasion de la fête nationale, allouée à tous les hommes présents le jour de la fête. (Tarif, *modèle n° 1).*

Cette allocation est versée à l'ordinaire.

12° Indemnité aux troupes en marche, en corps ou en détachement due pour toutes les journées de route et de séjour, y compris le jour du départ et celui de l'arrivée. (Tarif, *modèle n° 1*).

Les troupes faisant partie d'une armée, ou d'un rassemblement sur pied de guerre n'ont pas droit à cette indemnité, lorsqu'elles reçoivent les vivres de campagne ou l'indemnité de rassemblement.

13° Indemnité aux officiers employés à des travaux topographiques, géodésiques, etc.

Cette indemnité se paie par jour, y compris le 31e jour du mois lorsque l'officier est employé ce jour et que la mission ne dépasse pas 30 jours. (Décision ministérielle du 17 juin 1876.)

Elle ne se cumule pas avec l'indemnité de route, ni celles de Paris, d'Algérie ou de rassemblement. Elle est allouée à compter du lendemain de l'arrivée au point où doivent commencer les opérations.

Il est alloué 2 francs par jour pour la nourriture de chacun des chevaux auxquels a droit l'officier. (Tarif, *modèle n° 1. — Modèle n° 75.)*

DES HAUTES-PAYES

Une haute-paye journalière d'ancienneté est due aux sous-officiers, brigadiers, caporaux et soldats, qui sont légalement liés au service, soit en vertu de rengagements, soit en vertu de commissions.

Cette haute-paye est fixée à 0.30 c. pour les sous-officiers et 0.12 c. pour les brigadiers ou caporaux et soldats.

Les droits à la première haute-paye d'ancienneté sont acquis aux sous-officiers, caporaux et soldats rengagés à partir du jour où compte leur rengagement effectif. (Décision présidentielle du 3 août 1878) (après 5 ans de services accomplis.) Par modification à cette décision du 3 août 1878, les sous-officiers rengagés ou commissionnés, toucheront la haute-paye d'ancienneté, à partir du jour du renvoi de leur classe, ou à partir du jour de leur rengagement, si cette date est postérieure à celle du renvoi de la classe. (Décret présidentiel du 1er août 1881.)

Cette haute-paye est acquise aux commissionnés dès qu'ils entrent dans leur sixième année de service.

Après dix ans de service, les sous-officiers, caporaux et soldats rengagés ou commissionnés, reçoivent une deuxième haute-paye qui est fixée par le tarif n° 1.

Ces hautes-payes, décomptées par jour, ne sont allouées que dans les positions donnant droit à la solde de présence et pour les journées de présence effectives. Elles sont dues, jusqu'à la radiation des contrôles, aux militaires proposés pour la retraite et maintenus à la compagnie après l'expiration de leur temps de service, et aux militaires réformés qui attendent à la compagnie leurs titres d'admission à la gratification renouvelable.

Toutefois, ces hautes-payes sont dues dans toutes les positions donnant droit à une solde quelconque d'activité, et même dans le cas de congé sans solde, aux sous-officiers rengagés ou commissionnés. (État, *modèle n° 60.*)

Retenues à faire sur la solde

Les traitements des officiers de tout grade en non-activité et en congé sont passibles d'une retenue de 5 p. 0/0 au profit du Trésor.

Cette retenue a été exercée sur la solde qui est actuellement sous le titre de *Solde nette* celle allouée aux officiers.

Retenue pour le logement. Les officiers qui sont logés ou baraqués, soit dans les bâtiments de l'État, soit aux frais des communes ou d'un service quelconque, subissent sur leur solde, pour toutes les journées donnant droit à la solde de présence, une retenue dont la quotité est fixée par les tarifs, *modèle n° 7*, selon que le logement leur est fourni *avec* ou *sans* ameublement, dans les places ou l'indemnité pour résidence dans Paris est allouée, ou en dehors de ces places. (Voir le 13 mai 1876 et 22 février 1881, manière de décompter la retenue.)

Les officiers sous la tente ou faisant campagne, sont, dans tous les cas, dispensés de toute retenue sur leur solde, à moins que le campement ne leur soit fourni à l'intérieur, en temps de paix, au compte de l'État (Décision présidentielle du 19 août 1881), dans ce dernier cas ils subiront, comme les officiers baraqués la retenue déterminée par la décision du 22 février 1881. (État des logements, *modèle n° 19.*)

Retenue pour dettes. Des retenues ont lieu de plein droit sur la solde des officiers jusqu'à concurrence du cinquième, en vertu d'opposition ou de saisie judiciaire, pour dettes (Ces retenues doivent être inscrites au livret de solde.)

Retenue pour mauvaise gestion ou trop perçu. Les imputations dont les membres des Conseils d'administration, le Major, les officiers comptables, les commandants de compagnie détachées et autres, sont passibles, pour mauvaise gestion ou faute d'avoir exécuté les instructions émanées de l'autorité compétente, soit pour cause de paiement ou de distribution excédant les allocations réglementaires, s'opèrent au moyen de retenues sur la solde proprement dite, exercées mensuellement par précompte jusqu'à concurrence du cinquième de cette solde, à moins que le ministre n'en ordonne autrement.

Les retenues qui doivent être faites sur la solde de l'officier sont inscrites sur la certification de cessation de payement toutes les fois qu'il change de résidence.

Les créanciers sont sans recours sur la solde de la troupe.

DES MASSES

Masse individuelle

La masse individuelle est destinée à pourvoir et à entretenir les hommes de troupe de tous grades (adjudants exceptés) en effets de petit équipement, et à rembourser le prix des effets de toute nature perdus ou dégradés par la faute des hommes.

La première mise de petit équipement forme le premier fonds de la masse individuelle de l'homme. (Tarif, *modèle n° 4.)*

Cette masse est alimentée au moyen de versements volontaires et d'une prime journalière d'entretien. Cette prime est allouée pour toutes les journées donnant droit à la solde de présence (1er août 1881) (Etat des versements volontaires, *modèle n° 21.*)

Sur le pied de guerre et en Algérie, les troupes reçoivent un supplément à la prime de la masse individuelle, fixé à 0.05 c. pour toutes les journées donnant droit à la solde. Ce supplément est dû à dater de la veille du jour où les troupes sont mises en route pour les points de concentration (art. 172 de l'instruction générale sur la mobilisation) ou du jour de l'embarquement pour les troupes allant en Algérie. — Le supplément de prime cesse à compter du jour de débarquement lors de la rentrée à l'intérieur.

Les hommes placés en subsistance ne sont rappelés de la prime d'entretien que trimestriellement. Quant aux soldats ordonnances des officiers sans troupe, leur masse continue à être administrée en entier par les compagnies auxquelles ces militaires appartiennent. Ce rappel s'effectue sur la production d'un certificat n° 19, *modèle n° 20.*)

Les recettes et les dépenses à la masse individuelle se composent, savoir :

Recettes

1° Sommes perçues pour première mise de petit équipement et pour supplément de la première mise. (Tarif, *modèle n° 4.*)

2° Sommes perçues pour prime journalière d'entretien et supplément de prime. (Tarif, *modèle n° 4.*)

3° Versements faits directement par les hommes. (*Modèle n° 21.*)

4° Versements faits par d'autres corps de l'avoir des hommes qui en sont venus, ou remboursement du débet de ceux qui y sont passés.

5° Remboursement d'effets de pansage par la masse du harnachement et ferrage. (*Modèle n° 22.*)

6° Remboursement d'effets de petit équipement perdus ou détériorés dans des circonstances de force majeure. (*Modèle n° 191.*)

7° Prêts d'effets de petit équipement à des réservistes.

Dépenses

1° Payements trimestriels de l'excédant du complet des masses. *(Modèle n° 23.)* (Instruction du 18 mai 1875. Journal militaire partie supplémentaire.)

L'excédant de masse dû aux soldats-ordonnances est payé sur un état d'émargement. *(Modèle n° 24).*

2° Payement de l'avoir à la masse des hommes quittant le service (*Modèle n° 25*). L'avoir à la masse des hommes quittant le service se paie du 1er au 20 du mois qui suit le trimestre écoulé et au titre du trimestre dans lequel s'effectue le payement.

Les hommes libérés en Algérie reçoivent leur masse dans leurs foyers par les soins du trésorier du corps dans les six mois qui suivent leur passage dans la réserve ou leur envoi au corps. (Décision présidentielle du 14 décembre 1880.)

3° Payement de l'avoir à la masse des sous-officiers promus sous-lieutenants ou adjudants. *(Modèle 25).*

4° Versements faits à d'autres corps de l'avoir des hommes qui y sont passés au remboursement du débet de ceux qui y sont venus *(Modèle 25.)*

5° Payement à des tiers (Ouvriers abonnataires, entrepreneurs), des dégradations, réparations et autres imputations provenant du fait des hommes.

6° Versements au Trésor de la valeur des effets perdus ou mis hors de service par anticipation dans des circonstances qui engagent la responsabilité des hommes.

Nota : Les pièces justificatives des dépenses ne sont point sujettes à la formalité du timbre de dimension (Circulaire ministérielle du 17 janvier 1840) ni du timbre mobile de quittance (Note ministérielle de 10 avril 1872).

Masse générale d'entretien

Il est alloué à chaque corps de troupes, sous la dénomination de masse générale d'entretien (2e portion) un fonds commun destiné à subvenir à ses dépenses intérieures.

La masse générale d'entretien est payée par mois et à terme échu. Elle est décomptée à raison de la douzième partie de la fixation annuelle et comprise sur l'état de solde des officiers. (La perception en est faite par la portion centrale seulement.)

Lorsque la compagnie se sépare de la portion centrale du corps pour s'administrer isolément, le conseil d'administration central détermine, sous l'approbation du sous-intendant militaire, la somme a percevoir par le capitaine-commandant, mention de cette disposition est faite au livret de solde par le sous-intendant militaire.

Recettes

Elles comprennent :

1° Les allocations mensuelles.

2° L'avoir à la masse des hommes morts, désertés, disparus ou prisonniers de guerre.

3° L'avoir à la masse des militaires condamnés à une peine qui les exclut des rangs de l'armée. (Réclusion.)

Dépenses

Cette masse prend à sa charge notamment :

1° Les frais d'entretien de l'habillement, du grand équipement, de la coiffure et des effets de campement (Matériel entre les mains des hommes). (Voir habillement).

2° Le montant des remboursements effectués au profit de la masse individuelle.

3° Les frais divers des magasins (Marquage des effets, etc.).

4° Le coton pour marquer le linge des hommes.

5° L'entretien et le remplacement des boîtes destinées à contenir les livrets militaires.

6° Les indemnités, les gratifications au vaguemestre et l'achat du registre du vaguemestre.

7° L'achat des effets de cuisine

8° La gratification au garde-magasin.

9° Toutes les dépenses intérieures qui ne peuvent être imputées soit à la masse individuelle, soit à celle d'entretien du harnachement et ferrage, soit aux fonds de l'habillement, des écoles ou de l'armement. *(L'autorisation du sous-intendant militaire est nécessaire pour toutes les dépenses mises à la charge de la masse d'entretien qui ne sont pas prévues par les règlements.)*

Les dépenses sont justifiées dans la comptabilité en deniers par des factures, quittances ou mémoires, établis dans la forme indiquée par le service de l'habillement (*Modèle n° 173*).

10° L'indemnité de logement de quinze francs attribuée par la loi du 23 juillet 1881, aux sous-officiers rengagés ou commissionnés et qui, mariés, seront logés en ville, leur sera payée à la fin de chaque mois; la dépense résultant de cette allocation sera imputée provisoirement sur les fonds de la masse générale d'entretien. (Décret présidentiel du 1er août 1881.) (Etat émargé, *modèle n° 75*).

Masse d'entretien du harnachement et ferrage

La masse d'entretien du harnachement et ferrage est affectée aux dépenses d'entretien des chevaux fournis aux officiers, des écuries et des voitures régimentaires.

Cette masse est allouée pour toutes les journées de présence, tant en station, en route, qu'en campagne, des chevaux de troupe et des chevaux fournis aux officiers par l'Etat, à titre gratuit.

Les chevaux des officiers supérieurs n'ont droit à aucune allocation. Les chevaux des officiers subalternes qui ont renoncé au bénéfice de l'Etat à titre gratuit reçoivent la même allocation que les chevaux fournis par l'Etat.

L'allocation est décomptée par jour et par cheval (Tarif n° 6.) On doit se servir dans les calculs de la fixation journalière et non du taux annuel.

Pour les chevaux placés en subsistance dans d'autres corps, la prime d'entretien du harnachement et ferrage est perçue par ces corps (circulaire ministérielle du 28 juillet 1876.)

Cette masse est payée tous les mois et à terme échu.

Le montant du décompte est compris par un article particulier sur l'état de solde des officiers.

La compagnie qui se sépare de la portion centrale pour s'administrer isolément perçoit directement la fraction de la masse, qui lui est attribuée suivant le mode indiqué ci-dessus ; mention de cette disposition est faite sur le livret de solde, par le sous-intendant.

Recettes

Les recettes se composent :

1° Des allocations journalières perçues mensuellement. (Tarif n° 6.)

2° Du produit de la vente des fumiers provenant des chevaux logés dans les bâtiments militaires *(Modèle n° 27.*

3° Du produit de la vente des dépouilles des chevaux morts ou abattus *(Modèle n° 30).*

Dépenses

Les dépenses de cette masse comprennent notamment :

1° L'abonnement payé au bourrelier abonnataire pour l'entretien du harnachement, au taux fixé par le marché *(Modèle n° 85. bis.)* (Etat *modèle n° 88.*)

2° L'abonnement payé au maréchal-ferrant abonnataire pour

l'entretien de la ferrure des chevaux d'officiers fournis par l'Etat et des chevaux de troupe, au taux fixé par le marché (*Modèle n° 90*). (Etat *modèle n° 92.*)

3° Le ferrage et les médicaments des chevaux fournis à titre gratuit aux officiers d'Etat-Major ou sans troupe, résidant à proximité de la compagnie.

4° Les médicaments reçus des hôpitaux ou achetés dans le commerce pour l'infirmerie vétérinaire (*Modèle n° 173* ou *Modèle n° 176*).

(Ceux de l'infirmerie des hommes sont délivrés gratuitement;)

5° L'éclairage des escaliers, corridors et écuries *(Modèle n° 32)*;

6° L'achat des ustensiles d'écurie ou réparation de ces objets;

7° Les frais de marques des chevaux;

8° Les sommes mises à la charge de l'Etat pour pertes d'effets de harnachement par cas de force majeure;

9° Les réparations à faire au harnachement par suite de dégradations provenant de cas de force majeure (Bulletin, *modèle n° 87* et *modèle n° 89*);

10° Le prix des effets de pansage détruits, comme ayant servi à des chevaux atteints de maladie contagieuse *(Modèle n° 22)*;

11° Les frais de désinfection des effets de harnachement;

12° L'achat des balais de chambrée, de cirage et d'encaustique *(Modèle n° 173* ou *n° 176)* (compagnie de sapeurs-conducteurs seulement);

13° Les réparations pour l'entretien des voitures régimentaires et du harnachement correspondant (Circulaire du 12 août 1875. (M) *(Modèle n° 173)*;

NOTA. — L'allocation pour l'achat du cirage, de l'encaustique et des balais de chambrée a été fixée ainsi qu'il suit par homme et par jour (Décision ministérielle du 23 décembre 1871), savoir :

Homme monté	0,006
Homme à pied	0,005

Cheval ayant un harnachement noir, 0,001

La somme imputée sur les fonds de la masse du harnachement et ferrage est calculée en multipliant le nombre de journées de présence constatées par les feuilles de journées, par le taux de l'allocation journalière;

14° Les tondeuses de première mise, leur remplacement, leur entretien et l'indemnité accordée aux cavaliers tondeurs (0,25 par cheval tondu. — Circulaire ministérielle du 5 mai 1876);

15° Enfin toutes les dépenses qui, par leur nature, se rattachent au service des chevaux.

Toutes ces dépenses sont justifiées dans la comptabilité en deniers par des factures ou quittances établies dans la forme réglementaire (Voir les *modèles nos 173* et *176*).

Perception des fonds

La solde revenant à la compagnie pour le traitement des officiers, la solde de la troupe, les allocations aux masses individuelles et générales, sont payées à la caisse des payeurs d'armée.

Ces paiements s'effectuent sur la production d'états de solde distincts pour les officiers et pour la troupe, arrêtés et quittancés par le commandant de la compagnie et ordonnancés par les fonctionnaires de l'Intendance.

Les états de solde sont toujours établis en double expédition, dont une, *portant quittance*, est sur papier blanc, et l'autre *déclaration de quittance*, sur papier bleu.

La solde des officiers et les accessoires de solde sont perçus par mois et à terme échu (Tarif, *modèle n° 1*).

Sur le pied de guerre, la solde de la troupe et les accessoires de solde sont perçus par quinzaine et à terme échu, à moins que la situation de la caisse de la compagnie ne permette pas de faire l'avance du prêt.

Sont comprises avec le traitement des officiers :

1° Indemnités :
- Aux troupes en marche, en corps ou en détachement.
- Pour frais de service.
- Pour frais de bureau.
- En remplacement de vivres.
- En rassemblement.
- Pour perte d'effets et de chevaux.
- De première mise d'équipement aux sous-officiers promus officiers.
- D'entrée en campagne.

2° Indemnités de rengagement due aux sous-officiers (Décision présidentielle du 3 août 1878 et note ministérielle du 5 août 1878 :
- 1re mise d'entretien.
- 2e mise d'entretien.
- Intérêts de l'indemnité de 2,000 fr.
- De rengagement proprement dit, complète.
- De rengagement par part proportionnelle.

3° Masses :
- Individuelle :
  - Première mise de petit équipement : entière ; supplément de 1re mise
  - Prime journalière d'entretien
- Générale d'entretien (2e portion).
- D'entretien du harnachement et du ferrage.

Sont comprises avec la solde de la troupe :

1° La haute-paye journalière d'ancienneté ;

2° Indemnités :
- Aux troupes en marche, en corps ou en détachement.
- A l'occasion de la fête nationale
- En remplacement de vivres.
- En rassemblement.
- Pour première mise d'équipement aux sous-officiers promus adjudants.

En outre, la compagnie encaisse le montant des ordonnances délivrées à son profit et les versements effectués par d'autres corps.

Les états de payement doivent toujours être ordonnancés par le sous-intendant militaire.

Payement de la solde des officiers

La solde et les accessoires de solde des officiers se paient à titre de traitement, par mois et à terme échu, dans les trois jours qui suivent la date à laquelle la perception en a été faite par le capitaine commandant.

Ce traitement est payé sur une feuille d'émargement *(modèle n° 33)* certifiée par le capitaine commandant et revêtue du visa du sous-intendant militaire chargé de la surveillance administrative de la compagnie.

Le timbre de 0,10 c à l'appui de l'émargement de chaque officier est payé par lui. (Ce timbre est retenu par les agents du Trésor au commandant de la compagnie.)

L'officier qui entre dans une position d'absence (dans le courant du mois) ou qui passe à une autre compagnie est payé intégralement à l'époque de son départ, sur quittance individuelle *(Modèle n° 34)* du traitement qui lui est acquis jusqu'au jour exclu de sa mise en route ou de son entrée en position d'absence.

Il lui est remis un certificat de cessation de paiement (*Modèle n° 35*) signé par le capitaine commandant et revêtu du visa du sous-intendant militaire. Cette pièce relate les retenues dont l'officier peut rester passible, soit au profit du corps ou de l'Etat, soit pour dettes contractées envers des particuliers, lorsque le ministre en a autorisé le remboursement direct aux créanciers.

Lorsqu'un officier est trop éloigné de la portion principale de la compagnie pour pouvoir émarger la feuille sus-indiquée, il établit une quittance individuelle *(Modèle n° 34)*. Cette quittance est jointe à la feuille d'émargement.

La solde due par l'Etat aux officiers et assimilés décédés, disparus ou évadés, est acquise jusqu'au jour inclus de leur décès à leurs héritiers ou ayants-droits.

Elle est versée, sous déduction de la somme qu'ils peuvent devoir à l'Etat ou au corps, et, s'il y a lieu, des frais d'inhumation et de la dernière maladie, entre les mains des payeurs d'armée, au titre de la Caisse des dépôts et consignations, qui en tient compte aux héritiers.

A cet effet, le capitaine commandant verse les fonds et prévient les héritiers de la date et du montant du versement.

Le décompte qui sert de base au versement et à l'appui duquel doit rester le récépissé, fait connaître, le cas échéant, la cause de la différence entre le traitement intégral, porté en dépense au registre-journal, et la somme mentionnée dans ce récépissé.

Si la dette de l'officier excède le montant de la créance sur le corps, un décompte explicatif est adressé par le capitaine commandant au sous-intendant militaire, qui le transmet à l'intendant du corps d'armée.

Au bas de ce décompte, on indique, autant que possible, le dernier domicile du défunt et celui des héritiers.

Un duplicata de la pièce demeure entre les mains du commandant de la compagnie, comme justification de l'inscription qu'il fait à son registre-journal de la somme qu'il a payée.

Pour calculer les sommes dues à un officier, on décompte d'abord, suivant ses mutations, le nombre de journées donnant droit à la solde. On fait ensuite le décompte en argent d'après le tarif, en observant que le 31 de chaque mois n'est jamais payé (le mois de février est décompté pour trente jours) ; puis on calcule les diverses indemnités et on les ajoute à la solde.

Le résultat est le traitement à payer à l'officier.

Payement du prêt de la troupe

La solde et les accessoires de solde des hommes de troupe se payent à titre de prêt et à terme échu, sur le pied de guerre par le commandant de la compagnie, tous les cinq jours : les 1er, 6, 11, 16,

21 et 26 de chaque mois sur une feuille de prêt (*mod. n° 36*) certifiée et quittancée par lui.

Les feuilles de prêt sont établies d'après l'effectif des présents au dernier jour du prêt précédent, en tenant compte toutefois des mutations survenues dans le courant de la période.

La somme doit être écrite en toutes lettres de la main du capitaine commandant.

Les caporaux ou soldats punis de prison ou de cellule de correction supportent sur leur solde la retenue de la totalité de leurs centimes de poches, pendant toute la durée de leur détention.

Cette somme est versée à l'ordinaire de la compagnie.

Traitement de la Légion-d'Honneur et de la médaille militaire

Le traitement de la Légion d'honneur et de la médaille militaire est dû par semestre et à terme échu.

Le traitement du 1er semestre se paie le 1er juin, sur les fonds de la compagnie, au moyen des états (*mod. 216 et 216 bis*) et au titre du 2e trimestre. Celui du 2e trimestre se paie le 1er décembre et au titre du 4e trimestre (loi du 29 juillet 1881. — Lettre ministérielle du 29 août 1881).

Le commandant de la compagnie ne paye le traitement de la Légion d'honneur ou de la médaille militaire des nouveaux promus ou des militaires venant d'autres corps, qu'après l'avis du Conseil d'administration de la portion centrale, lequel est seul dépositaire des certificats d'inscription.

Sitôt après chaque payement, le commandant de la compagnie envoie au Conseil d'administration un état nominatif indiquant les sommes payées et l'adresse exacte des absents, afin que le trésorier puisse faire parvenir à ces derniers le traitement qui leur est dû.

Indemnité à payer au Vaguemestre

L'indemnité due au vaguemestre se paie par mois et à terme échu, à raison de 0 fr. 03 par jour et par compagnie.

Cette dépense ainsi que l'achat du registre du vaguemestre sont supportés par la masse générale d'entretien (2e portion).

Envoi de fonds aux détachements par le Capitaine commandant la compagnie

Lorsque des détachements sont trop éloignés du lieu où se trouve la compagnie pour que les parties prenantes puissent venir en personne recevoir leur solde, les fonds nécessaires sont remis par le capitaine commandant, soit aux sous-officiers et caporaux que les commandants de détachements ont envoyés pour venir les recevoir, soit à ceux que le capitaine a désigné pour aller les porter.

Dans l'un et l'autre cas, les dépositaires de ces fonds en donnent reçu au bas du titre constatant leur mission, ce titre leur est rendu en échange des quittances des parties prenantes. Ces dernières quittances sont les seules à enregistrer au registre journal.

On peut aussi envoyer les fonds nécessaires au moyen de mandats délivrés par les payeurs d'armée.

Les commandants de détachements doivent être pourvus d'un livret de solde et tenir un registre-journal des recettes et dépenses, même lorsque ces détachements n'ont pas une administration distincte (Décision présidentielle du 16 décembre **1879** modifiant les articles **117** et **164** de l'ordonnance du 10 mai **1844**).

Demande de mandats

Pour toute transmission de fonds, le capitaine commandant établit une demande de mandat (*mod. n° 37*) qui est visée par le sous-intendant militaire chargé de la surveillance administrative de la compagnie. Elle est ensuite portée, avec la somme, chez le payeur d'armée, qui délivre le mandat. *On ne peut employer ce moyen de transmission que pour la solde, les masses, les mouvements de fonds d'une portion de corps à l'autre et pour ce qui a trait à la Légion d'honneur et à la médaille militaire.*

Il envoie ensuite ces mandats en franchise par la poste, aux destinataires qui en touchent le montant à la caisse des payeurs d'armée.

La compagnie justifie de ces envois au moyen de déclarations de délivrance de mandats par le payeur (*mod. n° 38*) et par un accusé de réception des mandats (*mod. n° 39*) adressé par la partie prenante.

NOTA : Mentions de la délivrance du mandat et le n° du mandat doivent être inscrits sur la pièce de dépense et certifiés par l'agent du trésor.

ALLOCATION, PERCEPTION ET PAYEMENT DE L'INDEMNITÉ
DUE AUX SOUS-OFFICIERS ENGAGÉS

(Loi du 23 juillet 1881). — (Instruction ministérielle du 1er septembre 1881, décret du 1er août 1881.)

Allocation

Une indemnité de rengagement est allouée aux sous-officiers admis à contracter un premier ou un second rengagement de cinq ans.

L'indemnité de rengagement due aux sous-officiers se divise pour le premier rengagement en :

Première mise d'entretien, indemnité de rengagement proprement dite et intérêts de cette indemnité.

Pour le second rengagement, elle ne comprend qu'une seconde mise d'entretien.

Les droits à l'indemnité de rengagement sont déterminés par la loi du 23 juillet 1881. (Voir rengagement des sous-officiers).

Perception

L'indemnité de rengagement est perçue et payée au titre du service de la solde.

Pour la perception, elle est comprise sur l'état de solde des officiers, savoir :

Mensuellement pour la première mise ou la seconde mise d'entretien et pour l'indemnité de 2,000 fr. (soit entière, soit proportionnelle), dues pendant le mois.

Trimestriellement, pour l'intérêt de cette dernière indemnité.

Payement

Le payement de l'indemnité de rengagement s'effectue aux dates indiquées par la loi du 23 juillet, savoir :

La première mise et la seconde mise d'entretien sont payées directement aux intéressés par le capitaine commandant, sur un état d'émargement (*mod n° 40*).

Dans le cas ou le sous-officier voudrait placer à la caisse d'épargne la totalité ou une partie de la mise d'entretien, il indiquera sur l'état d'émargement la somme qu'il destine à cet emploi, le capitaine commandant effectuera immédiatement le placement et remettra le livret à l'intéressé ; qui en donne reçu sur le même état.

L'intérêt de l'indemnité de 2,000 fr. est payé de la même façon, à raison de 25 fr. par trimestre d'année.

Lorsque l'intérêt est dû pour moins d'un trimestre, le décompte se fait sur le pied de 365 jours, ou de 366 jours si l'année est bisextile (mod. n° 40).

Si un sous-officier rengagé change de corps pendant le cours d'un trimestre, c'est son nouveau corps qui est chargé de lui payer l'intérêt du trimestre entier.

L'indemnité de rengagement proprement dite est payée *intégralement* par le capitaine commandant sur l'état émargé au sous-officier rengagé, qui est retraité ou réformé, soit pour blessures reçues dans un service commandé, soit pour infirmités contractées dans l'armée (congé de réforme n° 1).

En cas de décès dans les circonstances indiquées à l'article 19 de la loi du 11 avril 1831, cette somme est attribuée à la veuve et à défaut, aux héritiers (veuves de militaires tués sur le champ de bataille ou dans un service commandé, etc.)

Le paiement est alors constaté par un récépissé de la caisse des dépôts et consignations, à laquelle le capitaine commandant verse l'argent.

La part proportionnelle de cette indemnité est payée de la même façon au sous-officier rengagé.

1° Lorsqu'il passe dans la gendarmerie ou qu'il est appelé à l'un des emplois militaires prévus par les lois et règlements.

2° S'il est réformé, soit pour blessures reçues hors du service, soit pour infirmités contractées hors de l'armée (congé de réforme n° 2).

3° S'il renonce volontairement à son grade ou le perd par cassation, rétrogradation ou jugement.

En cas de décès dans les circonstances autres que celles indiquées ci-dessus, la partie de l'indemnité de 2,000 fr. correspondant au service accompli est attribuée à la veuve et à défaut aux héritiers.

4° Au sous-officier promu stagiaire du génie (Il reste lié au service jusqu'à l'expiration de cet engagement et contracte ensuite s'il y a lieu un rengagement en vertu de la loi du 27 juillet 1872. (Instruct. minist. du 15 septembre 1881.) La part proportionnelle est payée jusqu'au jour exclu de sa nomination). (Circul. minist. du 6 août 1878 et Instruct. minist. du 15 septembre 1881).

Le décompte est basé :

1° Sur le nombre réel de jours dont se composent les cinq années de rengagement;

2° Sur le nombre de jours de service faits depuis le jour où le rengagement a effectivement commencé jusqu'au jour exclu de la radiation des contrôles.

Justification

Les différentes allocations sont justifiées par un état trimestriel mis à l'appui de l'extrait du registre-journal des recettes et dépenses de la compagnie *(Modèle n° 41)*.

Payement de l'indemnité aux sous-officiers cassés

Trois cas peuvent se présenter pour les sous-officiers cassés :

1° Si le sous-officier est cassé dans un premier rengagement et n'est pas nommé de nouveau à ce grade avant sa libération, l'intérêt de la part proportionnelle à laquelle il a droit doit lui être payé au taux de 5 0[0 jusqu'à l'époque de sa libération.

2° S'il est cassé durant son premier rengagement et renommé à ce grade avant l'expiration dudit rengagement, au moment où il aura accompli ses cinq années de service, il lui sera dû, outre la part proportionnelle qui lui était acquise au moment de sa cassation, une seconde partie de l'indemnité de 2,000 francs calculée proportionnellement au temps de service qui lui restait à faire depuis le jour de sa nouvelle nomination jusqu'à l'accomplissement de ses cinq ans de service. Par suite, à dater du jour où il aura été nommé de nouveau sous-officier, il aura droit à l'intérêt trimestriel au taux de 5 0[0 de la somme totale calculée ainsi qu'il est dit ci-dessus, et qui lui sera due au moment de sa libération.

Si ce sous-officier était admis à contracter un second rengagement dans les conditions de la loi du 23 juillet 1881, il aurait droit à la deuxième mise d'entretien de 500 francs ainsi qu'à l'intérêt de 5 0[0 dont il était en possession au moment où il était admis à contracter ce second engagement ; et, quand bien même il viendrait à être cassé de nouveau avant la libération, cet intérêt devait lui être payé jusqu'à cette époque.

3° Si le sous-officier est cassé pendant ce second rengagement, comme l'indemnité de rengagement de 2,000 francs lui était acquise en totalité à l'expiration de son premier rengagement, l'intérêt de 5 0[0 lui est dû jusqu'à sa libération.

Les mêmes principes sont applicables aux sous-officiers rengagés qui renonceraient volontairement à leur grade ou qui le perdraient par rétrogradation ou jugement. (Décision ministérielle du 31 janvier 1880.)

DES PRESTATIONS EN NATURE

Pain et biscuit

Le pain de munition est dû, savoir :

Sur le pied de paix, à raison de 1 ration de 750 grammes ou biscuit 550 grammes à tous les sous-officiers, caporaux, soldats et enfants de troupe, tant en station, qu'en route, lorsqu'ils marchent en corps ou en détachement.

Sur le pied de guerre, il est dû aux officiers, sous-officiers, caporaux et soldats.

Le pain n'est pas dû aux hommes en position d'absence.

Vivres de campagne

Les vivres de campagne se composent de pain ou de biscuit, viande fraîche, salée ou de conserve, riz ou légumes, sel, vin ou sucre et café, chauffage (bois et charbon) et fourrages.

Ils sont dûs sur le pied de guerre, dans la position de présence, aux officiers, sous-officiers, caporaux et soldats, suivant les règles prescrites pour l'allocation de la solde de guerre.

Sur le pied de paix, les vivres de campagne peuvent être accordés éventuellement aux sous-officiers, caporaux et soldats ; ils peuvent être remplacés par une indemnité en deniers.

Ces allocations n'ont lieu qu'en vertu d'une décision du ministre.

Les prestations sont faites dans les limites du tableau n° 51.

Liquides

Le service des liquides comprend le vin, l'eau-de-vie, la bière et le vinaigre.

Le droit aux rations de liquides est acquis aux hommes de troupe présents sous les armes, lorsque les décisions du ministre de la guerre ou les ordres des généraux en chef en ont prescrit la distribution.

Les inspecteurs généraux ont également le droit d'ordonner une distribution de liquides à l'occasion de leur inspection.

Les distributions sont temporaires ou éventuelles.
A l'intérieur, elles sont remplacées par une indemnité en deniers, variable suivant les localités. (L'indemnité est déterminée annuellement par une décision ministérielle.

Fourrages

Les fourrages en nature sont dus, savoir :

Sur le pied de paix et dans toutes les positions, aux corps de troupes à cheval, ainsi qu'aux officiers de tous grades autorisés à avoir des chevaux.

Sur le pied de guerre, à partir de l'époque à laquelle les officiers doivent être montés sur ce pied, et pour le nombre de chevaux attribués à cette position, *dès qu'ils en sont pourvus.*

Les fourrages de pied de guerre, sont alloués aux troupes à cheval, à dater du lendemain de leur arrivée aux armées mises sur ce pied et l'allocation ne cesse que quinze jours après leur rentrée de l'armée à la garnison.

Pour les officiers, elle se prolonge pendant un mois.

En outre, en corps ou en détachement, les rations de fourrages sur le pied de route, sont allouées à dater du jour du départ, jusqu'au jour inclus de l'arrivée à destination (*Tarif, modèle n° 52.*)

Chauffage

Le service du chauffage pourvoit à la fourniture des combustibles destinés à la cuisson des aliments et au chauffage des chambres et des écoles.

Les combustibles en usage sont : le bois, le charbon de terre et les fagots d'allumage inhérents à la fourniture du charbon de terre.

Cuisson des aliments. Il y a deux sortes de chauffage pour la cuisson des aliments.

1° Celui des rations collectives pour les corps mis en possession de fourneaux économiques.

2° Celui des rations individuelles.

Rations collectives. Dans les places de l'intérieur et de l'Algérie quatre types de fourneaux donnant droit aux rations collectives sont encore en exercice dans les corps de troupe,

1° Les fourneaux à une marmite.

2° Les fourneaux ancien modèle à deux marmites.

3° Les fourneaux choumara à double marmite.

4° Les fourneaux François-Vaillant à double marmite.

En général les marmites contiennent de 65 à 75 litres ; mais il en existe de capacités supérieures : quelques-unes contiennent jusqu'à 100 litres.

Le litre correspond aux besoins d'un homme ; cependant une marmite de la contenance de 75 litres peut suffir pour 85 hommes ; mais dans ce cas, la ration individuelle est allouée pour dix hommes.

Le poids des rations collectives varie à raison de la nature des fourneaux.

Procès-verbal de délivrance. A l'arrivée d'une troupe, le nombre des fourneaux ou marmites qui lui revient, lui est remis par le chef du génie, à la diligence du sous-intendant militaire qui en dresse procès-verbal ; un officier du corps désigné à cet effet, intervient contradictoirement dans l'opération et l'acte qui la constate.

Procès-verbal de reprise. En cas de départ ou d'une diminution d'effectif, le sous-intendant réduit proportionnellement les droits du corps aux fournitures de combustible, et fait opérer le retrait des marmites devenues inutiles.

Ce retrait est constaté de nouveau par un procès-verbal et semblable formalité est remplie pour la totalité des marmites restant en service lorsque le corps change de garnison.

Rations individuelles. Les rations individuelles de chauffage sont allouées :

1° Dans les localités où il n'existe pas de fourneaux économiques.

2° Aux troupes logées chez l'habitant.

3° A celles logées ou baraquées.

4° Aux militaires présents dans les salles de convalescents.

Rations des sous-officiers. Les sous-officiers et les parties prenantes traitées au même titre dans les corps qui font usage des fourneaux économiques ont droit pour la cuisson de leurs aliments *et d'après leur complet réglementaire,* à des rations individuelles de chauffage.

S'il s'en trouve un ou plusieurs détachés isolément, ils sont déduits du complet à compter du jour où leur changement de position s'effectue.

Il en est de même à dater du jour de départ et pour le temps de la route quand il s'agit d'une troupe mise en mouvement pour quelque cause que ce soit.

Lorsque des rations individuelles de chauffage sont allouées aux caporaux et soldats, les sous-officiers ont droit à double ration. *(Tarif n° 46.)*

Chauffage d'hiver. Le chauffage d'hiver est dû collectivement, quel que soit l'effectif, à chaque compagnie pourvue de poêles pour le chauffage des chambres. Il est fixé par compagnie et comprend les sous-officiers, caporaux, soldats et enfants de troupe *(Tarif n° 47.)*

Rations individuelles. Il est alloué individuellement :

1° Lorsque à défaut de poëles les troupes se chauffent à la cheminée.

2° Aux parties prenantes isolées lorsqu'elles sont casernées, et aux compagnies ou détachements dont la force n'est que de 35 hommes et au-dessous, logés chez l'habitant à partir de l'expiration du 3e jour de leur entrée dans la place.

3° Aux troupes campées au baraquées.

Lorsque des rations individuelles de chauffage d'hiver sont allouées, les sous-officiers ont droit à double ration. *(Tarif n° 48.)*

Pour le chauffage d'hiver, le territoire français est divisé en trois régions : *(Modèle n° 50.)*

1° *Région chaude*, le chauffage d'hiver a lieu du 1er décembre au dernier jour de février inclus.

2° *Région tempérée*, le chauffage d'hiver a lieu du 16 novembre au 15 mars inclus.

3° *Région froide*, le chauffage d'hiver a lieu du 1er novembre au 31 mars inclus.

La quotité de la ration varie suivant la région. *(Tarif, n° 50.)*

Troupes campées ou baraquées. Lorsque les troupes sont campées ou baraquées, la durée du chauffage est augmentée de 2 mois pour chaque région ; elle commence dès lors, un mois plus tôt et finit un mois plus tard.

Les troupes logées chez l'habitant n'ont pas droit au chauffage d'hiver.

Algérie. Le territoire de l'Algérie est partagé, sous le rapport du chauffage d'hiver en deux régions : *(Modèle n° 49.)*

La moyenne région, où elles ont droit à la distribution pendant 40 jours de la mauvaise saison.

La haute région, où elles ont droit à la distribution pendant 60 jours.

Les différentes places de l'Algérie sont réparties entre ces deux régions. On devra s'adresser à l'Intendant pour connaître le classement des places omises au tableau n° 49, lorsqu'on aura des distributions à faire.

Chauffage des écoles. — Une fois les écoles ouvertes et les cours commencés, les allocations sont dues journellement, qu'il y ait classe ou non, à moins que les nécessités du service n'obligent à suspendre les cours.

Les dates d'ouverture et la clôture des cours étant inscrites sur le cahier trimestriel tenu en conformité de l'art. 53 du réglement du 28 décembre 1835 et du réglement du 27 juin 1836, il n'est accordé et compris de fournitures du chauffage dans les bons de distribution qu'autant que le droit a été constaté par cette inscription.

Ecoles des Compagnies du Génie : 1/2 ration.

DES BONS DE PERCEPTION ET DE DISTRIBUTION

Il n'est pas établi de bons distincts pour les officiers.

Toutes les prestations du service des subsistances sont perçues au moyen de bons établis par le commandant de la compagnie et visés par le sous-intendant militaire *(modèle n° 42, 43, 44, 45, 55 et 57.)*

Les bons sont distincts selon la nature des denrées, savoir :

1° Pour le pain ;
2° Pour le biscuit ;
3° Le riz, les légumes secs, le sucre et le café ;
4° La viande fraîche, la viande salée, en distinguant le bœuf du lard ;
5° Le vin, l'eau-de-vie et le vinaigre ;
6° Les fourrages :
7° Le chauffage ;

Ces bons comprennent le nombre de jours pour lesquels ces denrées sont distribuées, l'effectif des présents (officiers compris) et le nombre de rations à percevoir, la composition des denrées (fourrages) ainsi que l'espèce de vivres (pain, lard, riz etc.), doit toujours être indiquée.

Dans aucun cas, on ne doit porter sur un bon, des jours appartenant à deux mois différents.

Enregistrement des bons

La compagnie doit inscrire exactement sur le livre de détail (chapitre V) et sur le registre des distributions toutes les rations qu'elle perçoit en campagne.

Le capitaine commandant se fait rendre compte par les détachements, de toutes les rations qu'ils perçoivent, qu'elles qu'elles soient, et les fait inscrire au fur et à mesure sur le registre des distributions. *(Modèle n° 72.)*

A la fin de chaque trimestre, il compare les rations perçues avec celles allouées sur la feuille de journées, pour s'assurer s'il y a des trop ou moins perçus en rations.

Les trop-perçus sont remboursés par le capitaine commandant, après l'établissement de la revue de liquidation à la portion centrale.

Les moins-perçus en ration ne donnent droit à aucun rappel.

Rations extraordinaires

On appelle rations extraordinaires celles allouées à titre gratuit (En dehors des vivres de campagne) à tout ou partie de la compagnie, pour une fête, une revue, un service ou un travail extraordinaire.

Ces rations se composent ordinairement de vin, eau-de-vie, sucre et café, etc.

Elles sont perçues commes les rations ordinaires, mais sur des bons distincts établis par le commandant de la compagnie et visés par le sous-intendant militaire. *(Modèle n° 55.)*

Les officiers ne participent pas à ces distributions.

Chaque fois que des rations extraordinaires sont allouées, il faut joindre à la feuille de journées une copie certifiée par le sous-intendant militaire des ordres qui les allouent, lors même que ces ordres émanent du ministre.

Si elle est allouée pour toute la compagnie, on porte sur la feuille de journées les rations allouées à tous les hommes de la compagnie qui sont présents ce jour-là.

Si elle est allouée seulement à une partie de la compagnie ou à un détachement, on établit un état nominatif des hommes qui y ont eu droit, indiquant les numéros trimestriels et matricules, noms et prénoms, grades, le motif de l'allocation et le temps pendant lequel ils y ont droit, enfin le nombre de rations allouées a chacun d'eux.

Cet état signé par le commandant de la compagnie et visé par le sous-intendant militaire, est joint à la copie de l'ordre d'allocation à l'appui de la feuille de journées, en ayant soin de porter sur la feuille de journées les mêmes rations et aux mêmes hommes que sur l'état.

On ne perçoit jamais de rations extraordinaires sans avoir fait prendre copie de l'ordre qui les alloue.

Les allocations extraordinaires sont inscrites aux chapitres II et V du livre de détail et sur le registre des distributions, les ordres qui les allouent sont relatés sur la feuille de tête de la feuille de journées. *(Modèle n° 56).*

Vivres remboursables

On appelle vivres remboursables ceux qui sont perçus contre remboursement.

Ces vivres se composent ordinairement de pain, vin, eau-de-vie sucre et café, etc.

Le ministre ou les généraux commandants en chef déterminent le cas où les distributions ont lieu et leur durée.

Lorsque la compagnie est prévenue qu'elle peut recevoir des vivres remboursables, le capitaine commandant fait demander au sous-intendant militaire quelle est la quotité de la ration et le prix de remboursement

Il fait ensuite établir les bons sur papier vert *(modèle n° 57)* de la quantité qu'il doit recevoir, en ayant soin d'indiquer exactement sur chaque bon quelle est la quotité de la ration et le prix de remboursement.

Il est établi des bons distincts pour les officiers.

Il fait inscrire chaque fois le nombre des rations reçues au chapitre V du livre de détail et sur le registre de distributions. *(Modèle n° 58).*

Le sergent-major fait à chaque prêt la retenue aux hommes du montant des vivres qu'ils ont consommés, et le verse entre les mains du capitaine commandant.

Le capitaine fait la retenue, à la fin du mois, aux officiers du montant des vivres qu'ils ont consommés.

Il fait inscription, chaque quinzaine, au registre-journal du montant intégral des vivres remboursables qui ont été perçus tant par la portion principale, que par les chefs de détachements. *(Modèle n° 58 bis).*

Le montant des vivres remboursables est versé au Trésor, par précompte, sur les états de solde de la compagnie. Les règlements trimestriels se font généralement par des versements directs au Trésor. Une feuille de retenue est jointe à ces états par les soins du sous-intendant militaire.

Quand le capitaine reçoit les bons totaux ou les feuilles de retenue, il en fait inscription sur le registre de distributions *(modèle n° 58).* Les pièces de recettes et de dépenses doivent indiquer le trimestre auquel elles se rapportent et ne comprendre jamais qu'un seul trimestre.

Il inscrit de même les sommes qu'il a reçues du sergent-major ou des officiers, et celles qui lui ont été retenues par précompte par le payeur. *(modèle n° 59).*

Tous les trimestres, il envoie à la portion centrale avec la comptabilité de la compagnie, un extrait du registre des distributions comprenant tous les vivres perçus, les sommes qu'il a reçues et celles qui lui ont été retenues par précompte par le payeur. *(Modèles nos 58 bis et 59).*

Nota. Lorsque sur un état de solde, il a été fait une retenue par précompte pour remboursement de vivres, le capitaine porte en recette le montant intégral de l'état de solde sur le registre-journal et en dépense la somme qui lui a été retenue par le payeur.

La feuille de retenue sert de pièce justificative à l'appui de la dépense, et à défaut il est établi un état. *(Modèle n° 59).*

Mode de justification des perceptions en deniers et en nature

Les perceptions en deniers et en nature sont justifiées par la feuille de journées des hommes, celle des chevaux et la feuille spéciale de chauffage.

Ces documents servent à l'établissement de la revue de liquidation du corps à la portion centrale.

REGISTRES ET DOCUMENTS A TENIR

(Voir comptabilité matières pour les registres à tenir pour le matériel).

Les registres à tenir par la compagnie sont les suivants :

1° Les contrôles trimestriels des hommes et des chevaux conformes aux modèles annexés à l'instruction du 28 octobre 1875 :
2° Le registre de comptabilité trimestriel (1re partie) ;
3° Les livrets matricules des officiers et hommes de troupe ;
4° Les livrets individuels des hommes de troupe ;
5° Les livrets matricules des chevaux ;
6° Le livret d'ordinaire ;
7° Le registre d'ordres ;
8° Le registre de correspondance ;
9° Le journal des marches et opérations ;
10° Le livret de solde ;
11° Le registre-journal des recettes et dépenses ;
12° Le registre des distributions de vivres, chauffage et fourrage ;
13° Le registre du vaguemestre ;
14° Le registre de l'état-civil ;

Nota : Les registres destinés à recevoir l'inscription des recettes et dépenses en argent, et des recettes et consommations du service de l'habillement sont cotés et paraphés par le sous-intendant militaire.

Contrôle trimestriel des hommes

Le contrôle trimestriel des officiers, sous-officiers et soldats est dressé en double expédition.

L'instruction placée sur la feuille de tête de l'imprimé indique la manière dont ce contrôle doit être établi.

Contrôle trimestriel des chevaux

Le contrôle trimestriel des chevaux d'officiers et de troupe est dressé en double expédition

L'instruction placée sur la feuille de tête de l'imprimé indique la manière dont ce contrôle doit être établi.

Contrôle trimestriel des subsistants

On établit un contrôle trimestriel à part pour les hommes d'autres corps, mis en subsistance à la compagnie pendant le trimestre.

Les hommes appartenant à d'autres portions du régiment placés temporairement en subsistance à la compagnie, sont portés sur les contrôles de la compagnie, à la suite des hommes de même grade, classe ou emploi.

Destination à donner aux contrôles trimestriels

L'une des expéditions des contrôles trimestriels est remise au sous-intendant militaire chargé de la surveillance administrative de la compagnie, l'autre est envoyée au conseil d'administration central dans les cinq premiers jours du trimestre qu'ils concernent; les livrets matricules et la feuille de journées en tiennent lieu à la compagnie

Le capitaine commandant établit, tous les mois, un état des mutations et mouvements survenus pendant le mois précédant.

Cet état est remis, le jour même de son établissement, au sous-intendant militaire, chargé de la surveillance administrative de la compagnie. Ce fonctionnaire après l'avoir visé, l'adresse au sous-intendant militaire du dépôt qui le remet au conseil d'administration central. (Circulaire ministérielle du 7 janvier 1876).

Registre de comptabilité trimestrielle

Le registre de comptabilité trimestrielle est tenu aussi bien en temps de guerre qu'en temps de paix. (Note ministérielle du 11 février 1876).

Il est composé de cinq éléments, réunis sous une même couverture et se renouvelant chaque trimestre, savoir :

Le livre de détail ;
Le cahier d'enregistrement ;
La feuille de journées des hommes ;
La feuille de journées des chevaux ;
La feuille de décompte de la masse individuelle.

LIVRE DE DÉTAIL. — Le livre de détail est destiné à présenter les renseignements indiqués par le titre même de chacun des paragraphes ou de chacune des sections des deux parties qui le composent, savoir :

1re PARTIE. — *Position de la compagnie.* — La position de la compagnie au premier jour du trimestre est indiquée en tête de ce paragraphe.

Les mouvements s'inscrivent au fur et à mesure qu'ils s'effectuent.

Allocation des vivres de campagne, d'indemnités et de fournitures extraordinaires. — Les inscriptions se font d'après la mise à l'ordre du jour, ou sur la communication des décisions de l'autorité compétente.

Situations et mutations journalières. — La situation est établie chaque matin, et inscrite au registre à la date de la journée précédente, d'après les mutations survenues pendant cette journée, de minuit matin à minuit soir.

Les mutations sont inscrites nominativement à la suite les unes des autres, sans s'attacher à les faire correspondre avec les lignes des dates.

Liste des travailleurs. — Les sommes retenues aux travailleurs et celles attribuées aux hommes qui les remplacent dans leur service, sont inscrites au fur et à mesure de leur remise entre les mains du capitaine.

Solde de la troupe et rations diverses perçues. — Les prestations en deniers et en nature sont inscrites au fur et à mesure des perceptions et totalisées à la fin du trimestre. Le capitaine, après avoir arrêté la feuille de journées, inscrit les allocations au-dessous des totaux relatifs aux perceptions, opère la balance des unes avec les autres pour faire ressortir les trop ou moins perçus.

Enregistrement des bordereaux pour réparations, dégradations, moins-values, etc., misse au compte des hommes. — L'inscription du montant des réparations exécutées aux effets, armes, outils et objets divers, se fait au moment de la remise du bulletin; celle des dégradations ou autres imputations à faire sur la masse individuelle, lorsque les états de répartition sont communiqués au capitaine.

2e Partie. — (Voir comptabilité-matières. *Livre de détail, 2e partie.*) — Les livres de détail sont envoyés au dépôt en même temps que les feuilles de journées et de décompte, dans les cinq premiers jours du trimestre.

Cahier d'enregistrement. — Le cahier d'enregistrement est destiné à l'inscription rapide, au courant de la plume, des notes, bons ou états, ordres, résultats de revue de linge et chaussures, servant de minute, de bons, dépenses recettes, etc., dont les capitaines jugent utile de conserver trace.

Ce cahier a essentiellement le caractère d'un journal ou brouillon, mais les incriptions doivent y être faites lisiblement. Il est renouvelé le premier jour de chaque trimestre et reste aux mains du capitaine, qui le détruit quand il juge qu'il ne peut plus lui être utile.

FEUILLE DE JOURNÉES DES HOMMES. — La feuille de journées des hommes doit être établie en trois expéditions, qui sont envoyées, après vérification du sous-intendant militaire, au conseil d'administration central, dans les cinq premiers jours du mois qui suit le trimestre qu'elles concernent.

Les positions et mouvements de la compagnie sont détaillés au tableau n° 1. Les allocations extraordinaires, dans l'ordre de leurs dates, les décisions et ordres qui concernent ces allocations, la quotité de chacune d'elles, les jours où elles ont commencé et ceux où elles ont cessé d'être dues y sont relatés.

Pour l'établissement du corps de la feuille (tableau n° 2), consulter l'instruction placée en tête du registre de comptabilité trimestrielle et s'y conformer.

En temps de paix, les officiers de la compagnie sont inscrits quant à l'effectif,

En temps de guerre, les allocations en nature figurent en outre pour les officiers, au tableau n° 2.

Les feuilles de journées sont arrêtées et signées par le commandant de la compagnie; mais comme il y a presque toujours des rectifications à opérer, par suite de la vérification, on laissera en blanc l'arrêté en toutes lettres tant sur la minute que sur les deux autres expéditions; de plus les totaux seront laissés au crayon sur les expéditions, mais la signature du commandant de la compagnie n'en est pas moins nécessaire, ainsi que la date de la confection.

Passage du pied de paix au pied de guerre, et réciproquement. — Il n'est établi qu'une seule feuille de journées pour chacun des trimestres pendant lesquels la compagnie passe du pied de paix au pied de guerre, et réciproquement.

Les colonnes 10 et 11 sont destinées, durant ces trimestres, à faire ressortir séparément le nombre de journées sur le pied de paix et sur le pied de guerre

Les journées donnant droit à la haute-paye d'ancienneté sont portées sur deux lignes dans les colonnes spéciales, selon la période à laquelle elles sont afférentes; on a soin de mettre entre parenthèses celles qui s'appliquent au pied de guerre.

Exemple : 52 ou 40
(40) (52)

Au bas de chaque page, les totaux sont représentés distinctement sur deux lignes, paix et guerre ou guerre et paix, suivant qu'il s'agit du trimestre de passage au pied de guerre ou de retour au pied de paix. (Instruction ministérielle du 7 novembre 1879.)

On indique succinctement et très lisiblement les mutations de chaque homme, conformément aux exemples donnés par le formulaire collé sur la première garde de la couverture du registre de comptabilité trimestrielle, de manière à ne point surcharger les feuilles de journées de détails inutiles et à bien justifier toutes les allocations auxquelles les hommes ont droit. Les dates sont prises sur les pièces à l'appui.

A la fin de chaque trimestre, le commandant de la compagnie doit s'assurer de la parfaite concordance qui existe entre les dates indiquées par les mutations figurant sur la feuille de journées et les pièces à l'appui : ordres d'allocations, ordres de service, feuilles de route, billets de sortie des hôpitaux, permissions, congés, certificats n° 19, etc. etc., qu'il a dû réunir pendant le trimestre écoulé.

Ces pièces étant classées par numéros trimestriels, rendent très facile ce travail. Les ordres d'allocation seront placés en tête.

Les pièces à l'appui des feuilles de journées sont énumérées dans un bordereau *(Modèle n° 148)*. Chaque pièce porte en tête et à droite (à l'encre rouge si c'est possible) le numéro trimestriel de l'homme auquel elles se rapportent. Ces pièces ainsi que le bordereau qui les renferme sont adressées au conseil d'administration en même temps que les feuilles de journées.

Si des pièces manquent, écrire de suite pour se les procurer, et porter dans la colonne d'observations du bordereau celles qui manquent, à qui, et à quelle date elles ont été réclamées.

Indépendamment des pièces à l'appui, les états ci-après établis, même *néant*, devront faire partie du même envoi. (Circulaire ministérielle du 25 mai 1876) :

1° Etat nominatif des hommes admis à la haute-paye d'ancienneté *(Modèle n° 60)* ;

2° Etat des logements qui ont été assignés aux officiers dans les bâtiments militaires, présentant le décompte des sommes à retenir sur le traitement de chacun d'eux *(Modèle n° 19)*;

Et en général fournir à l'appui des feuilles de journées tous les états et toutes les pièces dont le rapprochement avec les feuilles est indispensable pour que la vérification puisse se faire d'une manière complète.

Le tout signé du sous-intendant militaire.

Hommes du même corps en subsistance à la compagnie. — Les hommes appartenant à d'autres compagnies du régiment placés temporairement en subsistance, sont portés sur la feuille de journées de la compagnie, à la suite des hommes du même grade, classe ou emploi, et y sont compris pour toutes les allocations auxquelles ils ont droit, mais sans être annotés dans les colonnes 6 à 9 de l'effectif.

Les journées concernant les hommes placés en subsistance dans une autre compagnie du régiment ou dans un autre corps ne doivent pas figurer dans la colonne des journées d'absence ne donnant pas droit à la solde.

Les enfants de troupe, quel que soit leur âge, sont inscrits sur la feuille de journées, comme ils le sont sur le contrôle trimestriel, avant les soldats, et sans être confondus avec ces derniers, leur emploi est indiqué à la suite de leur qualification première d'enfant de troupe, et leurs journées sont décomptées et totalisées par catégorie. (Décision ministérielle du 22 avril 1880).

Feuille de journées des chevaux

Il n'est établi qu'une seule feuille de journées des chevaux, pour chacun des trimestres pendant lesquels la compagnie passe du pied de paix au pied de guerre et réciproquement.

Les colonnes 9 et 10 sont destinées durant ces trimestres à faire ressortir séparément le nombre de journées sur le pied de paix et sur le pied de guerre.

Pour les chevaux d'officiers on devra indiquer ceux qui appartiennent aux officiers.

Ces chevaux n'ont pas droit aux allocations de la masse d'entretien du harnachement et ferrage.

Des totaux particuliers, répondant à la division adoptée pour la récapitulation, doivent être faits dans les feuilles de journées sous les titres spéciaux suivants :

1° Chevaux d'officiers à titre onéreux ;
2° Chevaux d'officiers à titre gratuit ;
3° Chevaux de troupe de selle ;
4° Chevaux de troupe de trait ;
5° Mulets ;
6° Chevaux n'ayant droit qu'à la masse du harnachement et ferrage. (Chevaux d'officiers sans troupe dont le ferrage seul est à la charge de la compagnie ; animaux aux manœuvres de brigade avec cadres etc. Ces derniers animaux figurent deux fois sur les feuilles de journées; 1° A leur rang pour les journées donnant droit à toutes prestations ; 2° sous le titre particulier sus-indiqué pour les journées donnant droit seulement à la masse d'entretien du harnachement et ferrage).

Les rations de fourrage, dont la composition devra être détaillée au tableau n° 1, ne peuvent être allouées pour la première fois que sur la présentation d'un procès-verbal d'achat des chevaux pour les officiers ou de l'état signalétique des chevaux livrés par la remonte.

Les feuilles de journées des chevaux seront établies et adressées au conseil d'administration central, en deux expéditions avec les pièces à l'appui classées par n^{os} d'ordre de contrôle.

Feuille de journées des subsistants étrangers au corps

On établit une feuille de journées à part en double expédition, pour les hommes appartenant à d'autres corps, mis en subsistance à la compagnie pendant le trimestre.

L'ordre de mise en subsistance doit indiquer le corps auquel appartient les hommes, leur grade et autant que possible leur numéro matricule *(Modèle n° 62)*.

Les hommes de troupe de tous grades, placés en subsistance dans un corps, ont droit à la solde et aux accessoires de solde déterminés par le tarif qui est applicable, dans ce corps, aux militaires de même grade et de même emploi.

Exceptionnellement, les hommes de troupe du train des équipages, soldats ordonnances compris continuent à percevoir la solde spéciales que le tarif leur attribue dans leur corps. (Tarif, n° 1.)

La haute-paye journalière d'ancienneté n'est payée aux subsistants d'autres corps, qu'autant qu'on a reçu une pièce de leur corps justifiant qu'ils y ont droit ; dans ce cas on indique sur le certificat n° 19 *(modèle n° 20)* le nombre de jours pendant lesquels cette haute-paye leur a été allouée.

On ne crédite jamais sur la feuille de journées, des journées de prime de la masse individuelle pour les hommes appartenant à d'autres corps qui ont été mis en subsistance à la compagnie.

A la fin de chaque trimestre, le commandant de la compagnie fait établir des certificats n° 19 *(modèle n° 20)* pour tous les corps qui ont eu des hommes en subsistance à la compagnie et les leur envoie le plus tôt possible.

Lorsque les hommes de la compagnie ont été mis en subsistance dans d'autres corps pendant le trimestre, le capitaine réclame à ces corps les certificats de subsistance, s'il ne les a pas reçus quelques jours après la fin du trimestre.

On leur crédite, sur la feuille de journées, les journées de prime de la masse individuelle auxquelles ils ont droit d'après le certificat n° 19 qu'on a reçu.

La feuille de journées des subsistants est arrêtée et envoyée au conseil d'administration central, en même temps que les feuilles de journées de la compagnie dans les cinq premiers jours du nouveau trimestre.

Feuille de journées spéciale de chauffage

Lorsqu'une compagnie doit faire usage de fourneaux économiques pour la cuisson des aliments, il est dressé procès-verbal de délivrance de fourneaux, de même lorsqu'elle cesse d'en faire usage, il est dressé procès-verbal de remise de fourneaux.

Une expédition de ces procès-verbaux est jointe à la feuille de journées spéciale.

La feuille de chauffage est établie pour constater les droits ou allocations de chauffage ou rations collectives et celles individuelles pour la table des sous-officiers dont le décompte est fait pour le nombre effectif du complet d'organisation sauf à déduire, s'il y a lieu, au tableau n° 3, 2e partie, les rations individuelles, que les sous-officiers auraient perçues, au titre d'un même corps.

Dans tous les cas, les allocations portées tant sur la feuille de journées de la compagnie que sur la feuille spéciale, ne doivent pas faire double emploi.

On consultera avec fruit, pour l'établissement de cette feuille, les notes indiquées sur la première page.

En campagne, les troupes n'ayant droit qu'à des rations individuelles, il n'est point établi de feuille de journées spéciale de chauffage.

Ces rations sont comprises dans la feuille de journées des hommes.

Feuille de décompte

La feuille de décompte s'établit au 1er jour de chaque trimestre, elle est tenue au courant jour par jour en ce qui concerne les militaires dont les mutations affectent l'effectif. En fin de trimestre elle est décomptée et totalisée, puis envoyée au conseil d'administration central, en deux expéditions avec pièces à l'appui. Une expédition est retournée à la compagnie après vérification.

Colonne 4. — Mutations. On n'inscrit dans cette colonne que les mutations qui affectent l'effectif. Les mutations des militaires passés à un nouveau grade dans la compagnie, venus d'autres portions du corps et réciproquement, doivent toujours indiquer l'ancien ou le nouveau numéro trimestriel, et pour les hommes réformés le n° du congé de réforme.

Colonnes 5, 6, 8 et 9. — Prime journalière, supplément à cette prime sur le pied de guerre.

1re Mise ou supplément de 1re mise. Les chiffres à porter dans ces colonnes sont la reproduction textuelle des allocations correspondantes à la feuille de journées.

Colonne 7. — Avoir à la masse au premier jour du trimestre. Cette colonne est remplie au 1er jour du trimestre d'après la situation des masses constatée par la dernière feuille de décompte. Les masses sont corrigées, s'il y a lieu, lorsque la compagnie reçoit du conseil la feuille de décompte rectifiée du trimestre précédent.

Colonne 11. — Versements volontaires. Le total de cette colonne doit être le même que celui des versements faits dans la caisse de la compagnie ou dans celle du corps. Un bordereau récapitulatif de ces versements est joint à la feuille de décompte.

Colonne 12. Cette colonne comprend l'avoir à la masse des hommes venus d'autres portions du corps ou le débet des hommes passés à d'autres portions de corps.

Colonne 13. Cette colonne comprend l'avoir à la masse des hommes venus d'autres corps ou le débet des hommes passés à d'autres corps. Dans les deux cas, l'avoir ou le débet ne doit être inscrit que quand le capitaine l'a reçu d'autres corps, ou lorsqu'il reçoit avis que ce fonds de masse a été encaissé par le trésorier du corps.

Colonne 14. Cette colonne comprend les débets des hommes désertés, disparus, prisonniers de guerre, réformés, morts, libérés, classés dans la disponibilité ou dans la réserve de l'armée active.

Colonne 15. Les crédits à porter dans cette colonne doivent être appuyés des procès-verbaux certifiés par le sous-intendant militaire et approuvés par le ministre de la guerre.

Colonne 16 et 17. Ces colonnes sont destinées à recevoir les crédits extraordinaires non prévus dans les colonnes précédentes.

Colonne 18. Total des recettes.

Colonne 19. Débet au premier jour du trimestre. Même recommandation que pour la colonne 7.

Colonne 20. — Payé comptant aux hommes. Cette colonne comprend l'excédant de masse payé aux hommes dans les 20 premiers jours du trimestre et l'avoir *net* payé aux militaires retraités, libérés, réformés par congé n° 1, classés dans la disponibilité ou dans la réserve de l'armée active, déduction faite de la retenue de 12 ou de 20 francs (hommes à pied ou hommes montés) pour ceux qui n'ont pas cinq ans de présence effective sous les drapeaux. (Pour le paiement de la masse des hommes libérés en Algérie, voir *dépenses de la masse individuelle.)*

Le total de cette colonne doit être le même que celui des paiements effectués par le commandant de la compagnie ou par le trésorier du corps.

Les sous-officiers promus adjudants, sous-lieutenants ou adjoints du génie ne subissent aucune retenue sur leur masse.

Les numéros trimestriels à porter sur les états de décompte sont ceux du trimestre dans lequel ce décompte est payé et imputé à la masse des hommes.

Colonne 21. — Valeur des effets distribués aux hommes. Le total de cette colonne sera toujours le même que celui qui ressort de la section II petit équipement, livre de détail et registre des entrées et des sorties.

Colonne 22. — Réparations et dégradations. Cette colonne comprend les dégradations à l'habillement, à la chaussure, à l'armement, etc., les dégradations au casernement, les pertes et dégradations d'effets de campement etc. acquittées sur les fonds de la compagnie.

Colonne 23. — Avances en route et moins-values des effets et armes. Les avances en route sont inscrites dans cette colonne quand le commandant de la compagnie en reçoit avis du conseil d'administration ou lorsque la mention est faite sur la feuille de route de l'intéressé.

Les moins-values d'effets ou armes sont justifiées par des versements au trésor correspondants.

Colonne 24. — Avoir à la masse des hommes passés à d'autres portions du corps et débet des hommes venus d'autres portions du corps.

Colonne 25. Avoir à la masse des hommes passés à d'autres corps et débet des hommes venus d'autres corps. Les uns et les autres ressortent des paiements faits à d'autres corps, soit par le commandant de la compagnie, soit par le trésorier ; dans ce dernier cas, le commandant de la compagnie est avisé.

Colonne 26. Avoir à la masse des hommes qui se trouvent dans le même cas que ceux désignés à la colonne 14.

Colonne 27. Retenue opérée sur la masse des hommes rayés des contrôles avant d'avoir accompli cinq années de service sous les drapeaux ; reprise intégrale de l'avoir à la masse des hommes réformés par congé n° 2 ou des enfants de troupe quittant le service avant de contracter un engagement volontaire.

Colonne 28. Destinée aux dépenses extraordinaires de petit équipement, réparations ou dégradations remboursées à d'autres corps, etc.

Colonne 29. Réservée aux masses des militaires étant absents.

Ces masses sont toujours payées par le trésorier du corps.

Elles sont également passibles de la retenue de 12 francs ou de 20 francs.

(Voir : Imputations abusives faites aux masses des militaires libérés, au moment de leur renvoi dans leurs foyers. — Circulaire ministérielle du 16 octobre 1876).

Livret matricule des officiers

Le capitaine commandant fait inscrire successivement sur ce livret les changements qui surviennent dans la position militaire de l'officier, les grades, titres et décorations, blessures, actions d'éclat, campagnes, causes de radiation anticipée, ainsi que les dates y relatives.

Il fait mentionner en outre, dans la forme indiquée, le trimestre, l'année, le n° de la compagnie, et successivement les mouvements et mutations qui modifient la position de l'officier.

Lorsque l'officier quitte la compagnie, l'exactitude des mutations est certifiée par le capitaine commmandant.

Les officiers changeant de compagnie ou de régiment sont suivis de leur livret.

Les livrets des officiers retraités, réformés ou décédés, sont adressés au conseil d'administration central, aussitôt après la radiation des contrôles, qui les transmet au ministre.

Livret matricule des hommes de troupes

Le capitaine commandant fait inscrire sur ce livret la date de l'arrivée au corps; le numéro sous lequel l'homme a été inscrit sur le registre matricule, les services, positions diverses, grades, campagnes, blessures, actions d'éclat, décoration, etc.; les dates de passage dans la disponibilité ou dans la réserve de l'armée active et, quand il y a lieu, la mention constatant qu'un certificat de bonne conduite a été accordé ou refusé au titulaire.

Il y fait relater, en outre, dans la forme indiquée, le trimestre, l'année le numéro de la Compagnie, et successivement les mutations et mouvements qui modifient la position du militaire. Ces mutations sont inscrites le jour même où elles se produisent.

Il fait inscrire aussi sur le livret matricule les dates, la nature, la durée et le motif des punitions qui ont été successivement infligées au militaire. Lorsque celui-ci quitte la compagnie, ses punitions sont totalisées et certifiées par le capitaine commandant.

Le compte courant est balancé le premier jour de chaque trimestre, et lorsque le militaire entre dans une position d'absence ou qu'il cesse d'appartenir à la compagnie.

Le compte courant n'est signé par l'homme ou le capitaine qu'au moment où le militaire quitte la compagnie.

Les livrets matricules des hommes qui changent de compagnie sont remis au nouveau capitaine au moment de la mutation.

Ceux des hommes qui passent à un autre corps sont envoyés au nouveau corps par les soins du capitaine commandant, aussitôt après la radiation du contrôle.

Ceux des sous-officiers promus sous-lieutenants ou adjoints du génie ou nommés à des emplois dans divers services, et des militaires rayés des contrôles de l'activité pour une cause quelconque, sont envoyés au Conseil d'administration central.

Les livrets matricules des militaires rayés des contrôles sont certifiés au pied des mutations par le capitaine commandant.

Lorsqu'un livret a été perdu, la compagnie en établit un nouveau, sur lequel on écrit le mot *duplicata* en caractères saillants. Ce duplicata est certifié par le capitaine commandant et la valeur en est imputée à qui de droit.

Livret individuel des hommes de troupe

Les recommandations relatives à la tenue du livret matricule s'appliquent au livret individuel, excepté que le compte courant est signé par le capitaine commandant sur celui-ci, chaque fois qu'on arrête ce compte. On ne doit faire aucune inscription sur l'un sans la répéter immédiatement sur l'autre, à moins que l'homme ne soit absent.

L'homme qui passe d'un corps à un autre emporte son livret.

Le livret doit être constamment entre les mains de l'homme. Toutefois, il lui est momentanément retiré, s'il passe dans la disponibilité de l'armée active en exécution des dispositions finales de l'article 17 de la loi du 27 juillet 1872, décisions ministérielles spéciales, etc. Dans ce cas, le capitaine commandant remplit le certificat de passage dans la disponibilité et envoie le livret au Conseil d'Administration central, qui le transmet au commandant du bureau de recrutement.

En cas de perte du livret individuel, il en est établi un duplicata qui est certifié par le capitaine commandant.

Lorsqu'un livret est fait à nouveau, on ne relate pas à la première page les corps où le militaire a servi antérieurement, l'indication du dernier corps suffit.

Livret matricule des chevaux

Les livrets matricules des chevaux d'officiers et de troupe sont établis par le Trésorier du régiment.

Le capitaine commandant fait relater successivement sur ce livret le numéro matricule et le nom du conducteur auquel le cheval est confié, le trimestre, l'année, le n° de la Compagnie, le n° du contrôle, les mutations et les mouvements, les dates d'entrée et de sortie des infirmeries, leur classement aux Inspections générales, la date et les causes de leur radiation des contrôles ; en outre, pour les chevaux de troupe et les mulets, les n^{os} des effets de harnachement.

Les livrets matricules des chevaux qui changent de compagnie sont remis au nouveau capitaine.

Ceux des chevaux qui passent à d'autres corps sont envoyés au nouveau corps par le commandant de la compagnie, aussitôt après la radiation des contrôles.

Les livrets matricules des chevaux réformés ou morts sont envoyés au conseil d'administration central.

Livret d'ordinaire

Lorsque la compagnie est réunie dans le même cantonnement elle forme un ordinaire.

Dans ce cas, il est tenu un livret dit d'ordinaire.

Ce livret se divise en deux parties :

La première partie destinée à inscrire les recettes, est tenue par le sergent-major.

La deuxième partie, destinée à inscrire les dépenses, est toute entière écrite de la main du caporal chef d'ordinaire.

Les recettes et les dépenses sont enregistrées jour par jour, sans ratures ni surcharges.

Les acquits des fournisseurs sont donnés journellement dans la colonne à ce réservée, qui tient lieu de cahier de quittances.

Les recettes et les dépenses sont balancées et le livret d'ordinaire est arrêté tous les cinq jours, c'est-à-dire le dernier jour de chaque prêt. Le sergent-major l'envoie ensuite à la vérification de l'officier chargé de la direction de l'ordinaire, qui, après avoir reconnu l'exactitude des opérations, signe le livret.

Le livret d'ordinaire est renouvelé tous les ans, le 1er janvier. (*Voir cuisines et ordinaires*).

Registre d'ordres

Le registre d'ordres est divisé en deux parties :

Sur la première sont inscrits les ordres du régiment. A cet effet la première feuille porte l'indication du régiment et de la compagnie et celle « ordres du régiment » écrite en gros caractères.

Les deux feuilles suivantes sont destinées à recevoir une table d'analyses qui comprend les dates, les numéros des ordres et des analyses.

Il est laissé à chaque page une marge pour recevoir l'indication du nº de l'ordre ainsi que l'analyse.

La deuxième partie (en tournant le registre en sens contraire) est destinée à la transcription des ordres de la division et généraux.

On doit inscrire sur la première feuille en gros caractères « ordres de la division et généraux. »

Les deux feuilles qui suivent sont conservées pour les analyses de ces ordres qui sont inscrits dans l'ordre où ils parviennent à la compagnie, sans avoir égard aux dates.

Après la date et la signature de l'autorité de laquelle émane l'ordre, on indique sur une seule ligne les différents grades des officiers de la compagnie, en commençant par le capitaine commandant et finissant par l'officier le moins ancien. Chacun de ces officiers, après avoir pris connaissance de l'ordre, appose sa signature au-dessous de l'indication de son grade.

Lorsque, par suite de vacance, d'absence ou d'empêchement quelconque un officier ne peut signer, on l'indique au crayon au-dessous de son grade.

Le registre d'ordres est renouvelé tous les ans au 1er janvier. L'ancien est alors envoyé au conseil d'administration central, pour être conservé dans les archives du corps jusqu'à l'inspection générale, après cette inspection le registre d'ordres est brulé.

Registre de correspondance

Ce registre est destiné à inscrire la correspondance officielle du commandant de la compagnie.

Chaque lettre reçoit un numéro d'ordre.

Pour les lettres, rapports et bordereaux d'envoi on se conforme aux modèles nos 145, 146, 147 et 148.

Journal des marches et opérations (établi sur papier Teillière)

(Instruction ministérielle du 5 décembre 1874.)

A l'avenir les historiques des corps de troupes seront établis conformément au modèle ci-joint.

Ils porteront le titre de :

Journal des marches et opérations de la ° compagnie du ° bataillon du ° régiment du génie pendant la campagne entreprise en du au 18 .

On observera pour la rédaction de ce journal les règles suivantes :

Effectif au jour du départ

Indiquer la composition de la compagnie au jour du départ.

Tableau nominatif des officiers.

Chiffre de l'effectif en sous-officiers et hommes de troupe. Nombre de chevaux.

Mise en route. — Indiquer la date de la mise en route et le point de concentration sur lequel la compagnie est dirigée.

Si la compagnie voyage par étapes ou en chemin de fer.

Date de l'arrivée au point de concentration et indication du corps d'armée, de la division et de la brigade dont elle fait partie.

Rédaction de l'historique. — Dans la rédaction de l'historique on devra s'abstenir de commentaires ou d'appréciation sur l'origine et les causes de la campagne entreprise.

L'historique est le récit fidèle, jour par jour, des faits, depuis la mise en route jusqu'à la fin des opérations ; il ne doit donc jamais être établi après coup.

Camps et cantonnements. — Emplacement du camp ou des cantonnements. Indiquer les corps qui campent à droite et à gauche. Dire si l'on est en première ou en seconde ligne. Emplacement des grand'gardes.

Reconnaissances. — Leur force et leur composition. But de la reconnaissance. Résultat obtenu.

Combats. — Position de la compagnie avant l'action. Indiquer l'heure du commencement de l'action et en général donner toujours l'heure de la journée où un fait important se produit pendant l'engagement, tel que changement de position, marche en avant ou en retraite, occupation d'un point remarquable de la ligne de bataille, retraite d'un corps voisin combattant à droite ou à gauche.

Mentionner si la compagnie se couvre par des travaux passagers.

Tranchées-abris, fermes ou villages mis en état de défense et servant de point d'appui.

Après l'action, indiquer la position conservée par la compagnie au moment où le combat finit. Mentionner l'heure.

Pertes. — On s'attache à indiquer très exactement les pertes éprouvées par la compagnie dans chaque affaire, en tués, blessés, prisonniers et disparus. Les officiers, sous-officiers et soldats y seront tous désignés nominativement. On se conformera, pour le relevé des pertes après chaque rencontre, quelque peu importantes qu'elles soient, au mod. 66. Cet état sera intercalé dans le corps du récit, à la suite de l'action qui l'aura motivé. Si dans la journée des hommes sont tués ou blessés aux avant-postes ou en reconnaissance, le relevé en sera fait conformément au même modèle.

Règle générale, indiquer toujours toutes les pertes au fur et à mesure qu'elles se produisent.

Quant aux militaires de tout grade morts des suites de leurs blessures, ou morts de maladie, on en fera mention à la fin de l'historique, en se conformant à l'état mod. 67.

Enfin toutes les pertes seront totalisées sur un état mod. 68 qui terminera le travail.

Récompenses. — Les promotions, décorations et citations à l'ordre de l'armée devront être mentionnées au fur et à mesure qu'elles parviendront à la connaissance du commandant de la compagnie. En ce qui concerne les citations, on n'indiquera que celles à l'ordre de l'armée.

Celles-là seules sont des récompenses et figurent sur l'état des services. Les mutations survenues pendant la campagne, parmi les officiers par suite d'avancement, remplacement, etc., seront relevées sur un état mod. 69.

Actions d'éclat. — Les actions d'éclat seront mentionnées dans tous leurs détails, afin de pouvoir être citées plus tard comme exemple.

Situations. — Après une affaire sérieuse où la compagnie aura éprouvé des pertes sensibles, il y aura lieu d'établir un nouveau tableau de la composition de la compagnie en officiers. Ce tableau mentionnera également l'effectif restant (Sous-officiers et troupe).

Observations générales

Les appréciations de personnes devront être scrupuleusement évitées. Les ordres reçus ne seront l'objet d'aucun commentaire.

Chaque journée de la campagne, à partir du jour du départ, aura sa date inscrite en marge du journal.

Ne pas perdre de vue que les historiques des corps doivent servir à l'établissement d'un travail d'ensemble.

Ce travail ne sera possible qu'à la condition que les faits relatés par les corps ayant concouru à la même affaire pourront être facilement comparés entre eux et cette comparaison pour être faite, exige impérieusement l'indication exacte des dates et des heures.

Si la compagnie fait des prisonniers à l'ennemi, on en indiquera le nombre. On donnera autant que possible les noms et les grades des officiers ennemis faits prisonniers.

Livret de solde

Le livret de solde porte en tête l'autorisation que le conseil d'Administration donne à la compagnie de s'administrer isolément et de recevoir des payeurs du trésor toutes les sommes qui peuvent lui revenir *(Modèle n° 70)*.

Ce livret, signé en tête par le capitaine commandant, coté et paraphé par le sous-intendant militaire, est destiné à recevoir l'inscription par le payeur d'armée de toutes les sommes payées par lui pour solde, indemnités et autres prestations en deniers.

Les recettes directes, telles que versements volontaires, masses reçues directement d'autres corps, produit de la vente des fumiers, dépouille de chevaux etc. sont inscrites de la main du commandant de la compagnie.

Les incriptions sont faites à la même date qu'au registre-journal. Le n° d'ordre de ce registre est reproduit en marge du livret de solde.

Ce livret est visé par le sous-intendant militaire aux mêmes époques que le registre-journal. Il est renouvelé tous les ans à la date du 1er janvier et envoyé au conseil d'administration central, en même temps que l'extrait du registre-journal des recettes et dépenses du 4e trimestre.

En cas de perte du livret de solde, le sous-intendant militaire autorise l'établissement d'un duplicata, sur la déclaration du capitaine commandant, attestant la réalité de la perte. Cette déclaration est inscrite en tête du duplicata, ainsi que la mention sommaire des paiements qui avaient été portés sur le livret perdu.

Registre-journal des recettes et dépenses

Le registre-journal (*modèle n° 71*) est destiné à recevoir l'inscription des recettes et dépenses au fur et à mesure qu'elles se produisent.

Les dates de ce registre doivent être en parfaite concordance avec celles des pièces justificatives. Les deux séries de n° pour les recettes et les dépenses, sont distinctes et annuelles; elles sont renouvelées au 1er janvier de chaque année sans tenir compte des trimestres auxquels peuvent se rapporter les recettes et les dépenses qui s'effectueront à partir de cette date.

On indique dans une colonne *ad hoc* le trimestre auquel les recettes ou dépenses sont afférentes.

Ce registre est arrêté dans les premiers jours de chaque trimestre quand toutes les recettes et dépenses afférentes au trimestre écoulé sont effectuées (art. 126 de l'ordonnance du 10 mai 1844).

La balance des recettes et des dépenses est faite et le restant en caisse certifié en toutes lettres par le commandant de la compagnie.

Il établit alors, en double expédition, un extrait du registre-journal (modèle n° 73) concernant toutes les recettes et dépenses afférentes au trimestre écoulé, *mais rien qu'elles;* puis il soumet au visa du sous-intendant militaire, le livret de solde, le registre-journal, les extraits du registre-journal et pièces à l'appui.

Après vérification du sous-intendant militaire, les pièces de caisse sont adressées au conseil d'administration, avec les deux extraits du registre-journal. Une expédition de cet extrait est retournée au commandant de la compagnie lorsque le trésorier a arrêté la centralisation du trimestre. Cet extrait est accompagné d'une expédition des états comparatifs, le capitaine fait alors recette ou dépense des trop ou moins perçus constatés par les dits états comparatifs, afin de mettre la situation matérielle de sa caisse, en concordance avec les écritures du corps.

Autant que possible, ces documents doivent parvenir au conseil d'administration central, dans la première quinzaine qui suit le trimestre auquel ils se rapportent.

Les compagnies à l'armée ne faisant pas de virements de fonds d'une masse à une autre, les recettes à la masse individuelle provenant des procès-verbaux établis par suite d'effets détruits comme ayant servi à des chevaux atteints de maladies contagieuses, de pertes d'effets par cas de force majeure, etc., sont portés sur les livrets de l'homme et sur la feuille de décompte seulement. On n'en fait pas mention au registre-journal; les procès-verbaux sont envoyés à la portion centrale, qui fait les virements de fonds.

Extrait du registre-journal des recettes et dépenses

Le capitaine commandant établit chaque trimestre un extrait du registre-journal des recettes et dépenses *(modèle n° 73)* où toutes celles afférentes au trimestre seulement doivent être transcrites littéralement, avec énonciation en toutes lettres du restant en caisse. Cet extrait, après avoir été vérifié par le sous-intendant militaire, est adressé au conseil d'administration, appuyé des pièces justificatives de toutes les recettes et dépenses.

La partie de cet extrait qui est relative au développement des recettes et dépenses par nature de fonds, est remplie à la portion centrale par les soins du trésorier. Il est cependant nécessaire que le commandant de la compagnie la remplisse d'avance au crayon; c'est pour lui une petite centralisation qui lui permet de vérifier sûrement et rapidement les recettes et dépenses de sa feuille de décompte et de comparer les allocations de sa feuille de journées avec ses paiements.

Pièces de caisse

Toutes les recettes, excepté celles qui proviennent d'ordonnancements du Ministre ou de l'intendance, sont appuyées d'une pièce justificative certifiée par le commandant de la compagnie.

Les dépenses sans exception aucune, sont appuyées d'une pièce justificative du modèle réglementaire portant l'acquit de la partie prenante et la légalisation de la signature par le maire, si le créancier est étranger à la compagnie.

Les factures excédant 10 francs sont établies sur papier timbré au timbre de dimension. Sont exemptes de cette formalité les dépenses qui sont supportées par la masse individuelle, la masse générale d'entretien et par la masse de harnachement et ferrage.

Les factures au-dessous de 10 francs ne sont pas soumises à ce timbre, mais à la condition d'être établies sous forme de quittance.

Aux termes de l'instruction ministérielle du 1er mars 1880, les pièces de dépenses doivent être établies conformément aux modèles annexés à ladite instruction.

Les mémoires (modèle n° 1 de l'instruction du 1er mars 1880) (modèles 173, 174, 175) sont employés pour toutes les dépenses d'entretien, de confections, de réparations, de menues fournitures, de blanchissage de linge ou d'effets de nettoyage, etc.

Les états émargés (modèle 2 de l'instruction précitée) (modèle n° 75) sont employés pour toutes les dépenses relatives à des paiements de prime de travail, de gratifications et d'indemnités (*logement des sous-officiers*).

Dans les autres cas, on emploie les factures à talon, *modèle n° 3* de l'instruction précitée *(modèle n° 176) (Instruction ministérielle du 1er mars 1881.)*

Pour le remboursement des sommes versées indûment au Trésor, on produit la copie de l'autorisation ministérielle.

(Voir dispositions générales relatives aux pièces de caisse.)

Les factures ou quittances qui se rapportent au service des écoles (escrime, tir, gymnastique, natation et infirmerie régimentaire) sont établies en triple expédition dont une sur papier timbré si la dépense excède 10 francs. (Il en est de même pour les factures ou quittances relatives à l'habillement et aux convois militaires) (Instruction ministérielle du 1er mars 1881).

Les compagnies détachées n'ont d'ailleurs jamais d'autres dépenses au titre des écoles que celles relatives au tir, encore ces dernières ne sont-elles pas toujours supportées par le corps.

Le timbre de quittance de 0 fr. 10 doit être apposé sur toutes les factures de 10 fr. et au-dessus, sur les états d'abonnement, etc. en un mot, sur toutes les quittances à partir de 10 fr. à l'exception de celles qui concernent la solde de la troupe, les fonds de masse et les réparations ou imputations qui incombent à la masse individuelle.

La date du paiement et la signature du créancier doivent toujours annuler le timbre de la quittance.

Le timbre de quittance de 0 fr. 10 ne sera pas apposé sur les états de paiement de la Légion d'honneur et de la médaille militaire, mais les timbres seront adressés au trésorier du corps qui en subit la retenue au moment où il touche le traitement de la Légion d'honneur et de la médaille militaire pour tout le corps.

Le n° du registre-journal est inscrit au haut et à droite de chaque pièce de caisse de la manière suivante :

25	4

Le n° de la dépense est souligné d'un gros trait, et celui de la recette d'un double trait. Les signes conventionnels adoptés à la portion centrale du corps dispensent d'inscrire sur chaque pièce le mot *recette* ou *dépense*. La position du n° d'ordre rend aussi le classement facile.

En haut et à gauche, on inscrit le trimestre, la nature de la recette ou de la dépense et l'espèce des fonds. Exemple :

1er TRIMESTRE 1881

—:—

ENTRETIEN DE L'HABILLEMENT

MASSE GÉNÉRALE D'ENTRETIEN

(2me Portion).

Registre des distributions de vivres, chauffage et Fourrages

Ce registre (*modèle n° 72*) est destiné à recevoir l'inscription, par ordre de date, des rations délivrées à la compagnie par les magasins de l'Etat, à quelque titre que ce soit.

Les perceptions des détachements y sont portées en une seule ligne, au fur et à mesure de l'envoi, par le chef de détachement, du relevé des rations perçues.

A la fin de chaque trimestre, le capitaine commandant, aussitôt après avoir arrêté les feuilles de journées, inscrit les allocations au dessous des totaux relatifs aux perceptions, et établit la balance des unes avec les autres pour faire ressortir les moins ou trop-perçus.

Il adresse au conseil d'administration central, immédiatement après la vérification de la comptabilité trimestrielle par le sous-intendant, un extrait certifié par lui, du registre des distributions relatant les fournitures reçues pendant le trimestre par la compagnie.

Nota. — Il est ouvert, à titre de renseignements, à la gauche du registre des distributions, un chapitre spécial, pour les opérations relatives aux vivres remboursables.

Ce chapitre est divisé en deux parties : la première sert à l'inscription des feuilles de retenue, la seconde à celle des remboursements effectués par le capitaine commandant et des retenues faites par le payeur d'armée. Chaque partie est balancée séparément par trimestre ; la balance doit autant que possible, être réduite à zéro. *(modèle n° 58).*

Registre du Vaguemestre

Le vaguemestre de la compagnie est choisi par le capitaine commandant. Muni d'une commission *(modèle n° 161)* il retire de la poste les lettres, les paquets, l'argent et les effets adressés aux sous-officiers et soldats ; il en est responsable et les distribue immédiatement et sans exiger aucune rétribution en sus de la taxe.

Il tient un registre divisé en deux parties, la première sert à enregistrer les titres qui lui sont confiés pour retirer de la poste, les lettres chargées, l'argent destiné aux officiers, sous-officiers et soldats et à justifier de la remise qu'il en a faite.

La signature du receveur de la poste, apposée sur ce registre, constate la recette du vaguemestre, et celle des militaires opère sa décharge. La seconde partie est destinée à constater les divers chargements de lettres et de fonds qu'il fait de la part des militaires de la compagnie.

Ce registre *(modèle 162)* est coté et paraphé par le capitaine commandant, qui le vérifie tous les lundis et le présente chaque mois à la vérification du sous-intendant.

Les lettres chargées et l'argent reçus pour les caporaux et soldats sont remis directement par le vaguemestre, en présence du sergent de semaine, qui signe avec eux au registre ; si ces militaires ne savent pas signer, ils font une croix et l'officier et le sergent de semaine signent le registre.

Carnet de déserteurs

Ce carnet est destiné à l'inscription des militaires déserteurs et de tous les renseignements utiles à connaître pour leur mise en jugement.

Les inscriptions se font immédiatement après la disparition des hommes.

Pour les formalités à remplir à l'égard des militaires en état de désertion *(Voir justice militaire)*.

Registre de l'Etat-Civil

Le registre est destiné à l'inscription des actes de l'état-civil rédigés hors du territoire français. Il est coté et paraphé par le sous-intendant militaire.

Le capitaine commandant remplit les fonctions d'officier de l'état-civil.

Tous les mois, l'officier de l'état-civil doit faire parvenir au ministre de la guerre un extrait collationné de son registre. Cette transmission se fait par l'intermédiaire du conseil d'administration central, qui est chargé de viser la pièce et de s'assurer de l'exactitude des renseignements qu'elle contient.

Tous les extraits ou expéditions d'actes de l'état-civil, même ceux qui doivent être envoyés aux maires, sont adressés au conseil central pour être vérifiés.

Dans le cas où, par suite des événements de la guerre, le registre de l'état-civil viendrait à être perdu, la perte en serait constatée de suite par un procès-verbal en bonne forme, dont une copie serait adressée au ministre de la guerre et une autre au dépôt du Corps. Cet envoi aurait lieu à quelques jours d'intervalle ; le procès-verbal qui aurait été rédigé, serait en outre, transcrit en tête du second registre à établir aussitôt après la perte du premier.

A la fin de la campagne, le registre est envoyé au ministre de la guerre. (Voir les *modèles 163, 164, 165, 166, 167, 168,* pour la rédaction des différents actes.)

Actes privés de l'Etat-civil.

Le certificat de vie constate, au jour où il est établi, la preuve de visu de l'existence d'une personne. Il est délivré par le commandant de la compagnie ou le sous-intendant militaire selon le cas. Les officiers qui le délivrent ne sont assujettis à aucune formalité particulière ; seulement, ils doivent avoir soin de faire signer ces sortes de pièces par le requérant, dont les nom, prénoms, grade ou qualité et époque de naissance sont clairement énoncés, et par les témoins ; si quelqu'un d'eux ne savait signer, ils ne devraient pas oublier de le relater dans le certificat. Les témoins ne sont nécessaires que lorsque le certificat est établi par le sous-intendant. Les certificats établis par le commandant de la compagnie sont visés par le sous-intendant militaire.

Procurations

La procuration est délivrée par le commandant de la compagnie.

Le modèle de procuration n° 169 comprend toutes les affaires qui peuvent être données à gérer par mandat.

Le capitaine commandant en extrait les pouvoirs que le mandant entend donner à son mandataire.

Testament par acte public

Les testaments sont reçus par un officier du grade de chef de bataillon ou par tout officier d'un grade supérieur, en présence de deux témoins, ou par deux fonctionnaires de l'intendance, ou par un de ces fonctionnaires en présence de deux témoins.

Dans un hôpital ou une ambulance, le testament est reçu par l'officier de santé en chef, assisté de l'officier comptable de l'hôpital.

Tout testament fait ou reçu dans la forme ci-dessus devient nul six mois après que le testateur est revenu dans un lieu ou il a eu la liberté d'employer les formes ordinaires.

Les testaments doivent être signés par les testateurs et par ceux qui les ont reçus. Si le testateur déclare qu'il ne sait ou ne peut signer, il est fait mention de sa déclaration, ainsi que de la cause qui l'empêche de signer.

Dans le cas où la présence de deux témoins est requise, le testament est signé au moins par l'un d'eux, et il est fait mention de la cause pour laquelle l'autre n'a pas signé.

Un testament ne peut-être fait dans le même acte par deux ou plusieurs personnes, soit au profit d'un tiers, soit à titre de dispositions réciproques et mutuelles.

Le testament par acte public doit être signé par les témoins. On ne peut recevoir en cette qualité, ni les légataires, à quelque titre que ce soit, ni les parents ou alliés du testateur jusqu'au quatrième degré inclusivement, ni les commis ou délégués de l'individu par lequel les actes sont reçus.

Il doit être donné lecture au testateur de son testament en présence des témoins, et mention expresse en est faite dans l'acte.

Les médecins et pharmaciens qui ont traité un militaire ou toute autre personne employée à la suite de l'armée, pendant la maladie dont elle meurt, ne peuvent profiter des dispositions entre-vifs ou testamentaires faites en leur faveur pendant le cours de cette maladie. La même règle doit être observée à l'égard des ministres des cultes.

Ne sont cependant pas interdites les dispositions rémunératoires faites à titre particulier, eu égard aux facultés du disposant et aux services rendus.

Aussitôt après le dépôt des testaments des militaires dans les armées hors du territoire français, les fonctionnaires autorisés à recevoir ces sortes d'actes doivent les transmettre, par voie sûre, à l'intendant général de l'armée, et par lui, au ministre de la guerre.

L'officier qui a rédigé le testament doit, aussitôt après la mort du testateur et le dépôt du testament, en donner avis, quand il se trouve à portée de le faire, aux personnes qu'il saura y avoir intérêt.

Testament olographe

Le testament olographe n'est valable qu'autant qu'il est écrit en entier, daté et signé de la main du testateur. Il peut-être écrit sur papier libre; il n'est assujetti à aucune forme.

Aussitôt après la mort du testateur, le dépositaire du testament le présente au capitaine commandant, ou au médecin-en-chef si le militaire est mort à l'hôpital, pour être transmis à l'intendant général de l'armée *(modèles nos 170, 171, 172)*. La compagnie tient un mémorial des procurations, certificats de vie et testaments délivrés ou reçus par le capitaine commandant. L'enregistrement a lieu sans détail; il énonce seulement que tel jour il a été fait une procuration ou un certificat de vie ou qu'on a reçu le testament d'un tel. Ce registre est adressé au ministre de la guerre à la fin de la campagne.

CHAPITRE III

RENSEIGNEMENTS DIVERS

Préparatifs de départ

Le commandant de la compagnie, qui a reçu l'ordre de se tenir prêt à partir doit, s'assurer :

1° Que tous les hommes ont l'habillement, le grand équipement, l'armement, le campement et les munitions.

2° Que le harnachement et le matériel sont au complet et en bon état d'entretien.

3° Qu'il possède la totalité des registres et imprimés, les tarifs et modèles divers à emporter en campagne.

4° Que les registres de la compagnie sont bien à jour.

Il régularise avec les officiers comptables, les perceptions en deniers et les distributions d'effets de toute nature.

Il fait ouvrir et préparer tous les registres nécessaires ainsi que les marchés qu'il doit passer pour l'entretien des divers effets d'habillement, de chaussure, de harnachement, de ferrage etc. (A son arrivée à destination le commandant de la compagnie doit adresser au conseil d'administration une copie de ces marchés.)

Enfin il reçoit du conseil d'administration les instructions de détail relatives à l'administration distincte de sa compagnie, notamment en ce qui concerne le mode de perception de la masse individuelle et des masses d'entretien pendant tout le temps de la séparation.

Mise en route

Le commandant de la compagnie doit être muni d'un ordre de mouvement envoyé par le général commandant le corps d'armée et d'une feuille de route, pour se rendre au point de concentration.

En cas d'urgence, l'ordre de mouvement et les bons de chemin de fer sont délivrés par le chef de corps.

Il se conforme, pour l'embarquement des hommes, des chevaux et du matériel, et pour le trajet en chemin de fer, aux dispositions du réglement général du 1er juillet 1874, modifié par décret du 27 janvier 1877 pour les transports militaires par chemins de fer.

Hommes malades. — Lorsque la compagnie voyage par étapes, les hommes madades qui se trouvent dans l'impossibilité de suivre doivent être placés dans l'hôpital ou l'hospice le plus voisin. Le billet d'hôpital sera établi régulièrement.

Chevaux malades. — Si un cheval de la compagnie ne peut pas suivre, il sera mis en subsistance dans le corps le plus voisin, ou à la gendarmerie et à défaut dans une auberge, après avoir prévenu le maire de la commune. Ce magistrat devra être invité à le faire conduire à la brigade de gendarmerie la plus rapprochée ; il devra être prévenu en même temps que si le cheval vient à mourir, il devra faire établir un procès-verbal de mort ou d'abattage et d'autopsie par un vétérinaire. La dépouille sera vendue et le montant en sera adressé au Conseil d'administration central.

S'il y a impossibilité de faire signer les procès-verbaux de mort ou et d'abattage d'autopsie sur les lieux, on coupera le pied du cheval sur lequel est marqué le n° matricule. On fera en sorte de vendre la dépouille; s'il y a impossibilité, de la faire vendre, mention en sera faite sur la mutation.

Arrivée au point de concentration

En arrivant au point de concentration, le capitaine commandant se présente à son chef de service et prend ses ordres :

Il passe la revue du matériel et du harnachement.

Il remet à chaque chef de détachement qui se sépare momentanément de la compagnie, une instruction détaillée sur la comptabilité qu'il doit tenir et sur les pièces à produire.

Il fait inscrire par les sous-officiers comptables la date d'entrée en campagne, sur les livrets matricules et individuels.

Passage de la frontière

Le jour du passage de la frontière ou de l'arrivée à l'armée d'opération, les troupes entrent en campagne.

Le capitaine envoie aussitôt à la portion centrale un état nominatif (officiers compris) de tous les militaires de la compagnie (*Modèle 13*).

Il sera fait mention de ceux restés en route, aux hôpitaux, etc., etc., mais à mesure de leur arrivée à la compagnie on portera le complément de leur mutation et la date du passage de la frontière, ou de l'arrivée à l'armée d'opération sur les états de la quinzaine.

Si la compagnie doit s'embarquer, on s'informera à l'arrivée au port d'embarquement, si elle conserve l'indemnité de route, ou si elle doit être casernée (Solde de station, s'il y a lieu, ration de chauffage).

(Prendre des renseignements à la sous-Intendance.)

Dès que la compagnie est prévenue du jour de l'embarquement, le capitaine fait établir des états de filiation, comprenant les nom, prénoms et grades de tous les militaires qui doivent s'embarquer et les envoie au sous-intendant.

Si la compagnie s'embarque le matin, elle entre en campagne le même jour et elle reçoit à bord des vivres de campagne (Les vivres sont fournis par la marine).

Si elle s'embarque le soir, elle reçoit ce jour-là la solde et les vivres qu'elle avait précédemment et n'entre en campagne que le lendemain.

Il en est de même, quant aux vivres pour le débarquement.

Dès que la compagnie est embarquée, le capitaine envoie à la portion centrale une expédition de l'état de filiation des militaires de sa compagnie.

On devra indiquer si l'embarquement a lieu le matin ou le soir et la cause de non embarquement pour chaque militaire resté en arrière.

Correspondance avec le Conseil d'administration

Le commandant d'une compagnie détachée à l'intérieur ou à une armée active doit rester continuellement en correspondance avec le conseil d'administration du corps, à cet effet dès qu'il survient un changement dans sa position ou sa résidence, etc., etc., il doit, à la fin de la journée en donner avis au président du conseil d'administration afin qu'il soit toujours possible à la portion centrale du corps de communiquer avec la portion principale de la compagnie.

Le capitaine signale en même temps les faits intéressants de sa compagnie.

Les lettres et envois de pièces doivent toujours être inscrits *in-extenso*, au registre de correspondance.

Franchise postale

Le commandant d'une compagnie détachée a franchise seulement avec le président du conseil d'administration du corps.

Pour les pièces administratives qu'il aurait à envoyer à d'autres corps ou d'autres compagnies il devra faire signer les bandes par le sous-intendant militaire chargé de la surveillance administrative.

Tabac de cantine

Dès qu'une troupe est appelée à faire mouvement on doit en informer en temps utile le directeur des tabacs de la circonscription; cet avis indiquera :

1. L'époque du départ de la troupe; 2. la durée de la marche à faire; 3. le nombre de militaires ayant l'habitude de fumer.

D'après ces renseignements le directeur des tabacs, délivre au commandant de la troupe des bons en nombre suffisant pour que chaque militaire puisse avant son départ, prendre chez le débitant désigné, une quantité de tabac proportionnée à la longueur de la marche.

Avance de fonds

Le conseil d'administration remet aux compagnies qui se séparent les fonds nécessaires pour servir à leurs premiers besoins (*Modèle 12.*) (Art. 31 de l'ordonnance du 10 mai 1844.)

Cette avance est inscrite comme première pièce de recette sur le livret de solde et sur le registre-journal.

Dispositions relatives aux pièces de dépenses

(Instruction du 1er mars 1881).

Les dépenses à titre d'avances doivent être faites et les pièces justificatives établies distinctement par exercice et par chapitre du budget et dans chaque chapitre par partie ou paragraphe.

Le détail par nature de dépense et par conséquent les factures, mémoires ou quittances reçoivent pour ordre le développement nécessaire pour faire ressortir distinctement les sommes afférentes à chacune des divisions de détail figurant sur les différents relevés de dépenses. (Tableau annexé à l'instruction du

1er mars 1881). Ce développement, dressé sans forme récapitulative est établi à l'encre rouge. Exemple :

Une facture du service de l'école s'élève au total de 55 fr. 70. Dans la colonne observations on portera :

Achats	40.50
Entretien et réparation	10.10
Volontaire d'un an	5.10
Total égal	55.70

Les services que les compagnies détachées peuvent avoir actuellement à assurer au moyen d'avances faites sur les fonds généraux de leur caisse sont les suivants :

1° Fourrages (nourriture des chevaux de remonte en route) ;
2° Hôpitaux militaires (infirmerie) ;
3° Service de marche (convois) ;
5° Habillement et campement ;
5° Remonte et harnachement ;
6° Génie (réparations des outils) ;
7° Artillerie et Equipages militaires (entretien et réparations des armes) ;
8° Ecoles.

Toutes les pièces de dépenses relatives aux avances de fonds doivent être établies en triple expédition et s'il y a entrée de matériel, une quatrième expédition est mise à l'appui de la comptabilité-matières.

Situation de caisse

Au jour de l'arrêté de la comptabilité par le sous-intendant militaire, la situation de caisse est établie sur l'extrait du registre-journal le dernier article de recette ou de dépense afférent au trimestre précédent (art. 125 de l'ordonnance du 10 mai 1844).

Cette situation doit être rigoureusement conforme au modèle n° 18 page 402, annexé à l'ordonnance du 10 mai 1844 et au modèle n° 6 page 644 du décret du 5 avril 1867.

Le modèle reproduit à la suite de la note du 14 avril 1880 est incomplet, en ce sens qu'il ne s'applique, qu'au réglement du 1er trimestre dans lequel la compagnie s'est séparée du régiment.

En effet, ce modèle suppose que la caisse était à zéro au premier jour du trimestre au titre duquel l'extrait du registre-journal est établi, ce qui n'est qu'une exception.

L'exemple qui suit, et qui est en tout conforme aux réglements en vigueur pourra servir dans tous les cas.

On suppose que l'arrêté du 1er trimestre 1881 a eu lieu le 15 avril 1881 et qu'il ressortait de la balance des recettes et dépenses du 4e trimestre 1880, un excédant de recettes de 290 fr. 50. (Il pourrait y avoir un excédant de dépenses).

Situation de la caisse au jour de l'arrêté de la comptabilité par le Sous-Intendant militaire

Excédant de recette constaté par la récapitulation comparative du 4e trimestre 1880.	290.50	Ce chiffre est pris sur l'extrait du registre-journal du 4e trimestre 1880.
Report du total des recettes du 1er trimestre	12845.25	Ce chiffre est pris sur l'extrait du registre-journal du 1er trimestre 1881.
Recettes inscrites au titre du 2e trimestre.	1248.60	Ce chiffre est relevé sur le registre-journal du 1er au 15 avril.
Ensemble.	14384.35	
Excédant de dépenses constaté par la récapitulation comparative du 4e trimestre 1880	» »	Ce chiffre est pris sur l'extrait du registre-journal du 4e trimestre 1880.
Report total des dépenses du 1er trimestre.	12795.72	Ce chiffre est pris sur l'extrait du registre-journal du 1er trimestre 1881.
Dépenses inscrites au titre du 2e trimestre.	975.38	Ce chiffre est relevé sur le registre-journal du 1er au au 15 avril.
Ensemble.	13771.10	
En numéraire . .	613.25	Ce restant en caisse est le même que celui constaté par la balance faite au registre-journal à la même date (15 avril 1881).
En récépissé de dépôt au trésor.	» »	

Distributions abusives d'effets de petit équipement aux militaires libérables

Lorsque des distributions d'effets de petit équipement sont faites dans le trimestre qui précède leur libération, à des militaires dont le fond de masse peut supporter la dépense, ainsi qu'à ceux dont la masse se trouve en débet ou lorsque des imputations ont été faites à des hommes au moment de leur libération, *ou même après*, pour des pertes d'effets qui n'avaient pas été constatées avant leur départ, *de manière à ne pas permettre la reprise réglementaire de 12 fr. ou de 20 fr.* suivant le cas, les imputations de la nature de celles indiquées ci-dessus, sont laissées à la charge des commandants de compagnie (circulaire ministérielle du 16 octobre 1876. J. M. 2,76).

CHAPITRE IV

COMPTABILITÉ-MATIÈRES

La comptabilité-matières comprend le service des hôpitaux, de l'habillement, de la remonte, du harnachement, de l'artillerie et des équipages militaires, du génie, des écoles, de l'habillement d'instruction et du matériel hors de service.

Les registres à tenir sont les suivants :

1° Registre des entrées et des sorties du matériel (doit être coté et paraphé par le sous-intendant militaire).

2° Registre de comptabilité trimestrielle (2e partie).

3° Livret d'armement (doit être coté et paraphé par le sous-intendant militaire).

4° Livret de munitions (doit être coté et paraphé par le sous-intendant militaire).

5° Registre de réparations d'armes (doit être côté et paraphé par le sous-intendant militaire).

6° Registre des bois poinçonnés E (doit être coté et paraphé par le sous-intendant militaire).

Dans l'intérêt du commandant de la compagnie et pour pouvoir fournir au conseil d'administration tous les renseignements nécessaires, il doit être tenu en outre :

7° Contrôle des effets d'harnachement, armes, outils portatifs etc.

8° Registre des effets hors de service délivrés aux hommes à titre de prêt.

Registre des Entrées et des Sorties du matériel

Le registre des entrées et des sorties de matériel est trimestriel. Il est destiné à recevoir l'inscription des entrées en magasin et des sorties de magasin des matières, effets, armes et objets de toutes espèces, divisés et classés par section dans l'ordre ci-après, qui est celui des nomenclatures prescrites par l'article 58 du réglement du 18 novembre 1871, sur la comptabilité-matières, savoir :

Section I	Hôpitaux	(Nomenclature G)
Section II	Habillement et campement	(id. HI)
Section III	Remonte générale	(id. L)
Section IV	Harnachement	(id. M)
Section V	Artillerie et équipages mil.	(id. N)
Section VI	Génie	(id. P)
Section VII	Ecoles	(id. QVII)
Section VIII	Habillement d'instruction	(id. HI)
Section IX	Matériel hors de service	(id. diverses)

Dans chaque section, et pour les sections II et V dans chaque partie, les matières, effets, ustensiles et objets divers sont toujours inscrits dans l'ordre des numéros de la classification sommaire et détaillée de la nomenclature à laquelle ils appartiennent.

Dans les corps qui ne comportent pas l'emploi de toutes les sections, chacune de celles qui sont à leur usage conserve néanmoins le numéro qui leur est affecté.

Les enregistrements se font par ordre de date, au fur et à mesure des entrées et des sorties; toutefois, les sorties des matières employées aux confections, aux transformations ou aux réparations et les entrées en magasin des effets confectionnés ou transformés, sont inscrits par trimestre, d'après les arrêtés des comptes-ouverts avec les ouvriers de la compagnie.

Le registre des entrées et des sorties de matériel tenant lieu de registre-journal des distributions et des réintégrations en magasin, il convient pour la section II (1re partie-habillement) et la section VIII, d'ouvrir une 3e colonne pour les effets susceptibles d'être abandonnés aux hommes.

Les bons et les bulletins seront inscrits séparément et par ordre de date au lieu de porter le total de chaque arrêté par trimestre comme le prescrit le décret du 1er mars 1880, qui a supprimé pour les compagnies détachées le registre-journal. (Il est nécessaire de conserver trace des distributions ou réintégrations des galons et des effets abandonnés aux hommes, ce qui serait impossible sans l'emploi du registre-journal ou d'un registre en tenant lieu.)

Chaque pièce justificative reçoit un numéro d'ordre. Il y a pour chacune des sections, ou partie des sections II et V, deux séries annuelles de numéros, l'une pour les entrées et l'autre pour les sorties.

Dans les cinq premiers jours de chaque trimestre, la balance des entrées et des sorties du trimestre écoulé est faite par section et ressort dans un arrêté en toutes lettres comprenant l'existant total tant en *magasin* qu'en *service*. L'ensemble de ces opérations est certifié en une seule fois à la fin du registre, par le capitaine commandant la compagnie et vérifié par le sous-intendant militaire. Le capitaine certifie de même, par un seul arrêté général tous les arrêtés partiels en toutes lettres.

SECTION I. — **Hôpitaux**

Le matériel à porter à la première section ne comprend ni les médicaments, ni les objets d'exploitation de la pharmacie, ni les objets de pansement.

SECTION II. — **Habillement et campement**

Cette section est divisée en 4 parties :

1° *Habillement* — 2° *Petit équipement au compte de la masse individuelle.* — 3° *Campement, matériaux d'emballage et objets mobiliers.* — 4° *Objets et accessoires divers payés par la compagnie et à rembourser.*

Les effets apportés par les hommes venant d'autres corps sont inscrits d'après les factures d'expédition ou de livraison ; il en est fait sortie au moyen d'un bon de distribution. Inversement les effets emportés par les hommes passés à d'autres corps, sont au préalable, réintégrés en magasin par bulletin de versement et ensuite portés en sortie au moyen d'une facture de livraison ou d'expédition.

Nota : Si au moyen d'un simple changement dans les marques distinctives, certains effets apportés par les hommes venant d'autres corps, peuvent être rendus conformes au type ministériel, l'opération est faite immédiatement au compte de la masse générale d'entretien et les effets sont portés en entrée sous le numéro qui leur est propre, après transformation.

Les effets qu'il n'est pas possible de transformer sont inscrits en recette sous le numéro affecté aux effets de même nature, sous le titre divers.

Dans le courant du trimestre, les effets inscrits à ce titre doivent disparaître de la section II et être versés à d'autres corps ou établissements, ou classés à la section VIII ou IX suivant la décision prise par le sous-intendant militaire, *sur la demande du capitaine commandant la compagnie.* En cas de déclassement, les effets inscrits à la section VIII ou IX sont compris sur un certificat administratif, *(mod. n° 10 du 1er mars 1880) (mod n° 184.)*

On se conforme pour le libellé des opérations à inscrire à la section II aux exemples donnés ci-après :

Entrées. — Du régiment du génie. — Du magasin de ouvrier tailleur (transformation) De ouvrier tailleur (confection). — De négociant à Réintégration de la compagnie.

Sorties. — Au régiment du génie à ouvrier tailleur (transformation). — Au régiment d'infanterie. Imputé. Classé à la section VIII. — Classé à la section IX. — Employé aux confections et réparations. — Employé aux réparations (remboursable) — Distribution à la compagnie.

SECTION III. — **Remonte**

Les chevaux et les mulets figureront désormais à cette section avec tout le matériel de la remonte.

Tous les animaux étant en service, on ne porte à cette section que les mouvements qui modifient l'effectif de la compagnie, (gains, pertes, changement de classement, etc., etc.)

SECTION IV. — **Harnachement**

Cette section comprend seulement le harnachement du service du Génie, nécessaire pour la conduite des voitures de parc de sapeurs-mineurs.

Nota : (Un projet de règlement sur la comptabilité du service du génie est à l'étude au ministère de la guerre).

SECTION V. — **Artillerie et Equipages militaires**

Cette section est divisée en deux parties :

1° *Armes portatives, munitions, voitures régimentaires avec le harnachement correspondant, caisses d'armes et caisses à cartouches.*

2° *Pièces d'armes payées par la compagnie et à rembourser.*

Pour cette 2e partie, les pièces d'armes doivent être décomptées par espèce et le montant total porté dans la dernière colonne ménagée à cet effet.

SECTION VI. — **Outils portatifs et Voitures de parc de sapeurs-mineurs**

On inscrit à cette section, les outils portatifs en suivant l'ordre de la nomenclature et en décomposant les outils en : *manche, outil, étui*, lorsqu'il y a lieu.

Les voitures de parc de sapeurs-mineurs sont inscrites de la même manière ; l'ordre de la nomenclature est donné par les factures remises par l'Ecole régimentaire. (Voir le nota de la section IV.)

SECTION VII. — **Ecoles**

Cette section comprend dans l'ordre de la nomenclature Q^tu tout le matériel des diverses écoles.

Toutefois on doit mentionner en tête du tableau, les titres des divers paragraphes de cette nomenclature.

SECTION VIII. — **Habillement d'instruction**

On porte dans cette section les effets et objets d'habillement de grand et petit équipement, destinés aux hommes de la réserve et de l'armée territoriale pendant les périodes d'instruction.

Ces effets sont destinés en outre :

1. A habiller les hommes qu'on présume ne pas devoir être maintenus au corps.
2. A remplacer, le cas échéant, les effets dont sont détenteurs les hommes quittant le corps.

SECTION IX. — **Matériel hors de service**.

Cette section réunit le matériel provenant des différents services; mais le matériel doit être inscrit séparément et dans l'ordre des différentes nomenclatures.

Les entrées sont justifiées par les sorties correspondantes figurant aux autres sections; et les sorties par des extraits des procès-verbaux de vente, par les factures d'expédition ou par les bons des ouvriers enregistrés à la 2e partie du livre de détail.

Les totaux de ces dernières sorties sont reportés, en fin de trimestre sur les certificats administratifs établis au titre de chaque section pour constater les emplois aux confections, transformations ou réparations.

Les effets d'habillement hors de service sont délivrés aux hommes à titre de prêts et doivent toujours figurer comme existants en magasin.

Le capitaine en tient un compte; comme il est dit plus loin, sur un registre auxiliaire disposé à cet effet.

Prescriptions générales

Le registre des entrées et des sorties de matériel étant *trimestriel*, le capitaine commandant doit transmettre ce registre au conseil d'administration après la vérification des comptes par le sous-intendant militaire. Avant cet envoi, il reporte à chaque section sur le registre du trimestre suivant, les restants en magasin au dernier jour du trimestre précédent.

L'ensemble des existants en service établi à la compagnie, en prenant pour base les existants en service au dernier jour du trimestre précédent, et en tenant compte des distributions et des réintégrations effectuées pendant le trimestre doit concorder :

1. Avec l'ensemble des restants donnés par le livre de détail de la compagnie.

2. Avec l'effectif de la compagnie (présents et absents).

Les opérations d'entrée et de sortie (excepté par la section V 1re partie), sont justifiées, dans chaque section, par les pièces indiquées à la nomenclature n° 1 ci-annexée. *(Modèle n° 94.)*

Dans toutes les sections, les distributions et les réintégrations sont justifiées au moyen de bons ou de bulletins de versement.

Pour les opérations relatives à la section V, 1re partie, les entrées et les sorties sont justifiées par les pièces indiquées à la nomenclature n° 2 ci-annexée *(Modèle n° 95).* Ces pièces justificatives servent à appuyer le compte de gestion annuel portant inventaire établi pour le service de l'artillerie. Une copie conforme de chacune d'elles est alors établie pour appuyer le registre des entrées et des sorties.

Les effets ou objets en service figurent invariablement au classement *bon* dans les comptes tenus par la compagnie.

Les effets ou objets en magasin sont délivrés au classement sous lequel ils figurent au registre des entrées et des sorties de matériel ou sous lequel ils sont livrés par les corps ou établissements ; mais lors de la distribution aux hommes, ils sont toujours reçus et inscrits au registre de détail au classement *bon.*

Le matériel reçu ou acheté par la compagnie et mis en service immédiatement est porté en entrée et en sortie au classement *bon* tout en figurant sur les factures au classement neuf ; tels sont par exemple, les objets du matériel des infirmeries, les clairons, ustensiles d'écuries, le matériel d'escrime, le matériel des écoles, etc., etc. On indique sur les factures en caractères apparents : *Mis ou à mettre immédiatement en service.*

Par exception le matériel de l'artillerie et du génie, délivré par les établissements au classement *neuf* ou *bon* ne comporte que le seul classement *bon.*

Le classement à l'habillement d'instruction ou le classement hors de service se fait matériellement au moment où les effets de la première catégorie sont réintégrés ; mais l'opération est constatée seulement à la fin du trimestre par un certificat administratif *(modèle n° 184.)*

Pour les objets réformés, le déclassement n'a lieu en écritures qu'en fin de trimestre sur ce même certificat administratif ; on mentionne dans la colonne observations les quantités d'effets ou objets réformés en relatant les dates des états de réforme ou des procès-verbaux.

Il n'est point tenu de carnet auxiliaire pour les matériaux d'emballage, ni établi de certificats administratifs, le capitaine commandant ne prend en charge que les matériaux inscrits en caractères apparents sur la facture d'expédition.

De même, dans le cas où il est employé, pour la confection des colis, des matériaux d'emballage, l'expéditeur indique à l'encre rouge sur ses factures, les quantités employées et fait sortie de ces quantités.

Les ingrédients divers achetés pour l'entretien du matériel, les balais, brosses, huile antoxyde etc., etc., qui une fois mis en service, sont considérés comme consommés, ne figurent point dans les comptes matières de la compagnie. Il en est de même des matières, denrées, objets etc., etc., ne formant pas approvisionnement : denrées pour les infirmeries, fournitures de bureau pour les écoles etc.

Les entrées et les sorties de matériel à réparer ne donnent lieu à aucune inscription dans les comptes-matières. Seuls les matières et effets employés à ces réparations figurent au certificat administratif. On indique pour mémoire, aux entrées, la nature des réparations ayant donné lieu à des emplois de matières neuves.

Le matériel acheté sur les fonds des masses d'entretien (2e portion) et de harnachement et du ferrage est classé, suivant sa nature et sa destination, à l'une des nomenclatures du matériel.

Les diverses pièces à établir soit à la main, soit sur des formules imprimées doivent toujours avoir les dimensions suivantes ; hauteur 0,36, largeur 0,23.

Les additions ou suppressions nécessaires pour approprier certains modèles à certaines opérations sont faites à la main ; les mots à supprimer sont rayés de manière à rester toujours apparents.

Lorsqu'il y a lieu de rectifier un arrêté en toutes lettres, la rectification est faite par un renvoi également en toutes lettres, signé du capitaine et visé par le sous-intendant militaire.

Les erreurs constatées après arrêté des comptes trimestriels se redressent par des certificats administratifs de prise en charge (*modèle n° 179*) ou de sortie (*modèle n° 189*)

Il est interdit de recouvrir par des bandes collées, les indications imprimées ou les inscriptions faites sur les registres.

Tout feuillet annulé ou non employé doit rester adhérent au registre.

Les feuillets ou papillons ajoutés à un registre sont cotés et paraphés et le fait de leur addition indiqué en tête du registre et certifié par le sous-intendant militaire.

Les grattages et surcharges sont interdits.

Registre de comptabilité trimestrielle (2e Partie).

L'instruction placée en tête du livre de détail donne les indications nécessaires à la tenue de ce registre.

Le livre de détail est destiné à présenter les renseignements indiqués par le titre des sections correspondant aux différents services de la comptabilité-matières.

Les effets, armes, munitions, ustensiles et objets divers, sont toujours inscrits dans l'ordre de la nomenclature de chaque service.

Les distributions et réintégrations effectuées par le magasin de la compagnie sont inscrites aux différentes sections par ordre de date, et d'après les quantités portées aux bons de distribution ou bulletins de versement.

Le nombre de bons et de bulletins de versement doit être limité au strict nécessaire.

Toutes les opérations sont totalisées par trimestre et doivent faire ressortir pour chaque section, les quantités d'objets existant *en service* à la compagnie au dernier jour du trimestre.

Les différents totaux sont inscrits au registre des entrées et des sorties.

Le livre de détail est envoyé au conseil d'administration dans les cinq premiers jours du trimestre suivant ; avant cet envoi le capitaine reporte sur le livre de détail du nouveau trimestre, les existants au dernier jour du trimestre précédent.

La division du livre de détail répondant exactement aux divisions du registre des entrées et des sorties de matériel (à l'exception de la section IX qui n'existe pas au registre de détail et de la section X qui n'existe pas au registre des entrées et des sorties) le matériel est classé au livre de détail dans le même ordre qu'au registre des entrées et des sorties.

Nota : L'emploi du papillon *à l'exclusion de tous autres moyens,* permet de donner à chaque section le développement nécessaire.

SECTION I. — **Hôpitaux**

En général, les compagnies détachées n'ont pas de matériel de service.

SECTION II. — **Habillement**

Cette section est divisée en trois parties :

1° Habillement.
2° Petit équipement.
3° Campement et objets mobiliers.

1° HABILLEMENT

Les différentes opérations à inscrire à la section II, 1re partie sont les suivantes :

ENTRÉES

Distributions. — Remplacement. (1re mise). Remplacement et 1re mise. Remplacement (perte). Remplacement (Imputation).
Divers. — Effets appartenant aux hommes venus d'autres compagnies du régiment.

SORTIES

Réintégrations. — Remplacement. Perte. (Force majeure). Imputation. Caporal promu sous-officier. Déserteur. Passage dans la réserve. Passage dans un autre corps.
Divers. — Abandon aux hommes par suite de remplacement. Effets appartenant aux hommes passés à d'autres compagnies du régiment. Abandon. (Effets emportés par les hommes passés dans la réserve).
Les effets de 1re et 2me tenue des sous-officiers ayant une durée distincte sont inscrits dans la même colonne.
(Lorsque la compagnie a des sapeurs-conducteurs, cette prescription s'applique au pantalon de cheval de 1re et 2me tenue).
Pour les sous-officiers de sapeurs-conducteurs, les opérations relatives aux pantalons d'ordonnance à transformer ou transformés sont les suivantes et doivent être inscrites telles qu'elles se produisent).
1° Sortie du pantalon d'ordonnance à transformer.
2° Entrée du pantalon d'ordonnance de remplacement.
3° Entrée du pantalon du cheval transformé.
4° Sortie, par abandon au détenteur, du pantalon de cheval remplacé.
Tous les effets distribués ou réintégrés sont inscrits au registre de détail au classement *bon* en ayant soin toutefois de distinguer sur les bons de distribution les effets délivrés au classement *neuf*. (*Voir le modèle n° 96* qui peut avec de légères modifications, servir

comme bon de distribution, comme bulletin de versement, bulletin de dépôt etc).

Le mot *instruction* est substitué à l'indication de classement *bon*, lorsqu'il s'agit du matériel appartenant à la section VIII (habillement d'instruction); de plus la désignation *section* VIII doit figurer en tête des bons ou des bulletins, en caractères apparents.

2° PETIT ÉQUIPEMENT AU COMPTE DE LA MASSE INDIVIDUELLE

Ne comprend que les distributions faites aux hommes.

Les bons établis suivant le *modèle n° 97* doivent être décomptés.

3° CAMPEMENT ET OBJETS MOBILIERS

Comprenant pour le livre de détail, les ustensiles de campement susceptibles d'être mis en service et les objets mobiliers qui sont en service.

Les opérations à inscrire sont les suivantes :

Distributions. — 1re mise. Remplacement. (Perte imputation).

Divers. — Hommes venus d'autres compagnies du régiment.

Réintégrations. — Remplacement. (Perte imputation). Hommes rayés de l'effectif du corps.

Divers. — Hommes passés à d'autres compagnies du régiment.

SECTION III. — **Remonte**

Les chevaux et les mulets ne donnent lieu à aucune inscription.

SECTON IV. — **Harnachement**

On doit inscrire à cette section le harnachement du service du génie (harnachement nécessaire à la conduite des voitures de parc des sapeurs-mineurs). Par analogie aux exceptions inscrites à l'instruction relative à l'application du décret du 1er mars 1880, page 6 section IV et V.

SECTION V. — **Artillerie et Equipages militaires**

Cette section comprend les voitures régimentaires et le harnachement nécessaire à la conduite de ces voitures, les armes et accessoires et les munitions.

Les opérations à inscrire sont les suivantes.

Distributions. — 1re mise. Remplacement. (Perte dégradations).

Divers. — Armes et munitions appartenant aux hommes venus d'autres compagnies du régiment.

Réintégrations. — Pertes. Hommes rayés de l'effectif du corps. Versement d'armes pour cause de fortes réparations.

Divers. — Armes et munitions appartenant aux hommes passés à d'autres compagnies du régiment.

SECTION VI. — **Génie**

Cette section comprend les outils portatifs et les voitures de section.

Ces objets sont inscrits au livre de détail par nature d'outils sans décomposer les différentes parties (manches, étuis et outils) ; les voitures de section sont inscrites au nombre, sans décomposer le matériel qu'elles contiennent.

Les opérations à inscrire sont les suivantes :

Distributions. — 1re mise. Remplacement (perte et imputation).

Réintégrations — Perte. Versement d'outils appartenant aux hommes rayés de l'effectif de la compagnie.

Nota. — Chaque compagnie devant toujours avoir l'assortiment d'outils portatifs au complet (174 chargements) les outils ne sont pas emportés par les hommes lors des changements de compagnie.

SECTION VII. — **Ecoles**

Cette section comprend tout le matériel des diverses écoles.

On doit mentionner en tête des tableaux, les titres des divers paragraphes de la nomenclature.

SECTION VIII. — **Habillement d'instruction**

On porte dans cette section les effets d'habillement, de grand et de petit équipement destinés aux hommes de réserve de l'armée territoriale pendant les périodes d'instruction.

Les effet d'habillement d''ustruction sont en outre destinés à habiller les hommes qu'on présume ne pas devoir être maintenus au corps ; et à remplacer, le cas échéant, les effets dont sont détenteurs les hommes quittant le corps (tabeau B, *modèle 229)* pour ce dernier cas l'inscription au livre de détail est faite pour mémoire.

SECTION X. — **Lits militaires**

Comprend les opérations relatives au service des lits militaires, de couchage auxiliaire et du casernement, qui sont les suivantes :

Distributions. — 1re mise. Remplacement. (Perte).

Divers. — Hommes venus d'autres compagnies du régiment.

Réintégrations. — Hommes entrant en position d'absence.

Divers. — Hommes passés à d'autres compagnies du régiment.

Livret d'armement

(Le décret du 1er Mars 1880 n'a pas abrogé la tenue de ce registre, bien qu'il paraisse faire double emploi avec le registre des entrées et des sorties.)

Ce registre est tenu d'après les prescriptions du réglement du 1er mars 1854, sur la conservation des armes et leur entretien (art. 37.)

Les inscriptions doivent être faites et certifiées : 1° par les commandants ou directeurs de l'artillerie lorsque les armes sont délivrées dans le lieu où se trouve la compagnie ; lorsqu'elle est éloignée du lieu d'expédition des armes, le livret est adressé au directeur de l'artillerie et renvoyé à la compagnie après l'inscription, par l'intermédiaire du sous-intendant militaire.

2° Par le sous-intendant militaire lorsque le livret ne peut-être envoyé à l'établissement de l'artillerie, ce fonctionnaire est alors prévenu de l'envoi des armes par le directeur d'artillerie à qui il donne avis de l'inscription faite sur le livret.

3° Par le sous-intendant militaire pour les armes reçues d'autres corps.

La même règle est observée pour les versements d'armes.

Les recettes ou versements d'armes provenant de mutations entre la compagnie et la portion centrale du corps sont inscrites par le capitaine commandant et l'inscription est certifiée, sur le vu des factures d'expédition, par le sous-intendant militaire.

Chaque année au 31 décembre, le livret d'armement est arrêté par le commandant de la compagnie et le sous-intendant militaire ; de manière à faire ressortir clairement l'effectif des armes, accessoires et caisses d'armes de chaque espèce.

Dans la première quinzaine du mois de janvier de chaque année, la compagnie adresse au ministre un état de situation de son armement au 31 décembre de l'année précédente.

Cet état est conforme au modèle n° 112 (circulaire ministérielle du 15 décembre 1879) indique exactement toutes les recettes et consommations d'armes qui ont eu lieu pendant ladite année.

Pour les demandes et versements d'armes voir *armement Dispositions générales*.

Livret de munitions modifié par la circulaire ministérielle du 6 mars 1882. (*Modèle n° 75 bis*).

Ce registre est tenu d'après les prescriptions du règlement du 1er mars 1854. (Art. 197 et circulaire du 6 mars 1882).

Les différends modèles de cartouches y seront classés, au compte des entrées et des sorties, par provenance et par date de fabrication. (Voir le modèle annexé à la circulaire ministérielle du 6 mars 1882. J. M. 1-82 page

Il est arrêté à la fin de chaque trimestre et présenté au visa du sous-intendant militaire.

Les inscriptions sont faites suivant les règles établies pour le livret d'armement.

Le commandant ou directeur d'artillerie doit en outre certifier en toutes lettres, les quantités d'étuis provenant de cartouches tirées qui donnent lieu aux indemnités de 0 fr. 13 et 0 fr. 07 par cent (circulaire ministérielle du 17 novembre.)

Dans les premiers jours de chaque trimestre, la compagnie adresse au ministre, directement, une situation de ses munitions, conforme au modèle XXVII annexé au règlement du 1er mars 1854, comprenant toutes les recettes et les consommations à partir du 1er janvier et l'existant à cette date.

Nota : Les compagnies détachées à l'intérieur et sous la tutelle du conseil d'administration, n'ont pas à envoyer de situation au ministre : les munitions des compagnies détachées à l'intérieur étant comprises sur la situation de la portion centrale.

Pour les demandes ou versements de munitions, voir *munitions Dispositions générales*

Registre des réparations d'armes

Ce registre est tenu suivant les prescriptions du règlement du 1er mars 1854 (art. 140.)

Il indique les dates des bulletins de réparations, les nos trimestriels, la désignation de l'arme, son numéro et sa lettre de série, le détail des réparations, le montant de chacune et à qui elles incombent; le total des réparations est alors inscrit dans l'une des colonnes ménagées à cet effet.

Ce registre est arrêté à la fin de chaque trimestre et à la fin de l'année il est fait une récapitulation des dépenses imputées soit aux hommes, soit à l'abonnement quand il y a lieu, soit à l'Etat.

Registre des bois marqués du poinçon E

Le registre des bois est tenu d'après les prescriptions du règlement du 1er mars 1854 (art. 113.)

Les corps ne peuvent refuser les bois de monture poinçonnés E (art. 112) soit pour pièces, soit pour toute autre cause.

On doit inscrire ces bois sur le registre du poinçon E dans le délai d'un mois (art. 145.)

Contrôles de harnachement, armes, outils, etc.

Les indications à inscrire sont les suivantes :

N° de série, n° matricule du détenteur, n° de la compagnie cause et date de la perte pour la compagnie.

Pour le harnachement, indiquer en outre le n° matricule du cheval auquel il est affecté et l'année de mise en service.

Registre des effets hors de service délivrés à titre de prêt

On doit indiquer pour les hommes de la compagnie, la nature et le nombre d'effets prêtés.

Nota : Lorsque les hommes quittent la compagnie, pour quelque cause que ce soit, les effets hors de service leur sont retirés et l'existant en service ne peut-être modifié qu'au moyen de pièces régulières appuyant les mouvements du magasin.

CHAPITRE V

DISPOSITIONS GÉNÉRALES

RELATIVES A L'HBILLEMENT, A L'ÉQUIPEMENT ET AU CAMPEMENT

Pendant la période de guerre, la compagnie tire des magasins de réserve du corps d'armée, les effets d'habillement de grand et de petit équipement dont elle peut avoir besoin.

Les compagnies du génie détachées en Algérie sont approvisionnées par les soins des intendants militaires de la Colonie.

Effets d'habillement

(Instruction Ministérielle du 9 mars 1879.)

En Algérie et en campagne le capitaine commandant établit dans le courant du premier mois de chaque trimestre, en prévision des besoins du trimestre suivant, pour l'habillement des sous-officiers et soldats, un état de demande *(modèle n° 1)* en simple expédition comprenant tous les effets énumérés au 1er paragraphe du tableau A du cahier des charges du 16 septembre 1878. *(Modèle n° 197.)*

Cette demande est accompagnée :

1° D'un état en double expédition, indiquant le nombre des pattes, de numéros et d'attributs nécessaires pour en pourvoir les effets d'habillement.

2° Pour chaque espèce d'effets, d'un état de pointure *(modèles n° 217, 218, 219, 220, 221, 222)* qui fait ressortir la quantité d'effets dont la compagnie a besoin pour chaque type, chaque subdivision de type et chaque variété de subdivision de type.

Les états de demande ne doivent jamais comprendre les effets figurant sur les demandes antérieures qui n'ont pas reçu satisfaction.

On doit éviter les à-coup importants, qui auraient pour effet de restreindre les demandes d'un trimestre, en exagérant celles d'un autre. (A cet effet, il serait utile d'établir pour une année et par trimestre, un contrôle nominatif des hommes de la compagnie avec l'indication du trimestre de remplacement de chaque effet. Les demandes seraient alors facilement établies en prenant les totaux pour chaque trimestre.)

Les compagnies doivent tenir compte, dans l'établissement des demandes, des réintégrations d'effets à provenir du renvoi des classes.

Les états de demande comprennent :

1° Les effets pour les sous-officiers ;

2° Les effets pour les caporaux, brigadiers et soldats.

Il est établi des états de pointure spéciaux pour chacune de ces catégories d'effets.

On établit à la même époque, et dans les mêmes conditions, un état de demande *(Modèle n° 2, modèle n° 198)*, pour les effets non énumérés au tableau A du cahier des charges du 16 septembre 1878. Cet état contient en même temps la demande des matières et des accessoires d'effets d'habillement.

Ces demandes sont accompagnées d'états de taille ou pointure en ce qui concerne les pantalons de toile *(Modèle n° 225)*.

Effets de grand équipement, guêtres de cuir et chaussures

(9 mars 1879.)

Dans la première quinzaine du deuxième mois de chaque trimestre, chaque compagnie établit, en prévision des besoins du trimestre suivant, un état de demande *(Modèle n° 197.)* en simple expédition, comprenant les effets de grand équipement, de chaussures et les guêtres de cuir énumérées au tableau A faisant suite au cahier des charges du 19 septembre 1878.

Cet état est accompagné d'état de pointure, en double expédition établis séparément pour :

Les ceinturons ; *(Modèle n° 223.)*

Les effets de chaussure (souliers, bottes et bottines.) *(Modèle n° 224)*.

Les guêtres de cuir ; *(Modèle n° 224.)*

Effets de campement (9 mars 1879.)

Les effets de campement sont compris sur un état *(Modèle n° 198)*, distinct de ceux fournis pour les effets d'habillement spéciaux ; le grand équipement, la chaussure et les guêtres de cuir. Cet état est établi dans la première quinzaine du deuxième mois de chaque trimestre.

Effets de petit équipement (9 mars 1879.)

Les effets de petit équipement (chaussures et guêtres de cuir exceptées) sont achetés directement par la compagnie (Règlement du 10 mai 1844, chapitre III, modifié par le décret du 16 février 1875), et dans les limites fixées par la nomenclature du service de l'habillement.

Les achats sont faits au moyen de marchés.

La compagnie ne doit comprendre dans ses marchés, que les effets nécessaires aux besoins du trimestre.

On ne doit pas passer des marchés qu'après entente préalable avec le conseil d'administration. Ces marchés sont soumis à l'approbation du sous-intendant militaire.

Effets au compte du service de l'habillement

Les compagnies peuvent être autorisées, dans les conditions spécifiées à l'article 21 du décret du 1er mars 1880 et suivant les mêmes règles que pour les effets de petit équipement, à procéder à l'achat de matières et d'effets appartenant au service de l'habillement non compris dans les cahiers des charges généraux tels que galons de grade, d'ancienneté et de fonction ; rubans de médailles, clairons et cordons de clairons, etc., etc. *(Modèle n° 80).*

Effets confectionnés par les ouvriers de la compagnie (9 mars 1879.)

1° EFFETS D'HABILLEMENT

Le commandant de la compagnie fait confectionner par l'ouvrier tailleur, les pattes, écussons et attributs découpés en drap, pour collets d'effets ou bandeaux de képis, mais seulement dans le cas où ces objets ne peuvent être fournis par le magasin administratif du chef-lieu de la circonscription. Pour les sapeurs-conducteurs, la calotte d'écurie est aussi confectionnée par l'ouvrier tailleur (Circulaire du 18 septembre 1880).

Les matières, les accessoires d'effets d'habillement et les galons sont remis à l'ouvrier tailleur conformément à l'article 131 du décret du 1er mars 1880.

2° EFFETS DE CHAUSSURES

Les chaussures destinées aux hommes ayant une conformation

vicieuse des pieds et toutes celles de pointure inférieure à 26 centimètres sont confectionnées par l'ouvrier cordonnier de la compagnie qui est tenu de fournir les matières nécessaires à ces confections.

Réception des matières, effets et objets (9 mars 1879.)

Pour le matériel reçu d'un autre corps ou établissement, le capitaine commandant ne donne décharge au transporteur qu'après s'être assuré du nombre, du poids et de l'état des colis. Il n'adresse au corps ou comptable expéditeur, le récépissé du matériel qu'après avoir vérifié l'exactitude, la qualité ou le classement des quantités portées sur la facture d'expédition.

Il demeure responsable des différences qu'il n'aurait pas fait constater à l'arrivée par l'autorité chargée du contrôle.

Lorsque les manquants, avaries, déchets ou moins-values constatées à l'arrivée sont reconnus devoir rester au compte de l'expéditeur, le capitaine commandant ne prend en charge que les quantités réellement reçues ; il joint à son récépissé une copie du procès-verbal de réception, à l'aide duquel l'expéditeur rectifie ses écritures, s'il y a simplement erreur de sa part, ou fait sortie dans ses comptes, à charge de remboursement par ses soins des quantités perdues ou avariées qui lui ont été imputées.

Ces deux pièces sont mises par l'expéditeur à l'appui de la sortie correspondante.

Pour que l'expéditeur ne puisse pas exciper d'une constatation inexacte et chercher ainsi à dégager sa responsabilité, le capitaine commandant doit toujours avoir soin, dès qu'il croit reconnaître des avaries ou des déficits, de demander au sous-intendant militaire de désigner une personne compétente pour représenter l'expéditeur dans les opérations de vérification du contenu des colis.

Ce représentant doit être entendu dans ses observations et signer le procès-verbal avec le capitaine.

Lorsque les déficits ou avaries sont mis à la charge du transporteur ou de l'état, le capitaine fait entrée dans ses comptes de la totalité de l'expédition, telle qu'elle est indiquée sur la facture, et sorties des quantités manquantes conformément au procès-verbal de réception ou autres pièces justificatives.

Il adresse à l'expéditeur, au bas de la facture, récépissé de la totalité de l'expédition.

Le sous-intendant militaire, rapporteur du procès-verbal poursuit les recours de l'Etat, en ce qui concerne les pertes ou moins-values à la charge du transporteur.

Le matériel versé ou expédié à d'autres corps ou établissements n'est porté en sortie qu'à la date du récépissé du destinataire.

Les objets dont le récépissé porte une date postérieure au 31 décembre sont compris dans l'existant à cette même date, et ne sont portés en sortie que dans les comptes de l'année suivante.

Les caisses et toiles d'emballage dont les compagnies n'ont pas l'emploi sont réexpédiées savoir :

Au magasin administratif près de l'atelier civil de confection, quand elles proviennent de ce magasin.

Au magasin administratif de la région dans tous les autres cas.

Les caisses doivent être en bon état. Elles sont expédiées montées et avec leur couvercle recloué, par exception aux dispositions de l'Instruction du 31 décembre 1879, pour l'exécution des traités de transport, relatives au retour des emballages vides (Circulaire ministérielle du 22 mai 1880).

Les matériaux d'emballage qui ne pouvaient être utilisés ni renvoyés au magasin administratif sont versés aux Domaines après autorisation du sous-intendant militaire.

Les compagnies ne doivent pas procéder à une nouvelle vérification pour les matières, effets et objets expédiés par les magasins administratifs, ces effets et objets ayant été reçus par des commissions spéciales assistées d'experts.

Cependant le capitaine commandant est admis à présenter ses observations, quand les matières, effets ou objets ne lui paraissent pas être conformes, sous le rapport de la qualité des matières, de la confection ou des dimensions aux types ministériels.

Ces observations sont formulées sur un bulletin de vérification (*Modèle n° 4*, de l'instruction du 9 mars 1879), ce bulletin, établi en double expédition, doit contenir les propositions du capitaine commandant ainsi que l'évaluation de la dépense nécessaire pour la réparation des matières, effets ou objets. *(Modèle n° 195.)*

Effets provenant des confections civiles (9 mars 1879).

Les effets de grand équipement et de chaussures expédiés directement par l'entrepreneur régional à la compagnie sont adressés par lui à son représentant dans la place de garnison où se trouve la compagnie ; ce représentant ne doit livrer à la compagnie que des effets en bon état et réunissant toutes les conditions du cahier des charges.

La date de la remise de ces effets est constatée par un bulletin de dépôt.

Lorsqu'il n'y a pas de préposé à résidence fixe, l'entrepreneur peut, sous sa responsabilité, expédier directement au capitaine les effets destinés à la compagnie.

Dans ce cas, la date de la remise est constatée d'office par le capitaine et inscrite sur la souche du récépissé comptable qui doit, ainsi que la facture, accompagner l'expédition.

Les matériaux d'emballage sont la propriété de l'entrepreneur qui doit les faire enlever dans les 48 heures qui suivent l'acceptation des effets.

Effets achetés directement par la compagnie

On se conformera pour la réception de ces effets aux règles tracées par le décret du 1er mars 1880, art. 27, 191 et 192.

Primes normales d'essayage et d'ajustage (9 mars 1879).

Les compagnies font exécuter, au compte du service de l'habillement, par leur ouvrier tailleur, les retouches que nécessitent l'essayage et l'ajustage à la taille des hommes, des effets neufs provenant des confections civiles ainsi que des effets en cours de durée classés au service courant ou au service de réserve.

L'essayage et l'ajustage sont abonnés aux compagnies dans les conditions suivantes :

Pour chaque effet neuf provenant de confections civiles mis en distribution ; pour chaque effet en cours de durée classé au service courant et remis en service.	Capote. . .	0f 08.
	Tunique. . .	0 14.
	Veste. . .	0 07.
	Pantalon. .	0 05.

Lorsque les tuniques et pantalons de sous-officiers peuvent donner lieu au moment de la distribution et sur l'autorisation du sous-intendant militaire, à une dépense pour travaux d'essayage et d'ajustage qui ne peut excéder.

Pour tunique	1 fr. 25.
Par pantalon	0 fr. 50.

(Circulaires ministérielles du 12 novembre 1879 et du 22 mai 1880.)

Il n'est alloué aucune prime d'essayage ou d'ajustage pour les effets en cours de durée mis en service ; il en est de même lorsque les effets appartiennent au service d'instruction.

Retouches extraordinaires (9 mars 1879).

Lorsque les effets de toute nature expédiés par un magasin administratif à une compagnie détachée, donnent lieu à des observations critiques nécessitant des retouches extraordinaires, ces observations sont portées à la connaissance de l'autorité administrative supérieure au moyen du bulletin *(modèle n° 4*, de l'instruction ministérielle du 9 mars 1879) *(modèle n° 195.)*

L'intendant statue sur les propositions lorsque la dépense proposée par le capitaine ne dépasse pas 25 centimes par effet. Cette dépense est au compte du service de l'habillement.

Lorsque la dépense proposée excède 25 centimes, le bulletin est adressé au ministre qui statue.

Lorsque des réductions de prix sont autorisées sur la valeur des chaussures et des guêtres de cuir provenant des magasins administratifs, elles donnent lieu à des remboursements faits par le service de l'habillement à la masse individuelle.

Pièces destinées à constater la prise en charge des matières, effets ou objets reçus (Dans tous les cas, les factures établies par la compagnie sont blanches (1er mars 1880).

Les compagnies reçoivent des magasins administratifs, des factures en double expédition indiquant la nature, le nombre et le classement des matières, effets ou objets qui leur ont été délivrés ou expédiés.

Ces factures sont :

Blanches et roses pour le service courant.

Vertes et violettes pour le service de réserve.

Les factures blanches et vertes sont mises à l'appui du registre des entrées et des sorties.

Les factures roses et violettes, portant récépissé du commandant de la compagnie sont renvoyées à l'expéditeur.

Le commandant d'un détachement, s'il n'est pas officier, n'a pas qualité pour signer les récépissés.

Il est interdit aux signataires des récépissés, d'apporter des modifications aux factures provenant des établissements administratifs.

En cas de différence constatée à l'arrivée, la facture doit être appuyé du procès-verbal rapporté (voir réceptions d'effets). La date de ce procès-verbal est mentionnée au récépissé délivré par la compagnie.

Effets livrés par les entrepreneurs civils des confections militaires (circulaire ministérielle du 22 mai 1880).

Les effets livrés par les entrepreneurs civils des confections militaires donnent lieu à l'établissement d'une facture d'expédition et d'un récépissé à talon et à souche (*modèle n° 5*, de la nomenclature). Ces imprimés sont fournis par l'administration de la guerre.

L'entrepreneur remplit et signe la facture d'expédition qui est transmise à la compagnie par le sous-intendant militaire.

Après l'admission des effets, le capitaine établit le récépissé (récépissé comptable, talon et souche) y indique la date de commande et la date de la remise des effets.

La souche du récépissé est annexée à la facture d'expédition qui est mise à l'appui du registre des entrées et des sorties de matériel.

Chaque commande nécessite une facture d'expédition et un récépissé sur lesquels on inscrit comme il est dit plus haut, la date de la commande et la date de la remise des effets (Par remise d'effets on entend le dépôt par l'entrepreneur, des effets présentés en livraison, date qu'il ne faut pas confondre avec celle de la prise en charge définitive, laquelle peut-être postérieure à la date de la remise.

Les bottes ou bottines et les souliers sont inscrits, par pointure sur les factures d'expédition et les récépissés (recépissés comptables, talon et souche) : les marchés stipulant des prix différents pour chaque pointure.

Matières et effets achetés directement par la compagnie
(9 mars 1879).

L'inscription au registre des entrées et des sorties est justifiée par le talon de chaque facture établie par le fournisseur.

Paiement des effets reçus à charge de remboursement et des matières et effets achetés par les compagnies (9 mars 1879).

1° Effets de chaussure et guêtres de cuir livrés à charge de remboursement au Trésor.

Le sous-intendant militaire poursuit le remboursement au Trésor, par la masse individuelle, des souliers, bottines, bottes et guêtres de cuir livrés aux compagnies détachées, par les entrepreneurs civils, *au titre du service courant*

Le prix de ces objets est indiqué par la nomenclature du service de l'habillement ou par des décisions spéciales.

Lorsque les effets à charge de remboursement proviennent des magasins administratifs, *au titre du service courant* les factures roses portant récépissé du capitaine, doivent faire mention de la preuve de remboursement au Trésor, de la valeur des effets reçus.

Dans le cas où la situation de la caisse de la compagnie ne permettrait pas de faire ce remboursement à bref délai, la facture portant récépissé doit néanmoins être renvoyée au magasin administratif après que le sous-intendant militaire y aura mentionné l'impossibilité où se trouve la compagnie de se libérer.

Ce fonctionnaire reste chargé de poursuivre ce remboursement.

2° Chaussures et guêtres de cuir livrées à charge de paiement direct aux entrepreneurs civils des confections militaires.

L'administration de la guerre s'étant réservé la faculté de faire payer à l'entrepreneur, directement par les compagnies détachées, les souliers, bottines, bottes et guêtres de cuir, dont ces compagnies auraient pris livraison ; dans ce cas, le ministre prescrit aux commandants de compagnie de solder directement ces effets. Les paiements seront effectués sur les fonds de la masse individuelle et sur le vu d'une facture en double expédition (Cahier des charges du 19 septembre 1878).

Les quittances pourront être données sous forme de traites commerciales (Cahier des charges du 19 septembre 1878.)

Pour les dépenses imputables à la masse individuelle, il n'y a pas lieu de soumettre une expédition de la facture à la formalité du timbre (Article 200 de l'ordonnance du 10 mai 1844, modifié par le décret du 16 février 1875).

Il sera fait, le cas échéant, déduction des retenues encourues pour retard.

Le montant de ces retenues est versé trimestriellement au Trésor par prélèvement sur les fonds de la masse individuelle, à la diligence du sous-intendant militaire chargé de la surveillance administrative de la compagnie.

Les entrepreneurs sont payés aux prix assignés pour chaque pointure.

La compagnie prend charge de ces effets dans les comptes de la masse individuelle, à un prix moyen unique, quelle que soit la pointure (prix fixés par les tarifs ministériels). Le commandant de la compagnie établit en fin de trimestre, un certificat administratif décompté *(Modèle n° 5.)* faisant ressortir la différence que la compagnie doit reverser au Trésor, ou selon le cas, que le service de l'habillement doit rembourser à la compagnie (deux expéditions dans le 1er cas et trois expéditions dans le 2e cas).

On ne doit jamais différer le paiement des chaussures et guêtres de cuir livrés par les entrepreneurs avec lesquels l'administration de la guerre a contracté des engagements.

3° Effets de petit équipement, matières et effets d'habillement achetés directement par la compagnie; effets confectionnés par les ouvriers de la compagnie; primes d'essayage et d'ajustage.

Les effets de petit équipement, autres que les chaussures et les guêtres de cuir, achetés par la compagnie;

Les matières et effets du service de l'habillement également achetés par la Compagnie;

Les primes d'essayage et d'ajustage;

Le montant des retouches et réparations extraordinaires;

Les frais de confection par les ouvriers de la compagnie, sont payés sur le vu de factures des fournisseurs et ouvriers de la compagnie.

Ces factures doivent porter l'acquit du livrancier ou être appuyées de traites acquittées.

CHAPITRE VI

DIVISION DU MATÉRIEL EN DEUX CATÉGORIES

La première catégorie comprend les effets d'habillement et de coiffure auxquels on a assigné une durée à accomplir (tableau A, du décret du 1er Mars 1880). *(Modèle n° 228).*

Les effets de cuisine sont compris dans la 1re catégorie (note ministérielle du 30 Juin 1880).

La deuxième catégorie comprend tous les autres objets ou effets auxquels on n'a pas assigné de durée fixe ou seulement une durée de convention.

Les effets d'habillements et de coiffure de l'*habillement d'instruction* devant être employés jusqu'à usure complète et sans condition de durée, appartiennent à la deuxième catégorie.

Supputation de la durée réglementaire des effets

La durée réglementaire des effets de la 1re catégorie est supputée par trimestre, depuis et y compris celui ou la distribution en est faite par le magasin de la compagnie (tableau n° 1, *modèle n° 76*).

La durée des effets de 1re et 2me tenue est supputée d'une manière distincte pour chaque effet.

Lorsque les effets sont réintégrés en magasin avant d'avoir accompli leur durée réglementaire, cette durée est suspendue pendant qu'ils y séjournent. Le trimestre dans lequel s'effectue la réintégration est considéré comme accompli excepté dans le cas où l'effet est remis en service dans le même trimestre.

La durée n'est pas suspendue pour les effets déposés en magasin par les hommes entrant en position d'absence.

Mode de remplacement du matériel en service

Les effets de la première catégorie sont remplacés au terme de leur durée réglementaire.

Les effets de sous-officiers de 1re et 2me tenue ayant des durées distinctes, on doit remplacer chaque effet au moment où la durée qui lui est assignée a été parcourue.

Si ces effets n'ont pas accompli en 1re tenue tout le temps qu'ils avaient à parcourir, ils doivent être prolongés d'autant en 2me tenue (Note ministérielle du 30 Juin 1880). Voir la circulaire ministérielle du 29 Mars 1881 pour le remplacement des tuniques de sous-officiers et les pantalons de cheval.

Les objets de 2me catégorie ne sont remplacés qu'après avoir été réformés suivant les régles tracées par les instructions ministérielles.

Le remplacement des objets perdus ou mis hors de service, avant durée expirée ou réforme, s'opère dès que le fait a été dûment constaté, sauf imputation, s'il y a lieu, de leur valeur à qui de droit.

A l'intérieur et en Algérie aucun remplacement d'effets n'a lieu dans le trimestre qui précède celui pendant lequel expire le temps de service actif auquel les hommes sont astreints (Engagés volontaires. Rengagés).

Les hommes désignés ou proposés pour quitter la compagnie pour toute cause emportant radiation des contrôles du corps, ne reçoivent pas d'effets de remplacement à partir de la date de la notification à la compagnie, de l'ordre d'après lequel doit s'opérer la radiation.

Pour les troupes en campagne ou mobilisées, on peut remplacer en tout temps, les effets ayant parcouru la durée fixée.

Règles suivies pour les distributions et les versements en magasin

Pour les compagnies au dépôt du corps, au moment de l'appel des réservistes ou des hommes de l'armée territoriale, soit pour une mobilisation, soit pour une période d'instruction, les effets de toute nature présumés nécessaires pour habiller et équiper les hommes sont delivrés sur bon numérique provisoire. L'excédant des besoins est rendu au magasin et le bon provisoire est remplacé par un bon régulier *(modèle n° 96)* dès que les hommes sont habillés et équipés.

En Algérie et en campagne, les distributions et les réintégrations d'effets, armes etc., sont faites au magasin de la compagnie par les soins du capitaine commandant sur bons ou bulletins de versement

Les effets de la 1re catégorie, qui rentrent en magasin avant d'avoir accompli en service, leur durée réglementaire reçoivent immédiatement l'indication du trimestre de leur réintégration avec la lettre R. (réintégré). Ils reçoivent en outre, l'indication du nombre de trimestre restant à parcourir, *au moment où ils sont distribués de nouveau,* si cette opération a lieu pendant le trimestre de la réintégration, *et à la fin de ce trimestre,* dans le cas contraire.

De la nature et des époques des distributions

Les hommes sont habillés et équipés immédiatement après leur incorporation et la constatation de leur aptitude.

Les jeunes soldats de la 1re et 2me portion ne reçoivent d'effets neufs qu'à défaut d'effets en cours de durée ; dans ce dernier cas, les effets neufs sont attribués de préférence aux hommes de la 1re portion.

On distribue aux anciens soldats, à titre de remplacement, les effets d'habillements neufs, quand le nombre des effets en cours de durée, existant en magasin, ou dont la réintégration est prochaine, n'excède pas les besoins prévus pour l'habillement des jeunes soldats et l'entretien de l'approvisionnement d'instruction.

Les hommes de la réserve et de l'armée territoriale appelés pour une période d'instruction, reçoivent des effets de l'habillement d'instruction.

Lorsqu'on distribue des effets en cours de durée, on délivre d'abord autant que possible, ceux qui sont le plus près d'atteindre le terme de leur durée.

Les caporaux promus sous-officiers sont, au moment de leur promotion complètement habillés en effets de sous-officiers. Leurs effets de 1re tenue sont autant que possible pris parmi les effets neufs et ceux de 2me tenue, parmi les effets en cours de durée.

Le pantalon, en drap 19 ains, doit être conservé comme effet de 2me tenue (circulaire ministérielle du 29 Mars 1881) par le caporal promu sous-officier (Note ministérielle du 30 Juin 1880).

De même, le brigadier promu sous-officier, conserve le pantalon de cheval de 1re tenue en drap 19 ains, et verse au magasin le pantalon de cheval de 2me tenue (Note ministérielle du 30 Juin 1880 modifiée par la circulaire ministérielle du 29 Mars 1881)

Le maréchal-des-logis nouvellement promu se trouvera ainsi pourvu d'un pantalon d'ordonnance neuf, d'un pantalon de cheval neuf ou transformé en drap 23 ains, et enfin d'un pantalon de cheval en drap 19 ains (circulaire ministérielle du 30 Juin 1880).

Remplacement des effets des hommes qui doivent quitter le corps

A l'intérieur et en Algérie aucun remplacement d'effets n'a lieu dans le trimestre qui précède celui pendant lequel expire le temps de service actif auquel les hommes sont astreints (Engagés volontaires. — Rengagés).

Pour les hommes de la classe dont le renvoi anticipé est probable pendant l'année courante (circulaire ministérielle du 30 Juin 1880) et pour ceux qui sont désignés ou proposés pour quitter le corps ; aucun remplacement d'effets n'a lieu à partir de la date de la notification à la compagnie de l'ordre ou de la décision qui motive le renvoi ou la radiation des contrôles.

Effets emportés par les hommes faisant mutation

Les effets que doivent emporter les hommes faisant mutation sont indiqués au tableau B, *(modèle n° 229)*.

Les effets emportés par les hommes changeant de corps, sont versés, pour ordre, en magasin en même temps que les effets qui leur sont retirés qui y sont versés effectivement et il est établi par le capitaine commandant la compagnie 2 factures à l'adresse du corps ; une d'entrée *(modèle n° 180)* et une de sortie *(modèle n° 185)* pour les effets emportés.

Etablissement des bons et des bulletins

Il est établi des bons et des bulletins séparés pour les distributions et versements d'effets, objets ou ustensiles à inscrire séparément dans chacune des sections.

En outre, pour la 2e section, il est établi des bons et bulletins séparés pour les effets de campement et les objets mobiliers.

Les effets, objets ou ustensiles doivent toujours être portés sur les bons et les bulletins de versement, dans l'ordre des nomenclatures concernant les sections.

Les effets de la 1re catégorie *neufs* sont portés sur les bons de distribution par le chiffre 1, qu'on fait suivre au moment de la distribution, du chiffre indicatif du nombre de trimestres que ceux en cours de durée ont encore à parcourir. *(Exemple 1. 7.)*

Ces effets sont inscrits sur les bulletins de versement par l'indication du trimestre et de l'année de leur distribution *(exemple 3. 80)* et, quand il y a lieu, du chiffre indicatif du nombre de trimestres qu'ils avaient à parcourir au moment de la distribution (*Exemple 3. 80. 6.*)

Les effets qui sont réintégrés après avoir accompli leur durée sont distingués par un petit trait au-dessous des chiffres indicatifs. (*Exemple 2. 76.*)

Pour ceux qui sont abandonnés aux hommes présents à la compagnie ces chiffres sont suivis de la lettre A. (*Exemple 4. 75 A.*) Quand aux effets abandonnés aux militaires quittant le corps, la lettre est affectée d'un exposant indiquant le nombre de trimestres restant à faire. (*Exemple 4. 75 A^2*).

Enfin pour ceux dont la valeur a donné lieu à imputation, ces chiffres sont suivis de la lettre I. (*Exemple : 2. 77 I.*)

Les effets et objets de la 2e catégorie sont indiqués par le chiffre 1; mais pour les effets de harnachement, les armes et les outils portatifs on mentionne le n° de série.

Le modèle n° 96 des bons ou bulletins est utilisé pour les effets, objets, ustensiles etc. employés en commun dans les compagnies ou dans les services spéciaux : infirmeries, écoles, etc., etc.

Le format des bons ou bulletins est subordonné au nombre de colonnes nécessaires pour indiquer la nature des effets, objets, armes à distribuer ou à réintégrer.

Le modèle n° 97 sert pour les effets de petit équipement.

Marques à apposer sur les effets ou objets

Les effets de la 1re catégorie sont marqués *au magasin*, du n° du trimestre et de l'année de leur distribution, au moment où ils sont délivrés; le n° matricule de l'homme qui les reçoit est appliqué, *dans la compagnie* par les soins du capitaine commandant.

En outre de ces diverses marques, les effets neufs sont marqués *au magasin*, du n° du corps, au moment de la 1re distribution.

Les effets et objets de la deuxième catégorie sont marqués au moment où ils sont distribués pour la première fois, *au magasin*; du n° du corps ; *dans la compagnie*, du n° matricule de l'homme auquel ils sont affectés.

Toutefois les effets de harnachement, les trompettes et les clairons qui sont marqués d'un n° de série, ne reçoivent pas le n° matricule du détenteur.

Les armes sont marquées d'une lettre et d'un numéro de série.

Les outils sont marqués d'un numéro de série.

Lorsqu'une compagnie détachée reçoit directement des magasins de l'Etat ou d'autres corps, des effets de harnachement, des trompettes et des clairons, les nos de série ne peuvent être empreints que sur les indications du conseil d'administration central.

Le commandant de la compagnie doit, sous sa responsabilité, faire réapposer les marques qui disparaissent par suite de réparations ou d'accidents et celles qui cessent d'être apparentes.

Il veille spécialement à la conservation des anciennes marques sur les effets de la 1re catégorie, qui ont été mis en service après avoir accompli une partie de leur durée.

Les effets et objets pouvant recevoir une empreinte sont marqués des lettres H I lorsqu'ils sont classés à l'habillement d'instruction ; ils sont marqués H S lorsqu'ils sont classés au matériel hors de service.

INSTRUCTION

SUR LA MANIÈRE DE MARQUER LES EFFETS D'HABILLEMENT ET D'ÉQUIPEMENT DANS LE GÉNIE (Mai 1881).

Observations générales

Les effets de la première catégorie sont marqués chaque fois qu'ils sont distribués :

1° Par les soins de l'officier d'habillement, au moment de la distribution, du timbre du corps, du numéro du trimestre et de l'année de mise en service ;

2° Par les soins des commandants de compagnie, du numéro matricule de l'homme auquel ils sont affectés.

Les effets de la deuxième catégorie, affectés individuellement aux hommes, sont marqués au moment où ils sont distribués pour la première fois :

1° Par les soins de l'officier d'habillement, du numéro du corps, s'ils ne doivent pas porter une étiquette ;

2° Par les soins des commandants de compagnie, du numéro matricule de l'homme auquel ils sont affectés.

Lorsqu'ils doivent recevoir une étiquette, cette étiquette, indiquant le numéro du corps et les numéros matricules des détenteurs successifs, est placée par les soins des commandants de compagnie.

Réapposition des marques

Les commandants de compagnie doivent, sous leur responsabilité faire réapposer les marques qui disparaissent par suite de réparations ou d'accidents et celles qui cessent d'être apparentes ; il en est de même des étiquettes.

Ils veillent spécialement à la conservation des anciennes marques sur les effets de la première catégorie qui ont été mis en service après avoir accompli une partie de leur durée

Toutes les marques indiquant l'époque de la mise en service ou la réintégration d'un effet ne peuvent être renouvelées qu'avec le concours de l'officier d'abillement et au moyen des marques du magasin.

EFFETS D'HABILLEMENT

Observations générales

Les lettres et chiffres sont réguliers et de dimension uniforme, environ de 15 millimètres de haut. Ils sont imprimés en noir au moyen d'une composition indélébile et non corrosive. Chaque effet est marqué de la manière suivante, savoir :

Tunique. — En première ligne l'indication du trimestre et de l'année de distribution. En seconde ligne, le numéro matricule de l'homme.

Cette marque est apposée sur la doublure en toile, au bas du côté gauche intérieur, à 120 millimètres environ au-dessus du bord inférieur du devant de la tunique.

Lorsqu'il y a lieu d'appliquer une nouvelle marque, elle est apposée au-dessous ou a côté de la première.

De l'autre côté de la tunique et à la place correspondante il est appliqué un timbre présentant l'indication du corps dans un cadre elliptique d'environ 50 millimètres de large sur 25 millimètres de haut.

Capote. — Comme la tunique.

Manteau. — Comme la tunique.

Capote-manteau. — Comme la tunique.

Pantalon. — Mêmes marques. Les numéros placés sur la ceinture de gauche, à 50 millimètres environ des boutonnières. Le timbre du régiment à la place correspondante de la ceinture de droite.

Veste. — Comme la tunique.

Porte-manteau. — Sur le treillis qui double la grande patelette. A gauche de la fente verticale, la marque du corps; à droite, en commençant le plus haut possible, les numéros matricules l'un au-dessous de l'autre, assez rapprochés pour qu'on puisse en inscrire au moins cinq, et qu'il n'y ait pas d'hésitation à reconnaître le dernier numéro inscrit.

Ceinture de flanelle. — Entre les deux boutons de bretelles, parallèlement au bord et à égale distance de chacun des boutons, le timbre du régiment. Au-dessous, l'époque de la mise en service et en troisième ligne le numéro matricule de l'homme.

Ces diverses empreintes sont recouvertes avec du coton rouge par les soins du détenteur.

Epaulettes. — Sur une bande de toile de 30 millimètres de large, cousue sur la doublure dans le sens de la longueur depuis la naissance de l'écusson jusqu'au bas de la boutonnière, le timbre du régiment en travers et près de l'écusson; à côté, sur deux lignes, l'époque de la mise en service, et au-dessous le numéro matricule de l'homme.

Bourgeron. — Comme la tunique.

Effets de coiffure

Képi. —Le trimestre et le millésime en première ligne, le numéro matricule de l'homme en seconde, appliqués sur un morceau de toile fixé au calot et qui paraît à travers le trou pratiqué dans le rond en bazane.

Shako. — Sur une étiquette en papier, solidement collée en dedans sur le milieu du calot. En haut la marque du corps, au-dessous les numéros matricules.

Lorsque l'étiquette est changée, on reproduit dans leur ordre tous les numéros matricules des précédents détenteurs.

EFFETS DE GRAND ÉQUIPEMENT

Observations générales

Sur les effets de grand équipement en cuir, sauf ceux qui reçoivent une étiquette, les marques sont faites à froid avec des poinçons en acier de 10 millimètres de haut environ.

Havresac. — Deux marques apposées sur la doublure de la patelette et parallèlement au bord inférieur, à gauche de la fente qui forme la poche, la marque du corps, à droite les numéros matricules des détenteurs successifs, placés les uns au-dessous des autres.

Les courroies du sac reçoivent à 100 millimètres de l'enchapure de la boucle et sur la chair du cuir, d'abord la marque du corps, puis les numéros matricules des détenteurs successifs.

Cartouchière. — Sur une étiquette en papier solidement collée en dedans de la patelette à 10 millimètres. Mêmes marques et mêmes prescriptions que pour le shako.

Giberne. — Comme pour la cartouchière.

Banderole de la giberne. — La marque du corps en travers, près de l'extrémité du grand côté qui se boutonne sur la giberne, les numéros matricules aussi en travers au-dessous de la marque du corps.

Ceinturon. — Sur la chair du cuir, à l'extrémité de la bande du côté du D; en travers, la marque du corps; le numéro matricule également en travers, au-dessous des marques du corps.

A l'autre extrémité de la bande est apposé le chiffre indicatif de la taille.

Dragonne de sabre. — La marque du corps en long, près du gland. Pas de numéro matricule.

Bretelle de fusil. — La marque du corps en long à 30 millimètres de l'enchapure de la boucle. Pas de numéro matricule.

Etui de révolver. — Mêmes marques que sur la cartouchière, sur une étiquette en papier solidement collée au fond de la partie interne du recouvrement.

Trompette ou clairon. — Porte sur le rebord extérieur du pavillon l'indication du régiment, du numéro de série et du millésime de la mise en service. Ces empreintes sont faites ave les poinçons servant à marquer les fusils.

Cordon de trompette ou de clairon. — Reçoit le numéro matricule de l'homme sur un petit morceau de toile adapté au-dessous de la frange de l'un des glands.

Courroie de trompette. — Comme la bretelle de fusil.

EFFETS DE PEEIT ÉQUIPEMENT

Observations générales

Les effets de petit équipement en tissu sont marqués avec la même encre et les mêmes marques que les effets d'habillement.

Ces marques sont recouvertes par un faufilé de coton rouge par les soins du détenteur.

Les effets en cuir, en bois et en métal sont marqués avec des poinçons en acier.

Chemise. — Le timbre du régiment et au-dessous, en seconde ligne, le numéro matricule, de l'homme suivi de la lettre alphabétique de la compagnie.

Cette marque est appliquée sur le devant de gauche à hauteur et sur le côte à environ 50 millimètres du bas de la fente de poitrine.

Bottes, Bottines et cache éperons. — Le numéro matricule appliqué à froid avec des poinçons en acier en dedans de la partie antérieure de la tige de botte ou bottine et à 20 millimètres de son bord. La marque du corps est poinçonnée de la même manière sous la cambrure de la semelle, près du talon, à l'endroit ou porte le sous-pied.

Les mêmes marques sont appliquées à l'intérieur du cache-éperons.

Souliers. — Le numéro matricule de l'homme est appliqué à froid avec des poinçons en acier en dedans et sur le côté des quartiers La marque du corps est également poinçonnée sous la cambrure de la semelle, à l'endroit ou porte le sous-pied.

Guêtres en cuir. — Le timbre du régiment et le numéro matricule de l'homme appliqués en noir sur une seule ligne parallèlement et touchant presque à la sous-patte de laçure.

Guêtres en toile. — Mêmes marques apposées en dedans sous la ligne des boutons.

Pantalon de treillis et caleçon. — Sous la ceinture de gauche le timbre du corps, et, sous celle de droite le numéro matricule de l'homme et la lettre de la compagnie.

Cravate. — Mêmes marques sur les deux extrémités parallèlement à l'ourlet transversal.

Calotte de coton. — Mêmes marques, à 30 millimètres environ du bord.

Gants de peau. — Le numéro matricule de l'homme sous la partie intérieure du poignet. On y ajoute le timbre du corps.

Gants de coton. — Le numéro matricule de l'homme sous la partie interne du poignet.

Etui-musette. — L'indication du corps et le numéro matricule de l'homme en dedans de la patelette.

Petite Besace. — Le timbre du corps et le numéro matricule sur une seule ligne, au milieu et dans le sens de la longueur à 20 millimètres de la ligne d'ouverture.

Musette. — Mêmes marques au milieu entre les bords supérieurs et inférieurs, sur la face qui se présente en plaçant la boucle à gauche.

Gamelle. — Sur le couvercle à égale distance de l'anneau et du bord, le numéro du corps suivi du numéro matricule. Mêmes marques sur la gamelle entre les deux anses. (Ces marques sont faites par le chef armurier).

Quart. — Mêmes marques au-dessous du bord sur le côté opposé à l'anse (par le chef armurier).

Corde à fourrages. — Sur l'anneau en fer étamé, le numéro matricule de l'homme (par le chef armurier)

Objets de petite monture. — Mêmes marques à l'endroit le plus apparent et le plus pratique de tous ceux de ces objets qui en sont susceptibles.

Objets divers

Sac à distribution. — L'indication du régiment mise en travers au milieu de l'une des faces en gros caractères (70 millimètres de haut environ). Au-dessous et de la même grosseur, la lettre de la compagnie suivie du numéro de l'escouade à laquelle appartient le sac.

Pantalon de cuisine et d'infirmerie. — Sur la ceinture de gauche, le timbre du régiment suivi de la lettre de la compagnie.

Sac à avoine. — L'indication du régiment mise en travers au milieu de l'une des faces.

Au dessous, et sur une même ligne, la lettre de la compagnie et le numéro matricule de l'homme, écrits en caractères de 70 millimètres de haut environ.

Torchon de cuisine. — Mêmes marques que sur le pantalon de cuisine, près d'un angle.

Petit bidon. — Numéro du régiment et numéro matricule sur un morceau de toile cousu sur le fond de l'enveloppe.

Les ustensiles de pansage et les menus effets non-détaillés ci-dessus sont marqués de la manière appropriée à leur forme et à leur nature, toutes les fois, du moins, que la marque peut y être facilement appliquée ou que leur peu d'importance ne rend pas cette marque inutile.

Dispositions spéciales aux hommes de la 2e portion du contingent

Les dispositions qui précèdent sont également applicables aux effets de toute nature délivrés aux jeunes soldats de la 2e portion du contingent, mais le numéro matricule de l'homme sera précédé, dans ce cas, de la lettre indicative de la classe à laquelle il appartient. Exemple :

G. 960

INSTRUCTION

Sur le nettoyage et l'entretien des effets d'habillement, d'équipement, de campement et de harnachement dans le Génie (Mai 1881).

1° Habillement. — Le nettoyage des effets en drap s'opère de la manière suivante :

Capote, tunique, veste, pantalon, manteau. — Battre l'effet avec le martinet dans tous les sens, le brosser avec la brosse à habits afin d'enlever toute poussière et de rendre les taches plus apparentes ; faire disparaître ensuite les taches suivant leur nature, par l'emploi des ingrédients ci-après : A. L'eau tiède autant que possible. B. Le savon blanc ordinaire pour les doublures. C. L'ammoniaque liquide ou l'alcali volatil pour l'enlèvement des taches grasses sur les parties de drap qui ne sont pas doublées ou parementées. D. Le savon à détacher qu'on trouve dans le commerce, pour les taches grasses des parties pliées ou parementées.

Pour employer le savon à détacher, on procède de la manière suivante :

Humecter la tache avec de l'eau, frotter la partie humide avec le savon, de manière à en dissoudre une partie, frotter fortement avec la main, une éponge ou une brosse pour faire pénétrer le savon dans le corps de l'étoffe. Peu après étendre l'étoffe et mouiller avec de l'eau pure jusqu'à ce que le savon soit complètement enlevé.

E. L'eau écarlate pour les bandes de pantalon. F. L'acide oxalique pour les taches anciennes de sueur ou d'urine, ou autres de nature alcaline et qui ont résisté au moyens ci-dessus.

Cet acide doit être dissout dans dix ou douze fois son poids d'eau et déposé goutte à goutte sur la tache avec un petit jonc ou un morceau de bois blanc taillé en pointe. On mouillera préalablement la partie tachée dans l'eau pure, afin de faciliter la pénétration de l'eau acidulée et peu après l'emploi de cette dernière on mouillera encore avec de l'eau additionnée d'une petite quantité d'alcali, afin de neutraliser l'action toujours un peu destructive de l'acide qui pourrait être en excès. L'usage de l'acide oxalique, lorsqu'il sera reconnu indispensable devra être l'objet d'une attention particulière. Un sous-officier dans chaque compagnie, pourra être spécialement chargé d'en surveiller l'emploi.

Lavage des doublures. — Etendre l'effet sur une table ou le

placer sur le dos d'un homme, en ayant soin de retourner les manches; frotter les doublures avec de l'eau et du savon en se servant d'une brosse douce en chiendent ou d'une brosse à habits un peu usée, rincer les doublures à grande eau, jusqu'à ce que le savon soit complètement éliminé, exposer l'effet à l'air et à l'ombre pour le faire sécher lentement.

Le lavage des doublures ne devra jamais être pratiqué qu'après la disparition des taches; sans cette précaution, beaucoup de taches humides de l'eau de savonnage, échapperaient à l'attention pour ne reparaître qu'après le séchage de l'effet.

A la rentrée des exercices, exposer les effets à l'air afin de faire disparaître toute trace de transpiration, et ne les replacer sur la planche qu'après un complet nettoyage et séchage. Avant de brosser un effet, il est nécessaire de le battre en entier avec le martinet pour en faire sortir la poussière; on complète ensuite le nettoyage en se servant de la brosse à habits qui doit être inclinée légèrement du côté du drap.

Bandes de pantalon. — Enlever avec soin la poussière de l'effet, bien imprégner d'eau écarlate la partie que l'on veut nettoyer ou raviver en se servant d'une brosse, insister sur les taches, faire sécher à l'ombre. L'objet redevenu rouge et à moitié sec, passer dans le sens du poil la brosse fortement imbibée d'eau fraîche. Si une tache résiste à la brosse, pincer la tache dans un linge et frotter entre les doigts.

2° Coiffure. — *Képi.* — Nettoyer souvent la coiffure intérieure pour enlever la crasse, notamment à la rentrée des exercices; retourner le cuir, le frotter avec un chiffon légèrement humide, éviter de mouiller la visière exposer le képi à l'air après avoir enlevé les taches et la poussière.

Shako. — Même précaution pour la coiffe intérieure que ci-dessus. Nettoyer la plaque avec du tripoli, avoir soin de l'enlever du shako pour ne pas salir le manchon.

3° Grand équipement. — *Bretelle de fusil, ceinturon, belière, banderolle de giberne, giberne, porte-épée, baïonnette, havre-sac, cartouchière, étuis d'outils.* — Ces objets sont entretenus par l'asticage à l'encaustique de la manière suivante :

Etendre une couche de cet ingrédient sur l'objet à astiquer au moyen d'un astiquoir ou morceau de bois parfaitement taillé et uni, frotter ensuite légèrement avec un morceau de drap les parties encaustiquées pour leur donner le brillant nécessaire.

La couche d'encaustique devra être très-mince et partout uniforme, de façon à couvrir les parties de cuir qui ne portent pas sur les effets.

Il est formellement interdit de passer les effets devant le feu pour faire fondre l'encaustique ; lorsque, par suite du temps, il devient nécessaire d'enlever les anciennes couches, on raclera les cuirs avec précaution.

4° PETIT ÉQUIPEMENT. — *Guêtres de toile.* — Laver au savon ordinaire, rincer à grande eau.

Chaussures. — Laver les bottes à l'eau pure jusqu'à la tige, les essuyer avec un morceau de drap ou de toile et graisser les parties avec la nourriture Mironde. L'application de cet ingrédient se fait à l'aide d'un tampon en étoffe de coton, de fil ou de laine. Imbiber ce tampon complètement et le passer plusieurs fois sur le cuir. Si l'on manque de tampon, prendre l'huile avec la main, en enduire le cuir et, en frottant légèrement avec la paume de la main, faire pénétrer le produit dans le cuir.

En temps de neige, il est nécessaire de graisser les chaussures souvent.

Gants. — Les recoudre, les faire tremper quelque temps dans l'eau froide, les laver avec du savon ordinaire, les rincer, en exprimer l'eau le plus possible, les ganter et passer sur la partie extérieure une légère couche de blanc Pellegris ; les faire sécher à l'ombre, les ganter et les frotter à plusieurs reprises, en les retournant, avant qu'ils soient complètement secs, pour les rendre souples, puis les battre et les brosser jusqu'à ce qu'ils ne déteignent plus.

5° CAMPEMENT. — *Petits bidons et ustensiles divers.* — Recouvrir le petit bidon d'une enveloppe de drap, la rincer souvent à l'eau, nettoyer les bouchons pour éviter la moisissure. Astiquer la courroie comme les effets de grand équipement. Entretenir les marmites, gamelles et moulins à café au moyen de l'huile antoxyde Bourgeois.

Déplier fréquemment les seaux en toile et les exposer à l'air, les mouiller avant de s'en servir. Ne les plier qu'après séchage.

Outils. — Entretenir les parties en fer au moyen d'un léger graissage ; faire exécuter par un armurier les réparations reconnues nécessaires.

6° HARNACHEMENT. — *Harnais en cuir noir.* — Les cirer au moins une fois par semaine avec le cirage employé pour la chaussure, les graisser quatre fois par an avec de l'huile de pied de bœuf épurée et noire.

Harnais en cuir fauve. — Passer l'éponge humide sur toutes les parties imprégnées de sueur ou tachées de boue : si cela n'est pas suffisant laver avec l'éponge à l'exclusion de la brosse. Essuyer ensuite avec une pièce de drap ou de laine.

Graisser fréquemment la bricole au suif, du côté de la chair du cuir pour lui conserver une souplesse indispensable.

En outre, pendant les manœuvres et en campagne, le harnachement doit être l'objet de toute l'attention des sous-officiers ou brigadiers chefs de convois. Les réparations nécessaires doivent être exécutées immédiatement.

Au bivouac, abriter le harnachement dans les voitures, sinon le placer sous les voitures du côté opposé à la pluie.

Quand les harnais en cuir fauve ont besoin d'être graissés, on emploie la composition Dubbing de la façon suivante :

Laver les cuirs à l'eau pure, puis au savon noir quand l'eau ne peut donner un nettoyage complet. Avant que les harnais ne soient complètement secs, étendre la graisse avec un chiffon de laine, puis frotter jusqu'à siccité complète avec un autre chiffon bien sec. En dehors de ces graissages, passer de temps en temps la pièce de drap grasse sur les parties qui en ont besoin.

Destination des objets en service remplacés

Les effets de la 1re catégorie qui sont remplacés après avoir accompli en service la durée totale qui leur est assignée comme effets de 1re et 2e tenue, sont classés soit au matériel hors de service (section IX) soit à l'habillement d'instruction (section VIII) suivant leur état de conservation. Il peut-être distribué aux soldats du génie, au moment de leur arrivée au corps, une veste de corvée, choisie parmi les effets classés hors de service.

On doit laisser aux sous-officiers du génie, comme effets de 3e tenue ou de corvée, la tunique de 2e tenue remplacée après durée expirée ou réforme.

Les tuniques et vestes remplacées après durée expirée ou réforme et laissées aux détenteurs comme effets de corvée, doivent être réintégrées en écritures (section II) puis classées à la section IX. (Matériel hors de service.)

Les compagnies à l'intérieur ne devant pas avoir d'écritures à tenir pour le matériel hors de service en service, ces effets seront considérés comme en dépôt provisoire et ne donneront lieu, lors d'une distribution ou d'une réintégration, à aucun mouvement avec le registre des entrées et des sorties.

Les effets hors de service continueront à figurer comme étant en magasin (circulaire ministérielle du 30 juin 1880.)

Un registre, *ad hoc*, servira à l'inscription des distributions. Les réintégrations en magasin seront indiquées par la mutation des détenteurs.

Les effets et objets de la 2e catégorie remplacés après réforme sont toujours classés au matériel hors de service.

Les képis, pantalons et épaulettes sont, à l'expiration de leur durée réglementaire, la propriété des détenteurs, qui ne peuvent toutefois en disposer qu'avec l'autorisation de leur capitaine.

La veste remplacée peut-être laissée à l'homme comme vêtement de corvée. Cet effet est reversé au magasin lorsque la veste de première tenue est à son tour remplacée, ou lorsque l'homme quitte définitivement la compagnie.

Les galons ornements et marques distinctives en métal et en laine, réintégrés en magasin avec les effets qui les portent, reçoivent le même classement que ces effets tant qu'ils y restent adhérents.

Dès que, pour quelque motif que ce soit, les galons en or et ornements réintégrés sont détachés des effets, ils peuvent, d'après leur état de conservation, être classés à l'une des sections II, VIII ou IX ; si c'est à cette dernière section, ils y sont portés en recettes au poids.

Les galons et ornements de laine, séparés des effets qui les ont portés, sont toujours classés à l'une des sections VIII ou IX.

Effets apportés par les hommes venant d'autres corps

Lorsque les effets des hommes venant d'autres corps ne peuvent être utilisés à la compagnie comme effets de 1re ou 2e tenue, le capitaine commandant en rend compte au sous-intendant militaire chargé de la surveillance administrative qui prescrit suivant le cas, le versement de ces effets à un autre corps ou magasin où ils peuvent être utilisés, ou leur passage à la section IX.

Les effets apportés par les hommes venant d'autres corps sont inscrits d'après les factures d'expédition ou de livraison *(Modèle n° 180.)*

Destination du matériel hors de service

Le matériel hors de service est utilisé en partie :

1° Pour les réparations, la couverture des petits bidons, la confection des calottes d'écurie, etc.

2° Pour les services de l'artillerie, des prisons, des hôpitaux et des ambulances.

Les objets qui ne sont employés à aucuns de ces usages sont remis à l'administration des Domaines pour être vendus.

Les boutons sont retirés des effets hors de service, ceux qui ne peuvent plus être utilisés sont remis à l'administration des Domaines après avoir été brisés. Le reste est versé dans les magasins de l'Etat à l'exception des quantités qui peuvent être nécessaires aux réparations.

Les armes hors de service sont versées dans les magasins de l'artillerie.

Dans le courant du premier mois de chaque trimestre, le capitaine commandant la compagnie établit les états d'emploi du matériel hors de service *(modèle n° 194)* et les adresse en double expédition au sous-intendant militaire qui les transmet à l'intendant.

Une expédition, modifiée s'il y a lieu, est adressée pour exécution au commandant de la compagnie.

Le capitaine livre ou expédie aux autres corps ou établissements sur des factures *(modèle n° 180 et 185)* les effets et objets qui leur sont destinés.

Pour les effets employés aux réparations, il établit une facture *(modèle n° 183)* pour y justifier la sortie dans les comptes du matériel.)

Quant au matériel à remettre à l'administration des Domaines, la compagnie attend les ordres du sous-intendant militaire chargé de lui faire connaître la date de la vente. La sortie du matériel vendu est justifiée par des extraits de procès-verbaux *(modèle n° 192.)*

Dépôt dans les magasins de la compagnie des objets en la possession des hommes qui s'absentent

Les objets que les hommes entrant dans une position d'absence ne doivent pas emporter avec eux, sont visités et déposés au magasin de la compagnie avec un bulletin de dépôt *(modèle n° 96)* qui en présente exactement la désignation et indique la valeur approximative des dégradations qui y sont reconnues. Cette indication est aussi inscrite, *pour mémoire*, aux livrets matricules et individuels de l'homme à la suite de l'arrêté provisoire de son compte.

Exemple :

11 mai 1880. Entré à l'hôpital avec 45 fr. 60.

Sauf les imputations ci-après :

Tunique : un nettoyage	0 fr. 15
Havre-sac : une petite courroie perdue	0 fr. 70
TOTAL.	0 fr. 85

Ce bulletin de dépôt est rendu avec les effets à l'homme rentrant dans la position de présence ; mais s'il est rayé des contrôles pendant son absence, le bulletin est conservé par le capitaine commandant pour justifier les imputations mises au compte de la masse individuelle.

Les hommes stationnés en Algérie et en Tunisie qui entrent à l'ambulance ou à l'hôpital n'emportent que les effets d'habillement et de petit équipement, et les autres effets et armes sont déposés dans le magasin de la compagnie toutes les fois qu'il y a un local pouvant servir de magasin, dans le cas contraire les hommes emporteront tous leurs effets et armes. A leur sortie de l'hôpital, les hommes reprendront, s'ils rejoignent leur compagnie, tous leurs effets et armes, mais s'ils partent en congé de convalescence, ils ne reprendront que les effets d'habillement et de petit équipement, (le havre-sac n'est pas emporté). Le comptable de l'hôpital versera les effets de grand équipement et de campement dans le magasin administratif le plus à proximité et remettra les armes à l'établissement d'artillerie le plus voisin.

Les hommes rentrant de convalescence devront représenter tous les effets d'habillement et de petit équipement dont ils étaient détenteurs à leur sortie de l'hôpital.

Si, dans le cours de leur congé, les hommes passent dans la disponibilité, ils conserveront, pour être représentés lors des convocations annuelles, tous les effets d'habillement à l'exception de la capote et du manteau qui seront retirés par les soins de la gendarmerie (Cre ministérielle du 17 janvier 1882).

Destination à donner aux objets de la 1re catégorie, provenant des hommes rayés des contrôles en position d'absence

Les effets et objets de la 1re et 2e catégorie en la possession des hommes qui décèdent à l'hôpital du lieu ou qui s'en évadent, sont compris sur un état dressé par l'officier comptable ou l'économe de l'établissement et réintégrés au magasin de la compagnie.

Les objets laissés dans un hôpital externe, et ceux qui y sont déposés par la gendarmerie comme provenant des hommes décédés ou maintenus définitivement dans leurs foyers, reçoivent la destination assignée par le sous-intendant militaire. Ils doivent être expédiés à la compagnie à laquelle ils appartiennent, l'expédition en est faite, selon les ordres du sous-intendant militaire qui transmet à la compagnie les états dressés par le comptable de l'établissement. Une expédition de cet état, revêtue du récépissé du capitaine commandant est renvoyée au comptable de l'hôpital.

Dans les cas où les effets ne seraient pas adressés à la compagnie le capitaine envoie au sous-intendant militaire qui a donné l'avis, les factures *(mod. n° 6 et n° 11)* dont l'une *(mod. n° 11)* lui est renvoyée revêtue de la prise en charge du corps ou de l'établissement réceptionnaire.

Ce corps ou établissement donne également récépissé au comptable de l'hôpital sur la 2ᵉ expédition de l'Etat, en y indiquant que les objets ont été compris sur la facture dont on rappelle la date et le numéro.

Dès que la compagnie reçoit les effets ou la facture portant récépissé d'un autre corps ou établissement, le capitaine commandant établit les bulletins de versement et inscrit la réintégration au livre de détail (2ᵉ partie).

Les états particuliers, établis par les comptables des établissements sont toujours joints aux bulletins de versement.

Réintégration dans les magasins de l'Etat

Les réintégrations que la compagnie peut avoir à effectuer dans les magasins de l'Etat, sont faites par le capitaine commandant sur un état de demande revêtu de l'approbation de l'autorité administrative.

Le sous-intendant militaire peut donner l'ordre de réintégrer dans les magasins de l'Etat, les effets excédant les besoins de la compagnie.

Dans ces deux cas, le comptable réceptionnaire, délivre un récépissé extrait du livre à souche réglementaire pour appuyer la sortie dans les comptes de la compagnie.

Les effets d'habillement et d'équipement en cours de durée à réintégrer dans les magasins de l'Etat doivent, au préalable être mis dans un état satisfaisant d'entretien et de propreté.

Les effets hors de service doivent également remplir cette condition. (Note ministérielle du 19 mai 1863, page 241).

Entretien des effets d'habillement, de grand équipement et de chaussure

Les corps demeurent libres, en temps de paix, de procéder par abonnement ou au moyen du régime de clerc à maître, selon qu'ils trouvent économie à faire usage de l'un ou de l'autre système (circulaires ministérielles des 15 octobre 1874 et 27 avril 1877 (M)).

Le régime de l'abonnement n'est pas applicable au temps de guerre. (Note ministérielle du 13 juin 1873).

Sous le régime de clerc à maître, toutes les réparations faites ordinairement par l'abonnataire et à son compte, en vertu de son marché d'abonnement *(mod. n° 84 et suivants)* tombent de droit à la charge de la masse générale d'entretien (circulaire ministérielle du 15 octobre 1874).

Les réparations, tant au compte de la masse individuelle que de la masse d'entretien, sont exécutées d'après les bulletins de réparations *(mod. n° 99)* signés par le capitaine commandant et l'officier de section.

Les bulletins dont le montant est imputable à la masse d'entretien sont distincts des autres.

Le capitaine fait inscrire les bulletins au fur et à mesure de leur remise aux ouvriers, sur un bordereau d'enregistrement journalier.

A cet effet, il dresse deux bordereaux, l'un *(mod. n° 100)* pour les réparations exécutées au compte de la masse individuelle, l'autre *(mod. n° 101)* pour celles incombant à la masse générale d'entretien.

Nota. — Au moment du passage du régime de l'abonnement au régime de clerc à maître, le capitaine commandant doit s'assurer du bon état d'entretien des effets. Les réparations reconnues nécessaires, et qui ne sont pas imputables à la masse individuelle incombent à la charge des abonnataires.

Ces prescriptions sont également observées lorsque la compagnie quitte la portion centrale du corps pour être détachée à l'intérieur.

Les réparations reconnues nécessaires et qui incombent à l'abonnement sont imputables au caporal 1er ouvrier du régiment.

Paiement des ouvriers

A la fin de chaque trimestre, le capitaine commandant réunit aux bordereaux d'enregistrement, les bulletins journaliers remis aux ouvriers et dresse deux bordereaux *(mod. 102 et 103)* indiquant le montant des réparations exécutées tant au compte de la masse individuelle qu'à la charge de la masse d'entretien (2e portion) ainsi que la somme qui revient à chacun des ouvriers Il solde ensuite les ayants-droits sur leurs quittances et inscrit la dépense au registre-journal.

Réparations à prix débattu

Lorsque les réparations s'exécutent à prix débattu et qu'un ouvrier réclame, dans le courant du trimestre, le prix de son travail le paiement s'effectue immédiatement sur un bulletin nominatif *(modèle n° 99)* l'ouvrier donne acquit sur cette même pièce et dépense en est faite au registre journal.

Si les paiements sont effectués par trimestre, il est tenu un bordereau d'enregistrement journalier *(modèle 104)* qui est totalisé en fin de trimestre et quittancé par les ouvriers.

Moins-values

La fixation du prix des matières, effets, etc, aux classements autres que le classement *neuf*, résulte du prix déterminé par ce dernier classement réduit du 0/0 fixé pour le matériel de chaque service, sans arrondir à 5 ou 10 centimes et sans tenir compte des millièmes (circulaire ministérielle du 30 juin 1880).

Sur les pièces de dépenses, les décomptes en deniers ne doivent comprendre que deux décimales après les francs. On force d'une unité la seconde décimale lorsque la troisième est 5 et au-dessus.

Le décompte de la valeur des objets détériorés, mis hors de service ou perdus dont le montant doit être versé au Trésor s'établit de la manière suivante :

1° Objets détériorés mais réparables.

Le décompte comprend la valeur de la fourniture et de la main-d'œuvre nécessaires pour les remettre complétement en état de faire le même service qu'avant la dégradation.

Les réparations à faire aux objets de toute nature, *détériorés*, doivent toujours être effectuées assez complètement pour que la valeur de ces objets réparés ne soit pas inférieure à celle qu'ils avaient avant la dégradation et qu'ils puissent parcourir la même durée.

Toutefois, si le prix de la réparation d'un objet excède la somme à payer par le détenteur pour la mise hors de service, la réparation n'est pas faite, l'objet est alors classé *hors de service* et l'imputation a lieu en conséquence.

2° Objets mis hors de service.

1° *Matériel de la 1re catégorie.* (Voir prix de base, faisant suite à la nomenclature de l'habillement, pour les imputations aux objets de campement). Le décompte est basé sur le nombre de trimestres y compris le trimestre courant, que l'effet aurait encore à parcourir pour atteindre le terme de sa durée réglementaire et sur le prix que la nomenclature lui attribue au classement *neuf*.

Exemple : Une veste du 3e 80 est mise hors de service dans le 1er 81, la durée assignée étant de quatre trimestres, il reste à imputer :

Valeur $\frac{14,68 \times 2}{4} = \frac{29,36}{4} =$ 7 fr. 34 moins-value à imputer

Un manteau du 1er 74 a été mis hors de service au 2e 80, la durée de l'effet étant de 32 trimestres, il reste 7 trimestres à imputer.

Valeur $\frac{49,06 \times 7}{32} = \frac{343,42}{32} =$ 10 fr. 731 moins-value à imputer.

En chiffres ronds 10 fr. 73

2° *Habillement d'instruction.* — Le dixième du prix de l'objet neuf.

Exemple : Une tunique de soldat dont la valeur est de 24 fr. 96, mise hors de service est imputée $\frac{24,96}{10} =$ 2 fr. 496 en chiffres ronds 2 fr. 50.

3° *Armes et accessoires d'armes.* — Les armes mises hors de service, par la faute des hommes sont toujours portées dans le décompte au prix de l'objet neuf.

4° *Tous autres objets.* — Le prix de l'objet *neuf* ou *bon*, suivant le cas, diminué de la valeur que la nomenclature lui attribue au classement *hors de service* qui est évalué au dixième de l'objet neuf. (Nomenclature H et J. du 30 décembre 1880).

Pour les objets en service, le décompte s'établit toujours d'après le prix affecté au classement *bon*.

Exemple porte-manteau.

Valeur effet neuf 9 fr. 28, valeur effet bon. . . .	5,57.
Moins-value, effet hors de service.	0,93.
Sommes à imputer.	4,64.

3° Objets perdus.

1° *Matériel de la 1re catégorie.* — Le décompte établi comme ci-dessus, est augmenté de la valeur d'un trimestre sans que l'imputation totale puisse excéder le prix de l'objet *neuf*.

Exemple : Un képi de soldat du 1er 80 est perdu dans le 1er 81, la durée assignée en France étant de 8 trimestres, il reste 5 à imputer.

Valeur $\frac{3,08 \times 6}{8} = \frac{15,40}{8} = 1,925$ moins-value à imputer 1,93.

2° *Habillement d'instruction.* — Le cinquième du prix de l'objet neuf.

Exemple : Un pantalon de cheval de soldat dont la valeur est de 29 fr.83 perdu et imputé $\frac{29,83}{5} = 5,966$ en chiffres ronds 5 fr. 97.

3° *Armes et accessoires d'armes.* — Le prix de l'objet *neuf.*

4° *Tous autres effets.* — Le prix de l'objet *neuf, bon ou mis hors de service* suivant le cas.

Imputation sur la masse individuelle de la valeur du matériel perdu, détérioré ou mis hors de service par la faute des hommes.

La valeur calculée comme il est dit ci-dessus, de tous les effets dont les hommes sont détenteurs et qui sont perdus, détériorés ou mis hors de service par leur faute, est imputée à la masse individuelle. Le montant de la perte ou de la moins-value est constatée par un bulletin d'imputation *(modèle n° 98)* établi par le capitaine commandant et vérifié par le sous-intendant militaire.

Ces dispositions sont applicables aux effets que les hommes, venant d'un autre corps, ne peuvent représenter à leur arrivée, ou qui sont reconnus hors de service, bien qu'ils n'aient pas accompli leur durée règlementaire.

Versement au Trésor du montant des imputations

Le premier jour de chaque trimestre, le capitaine commandant au moyen des bulletins d'imputation dont il est dépositaire, établit par article du budget :

1° *Un état à talon (modèle n° 193)* en simple expédition, des imputations applicables au trimestre précédent.

Cet état indiquera pour le seul service de l'habillement et du campement la division de la somme totale comme suit (note ministérielle du 30 juin 1880.)

Exemple :

Habillement. . .	17.20.
Grand équipement.	2.25.
Campement. . .	4.50.
TOTAL. . . .	23.95.

2° *Un état récapitulatif (modèle n° 105)* aussi en simple expédition, des bulletins d'imputation.

Ces états arrêtés par le capitaine commandant, sont soumis à la vérification du sous-intendant militaire chargé d'établir l'ordre de reversement pour les sommes que la compagnie doit verser au trésor, tant pour les déficits imputés que pour les imputations comprises dans les états à talon. *(Modèle n° 193.)*

Demande de récépissé

Dans les vingt premiers jours du trimestre, le montant des imputations est versé par le capitaine dans la caisse du payeur d'armée, à cet effet il établit une demande de récépissé *(modèle n° 106)*. Le payeur d'armée délivre alors un récépissé et inscrit sa déclaration de versement sur chacun des états sus-indiqués.

Le premier état, *séparé du talon*, est conservé par l'agent du trésor, le talon et l'état récapitulatif *(modèle n° 105)* restent entre les mains du capitaine commandant, *le premier* comme pièce justificative de la sortie des matières et effets ; *le second* avec les bulletins d'imputation, pour justifier la dépense en deniers.

Le récépissé délivré au capitaine par le payeur, est adressé au sous-intendant militaire pour être transmis au ministre.

Une expédition de l'ordre de reversement est jointe au récépissé.

Imputations diverses aux militaires n'ayant pas de masse individuelle

Le montant des imputations à faire à des détenteurs n'ayant pas de masse individuelle (officiers, adjudants etc.) est remboursé directement entre les mains du capitaine commandant.

L'établissement des bulletins d'imputation et le versement au trésor se font conformément aux règles établies ci-dessus.

Les bulletins d'imputation sont réunis dans l'état trimestriel où doivent être récapitulées toutes les imputations.

Le capitaine commandant par une annotation spéciale, indique sur l'état *(modèle n° 105)* la division de la somme totale, entre les militaires qui ont et ceux qui n'ont pas de masse.

Exemple :	Masse individuelle.	22.50.
	Divers.	7.50.
TOTAL (égal au montant des imputations).		30.00.

Pertes ou détériorations par cas de force-majeure.

Voir *Dispositions relatives à l'armement* pour les pertes de matériel du service de l'artillerie.

Les procès-verbaux destinés à constater les pertes et les détériorations ne provenant pas de la faute des détenteurs sont conformes au *modèle n° 190*, complété suivant les besoins ; *ces procès-verbaux sont décomptés.*

Le sous-intendant militaire, après enquête, peut décider la mise au compte de l'Etat, des pertes, moins-values et détériorations, lorsque la somme ne dépasse pas cinquante francs.

La décision appartient aux intendants militaires, lorsque la dépense supérieure à 50 fr. ne dépasse pas 100 fr. Dans tout autre cas, la décision est réservée au ministre.

Les procès-verbaux soumis à l'approbation de l'autorité supérieure sont adressés en simple expédition.

Des extraits *(modèle n° 191)* signés par le sous-intendant militaire détenteur de la minute du procès-verbal, justifient les sorties dans les comptes de la compagnie, ainsi que les dépenses pour réparations.

Lorsque les procès-verbaux de perte approuvés définitivement entraînent une dépense en deniers, et que l'imputation de cette dépense au fonds spécial de l'un des divers services n'est prescrite par aucun règlement ou instruction, l'imputation en est faite soit à la masse générale d'entretien (2e portion) soit à la masse de harnachement et ferrage selon le cas.

Réforme des effets ou objets

Les réformes ont lieu annuellement à l'inspection générale et aux époques fixées par les instructions ministérielles.

On établit deux états, en double expédition pour les effets proposés ; sur le premier, désigné par la lettre A, on porte tous les effets ayant atteint le terme de leur durée ; sur le second, désigné par la lettre B. on inscrit ceux dont la durée n'est pas achevée.

Le campement donne lieu à l'établissement de deux états semblables.

Pour les armes et objets composant le matériel de l'artillerie et des équipages militaires, le capitaine d'artillerie, inspecteur d'armes propose seul la réforme (voir armement.)

DISPOSITIONS RELATIVES AU PETIT ÉQUIPEMENT

Le bourgeron en toile est distribué aux troupes du génie en Algérie, sur les fonds de la masse individuelle (circulaire ministérielle du 17 juin 1879.)

Conditions de délivrance d'effets de petit équipement aux hommes libérables

A partir du 1er avril de chaque année, il ne devra plus être distribué d'effets de petit équipement aux hommes dont la masse présenterait un avoir inférieur à 12 francs.

En cas de nécessité absolue, il sera délivré des effets de petit équipement en cours de durée, provenant des hommes décédés, des réservistes etc. (circulaire ministérielle du 29 août 1879 et circulaire ministérielle du 28 avril 1880.)

Destination à donner aux effets de petit équipement provenant des hommes décédés, disparus, etc., etc.

Les effets de petit équipement laissés à la compagnie par les hommes qui cessent d'y appartenir, ou par les hommes décédés, disparus etc., etc., sont versés au magasin de la compagnie.

Ces effets sont compris sur les certificats administratifs trimestriels *(modèle n° 179)* établis à la compagnie et font l'objet d'une inscription spéciale au registre des entrées et des sorties du matériel. (Section VIII.)

DISPOSITIONS RELATIVES AUX EFFETS ET OBJETS DE CAMPEMENT

Aucune recette ou réintégration d'effets de campement ne peut être faite sans l'autorisation du sous-intendant militaire qui a la surveillance administrative de la compagnie.

Distributions par les magasins de l'Etat

Les distributions par les magasins de l'Etat sont faites à titre de :

1° Première mise ;
2° Accroissement d'effectif;
3° Remplacement d'effets perdus ;
4° Echange d'effets dégradés ;

5° Echange d'effets mis hors de service par suite d'usure naturelle ;

Toutes les distributions s'obtiennent au moyen d'états de demande *(mod. n° 108.)*

L'entrée dans les comptes-matières est justifiée par la facture de livraison.

Réintégrations dans les magasins de l'Etat

Les réintégrations ont lieu à titre de :

1° Echange ;
2° Réduction d'effectif ;
3° Levée de camp ;
4° Cessation par les parties prenantes de l'emploi des effets mis à leur disposition.

Les réintégrations dans les magasins de l'Etat s'obtiennent par des états de demande *(mod. n° 109)*

Le classement des effets réintégrés a lieu contradictoirement entre l'officier-comptable et la partie intéressée ou son délégué.

En cas de contestation, le sous-intendant militaire statue définitivement.

La sortie dans les comptes du matériel est justifiée par le récépissé du comptable du magasin de l'Etat.

Mode de constatation des pertes et des dégradations

Les pertes et dégradations par cas de force majeure, ou provenant du fait des hommes sont constatées conformément aux règles établies pour le matériel de la deuxième catégorie.

Le montant des imputations pour pertes ou dégradations mises à la charge de la compagnie, lors de la réintégration des effets dans les magasins de l'État est versé, sur l'ordre du sous-intendant militaire, dans la caisse du payeur d'armée.

A cet effet, la compagnie reçoit du comptable du magasin, *un état à talon*, sur lequel le payeur inscrit la déclaration du versement. L'état justifie la dépense portée au registre-journal de la compagnie ; le talon est retourné au comptable.

Le récépissé du payeur est adressé au sous-intendant militaire pour être transmis au ministre ; une expédition de l'état est jointe au récépissé.

Pour les imputations incombant à la masse individuelle la compagnie établit un bulletin nominatif pour servir à la vérification des feuilles de décompte.

Nota. — Consulter le tarif des imputations (prix de base) au campement annexé à la nomenclature H et J du 30 décembre 1880.

CHAPITRE VII

DISPOSITIONS RELATIVES A LA REMONTE

En campagne, les vétérinaires des batteries d'artillerie attachées aux divisions d'infanterie, doivent leurs soins aux chevaux des sections du génie ; les médicaments et objets de pansement nécessaires sont pris sur l'approvisionnement de ces batteries. (Art. 57 du règlement du 26 décembre 1876).

Chevaux morts

Toutes les fois qu'un cheval meurt, on établit un procès-verbal *(mod. 190)* en simple expédition et un extrait du procès-verbal *(mod. 191)* en double expédition.

Le procès-verbal est conservé dans les archives du sous-intendant militaire ; l'un des extraits de procès-verbal est mis à l'appui de la feuille de journées, l'autre justifie la sortie dans les comptes du matériel.

Il établit en outre un procès-verbal *(mod. 201)* prescrit par le règlement du 26 décembre 1876 qui est remis au vétérinaire pour être adressé au ministre avec son rapport annuel. (Note ministérielle du 1er novembre 1879).

Les chevaux morts ont droit à la ration de fourrages le jour de leur mort.

Chevaux abattus

Lorsqu'un cheval est reconnu atteint d'une maladie contagieuse, il doit immédiatement être retiré du rang et isolé dans un local affecté à cet usage.

Toutes les fois que, pour un motif quelconque, le vétérinaire juge qu'un cheval doit être abattu, il en fait la proposition au commandant de la compagnie.

L'animal est alors soumis à l'examen d'une commission spéciale constituée par les deux lieutenants de la compagnie et le vétérinaire.

L'abattage s'il y a lieu est ordonné;

Dans les cas urgents (fractures) par le commandant de la compagnie.

Dans les autres cas, par le général directeur supérieur du génie, conformément à l'avis de la commission *(mod. 149)*.

Quand le cheval doit être abattu, on établit d'abord une demande d'autorisation d'abattage *(mod. 150)*, ensuite le procès-verbal d'abattage *(mod. 190)* en simple expédition, et l'extrait du procès-verbal d'abattage *(mod. 191)* en triple expédition. (On mentionne dans la colonne, observations, le n° matricule du cheval).

Le sous-intendant militaire doit toujours être prévenu pour qu'il puisse dresser le procès-verbal d'abattage.

Les chevaux abattus n'ont pas droit à leur ration de fourrages le jour de leur abattage.

Autopsie des chevaux

Un rapport d'autopsie *(mod. 151)* est établi en double expédition par le vétérinaire et signé par le commandant de la compagnie, à la suite de la mort, ou de l'abattage d'un cheval.

L'un de ces rapports est joint au procès-verbal de mort ou d'abattage (à conserver par le sous-intendant militaire); l'autre, aux extraits de procès-verbal à adresser au ministre avec le rapport annuel du vétérinaire. (Note ministérielle du 1er avril 1880).

Réforme des chevaux. (Note ministérielle du 15 mars 1879.)

Les états de proposition pour la réforme des chevaux d'officiers et de troupe aux revues trimestrielles, sont établis en double expédition *(mod. 152 et 202)* (20 janvier 1876, page 277, et instruction ministérielles du 26 avril 1878).

On inscrit sur la première expédition *(mod. 202)* tous les chevaux proposés par le commandant de la compagnie, et pour ceux qui ne sont pas acceptés par le général, on porte la mention «*refusé*» dans la colonne 9.

Sur la deuxième expédition on ne porte que les chevaux acceptés.

La réforme des chevaux reçus de la remonte depuis moins de douze mois, ne peut avoir lieu sans l'autorisation du ministre.

(Instruction ministérielle du 26 avril 1878, page 456 art. 59, et 18 janvier 1875, page 28). A cet effet, on adresse pour eux au ministre un rapport détaillé indiquant les causes de la réforme anticipée, les accidents ou la maladie qui l'ont motivée, la nature et la durée du traitement, etc., etc.

Un extrait de l'état de réforme établi conformément au modèle n° 152 est envoyé au sous-intendant dans les vingt-quatre heures qui suivent le prononcé de la réforme, afin que les chevaux soient rayés de l'effectif à bref délai.

Les livrets matricules des chevaux réformés sont présentés sur le terrain au sous-intendant militaire.

La réforme des chevaux d'officiers est soumise au commandant du corps d'armée. (20 juillet 1876, page 277, art. 12).

La sortie dans les comptes du matériel est justifiée par un extrait du procès-verbal de vente *(mod. 153)* signé par le receveur des Domaines, détenteur du procès-verbal de vente ; une deuxième expédition de cet extrait est mise à l'appui des feuilles de journées.

Chevaux passant du service des officiers à celui de la troupe ou échangés entre les officiers

Les états des chevaux proposés pour passer du service des officiers à celui de la troupe, ou pour être échangés entre les officiers sont conformes au mod. n° 154.

Le changement de classement est justifié dans les comptes de la compagnie par un certificat administratif *(mod. n° 155)*.

Chevaux passant du service de la selle à celui du trait et réciproquement

Le passage des chevaux du service de la selle à celui du trait ou réciproquement, donne lieu à l'établissement d'un état *(mod. n° 156)* et d'un certificat administratif *(mod. 155)*, pour justifier le changement de classement.

Demande de chevaux à titre de remplacement

Dès que le cheval d'un officier passe à la troupe ou est réformé, on établit une demande *(mod. 203)* à l'effet d'obtenir un cheval à titre de remplacement.

La demande est toujours accompagnée d'un certificat du vétérinaire et de l'avis motivé du commandant de la compagnie, constatant que la responsabilité de l'officier n'est pas engagée *(mod. 157)*. (Règlement du 3 juillet 1856).

Chevaux venant de la remonte ou d'un autre corps.

Les livrets matricules des chevaux sont établis par le trésorier du corps.

Le commandant de la compagnie envoie en communication au conseil d'administration central, au fur et à mesure des mutations, les livrets matricules des chevaux venus d'un autre corps, pour servir à leur immatriculation.

Pour les chevaux reçus de la remonte, il adresse un état signalétique *(Modèle n° 158)*.

Naissance d'un poulain

Pour la naissance d'un poulain, on établit un procès-verbal administratif *(Modèle 159)*, en double expédition, dont l'une est mise à l'appui de la feuille de journées, l'autre justifie l'entrée dans les comptes du matériel.

Le poulain après avoir été signalé par le vétérinaire, est immatriculé sur un registre matricule spécial et inscrit au contrôle trimestriel et sur la feuille de journées. Il lui est alloué une demi ration de fourrages; quand on peut le séparer de sa mère, sans danger pour elle, il est livré aux Domaines pour être vendu (9 août 1841.) Cette décision n'est applicable qu'aux seuls poulains nés de juments appartenant à l'État et dont la vente doit profiter au Trésor.) (Note ministérielle du 10 novembre 1881. J. M. 2e 81., page 343).

A cet effet, un état signalétique *(Modèle n° 160)*, est envoyé au Sous-Intendant militaire afin que le poulain soit rayé de l'effectif bref délai.

La sortie dans les comptes du matériel, est justifiée par un extrait du procès-verbal de vente *(Modèle 153)*.

CHAPITRE VIII

DISPOSITIONS RELATIVES AU HARNACHEMENT

(SERVICE DU GÉNIE)

Entretien

Provisoirement l'entretien du harnachement a lieu conformément à la note ministérielle du 22 janvier 1879, *par abonnement sous le régime mixte de campagne.*

Les réparations sont confiées au bourrelier du parc de réserve pour la compagnie de réserve avec lequel le capitaine commandant passe un marché *(modèle 85 bis)*, et au bourrelier d'artillerie désigné par le général en chef, pour la compagnie divisionnaire. Le commandant de cette compagnie passe également un marché *(modèle 85 bis)*.

Ce marché stipule quelles sont les réparations qui doivent être exécutées par abonnement ; les autres sont payées d'après les tarifs en vigueur augmentées de 25 0/0.

Réparations comprises dans l'abonnement

Ces réparations donnent lieu à l'établissement d'un bulletin *(modèle 86)* sur lequel le prix du tarif est porté sans augmentation. Le montant de ce bulletin est seul imputé aux masses des hommes.

Réparations non comprises dans l'abonnement

Ces réparations qui sont nécessitées par l'usure naturelle des effets sont à la charge de la masse d'entretien du harnachement et ferrage. Elles donnent lieu à l'établissement d'un bulletin *(modèle*

87), sur lequel elles sont décomptées au prix du tarif; le total est ensuite augmenté de 25 0/0. Ce bulletin est habituellement établi chaque mois; on y ajoute la prime de 25 0/0 allouée sur les réparations au compte de la masse individuelle qui ont été exécutées dans le mois écoulé.

Réparations nécessitées par cas de force majeure.

On établit un procès-verbal signé par le Sous-Intendant militaire pour constater le cas de force-majeure et le paiement a lieu sur la production d'un bulletin *(Modèle 89)*.

Paiement

Ces différents bulletins doivent porter la quittance du bourrelier.

L'abonnement est payé chaque mois d'après un état *(Modèle n° 88)*.

Le décompte en est fait d'après le nombre de harnais existant à la compagnie.

Le nombre de journées est calculé à raison de 30 jours par mois et de 360 jours par an.

Ferrage des chevaux

En campagne, le ferrage des chevaux de troupe et de ceux d'officiers appartenant à l'Etat est confié au maréchal ferrant du parc de corps d'armée pour les chevaux des compagnies de réserve et par l'un des brigadiers-maréchaux d'Artillerie désigné par le général en chef sur la demande du capitaine commandant la compagie pour les compagnies divisionnaires ou disponibles.

Dans tous les cas, il est passé un marché d'abonnement *(Modèle n° 90)*, avec le brigadier maréchal.

Le taux de l'abonnement pour l'entretien de la ferrure est fixé par mois pour chaque cheval ou mulet.

L'abonnataire est payé chaque mois d'après un état *(Modèle n° 92)*.

CHAPITRE IX

DISPOSITIONS RELATIVES A L'ARMEMENT

Délivrance d'armes

Les armes sont délivrées en France et en Algérie par les établissements d'artillerie, en campagne, par le parc d'artillerie de chaque corps d'armée.

On ne peut refuser sous aucun prétexte, les armes délivrées ou expédiées par l'artillerie, à moins de dégradations survenues dans le transport, ce qui doit être constaté par des procès-verbaux (Modèle n° 199), *art. 43 du règlement du 1er mars 1854.*

Toute délivrance d'armes doit être autorisée par le ministre, et en cas d'urgence, par le général commandant le corps d'armée ou par le commandant de place. (Art. 40 du règlement du 1er mars 1854 et art. 6 du règlement du 15 décembre 1869, page 804).

Chaque demande accompagnée d'un état d'effectif en triple expédition, est adressée au général commandant le corps d'armée. L'état est conforme au modèle n° 3 du règlement du 1er mars 1854 *(mod. 207 du Manuel)*; il est transmis au ministre revêtu de l'avis du général. (30 décembre 1871, page 523).

On doit indiquer dans chaque demande le service *(courant ou de réserve)* où les objets seront pris en charge. (Circulaire ministérielle du 24 mai 1878 (M).

En France et en Algérie, lorsque la compagnie a des armes en réserve, soit dans ses magasins soit dans les magasins de l'artillerie, et qu'il s'agit d'un prélèvement au profit du service courant à exercer sur la réserve, on opère conformément à la décision du 13 octobre 1877, page 191, modifiant celle du 22 janvier 1876, page 94, savoir :

Lorsque par suite de l'accroissement d'effectif, le nombre d'armes dont dispose la compagnie pour son armement ordinaire est insuffisant, le capitaine demande au général directeur supérieur du génie, l'autorisation de prélever sur son armement de réserve, *qu'il soit déposé à l'artillerie ou dans ses propres magasins,* le complément d'armes dont il a besoin.

Des demandes sont adressées à cet officier général, comme il est dit plus haut. Les états *(mod. n° 207)* établis en double ou en simple expédition suivant que les armes de réserve sont déposées dans les magasins de l'artillerie ou à la disposition de la compagnie dans ses propres magasins. Ces états sont renvoyés à la compagnie après approbation du général, l'un pour appuyer le relevé des dépenses, l'autre, si elle ne dispose pas de son armement de réserve, doit être adressé à l'établissement d'artillerie détenteur (28 janvier 1876, modifié 13 octobre 1877). Les expéditions sont faites au titre de la réserve, qu'il s'agisse d'armes destinées aux réservistes ou aux hommes de la deuxième portion du contingent (24 mai 1878 (M).

Le capitaine est responsable des erreurs commises dans les demandes d'armes si elles entraînent une dépense non-justifiée (28 janvier 1876).

Le nombre des armes à conserver pour le service courant est calculé d'après l'effectif normal déterminé pour chaque compagnie augmenté d'un vingtième. (Arrêté du 30 décembre 1876 (M).

La délivrance des armes est justifiée par des factures d'expédition ou de livraison *(mod. 180 et 185)* établies par les soins de l'artillerie ou de la compagnie suivant le cas et portant récépissé des parties prenantes. (Instruction du 15 mars 1872 et instruction du 7 février 1875).

Pour l'inscription au livret d'armement. (Voir livret d'armement).

Entretien des armes en service et en magasin

Il y a deux régimes différents pour la conservation et l'entretien des armes : le régime par abonnement et le régime de clerc à maître. (Art. 158 du 1er mars 1854).

A l'intérieur, les armes sont entretenues sous le régime de l'abonnement.

En Algérie et en campagne, les armes sont entretenues sous le régime de clerc à maître.

Régime de l'abonnement

L'abonnement est une allocation journalière payée pour chaque arme au chef armurier du corps, qui moyennant cette allocation est tenu d'entretenir et de réparer les armes et leurs accessoires, du corps et des portions de corps détachés à l'intérieur (art. 166) dans les cas indiqués ci-après (Voir dépenses à la charge de l'abonnataire.

Les armes des hommes détachés à l'intérieur, continuent à compter dans l'abonnement du corps, mais alors le chef armurier est tenu de rembourser à qui de droit, les réparations d'entretien.

Les armes cessent d'être sous le régime de l'abonnement à partir du jour du passage à la frontière. De ce jour, les armes sont entretenues sous le régime de clerc à maître (Art. 167).

Le dernier jour de l'abonnement, le Sous-Intendant militaire dresse un procès-verbal (*Modèle 18* du 1er mars 1854) constatant l'état des armes emportées et les réparations imputables, soit aux hommes, soit à l'abonnement. Le montant des réparations au compte de l'abonnement est retenu au chef armurier comme garantie de l'exécution des réparations indiquées, et lui est restitué quand elles sont terminées.

Dépenses à la charge de l'abonnataire

Sont à la charge de l'abonnataire :

1° Toutes les réparations nécessitées par le service ordinaire des armes et le remplacement des pièces usées ou cassées par l'effet de leur usage naturel dans le maniement d'armes, les feux, les tirs à la cible, etc., etc. (Art. 163).

2° L'entretien des armes en magasin, les frais de graissage et nettoyage *(matières et main-d'œuvre)*, etc. (Article 160 et circulaire ministérielle du 3 mars 1874) (M).

Le prix des réparations tant au compte de l'abonnement que des masses individuelles, est fixé par les tarifs ministériels. (*Tarif du 11 mars 1878 pour les armes, modèle 1874. Tarif du 24 novembre 1879 pour le revolver, modèle 1873. Tarif du 4 octobre 1873 pour les épées de sous-officiers, modèle 1857 et les sabres de cavalerie légère, modèle 1882*).

Dépenses au compte de la masse individuelle

Sont à la charge du soldat, toutes les réparations rendues nécessaires par sa négligence, sa maladresse ou sa mauvaise volonté (Art. 163 du 1er mars 1854).

Les réparations sont exécutées d'après des bulletins nominatifs.

On inscrit pour mémoire les réparations incombant à l'abonnement.

Le montant des imputations à faire sur la masse individuelle pour dégradations aux armes versées dans les magasins de l'artillerie est versé au Trésor sur la production d'un bordereau (*Modèle 19* de l'Instruction du 15 mars 1872). (Voir versements d'armes pour les autres dispositions).

Les réparations indiquées par les tarifs en vigueur doivent *seules* être exécutées (Art. 135).

Pertes d'armes par la faute des détenteurs

La valeur des armes perdues par les détenteurs, est imputée au pris de l'arme neuve (1er mars 1880).

Ces dispositions sont applicables aux armes mises hors de service par la faute des hommes (Art 66 du 1er mars 1854).

Le montant des imputations pour perte ou mise hors de service est versé au Trésor à la fin de chaque trimestre.

Ces versements donnent lieu aux mêmes formalités que ceux se rapportant aux effets de service de l'habillement. Les récépissés de versement sont adressés au ministre (Art. 192).

L'état récapitulatif *(Modèle 105)* appuie la dépense en deniers et le talon de l'état *(Modèle 193)* appuie la sortie du matériel.

Si les armes perdues, dont le prix a été versé au Trésor, viennent à être retrouvées, la somme versée est restituée à la masse individuelle sur les fonds de l'armement. On produit à l'appui du remboursement, la décision ministérielle qui l'a autorisé.

Dépenses au compte de l'Etat

Sont à la charge de l'Etat toutes les réparations nécessitées par un défaut de fabrication ou par un cas de force majeure dûment constaté (Art. 132 et 133).

Les défauts de fabrication sont appréciés par les capitaine d'artillerie, inspecteurs d'armes (Art. 133).

Les réparations incombant à l'abonnement sont aussi à proprement parler, au compte de l'Etat, puisque le montant de cet abonnement est compris dans le relevé de dépenses annuel et par suite payé sur les fonds d'armement. Il résulte de ce principe que lorsque les armes sont entretenues sous le régime de clerc à maître, les obligations de l'abonnement s'ajoutent à celles qui sont déjà imposées à l'Etat en dehors de l'abonnement (Art. 171).

1° *Dépenses au compte de l'Etat sous le régime de l'abonnement.*

Les dégradations par force majeure sont constatées par le rapport du commandant de la compagnie et par des procès-verbaux en triple expédition (*Modèle 13* du 1er mars 1854.) des Sous-Intendants militaires, qui fixent la dépense à mettre au compte de l'Etat.

Une expédition du procès-verbal est mise à l'appui des mémoires ou quittances du chef armurier (Art. 134 et circulaire du 16 octobre 1861).

Les pertes ou destructions d'armes par force majeure sont constatées par des procès-verbaux rapportés par le Sous-Intendant militaire (art. 66); ils sont conformes au modèle 15 de l'Instruction du 1er mars 1880 *(Modèle 190 du manuel).*

Ces pertes ne donnent lieu à aucune opération en deniers; on se borne à porter les objets perdus en sortie dans les comptes-matières; en outre, les compagnies détachées à l'intérieur adressent une expédition de l'extrait, du dit procès-verbal au conseil d'administration central *(Modèle 191).*

Ces procès-verbaux sont au préalable soumis à l'approbation du ministre en deux expéditions (art. 9 de l'instruction du 7 février 1875).

2° *Dépenses au compte de l'Etat sous le régime de clerc à maître.*

Sous le régime de clerc à maître, les réparations qui incombent à l'abonnataire, comme celles provenant de cas de force majeure sont justifiées par des mémoires (*Modèle 1* de l'Instruction du 1er mars 1880) dont le cadre sera établi, suivant le cas, conformément aux modèles XVII et XX joints au réglement du 1er mars 1854. (Instruction ministérielle du 1er mars 1881) *(Modèle 174 et 175 du manuel).*

Ces mémoires établis sur papier timbré ou revêtus du timbre lorsque la somme dépasse 10 francs, et de la quittance de l'armurier, sont adressés au conseil d'administration central (Art. 171).

Une deuxième expédition établie sur papier libre sert à appuyer la dépense en deniers.

Une troisième expédition est mise à l'appui du compte de liquidation (Instruction ministérielle du 1er mars 1881).

Les pièces sont acquittées par les ayants-droit; une procuration est jointe lorsque la partie prenante est représentée par un délégué (16 octobre 1861).

Si la partie prenante est illettrée ou dans l'impossibilité de signer, la déclaration en est faite au comptable chargé du paiement qui les transcrit sur la pièce, la signe et la fait signer par 2 témoins pour toutes les créances n'excédant pas 150 francs; pour toute dépense au-dessus de 150 francs, ils est exigé une quittance notariée enregistrée gratis (Art. 12 du réglement du 3 avril 1869 page 399).

Modèle. — La présente facture est certifiée véritable par le sieur qui en présence des deux témoins soussignés, a déclaré ne savoir écrire ni signer.

A le 18

(Signature des 2 témoins.)

Formule de déclaration servant de quittance. — Le sieur a reconnu avoir reçu la somme de montant de la présente facture et a déclaré ne savoir ni écrire ni signer; le tout en présence des deux témoins et du comptable soussigné,

A le 18

(Circulaire ministérielle du 21 octobre 1843, pages 207 et 208).

Les pertes d'armes par cas de force majeure sont constatées par des procès-verbaux (mod. 15 de l'instruction du 1er mars 1880). Comme sous le régime de l'abonnement.

Les tarifs en vigueur pour le régime de l'abonnement sont applicables au régime de clerc à maître, seulement dans ce dernier cas, il est accordé aux chefs-armuriers une prime de 20 p. 0/0 (art. 173) calculée sur la totalité (matières et main-d'œuvre) du prix des réparations exécutées, soit au compte des hommes, soit au compte de l'état. (Tarif du 11 mars 1878, et art. 174 et 179 du règlement du 1er mars 1554); toutefois cette prime ne doit pas porter sur les brosses et autres ustensiles pour l'entretien des armes en magasin. (Circulaire ministérielle du 17 octobre 1862, et solution ministérielle du 22 avril 1864, mais elle doit porter sur les graisses employées. (Tarif du 4 octobre 1873, page 386).

Les compagnies détachées sont autorisées par le commandement (art. 125) à faire réparer leurs armes par le chef armurier d'un autre corps; il est alloué, aux mêmes conditions que ci-dessus, au chef armurier la prime de 20 p. 0/0.

S'il y a lieu, le transport des armes à réparer est effectué aux frais de l'état, par la voie des transports généraux de la guerre (art. 175).

Réparations exécutées par les armuriers civils

Lorsqu'il y a impossibilité absolue de faire réparer les armes par un armurier militaire, un marché peut-être passé avec un armurier civil (art. 125). Ce marché n'est valable qu'après avoir reçu l'approbation ministérielle, et il ne doit stipuler aucune condition en opposition avec les règlements (art. 176).

La prime allouée à cet armurier ne peut dépasser 20 p. 0/0.

Compagnies détachées à l'armée

A défaut d'armuriers militaires appartenant à d'autres corps, les troupes en campagne peuvent être autorisées à faire réparer leurs armes par les compagnies d'armuriers organisées à la suite de l'armée ; dans ce cas aucune dépense n'est à payer ; on se borne à verser au trésor le montant des réparations au compte de la masse individuelle et à remettre le récépissé à l'intendance militaire qui le transmet au ministre (art. 77).

Une circulaire du 6 septembre 1878 (M) ajoute que le régiment d'artillerie de corps sera chargé de la réparation des armes des compagnies du génie.

Armes en magasin

Les armes en magasin sous le régime de clerc à maître sont entretenues au compte de l'état.

Passage du régime de clerc à maître à celui de l'abonnement

La visite des armes du régime de clerc à maître rentrant sous le régime de l'abonnement, est faite par un capitaine d'artillerie désigné par le ministre sur la demande du conseil d'administration central.

Entretien des armes des réservistes

Les réparations, de quelque nature qu'elles soient, sont en principe au compte de l'état.

Un procès-verbal détaillé de ces réparations est mis à l'appui du mémoire du chef armurier. (Circulaire ministérielle du 14 octobre 1875 (M).

Nota. — Sur les pièces de dépenses, les décomptes en deniers ne doivent comprendre que deux décimales après les francs. On force d'une unité la seconde décimale lorsque la troisième est 5 et au-dessus. (Instruction ministérielle du 1er mars 1881, art. 4).

Dépenses accessoires au compte de l'Etat

Il est alloué au corps, divers frais imprévus qui, par leur nature, ne peuvent être imputés sur l'abonnement. Ces dépenses supplémentaires doivent toujours être justifiées par la production des décisions ministérielles qui les ont autorisées et par les mémoires de l'armurier. (Mod. de l'instruction du 1er mars 1880, dont le cadre sera établi conformément aux mod. XVII et XX, suivant le cas, du règlement du 1er mars 1854, art. 162 et Instruction ministérielle du 1er mars 1881).

Ces dépenses sont les suivantes :

1° *Achat de pièces d'armes.* — Les pièces d'armes sont tirées des manufactures de l'Etat et exceptionnellement des magasins de l'artillerie.

En campagne, les compagnies s'approvisionnent dans les parcs d'artillerie de corps d'armée ; les pièces d'armes sont délivrées au prix du tarif des manufactures sur la remise du récépissé constatant le versement au Trésor, et d'une facture revêtue d'une déclaration de versement (art. 144).

En Algérie, les pièces d'armes sont délivrées par le directeur d'artillerie (11 juillet 1870, page 165). Le montant de la valeur de ces pièces d'armes doit être versé au Trésor. (Tarif du 11 mars 1878, page 3).

Les demandes de pièces d'armes (*mod. 15* du règlement du 1er mars 1854), sont adressées en double expédition au directeur de la manufacture qui dessert la région ; une des expéditions est retournée à la compagnie. (Art. 145). *(Mod. n° 209).*

Le tarif du 11 mars 1878 indique page 2, la répartition des circonscriptions territoriales entre les trois manufactures.

Le paiement des pièces d'armes s'effectue au moyen de mandats sur les trésoreries générales ou par des traites de l'expéditeur.

Les frais de correspondance, timbres, factures, quittances, sont à la charge des entrepreneurs de manufactures. (Tarif du 11 mars 1878, page 3).

Les pièces d'armes sont expédiées au frais de l'Etat par les transports de la guerre (art. 146).

Les pièces d'armes défectueuses sont reconnues non recevables par le capitaine d'artillerie inspecteur d'armes (art. 152).

Les pièces d'armes sont remises au chef armurier au fur à mesure des besoins, la valeur lui en est retenue au moment du paiement des réparations. Elles sont décomptées au prix de manufacture (art. 155).

La sortie dans les comptes-matières est justifiée par une facture *(mod. 185)*, sur laquelle on inscrit la preuve du versement dans la caisse de la compagnie ; une expédition de cette facture est mise à l'appui de la recette qui est inscrite au fonds spécial de l'armement.

2° *Frais de caisse et d'emballage des pièces d'armes reçues des manufactures.* — Les compagnies acquittent ces dépenses comme le prix des pièces d'armes ; les quittances des entrepreneurs sont adressées au conseil d'administration qui en poursuit le remboursement en fin d'année.

3° *Nettoyage d'étuis métalliques.* — Il est alloué pour le triage et le polissage de 100 étuis de cartouches, mod. 1874 ou mod. 1879, une indemnité de 0,07 c. qui pourra se cumuler suivant le cas avec l'indemnité de 0,13 c. fixée par la note ministérielle du 13 janvier 1876, pour le désamorçage, le lavage et le séchage de 100 étuis. Ces indemnités sont payées au chef armurier sur la production d'une facture spéciale appuyée d'un extrait du livret de munitions constatant le nombre d'étuis convenablement lavés et polis à la sciure de bois, qui ont été versés à l'artillerie.

L'extrait du livret de munitions doit être dûment visé par les agents de l'artillerie. (Instruction ministérielle du 17 novembre 1879; page 332).

La prime de 20 0/0 sous le régime de clerc à maître, n'est pas allouée pour le nettoyage des étuis (18 janvier 1878).

Fourniture de caisses d'armes

Chaque compagnie quittant la portion centrale du corps a droit à une caisse d'armes (art. 90).

Lorsque le besoin en est reconnu on peut demander des caisses de supplément à la direction d'artillerie la plus voisine; elles sont réintégrées dès qu'elles ne sont plus nécessaires (art. 91).

En cas de réintégration, les caisses d'armes doivent toujours être versées complètes. Les pièces qui manquent sont imputées sur les fonds de la masse générale d'entretien sauf remboursement par qui de droit au profit de la dite masse (art. 61).

Les frais courants d'entretien et de réparation sont supportés par la masse générale d'entretien (circulaire du 3 août 1864).

Le tarif du 17 octobre 1851, fixe comme il suit le prix des diverses pièces de caisses d'armes;

Couvercle	1,80
Fond	1,70
Côté	1,70
Tête	0,60
Grands tasseaux (l'un)	0,25
Petits tasseaux (l'un)	0,15
Liteaux (l'un)	0,05
Planchettes (fortes) (l'une)	0,08
Planchettes (minces) (l'une)	0,06
Barres (l'une)	0,11
Vis à bois (l'une)	0,05

Le montant de l'imputation est versé au trésor par prélèvement sur les fonds de la masse générale d'entretien.

Manquants ou déficits

Les manquants ou déficits sont constatés par des procès-verbaux évaluatifs (*mod. 9* de l'instruction du 7 février 1875 ou *mod. 12* de l'instruction du 1er mars 1880) et soumis en deux expéditions à l'approbation du ministre (Instruction du 7 février 1875).

Le montant de l'imputation, faite à qui de droit, est versé au trésor et le versement est constaté par un récépissé qui est adressé au ministre et par une déclaration de l'agent du trésor au bas du procès-verbal.

Une expédition du procès-verbal appuie la sortie dans les comptes matières.

Versements d'armes

Les versements d'armes ne peuvent être effectués qu'après autorisation ministérielle.

La demande d'autorisation est adressée au général commandant le corps d'armée avec un état (*mod. 4* du 1er mars 1854) indiquant le nécessaire, l'existant et l'excédant dont le versement est demandé (*mod. n° 208*).

Le général transmet ces deux pièces au ministre avec son avis motivé (Art. 50).

Si la compagnie est sous le régime de clerc à maître, on joint à la demande deux expéditions du procès-verbal portant indication nominative des imputations au compte des masses individuelles lors de la rentrée des armes dans le magasin de la compagnie (art. 51).

Les versements dans les magasins de l'artillerie sont justifiés dans les comptes-matières par des récépissés comptables délivrés par les établissements réceptionnaires et par un état des sommes imputées (art. 8 de l'instruction du 15 mars 1872). Le talon de cet état est renvoyé par la compagnie revêtu de la mention du versement au trésor.

Lorsqu'il ne s'agit que d'un versement d'ordre entre l'approvisionnement du service courant et celui de la réserve (cas prévu par la circulaire du 28 janvier 1876 et par l'arrêté du 30 décembre 1876) c'est le général directeur supérieur du génie qui donne l'autorisation de versement (circulaire du 13 octobre 1877).

Une expédition est renvoyée à la compagnie et une autre est adressée, le cas échéant, à l'établissement d'artillerie qui détient l'approvisionnement de réserve de la compagnie. Cet établissement, sur le vu de l'approbation du général reçoit les armes, lesquelles sont visitées et réparées et le montant des réparations dont elles ont besoin est imputé à qui de droit.

Les imputations se distinguent (comme d'ordinaire) en deux catégories :

1° Celles incombant à l'abonnement (dans les corps qui en ont un ou à l'Etat dans les autres cas ;

2° Celles à la charge de la masse individuelle.

Formalités à remplir pour le paiement des imputations

1° Régime de clerc à maître. — Avant l'expédition du matériel le sous-intendant militaire dresse un procès verbal (*mod. 5* du 1er mars 1854) constatant nominativement les imputations faites aux masses individuelles lors de la rentrée des armes au magasin de la compagnie. Deux expéditions sont jointes à la demande de versement (art. 51).

A l'arrivée au magasin de l'artillerie, le sous-intendant militaire constate par un procès-verbal (*mod. 7* du 1er mars 1854) en présence d'un capitaine, d'un contrôleur et d'un garde de l'établissement et d'un officier de la compagnie, les réparations aux armes versées.

En cas d'absence de ce dernier, il est passé outre (art. 53).

Ce procès-verbal n'est établi que pour ordre, car la compagnie n'est tenue à verser au trésor que le montant du procès-verbal (*mod. V*) établi avant le versement des armes (art. 55). Par suite l'ordre de versement porté au verso de l'état, doit être remplacé par l'annotation suivante : « *Les imputations réellement faites aux détenteurs suivant procès-verbal du dressé conformément au règlement du 1er mars 1854, s'élevaient à la somme de qui a été versée au trésor ainsi que le constate la déclaration ci-après* (circulaire du 19 août 1874).

2° *Régime de l'abonnement.* — L'état des armes est seulement constaté à leur réception dans les magasins de l'artillerie par un procès-verbal *(mod. VI du 1er mars 1854)* comprenant sans spécification toutes les réparations au compte de l'armurier et des hommes.

Le montant de ce procès-verbal est imputé en totalité à la compagnie qui en fait le versement au trésor et détermine la part incombant tant à l'abonnataire qu'à la masse individuelle (art. 53 et 54).

Le talon de l'état d'imputation est renvoyé revêtu de la déclaration de versement (art. 8 de l'instruction du 15 mars 1872).

En outre, sous les deux régimes, les versements au trésor sont constatés par des récépissés et par des déclarations de versement inscrites au pied des procès-verbaux.

Ces dernières sont adressées à la portion principale du corps. Quant aux récépissés, ils sont adressés au sous-intendant militaire pour être transmis au ministre (Art. 192).

Réforme des armes

Les armes sont réformées par les capitaines d'artillerie inspecteurs chargés des visites annuelles (Règlement du 1er mars 1854 modifié par le supplément du 31 décembre 1872 et instruction du 7 février 1875 (art. 3) insérée au journal militaire page 369.)

Les armes hors de service sont remises au service de l'artillerie (Journal militaire 1er 1875 page 103).

MUNITIONS

Demandes de munitions

Il est délivré par les magasins d'artillerie le plus à proximité des munitions pour les exercices de tir, pour le service de sûreté et les honneurs funèbres ; les délivrances ont lieu sur la production, en simple expédition, d'un état de demande *(Modèle n° 206)* signé par le commandant de la compagnie, visé par le sous-intendant militaire et approuvé par le Général Directeur supérieur du Génie.

Les munitions de sûreté sont prélevées sur celles d'exercices sauf remplacement ultérieur (Circulaire du 27 juin 1877 (M.)

Celles pour honneurs funèbres sont demandées par les corps, quand les militaires décédés leur appartiennent, et par l'Etat-Major des places, lorsqu'il s'agit de militaires sans troupes ou retraités.

Cartouches de mobilisation

Aux termes d'une dépêche ministérielle en date du 20 août 1875 (M.) tous les corps de troupe sans exception doivent avoir au complet l'approvisionnement de mobilisation, soit dans leurs propres magasins, soit dans ceux de l'artillerie situés le plus à proximité.

Les compagnies détachées qui ne se mobilisent pas au dépôt du régiment doivent faire constituer leur approvisionnement.

Les compagnies détachées se mobilisant au dépôt reçoivent à leur rentrée au corps en cas de mobilisation, les cartouches qui leur sont affectées.

L'approvisionnement est de :

78 cartouches à balle par fusil (Les sous-officiers n'en reçoivent que 36. Circulaire ministérielle du 13 décembre 1881).

36 cartouches à balle par carabine.

18 cartouches à balle par revolver.

(Tableau des effectifs de guerre arrondis du 23 février 1881)

Les officiers reçoivent en cas de mobilisation, 18 cartouches à balle de révolvers (Circulaire du 15 décembre 1879).

Les cartouches de sûreté ne comptent pas dans l'approvisionnement de mobilisation ; en cas de guerre, elles sont versées dans les magasins de l'artillerie (Circulaire du 27 juin 1877 (M) et 28 décembre 1877).

Le nombre de cartouches à délivrer annuellement pour les exercices de tir est fixé par la circulaire ministérielle du 6 novembre 1879.

Outre les 36 cartouches de révolver, délivrées à titre gratuit aux officiers, il peut leur être délivré annuellement, à titre remboursable et sur la production d'un état de demande accompagné du récépissé de versement au Trésor, 80 cartouches à balles de révolvers (Décision ministérielle du 9 août 1875 et 21 septembre 1877.)

Pour les officiers sans troupe, un corps de la garnison est désigné par le général en chef pour la délivrance de ces cartouches. Les demandes sont visées par les chefs de corps, de détachement ou d'établissement (4 mars 1875 page 172).

Tout corps de troupe changeant de garnison doit emporter la totalité de ses approvisionnements de munitions (Circulaire ministérielle du 27 mai 1880).

Munitions perdues, avariées, etc.

Les pièces à établir sont les mêmes que pour les pertes d'armes.

Etuis vides des cartouches métalliques

Aux termes de la circulaire ministérielle du 1er mai 1875 page 634, toute consommation de cartouches métalliques doit donner lieu à une recette d'un nombre égal de douilles vides.

Dans les cas exceptionnels où il serait impossible de les recueillir toutes, il doit être établi des procès-verbaux de perte.

Les compagnies sont responsables du prix des étuis qu'elles ne peuvent représenter.

Ce prix est fixé à 0 fr. 04 pour les étuis modèle 1874 ou modèle 1879 et 0 fr. 02 pour les étuis de cartouches de révolver.

Voitures régimentaires

Les voitures régimentaires et le harnachement nécessaires pour la conduite de ces voitures sont du service de l'artillerie et des équipages militaires et doivent figurer sur les inventaires de ce service.

Pour leur entretien, remplacement, pertes, imputations, ou dégradations on se conforme aux règles indiquées par le décret du 7 février 1875

A l'intérieur et en Algérie, les réparations sont faites autant que possible par la main d'œuvre militaire ; en campagne le matériel roulant est réparé par la section d'ouvriers du génie qui accompagne le parc de réserve. Le harnachement est réparé par le bourrelier attaché au même parc ou, *pour les compagnies divisionnaires* par un bourrelier d'artillerie désigné à cet effet (Voir le tarif du 24 mai 1874).

Les réparations d'entretien sont payées sur factures au compte de la masse générale d'entretien du harnachement et ferrage.

Comptes de gestion portant inventaire

Il est produit annuellement, en double expédition, un compte de gestion portant inventaire (*Modèle 32* F. de l'instruction du 1er mars 1880), pour le service courant et un pour le service de réserve.

Chaque compte est appuyé des pièces justificatives *(entrées et sorties)* en simple expédition.

Deux bordereaux *(modèle 15 du 7 février) 1875* un pour les entrées, un pour les sorties, sont fournis en même temps ; un bordereau (*modèle 16*) portant la date réelle de l'envoi à la portion centrale renferme le dossier pour chacun des services.

Ces bordereaux doivent porter en tête; en gros caractères, l'indication : *Service courant ou service de réserve.*

Pour l'établissement du compte de gestion portant inventaire, consulter le modèle 32 accompagnant l'instruction du 1er mars 1880.

CHAPITRE X

LITS MILITAIRES

Distributions

Les troupes doivent recevoir les objets de literie qui leur sont alloués par le règlement du 2 octobre 1865 page 79.

Celles sous la tente ou celles en marche, qui ne doivent pas stationner plus de trois jours, n'ont droit a aucune distribution de fournitures (art. 60 du réglement du 2 octobre 1875).

Les distributions sont faites à raison de l'effectif présent (art. 61). Elles ont lieu sur la production d'états de demande (*modèle 5* annexé au réglement) revêtus d'un ordre de distribution signé par le sous-intendant militaire et du récépissé de la partie prenante (art. 65). Il est dressé des états supplémentaires lorsqu'il y a lieu (art. 66).

Le premier jour de chaque trimestre, les états de demande délivrés dans le cours du trimestre précédent, sont remplacés par un nouvel état comprenant la totalité du mobilier dont chaque compagnie est en possession (art. 67). Les anciens états restent entre les mains du préposé (art. 67). Les distributions se font dans les magasins du service excepté dans les cas prévus par l'art. 73 du réglement (art. 72) (Lorsque la caserne est éloignée de plus de 2 kilomètres ou est séparée par un bras de mer ou de rivière sans pont ; lorsque la compagnie ne reçoit son ordre de départ que la veille ; pour la place de Lyon, les corps partant ou arrivant sont également exempts du transport) en présence de l'officier de semaine de la compagnie (art. 68).

Réintégrations

Tout corps ou détachement quittant un pavillon ou une caserne est tenu de réintégrer, avant son départ dans le magasin des lits militaires, les fournitures qu'il a reçues du préposé de ce service (art. 80).

Les effets sont transportés au magasin du service excepté dans les cas prévus par l'article 73 (Voir plus haut).

Dégradations à la Literie

Au compte de l'Etat. — Les pertes et dégradations qui surviennent par cas de force majeure parmi les effets en service ou en magasin, dans les bâtiments militaires, sont au compte de l'état (art. 98 du réglement du 2 octobre 1865 page 104).

La constatation a lieu par procès-verbal du sous-intendant militaire dressé avec le concours, soit du commandant de la place, soit du chef de la troupe, soit d'un officier délégué par ce dernier, de l'officier de casernement et du préposé du service des lits militaires.

Si les dégradations proviennent du mauvais état des bâtiments, le chef du génie concourt à l'établissement du procès-verbal (art. 100).

S'il s'agit de dégradations commises par les rongeurs, le chef du génie doit également intervenir dans les constatations et ses observations sont consignées au procès-verbal. Les corps sont responsables, s'ils n'ont pas signalé, en temps utile, au sous-intendant militaire, la présence de ces animaux et demandé les moyens de les détruire (art. 103 du règlement et circulaire du 28 mars 1875 page 194).

Au compte des parties prenantes. — Les recensements ou reconnaissances d'effets réintégrés en magasin ou laissés à demeure dans les casernes sont faits en présence du préposé, de l'officier de casernement, du capitaine de la compagnie ou d'un officier délégué par lui (art. 87).

Lorsque la compagnie part sans faire la remise de son matériel, le commandant de la place suppléc l'officier absent (art. 89). Dans ce cas, s'il y a des frais de transport, ils sont laissés à la charge de la partie en défaut (art. 90.)

Les pertes et dégradations provenant du fait de la troupe sont récapitulées dans un état spécial indiquant l'espèce et le nombre des effets, la nature et l'importance des dégradations et le montant des pertes et dégradations évaluées d'après les tarifs annexés au traité, ou à défaut sur estimation faite à l'amiable ou par expertise. Enfin, cet état présente le montant des sommes que le corps doit payer entre les mains et sur l'acquit du préposé, lequel acquit doit être visé par le sous-intendant militaire.

Cet état est dressé par le préposé en deux expéditions. Une est remise à la compagnie et l'autre au préposé (art. 92)

Lorsque la compagnie est partie sans avoir soldé au préposé le montant des pertes et dégradations à sa charge, le sous-intendant, sur la production de l'état mentionné ci-dessus, dresse un procès-verbal qui contate ce fait et indique la somme à payer à l'entrepreneur. Une expédition de ce procès-verbal est annexé à l'état (art. 93).

Le paiement est assuré dans ce cas par un ordonnancement du sous-intendant militaire qui libelle au bas des deux expéditions du procès-verbal un mandat imputable sur les crédits ouverts pour la solde d'activité ; le montant de ce mandat est payé au préposé (art. 94).

Époques auxquelles peuvent être faites les imputations

Aux termes de la circulaire du 6 juillet 1867 (M) rappelée par celle du 5 juillet 1870 page 163, les visites que les préposés de l'entreprise sont autorisés à faire dans les casernes (art. 38) ne doivent pas, en principe, être suivies d'imputations au compte des hommes.

Les manutentions périodiques (art. 42) et les manutentions accidentelles (art. 53), fournissent à ces préposés, à des intervalles raisonnables et en dehors des revues trimestrielles, des officiers de casernement et des réintégrations en magasin, l'occasion de signaler les dégradations provenant du fait des occupants et d'en poursuivre en temps utile l'imputation.

Dégradations à la literie des réservistes

Les dégradations à la literie des réservistes sont à la charge de l'Etat. (Circulaire du 11 juillet 1878 (M).

Un relevé de dépense est adressé au ministre (Circulaire du 22 août 1878 (M). Cette circulaire donne le modèle du relevé à fournir

CHAPITRE XI

CUISINES ET ORDINAIRES

Matériel au compte du service du génie

Aux termes de l'art. 30 du réglement du 30 juin 1856, page 241, les cuisines doivent être munies de fourneaux.

Les cuisines reçoivent en outre, l'ameublement suivant qui est fourni, entretenu et remplacé par les soins et au compte du service du génie.

1° *Marmites, tables, tablettes,* semblables aux planches à bagages, *un chevalet* pour scier le bois et *un billot* pour fendre le bois (Art. 45 du règlement du 30 juin 1856.)

2° *Un percolateur*, à raison d'un par régiment (circulaire du 26 février 1876 (M.)

3° *Un moulin à café* pour les cuisines (circulaire du 5 décembre 1877 (M.)

Le nombre de *marmites* à allouer aux troupes d'un corps occupant le même casernement, doit être réglé, non d'après l'effectif total de ce corps, mais de manière que les ordinaires des compagnies ne soient pas morcelés.

Si des fractions de corps d'un effectif inférieur à la capacité des marmites sont logées isolément dans une caserne pourvue de fourneaux économiques, il est mis néanmoins un de ces fourneaux à leur disposition, si elles ne peuvent pas faire leur ordinaire autrement.

Dans le cas contraire, la ration individuelle leur est accordée. *(Observations faisant suite au tarif n° 1 annexé au réglement du 26 mars 1866 page 253.)*

Ce tarif fixe les allocations dans toutes les positions.

Les corps sont responsables des dégradations survenues aux fourneaux (y compris les marmites) lorsqu'il est reconnu qu'elles proviennent des cuisiniers ou de la troupe. Celles qui résultent d'évènements de force majeure sont constatées dans les 24 heures par procès-verbal du sous-intendant militaire. *(Art. 6 du modèle de consigne pour les cuisines annexé au règlement du 26 mai 1866, page 255.)*

A défaut des hommes, les officiers, sous-officiers et caporaux chargés de la surveillance de l'ordinaire peuvent être rendus responsables.

Matériel au compte des corps

Chaque cuisinier ou aide de cuisine doit être pourvu de *deux blouses* et de *deux pantalons de cuisine* (15 avril 1831 page 377.)

La décision du 21 octobre 1873 page 369 a substitué le bourgeron à la blouse.

Ces effets ont une durée d'une année et sont remplacés sans réforme préalable (8 septembre 1834 (M) et 2 juin 1869 (M.)

Les corps sont autorisés à acheter également sur les fonds de la masse générale d'entretien :

1° *Des torchons de cuisine* à raison de 6 par bourgeron (soit 24 par compagnie) destinés à essuyer les gamelles individuelles (Décision ministérielle du 1er août 1854 page 393.)

Le remplacement a lieu à la même époque que les bourgerons et les pantalons, à raison de 6 par bourgeron.

2° *Des sacs à distribution.* — Durée *un an* ; remplacement sans réforme préalable

Ils sont distribués à raison d'un par escouade.

3° *Des paniers à charbon.* — A raison de 4 par compagnie.

L'achat et le remplacement après durée expirée sont au compte de la masse générale d'entretien. Les réparations dans tous les cas, et remplacements avant durée expirée, sont au compte des ordinaires.

Durée des paniers.	en osier brut	1 an. . . .	prix 3 fr.
	en osier blanc	1 an ou 6 mois.	prix 4 fr.

Ces objets sont laissés à demeure dans les changements de garnison (16 novembre 1863.)

4° *Des ustensiles de cuisine ou de chambre.* — Les ustensiles ci-après sont achetés sur les fonds de la masse générale d'entretien et entretenus aux frais des ordinaires.

Par compagnie (16 juin 1874.)

Une écumoire.	2 10	circulaire du 21 juin 1862 (M.)
Une cuiller à pot.	1 86	
Une grande fourchette (en fer battu ou étamé).	1 90	
Un couteau à découper.	0 74	
Une boîte à sel et à poivre.	1 45	
Une passoire à bouille.	1 45	
TOTAL.	9 50	

La note ministérielle du 16 juin 1874 ajoute à cette nomencle ture *deux porte-gamelles en fer avec poignées en bois 0 fr. 60*

La circulaire du 27 août 1867 (M) a ouvert aux corps la faculté d se procurer à leur convenance et de la manière la plus fructueus les ustensiles dont il s'agit ; comme conséquense, les corps devien nent propriétaires de ces objets et il leur est loisible de les empor ter ou de s'entendre avec leurs successeurs pour en faire la ces sion.

L'instruction du 7 août 1871, rappelée par la circulaire d 5 juin 1874, interdit de se servir pour les ordinaires des ustensile de campement.

La décision ministérielle du 26 décembre 1873 page 565 dispos en outre que les seaux et baquets en bois nécessaires pour le ser vice des cuisines, ainsi que les cruches, gamelles, terrines, néces saires tant pour les cuisines que pour les chambres seront achetés entretenus et renouvelés sur les fonds de la masse générale d'en tretien :

Il est affecté (circulaire du 26 mars 1874.)

Par ordinaire de 50 hommes et au-dessus :

Un seau en bois cerclé en fer ;

Une terrine en terre pour recevoir les légumes et la viande aprè cuisson.

Par ordinaire de plus de 50 hommes :

Un seau en bois cerclé en fer ;
Un baquet en bois cerclé en fer ;
Deux terrines en terre.
Ce matériel reste à demeure.

Service des chambrées

La circulaire du 26 mars 1874, autorise l'achat sur les fonds de la masse générale d'entretien :

Par chambre de sous-officier de 1 à 6 et de 1 à 12 hommes de troupe :

Une cruche en grés, une gamelle en terre.

Il peut-être ajouté une cruche et une gamelle en terre pour chaque groupe ou fraction de groupe de 6 sous-officiers ou 12 hommes en sus.

Ce matériel reste à demeure :

Il n'y a pas lieu d'acheter de gamelles dans les casernements pourvus de lavabos.

Sont également payés par la masse générale d'entretien :

Le coton rouge nécessaire pour marquer le linge de la troupe ;

la dépense ne doit pas excéder 0 fr. 10 par homme et par an (circulaire du 23 janvier 1867 (M.)

Les frais de transport des chemises etc., appartenant à des détachements ou à des militaires isolés, libérés, changeant de corps etc., qui quittent leur garnison sans pouvoir retirer avant leur départ, le linge mis au blanchissage.

Cette dépense comprend le transport jusqu'à destination. (Dépêche ministérielle du 22 août 1867 (M.)

Les frais de numérotage des gamelles individuelles et quarts. — Une dépêche ministérielle (M) du 11 octobre 1875, n° 7,815, autorise les corps à imputer à la masse générale d'entretien, par analogie avec ce qui se pratique pour les effets d'habillement, de grand et de petit équipement, les frais de numérotage des gamelles individuelles et quarts à raison de :

Gamelles. — 1 fr. 50 pour 100 gamelles portant chacune trois numéros, le n° du régiment sur le couvercle, le n° matricule de l'homme sur le couvercle et au fond de l'ustensile.

Quarts. — 1 fr. pour 100 quarts portant chacun deux numéros celui du régiment et le n° matricule de l'homme.

Dépenses au compte des ordinaires

Les fonds de l'ordinaire sont destinés :

1° A assurer, concurremment avec la ration de pain, de viande (et de combustible) fournie par l'Etat, la subsistance des troupes et à pourvoir aux diverses dépenses que cette partie de la solde doit supporter aux termes des réglements ;

2° A alimenter un fonds de réserve, dit *fonds d'économie* qui sert à améliorer l'ordinaire, soit aux jours de fêtes nationales, soit dans les circonstances exceptionnelles, soit dans les époques de cherté. (Article du règlement du 14 décembre 1861, page 395.

Les dépenses à la charge des ordinaires sont les suivantes : 1° Pain de soupe et toutes denrées (autres que le pain de repas, la viande et le combustible), nécessaires à la nourriture des hommes (Règlement du 14 décembre 1861).

Le pain de table est fourni gratuitement par l'Etat (Art. 276 et 277 de l'ordonnance du 25 décembre 1837), ainsi que le chauffage pour la cuisson des aliments (Art. 307 et suivants). Le sucre et le café sont délivrés à l'intérieur à raison d'un quart de ration à titre onéreux et d'un quart à titre gratuit par jour (circulaire du 22 décembre 1875 (M) et 14 janvier 1876, page 47).

2° Registres au nombre de quatre, tenus par la commission des ordinaires. Cette dépense doit être répartie par portions égales entre tous les ordinaires (Circulaire du 6 novembre 1862 page 898).

3° *Livrets d'ordinaire.* — Un pour chaque compagnie. La circulaire du 28 septembre 1877 (M) prescrit aux commandants de compagnie d'avoir constamment un livret en réserve. La dépense est imputable à l'ordinaire.

4° Eclairage des chambres et des cuisines (Art. 71 du réglement du 30 juin 1856).

5° Balais de propreté (observations placées en tête du livret).

La circulaire du 11 décembre 1876 (M) met la fourniture des balais nécessaires au nettoyage des chambrées au compte de la masse générale d'entretien. Ces derniers sont remplacés par des brosses en jonc à raison d'un par compagnie (Circulaire du 26 mars 1877).

Les balais à acheter pour le service des cuisines sont donc les seuls qui restent à la charge des ordinaires.

6° Sciure de bois ou à défaut, sable pour le nettoyage des planchers de caserne (Circulaire du 11 décembre 1876 (M) abrogée par l'instruction du 7 avril 1877 page 456), qui dispose que le service du génie fournira le sable nécessaire et qu'il ne sera plus employé de sciure de bois.

7° *Ingrédients pour le marquage* des effets d'habillement et de petit équipement (observations portées sur le livret d'ordinaire, 15 décembre 1861 page 419.)

8° *Ingrédients de nettoyage et de propreté* pour les armes, les effets d'habillement et de grand équipement, la coiffure, la chaussure, le harnachement (art. 170 du 2 novembre 1833.)

9° *Sabots nécessaires aux cuisines* (observations portées sur le livret, 14 décembre 1861.)

10° *Frais de rasage des hommes à raison* de 0 fr. 10 par homme et par mois.

Le frater est tenu de couper les cheveux sans frais.

11° *Frais de blanchissage de linge* de la troupe et des effets de cuisine (une chemise, un caleçon et un mouchoir de poche par semaine); du linge de cuisine (deux blouses, deux pantalons par semaine et torchons en nombre suffisant) (art. 170 du 2 novembre 1833 et pour les torchons, décision ministérielle du 1er août 1854).

Les chemises réintégrées par les réservistes doivent être lessivées au compte des ordinaires (circulaire du 25 septembre 1875) (M). Il doit naturellement en être ainsi du lessivage des caleçons.

Le blanchissage est facultatif pour les sous-officiers ne vivant pas à l'ordinaire, s'il se font blanchir par l'entreprise, ils remboursent les ordinaires.

Le prix du blanchissage (0 fr. 05 par homme et par semaine) est versé par le commandant de la compagnie entre les mains du trésorier qui émarge les livrets d'ordinaire.

En cas de perte d'effets par le préposé, ils sont remboursés à la masse individuelle d'après les deux tiers de la valeur de l'effet neuf.

12° *Fourniture, entretien et remplacement des paniers pour la viande.*

13° *Entretien des ustensiles de cuisine* (circulaire du 28 février 1862 page 451,) *des balances à bras égaux* (circulaire du 19 février 1859 page 627)

15° *Valeur de la ration de viande perçue pour les cuisiniers en pied.*

Elle est payée à ces cuisiniers sur les fonds de l'ordinaire à raison de 0 fr. 26 (circulaire du 22 mars 1876 page 379)

L'indemnité représentative de viande sera payée aux cuisiniers, au taux fixé pour les corps de troupe auxquels ils appartiennent, et ils seront compris dans les feuilles de journées pour cette allocation.

Cependant, lorsque la viande sera fournie en nature aux troupes, les cuisiniers devront figurer, dans lesdites feuilles, pour les rations en nature ; mais, dans ce cas, l'indemnité représentative leur sera remboursée sur les fonds des ordinaires, au taux fixé pour leur corps.

Il devra en être de même toutes les fois que des distributions de denrées et de liquides seront faites en nature aux troupes.

On percevra les rations pour les cuisiniers, et la valeur leur en sera remboursée comme il vient d'être dit.

Il n'est fait d'exception que pour les prestations ne comportant pas d'indemnité représentative, comme par exemple, le sucre et le café. (Circulaire ministérielle du 1er février 1882).

Les cuisiniers en pied touchent en outre le prêt franc (décicion présidentielle du 22 mai 1873 page 635.)

Dépenses interdites

La note du 23 juillet 1850 page 125, interdit d'imputer sur les fonds de l'ordinaire les dépenses suivantes :

Achat de cire jaune pour les tables et les bancs. On doit les laver seulement (art. 166 du 2 novembre 1833.)

Transports d'effets.

Noir et huile pour les pieds de chevaux.
Cruches pour les prisons.
Ustensiles d'infirmerie (doivent être fournis sur le compte de la masse générale d'entretien. Dépêches ministérielles du 13 novembre et 7 décembre 1874) (M) rappelant l'art. 57 du règlement du 30 juin 1856.)
Dégradations à la literie et au casernement.

Recettes de l'ordinaire

Les recettes à faire au profit des ordinaires sont celles indiquées ci-après savoir :

RECETTES ORDINAIRES

1° Versements fixes prélevés sur la solde des hommes. Ces versements sont opérés de manière que les hommes ne reçoivent jamais moins de 0 fr. 05 par jour.

2° Versements supplémentaires, suivant la place de garnison et suivant l'arme, enfin la demi-journée de solde allouée à l'occasion de la fête nationale ou dans des circonstances extraordinaires. (Règlement du 14 décembre 1861 page 419.)

RECETTES ADDITIONNELLES

1° *Travailleurs en ville* subissent sur leur solde une retenue de 0 fr. 15 par jour (18 mai 1870 page 77) et de plus versent 5 fr par mois si le service est partagé entre les hommes de la compagnie (art. 239 du 2 novembre 1833.)

Ils sont obligés de payer en sus, à l'homme, qui entretient leurs armes et effets 1 fr. 50 par mois.

2° *Ordonnances d'officiers qui ne font pas de service.* Versent à l'ordinaire 5 fr. par mois dans les corps à pied (art 242 du 2 novembre 1833.)

3° *Hommes employés dans les cantines, mess, etc etc,* Commes les ordonnances.

4° *Militaires détachés pour la moisson chez les cultivateurs.* Traités comme les travailleurs en ville, mais ils ne touchent ni les rations en nature, ni les indemnités représentatives (circulaire du 22 août 1873 (M) et du 5 juillet 1877 page 25). Néanmoins la circulaire du 17 janvier 1877 page 12, leur accorde l'indemnité de 0 fr. 26 en remplacement de viande.

L'indemnité à payer aux travailleurs par les cultivateurs est fixée par le tableau annexé à la circulaire du 5 juillet 1877, laquelle dispose que les hommes ne peuvent rester absents plus de 15 jours et que les permissions leur seront délivrées par les chefs de corps.

Les effets à emporter sont ceux désignés par l'art. 240 du 2 novembre 1833.

5° *Officiers aux arrêts de rigueur ou en prison avec une sentinelle à leur porte.* Versent le cinquième de leur solde journalière (art. 270 du 2 novembre 1833.)

6° *Sous-officiers vivant à l'ordinaire.* Versent 0 fr. 05 par jour en sus de la somme que paient les soldats (art. 327.)

7° *Caporaux et soldats en prison ou en cellule.* Versent la totalité des centimes de poche (art. 287 du 2 novembre 1833 et décret du 10 août 1872 page 584.)

Les rations de vin, d'eau-de-vie, de sucre et café sont également versées : l'usage en étant interdit à ces détenus. (Décret du 10 août 1872.)

8° *Absents illégalement le jour du prêt.* — Versent la totalité des centimes de poche (art. 69.)

9° *Hommes décédés à la chambre dans le courant du prêt.* — Les centimes de poche qui leur sont acquis sont versés en totalité à l'ordinaire (circulaire du 6 mai 1875 (M.)

10° *Fonds provenant de l'indemnité représentative d'eau-de-vie accordée pendant les chaleurs.* — Sont versés en totalité à l'ordinaire. (Inst. du 18 mai 1875 page 527, S.)

11° *Produits de la vente des issues* (os, eaux grasses et cendres) *provenant de l'ordinaire.*

12° *Remboursement des frais de blanchissage du linge des sous-officiers.* — Quand ils usent de la faculté de se faire blanchir par l'entreprise des lits militaires.

Fonds d'économie

Le réglement du 14 décembre 1861, fixe le fonds d'économie de la manière suivante :

Génie par homme présent :

Intérieur 0 fr. 90 ; *Algérie 2 fr.*

Mais la décision ministérielle du 19 mars 1869, notifiée par la circulaire du 1er avril insérée au J. M. page 285, porte que cette fixation peut-être dépassée, sur l'autorisation des chefs de corps, lorsque les hommes reçoivent 300 grammes de viande 250 grammes de pain de soupe.

La somme excédant le maximum réglementaire doit être déposée dans la caisse du trésorier ou de l'officier payeur, qui en passe écriture au titre *des fonds divers.*

Elle ne peut-être retirée que sur l'autorisation du chef de corps (décision du 19 mars 1869.)

Le dépôt de l'excédant doit être effectué le 1er de chaque mois sur un bulletin établi par le capitaine (circulaire ministérielle du 19 mars 1870 (M.)

Les retraits sont justifiés par des état quittancés par les capitaines et approuvés par les chefs de corps.

CHAPITRE XII

TRANSPORTS.—CONVOIS

Les six grandes compagnies des chemins de fer se sont engagées le 10 février 1868, à transporter la totalité du matériel de la guerre.

Les formalités à remplir pour faire exécuter un transport sont les suivantes :

Au départ. — L'expéditeur est tenu d'adresser au sous-intendant militaire chargé du service des transports une demande d'imprimés *(modèle n° 212)* visée par le fonctionnaire chargé de la surveillance administrative du corps. Le premier de ces fonctionnaires délivre à l'expéditeur, qui les remplit en laissant les dates en blanc, des imprimés d'avis d'expédition et d'ordre de transport. A l'ordre de transport est adhérente une lettre de voiture.

Le sous-intendant vérifie ces deux pièces, les date et les signe (instruction du 10 mars 1868 page 75). L'expéditeur en fait la remise, avec le matériel, au chef de gare préposé des transports qui, après avoir signé la prise en charge, détache de l'ordre de transport l'avis d'expédition qui est restitué à l'expéditeur chargé du soin de renvoyer cette pièce au sous-intendant militaire ordonnateur, qui la transmet à son collègue du point de destination.

Le matériel est remis en gare ou au magasin de la compagnie, suivant qu'on peut disposer ou non des moyens de transport.

Une fois que le préposé a signé la prise en charge sur l'avis d'expédition, la lettre de voiture adhérente à l'ordre de transport est remplie et signée par l'expéditeur et le chef de gare préposé des transports. (Art. 14 du traité du février 1868 page 36.)

En cas de nécessité, on ajoute à la lettre de voiture et à l'avis d'expédition un appendice donnant le détail du matériel expédié (10 mars 1868 page 83.)

Ainsi que cela se pratique pour les magasins de l'Etat, les corps expéditeurs établissent indépendamment des pièces ci-dessus, qui toutes servent à la liquidation des frais de transport, des factures détaillées des effets expédiés, qui sont adressées directement en deux expéditions, aux destinataires. Une de ces expéditions est renvoyée revêtue d'un certificat de prise en charge pour justifier la sortie dans les comptes-matières.

A L'ARRIVÉE. — Le sous-intendant militaire est avisé par le préposé ; cet avis est transmis au destinataire. Lorsque le matériel est livré en *magasin,* il est remis avec la lettre de voiture un récépissé provisoire, qui est signé et remis à l'entreprise, laquelle doit le restituer en prenant possession de la lettre de voiture.

Après vérification du matériel, le destinataire signe pour décharge, cette lettre de voiture et l'avis d'expédition et adresse ces deux pièces au sous-intendant militaire qui garde l'*avis* et remet la lettre de voiture au préposé en échange du récépissé provisoire.

Les pertes ou avaries sont constatées par des procès-verbaux *(modèle E)* dressés par le sous-intendant militaire et signés contradictoirement par le préposé des transports et le destinataire (10 mars 1868 page 12). *(Modèle n° 199.)*

Lorsque la responsabilité de l'expéditeur est engagée, le réceptionnaire ne prend charge que des quantités reçues ; dans tous les autres cas, on fait entrée de la totalité de l'expédition, d'après la facture, sauf à porter en sortie les quantités manquantes constatées par procès-verbal. (Art. 16 du réglement modifié du 10 novembre 1871.)

Les compagnies détachées tiennent un registre *(modèle H)* des expéditions mises en mouvement et de celles arrivées à destination.

Il est produit un relevé le 1er de chaque mois au sous-intendant (10 mars 1868 page 114 et 115.)

SERVICE DES CONVOIS MILITAIRES A L'INTÉRIEUR

(Voir le réglement du 1er juillet 1874. J. M. 2° 77)

1° Sur les voies ferrées

Le transport des troupes par les chemins de fer et du matériel qu'elles comportent est à la charge du service des convois ; il en est de même des militaires isolés qui, voyageant pour le service, ne reçoivent pas l'indemnité kilométrique de transport.

Les corps ou détachements ne voyagent en chemin de fer que sur l'ordre du ministre ou des généraux commandant les corps d'armée. (Art. 6 du réglement du 6 juillet 1874, 2e semestre 1877 page 41). Ces ordres sont notifiés par les autorités qui les délivrent, aux compagnies de chemin de fer, qui indiquent les trains qui emmèneront les troupes. (Art. 15.)

Des bons de chemin de fer sont délivrés, sur le vu de l'ordre de mouvement, par les fonctionnaires de l'intendance qui constatent au préalable, l'effectif des hommes, des chevaux et des voitures.

Il est délivré autant de bons qu'il y a de réseaux différents ; ils sont remis, *avec la feuille de route,* au chef de la troupe. (Art. 13 et 15.)

Aux termes de l'art. 59, tout chef de détachement doit remettre à son arrivée, le bon de chemin de fer qui lui a été délivré, et il reçoit en échange, de la compagnie du chemin de fer, un billet collectif qui lui assure le transport de son détachement jusqu'à destination.

Cet échange du bon de chemin de fer contre le billet collectif a lieu à chaque changement de réseau, mais le chef de détachement ne doit pas se dessaisir des billets qui lui sont successivement délivrés, attendu qu'il est tenu de les joindre au bulletin de renseignements n° 5 à produire par le chef de corps, en exécution de l'art. 17 du réglement. (Note du 4 décembre 1874 page 730.)

Les officiers supérieurs voyagent en 1re classe, les officiers inférieurs en 2e, la troupe en 3e classe. Toutefois, lorsqu'un détachement de troupe voyage par les trains ordinaires de l'exploitation et que les officiers inférieurs ne sont pas en nombre suffisant pour occuper un compartiment de 2e classe, il leur est attribué, sur le bon, des places de 1re classe. (Art. 13 et 15 du règlement du 1er juillet 1874, et circulaire du 9 décembre 1874, page 772).

Si l'absence au point de départ, d'un fonctionnaire chargé du service de marche autre qu'un maire, et l'urgence de l'embarquement ne permettent pas l'établissement d'un bon de chemin de fer, le chef de détachement produit au chef de gare de départ, l'ordre de mouvement dont il est porteur ; il remet au chef de la gare d'arrivée, pour chaque réseau, une copie dudit ordre, avec un bon de chemin de fer signé de lui (art. 16).

Cette disposition n'est plus que rarement applicable, car le décret du 18 juillet 1876, page 54, autorise en cas de mobilisation (ou d'urgence) les chefs de corps et commandants de bureau de recrutement, à délivrer des bons de chemin de fer et des ordres de mouvement rapide.

On opère de la même manière pour les hommes isolés.

Le nombre de places à allouer sur les bons est indiqué par le renvoi 10° porté au bas de ce bon.

Les soldats de toutes armes non équipés occupent le même nombre de places que les voyageurs civils.

Pour les soldats du génie armés et équipés, il est accordé dix places pour huit hommes

Dans les wagons à marchandise aménagés pour les hommes, le chiffre de contenance inscrit sur les parois des wagons est diminué de un cinquième.

Les bons doivent indiquer :

Le nombre des officiers, sous-officiers et soldats. (On doit les classer par catégorie de 1re, 2e et 3e classes.

Celui des chevaux et voitures.

Le poids du matériel des bagages.

(Art. 13 et J M 2-1877, page 42).

2° Service des convois en dehors des voies ferrées

Le service des convois (en dehors des voies ferrées), consiste à fournir :

1° *Des voitures non suspendues* pour le transport de la caisse, des papiers et des effets d'un usage journalier à la suite des corps ou détachements voyageant par étape ; des militaires écloppés qui suivent ces corps ou détachements.

2° *Des voitures suspendues* aux militaires isolés voyageant librement et dont l'état de maladie est constaté dans les formes prescrites.

3° *Des chevaux de trait* lorsque les corps ont des voitures. (Deux chevaux équivalent à une voiture à un collier.

4° *Des chevaux ou mulets de bât* sur les routes inaccessibles aux voitures. (Art 1er du cahier des charges du 17 avril 1874, page 619 (S).

Les fournitures sont faites sur la production d'un bon de convoi.

En principe, ces bons sont délivrés par les fonctionnaires de l'intendance et leurs suppléants autres que les maires, jusqu'à la plus prochaine résidence du sous-intendant, sur la route à parcourir ou jusqu'à destination.

Les maires ne peuvent délivrer de bons que pour une seule étape.

Les bons de convoi sont délivrés sur une formule unique n° 122 de la nomenclature des imprimés.

Le besoin d'une voiture suspendue est constaté par le certificat d'un médecin militaire ou civil. (Art. 10 du cahier des charges, page 623 (S) du 1er semestre 1874).

Les officiers jouissant de l'indemnité en diligence dans tous les cas, il n'y a pas lieu de leur fournir de moyens de transport en nature, à moins qu'étant hospitalisés, on ne doive les évacuer d'un établissement sur un autre.

L'allocation des voitures est calculée de la manière suivante : *corps ou détachements* de 1 à 24 hommes, sous le commandement d'un officier : *une voiture à un collier.*

De 161 à 320 hommes : *deux voitures à un collier.*

Et ainsi de suite en ajoutant une voiture pour 160 hommes.

Tout corps ou détachement ayant au moins 12 officiers a droit, *au minimum*, à deux voitures à un collier.

Une voiture supplémentaire est accordée pour le transport de la caisse et des archives, à tout corps ou portion de corps ayant une administration distincte.

Lorsqu'il y a beaucoup d'écloppés, le sous-intendant militaire peut accorder également une voiture supplémentaire

Si le corps ou détachement possède des voitures régimentaires attelées, il est déduit sur les allocations sus-indiquées un collier pour deux voitures ; pour trois voitures, il n'est déduit qu'un collier.

Il n'est rien diminué pour une voiture. (Art. 8 du cahier des charges précité). (Voir pour le paiement : dispositions relatives aux pièces de dépense).

Les chefs de corps ou de détachements en marche devront, avant le départ des voitures, faire établir par ceux-ci les mémoires sur lesquels, conformément à l'art. 14 de l'instruction du 1er mars 1881, l'autorité compétente locale inscrira la mention attestant l'importance du prix fixé.

Le paiement, dans tous les cas, ne pourra être acquis par le voiturier qu'après l'exécution du service dûment constaté (Note ministérielle du 28 novembre 1881, J. M. 2-81, page 369).

CHAPITRE XIII

LOGEMENT ET CANTONNEMENT

1° Hommes de troupe

Le logement est dû aux troupes (y compris les chevaux), dans toutes les positions qui leur donnent droit à une solde de présence. (Art. 321 de l'ordonnance du 25 févrict 1837, page 264).

Les militaires isolés munis d'une feuille de route y ont également droit, même lorsqu'ils ne reçoivent pas de solde. (Art. 100 du règlement du 20 juillet 1864, page 181).

2° Officiers. (*Pied de paix*).

Sur le pied de paix, les officiers en activité ont droit au logement meublé, conformément aux règlements sur le logement et l'ameublement dans les bâtiments militaires.

A défaut d'emplacement dans les bâtiments de l'état ou de meubles dans ces bâtiments, il y est suppléé par des indemnités représentatives aujourd'hui fondues dans la solde proprement dite. (Décret du 25 décembre 1875, pages 734 et 771).

Les logements dans les bâtiments militaires doivent toujours être occupés. (Loi du 10 juillet 1791).

Les officiers logés dans les bâtiments militaires subissent, sur leur traitement, une retenue fixée par le tarif n° 57 annexé au décret du 27 décembre 1875, page 924 ; les retenues se rapportant aux bureaux des officiers comptables sont exercées sur les indemnités de frais de bureau *(mod. n° 7)*.

Cette mesure est applicable, que les officiers soient logés dans les bâtiments de l'état, aux frais des communes ou d'un service quelconque. (Art. 13 du décret du 25 décembre 1875, page 775).

Ces retenues ne seront exercées que pour les journées donnant droit à la solde de présence. (Circulaire du 12 février 1877, page 72;

voir aussi 5 avril 1876, page 519 (S) 4 avril 1877 (M) et 10 octobre 1877, page 190).

Les officiers campés à l'intérieur ou en Algerie supportent également ces retenues. (Décision présidentielle du 13 mai 1876 page 729.) Mais la décision présidentielle du 31 juillet 1878 page 221, exempte de cette retenue les officiers appelés momentanément pour le service hors de leur garnison, pendant le premier mois de leur absence. Cette mesure ne s'applique qu'aux officiers logés à leurs frais dans leurs garnisons qui pendant leur absence, sont logés campés ou baraqués et qui doivent rentrer dans ces garnisons.

3° Officiers. (*Pied de guerre*).

Sur le pied de guerre, le logement est dû aux officiers de tout grade.

A défaut de bâtiments militaires, il y est pourvu par les soins des autorités locales (Art. 322 de l'ordonnance du 25 décembre 1837 page 265.)

Les officiers en campagne, touchant les vivres en nature ou une indemnité représentative, *supportent la retenue pour le logement avec ameublement* déterminé par le tarif du 25 décembre 1875. (Décision présidentielle du 13 mai 1876 page 729.)

Les officiers sous la tente ou faisant campagne sont, dans tous les cas, dispensés de toute retenue sur leur solde, à moins que le campement ne leur soit fourni à l'intérieur, en temps de paix au compte de l'état. (Décision présidentielle du 19 août 1881). Dans ce dernier cas, ils subiront comme les officiers baraqués, la retenue déterminée par la décision du 22 février 1881.

Logement et cantonnement chez l'habitant

L'état des ressources que peut offrir chaque commune est dressé par le maire de la commune.

Cet état doit distinguer l'agglomération principale et les hameaux détachés; il doit indiquer approximativement: (Décret du 2 août 1877 J. M. 2. 1877.)

1° Le nombre de chambres et de lits qui peuvent être affectés au logement des officiers, et le nombre d'hommes de troupe qui peuvent être logés chez l'habitant *à raison d'un lit par sous-officier* et d'un lit ou au moins d'un matelas et d'une couverture pour deux soldats.

Le nombre de chevaux, mulets, bestiaux et voitures qui peuvent être installés dans les écuries, étables ou remises.

2° Le nombre d'hommes qui peuvent être cantonnés dans les maisons, établissements, écuries, bâtiments ou abris de toute nature, appartenant soit aux particuliers, soit aux communes ou départements, soit à l'État, sous la seule réserve que les propriétaires ou détenteurs conservent toujours les locaux qui leur sont indispensables pour leur logement et celui de leurs animaux, denrées et marchandises.

Conformément aux dispositions des lois du 10 juillet 1791, 23 mai 1792 et 3 juillet 1877, le logement est fourni en nature chez l'habitant :

1° Aux militaires marchant en corps, en détachement ou isolément, lorsqu'ils sont munis de feuille de route (Art. 100 du réglement du 20 juillet 1824, art. 344 de l'ordonnance du 25 décembre 1837 du 12 juin 1867, art. 9 de la loi du 3 juillet 1877 page 5).

2° Aux hommes de troupe et sans troupe, en station dans les places où il n'y a pas de bâtiments militaires, ou lorsque les bâtiments sont insuffisants ou se trouvent dépourvus de couchers (art. 100 du 20 juillet 1824 et loi du 3 juillet 1877, page 5).

Lorsqu'une troupe arrive dans une place pour y tenir garnison, elle est considérée comme étant encore en marche et logée chez l'habitant pour une nuit ou deux au plus (art. 101).

Le logement chez l'habitant en cas de passage, de rassemblement, de détachement ou de cantonnement est gratuit, à raison de *trois nuits par habitant et par mois* (art. 15 de la loi du 3 juillet 1877).

Lorsqu'il y a nécessité de loger chez l'habitant les troupes qui doivent tenir garnison, si leur séjour doit s'étendre à la durée d'un mois, les seuls logements des sous-officiers et soldats et les écuries pour les chevaux, sont fournis en nature; à l'égard des officiers, ils ne peuvent prétendre à des billets de logement pour plus de trois nuits, et ce terme expiré, ils doivent se loger de gré à gré et à leurs frais chez les habitants (art. 5 de la loi du 10 juillet 1791). Cette disposition a été modifiée par l'art. 33 du décret du 2 août 1877 page 59 qui prévoit le cas où les officiers peuvent être logés comme la troupe, puisqu'il fixe une indemnité à payer aux habitants.

Cette indemnité est payée par les soins de l'intendance sur la production d'états numériques distincts pour le logement *(modèle 143)* et le cantonnement *(modèle 144)* annexés à la circulaire du 25 avril 1878 (M) fournies par les corps et d'états décomptés produits par le maire.

Il n'est accordé aucune indemnité pour les cas ci-après :

1° Pour le logement des troupes de passage chez l'habitant ou leur cantonnement pendant une durée maximum de trois nuits de chaque mois, la dite durée s'appliquant indistinctement au séjour d'un seul corps ou de corps différents chez les mêmes habitants.

2° Pour le cantonnement des troupes qui manœuvrent

3° Pour le logement chez l'habitant ou le cantonnement des troupes rassemblées dans les lieux de mobilisation et leurs dépendances pendant la mobilisation (art. 15 de la loi du 3 juillet 1877 page 7).

Pertes et dégradations (chez l'habitant)

Les pertes et dégradations occasionnées par la troupe dans leurs logements ou cantonnements sont à leur charge (loi du 3 juillet 1877 page 14 et 79).

Les dégats sont constatés par un procès-verbal dressé contradictoirement par le maire et par l'officier délégué par le commandant de la troupe S'il s'agit de passage de troupes en temps de paix, le procès-verbal est remis à l'habitant qui adresse sa réclamation à l'autorité militaire.

En cas de mobilisation, le procès-verbal sert à l'intéressé comme une réquisition ordinaire et l'indemnité à allouer est réglée comme en matière de réquisition (art 28 du décret du 2 août 1877 page 53).

En temps de guerre et en cas de départ inopiné des troupes logées chez l'habitant, si aucun officier n'a été laissé en arrière pour recevoir les réclamations, tout individu qui n'a pu faire sa réclamation avant le départ de la troupe, adresse sa plainte au juge de paix ou, à défaut, au maire Ce fonctionnaire dresse un procès-verbal qui est remis à la personne intéressée pour faire valoir ses droits comme en matière de réquisition (art. 30 du dit décret).

La dépense est payée par la masse individuelle des hommes en défaut.

Paille de couchage pour campement et baraquement

La paille de couchage se distribue à raison de 1 botte de 5 kilog. de paille longue par homme tous les 15 jours, et à chaque changement de position ; ou, pour le même temps, de 7 kilog. de paille courte dépiquée sous les pieds des chevaux.

Corps de garde n'ayant pas de lit de camp.	1re classe, tous les 15 jours, 20 bottes de 5 kilog.
	2e classe, tous les 15 jours, 12 bottes de 5 kilog.
	3e classe, tous les 15 jours, 6 bottes de 5 kilog.

La paille de baraquement se distribue à raison de 40 bottes de 5 kilog., par régiment ou bataillon pour les abri-vent de la garde de camp ; elle est toujours fournie en paille longue ; elle peut être remplacée par des rations individuelles de chauffage. (Décision ministérielle du 10 octobre 1881 journal militaire 2e 81 page 367)

CHAPITRE XIV

AVANCEMENT. — SUSPENSIONS. — CASSATIONS RÉTROGRADATIONS

Propositions pour l'avancement en campagne

L'avancement est réglé par la loi du 16 mars 1838.

En campagne, les compagnies détachées faisant partie d'une armée active sont considérées comme formant corps.

Les nominations des 1ers sapeurs, maîtres-ouvriers, caporaux et brigadiers sont faites, sur la proposition des commandants de détachements par l'officier du Génie sous les ordres duquel se trouvent placés les détachements où les vacances ont lieu. Il rend compte immédiatement au commandant du génie du corps d'armée, des nominations qu'il a faites.

Le commandant du génie de l'armée nomme à tous les emplois de sous-officier y compris celui d'adjudant, sur les propositions du commandant de compagnie qui lui sont trasmises hiérarchiquement et donne immédiatement avis de ces nominations au chef du corps.

Toutes les propositions d'avancement aux différents grades d'officier, sont soumises dans la forme hiérarchique au commandant du génie de l'armée qui les transmet au général en chef.

Il en est de même pour les propositions relatives aux décorations. (Voir les modèles de propositions, *modèles 126, 127, 128, 129, 130, 131, 132, 133* et *134.)*

Suspension des sous-officiers et caporaux.

Les sous-officiers et caporaux peuvent être suspendus de leurs fonctions pendant un temps déterminé, qui n'excède pas deux mois. (La suspension du grade ne doit figurer que sur la feuille de punitions du livret matricule.)

En campagne ou lorsque la compagnie est détachée hors du corps d'armée où se trouve la portion centrale, le pouvoir de casser les 1res sapeurs et de suspendre les sous-officiers et caporaux appartient au capitaine commandant, qui en rend compte au chef de corps.

Cassation. — Rétrogradation.

A l'intérieur, lorsqu'il y a lieu à cassation ou à retrogradation pour un sous-officier ou caporal de sa compagnie, le capitaine commandant dresse un rapport *(mod. 135)* qu'il envoie au chef de corps avec les pièces suivantes :

1° Etat signalétique et de service *(mod. 215)*.
2° Relevé des punitions *(mod. 118)*.
3° Rapport de l'officier commandant, si la plainte est motivée principalement sur une faute commise dans un détachement.

La cassation ou rétrogradation d'un caporal est prononcée par le général directeur supérieur du génie. Celle d'un sous-officier non rengagé par le général en chef.

Lorsque des sous-officiers ou caporaux sont membres de la Légion d'honneur ou décorés de la médaille militaire, *la cassation ou la rétrogradation ne peuvent être prononcées que par le ministre,* et aux armées par le général en chef; dans tous les cas, ils peuvent être suspendus de leurs fonctions.

En campagne, pour la rétrogradation ou cassation des sous-officiers non rengagés et caporaux, le capitaine adresse le rapport et les pièces à l'officier commandant le génie de l'armée; il rend compte au chef de corps.

Pour la rétrogradation ou cassation des sous-officiers rengagés, le rapport est toujours envoyé au chef de corps, pour être soumis au conseil du régiment *(mod. 136)*.

Actions d'éclat, blessures, hommes disparus. Hôpitaux, ambulances.

Les actions d'éclat sont constatées par les ordres, bulletins ou rapports des généraux en chef.

Lorsqu'un militaire a été mis à l'ordre de l'armée ou signalé dans les rapports du commandant en chef, pour une action d'éclat, le chef d'état-major général doit faire parvenir en original au ministre de la guerre et en copies dûment certifiées, au capitaine commandant la compagnie, les pièces à l'appui de la citation, savoir :

Le rapport spécial et, par conséquent individuel de l'officier supérieur ou autre, sous les yeux duquel le fait a eu lieu ; rapport vérifié avec soin par le général de brigade et le général de division qui ont donné leur avis motivé, et accompagné de la décision prise par le commandant en chef, au sujet de la mise à l'ordre et de l'insertion au bulletin du nom signalé.

Les copies adressées au commandant de la compagnie sont transmises par lui au conseil d'administration central pour être remises aux militaires, lorsqu'ils sont rayés des contrôles; dans le cas contraires elles sont détruites.

Blessures. — Aussitôt qu'un officier, sous officier, ou soldat est blessé par l'ennemi ou par un accident dans le service, on établit un certificat d'origine de blessure conforme au modèle 120.

A ce certificat établi en triple expédition, est joint un rapport du médecin faisant le service de la compagnie.

Militaires tués, blessés, prisonniers, disparus. — Après chaque affaire, le commandant de la compagnie adresse au ministre par la voie hiérarchique, les états dont le détail suit, savoir :

1° Etat des militaires tués ou blessés *(mod. 121)*.

2° Etat des militaires tombés au pouvoir de l'ennemi *(mod. 122)*.

3° Etat des militaires disparus *(mod. 123)* (Tous ces militaires doivent être l'objet d'un acte de disparition *(mod. 125)*.

Hôpitaux, ambulances. — Le commandant de la comgagnie fait visiter les effets des hommes entrant dans les hôpitaux, ambulances, ou dans une position d'absence quelconque; il fait imputer au compte de la masse individuelle les dégradations qu'ils ont faites à l'habillement, à l'équipement, à l'armement, etc., et arrêter le compte courant sur le livret individuel et sur le livret matricule de l'homme.

Si le compte est arrêté sauf imputation, on indique qu'elle est la dépense susceptible d'être imputée.

Les hommes entrant aux hôpitaux ou ambulances doivent toujours être porteurs d'un billet d'hôpital.

Le capitaine commandant fait établir en double expédition, un bulletin de dépôt des effets qu'ils laissent à la compagnie et ceux qu'ils emportent, l'un de ces bulletins suit l'homme, l'autre est conservé avec les effets au magasin de la compagnie.

En campagne les hommes emportent leurs armes aux hôpitaux ou aux ambulances.

Les hommes venant des hôpitaux ou des ambulances doivent

être porteur de leurs armes et d'un billet d'hôpital; s'ils ne rapportent pas le billet, le commandant de la compagnie écrit de suite pour en avoir un duplicata. (Les armes des décédés sont versées au parc d'artillerie le plus voisin. Il en est de même des armes des hommes évacués sur les hôpitaux de l'intérieur).

Congés. — En campagne, les hommes qui obtiennent des congés de convalescence laissent leurs armes et leurs effets à la compagnie ou aux hôpitaux; ils emportent, ainsi que les hommes rentrant au dépôt du corps pour quelque cause que ce soit :

Un képi, une veste, et un pantalon.

CHAPITRE XV

JUSTICE MILITAIRE

Hommes en absence illégale

Pour les hommes en absence illégale et qui rentrent sans avoir été portés déserteurs, le commandant de la compagnie établit, pour être mis à l'appui de la feuille de journées, un état indiquant la date du départ et de la rentrée à la compagnie *(mod, n° 14)*.

Déserteurs

Est considéré comme déserteur à l'intérieur :

1° Six jours après celui de l'absence constatée, tout sous-officier, caporal ou sapeur qui s'absente de son corps ou détachement sans autorisation. Néanmoins, si le soldat n'a pas trois mois de service, il ne peut être considéré comme déserteur qu'après trois mois d'absence.

Le délai de six jours se décompte de la manière suivante : pour une absence constatée le 22 janvier par exemple, ce sera à l'expiration du 28, c'est-à-dire le 29 que la désertion est consommée.

2° Tout sous-officier, caporal ou sapeur voyageant isolément d'un corps à un autre et dont le congé ou la permission est expiré, et qui, dans les quinze jours qui suivent celui qui a été fixé pour son retour ou son arrivée au corps, ne s'y est pas présenté.

Est puni de six mois à un an d'emprisonnement, tout officier absent de son corps ou de son poste sans autorisation depuis plus de six jours, ou qui ne se présente pas quinze jours après l'expiration de son congé ou de sa permission, sans préjudice de l'application, s'il y a lieu, des dispositions de l'art. 1er de la loi du 19 mars 1834, sur l'état des officiers.

En temps de guerre, les délais fixés ci-dessus sont réduits des deux tiers.

Est déclaré déserteur à l'étranger, en temps de paix, *trois jours* et en temps de guerre *un jour*, après celui de l'absence constatée, tout militaire qui franchit sans autorisation les limites du territoire français, ou qui, hors de France, abandonne le corps auquel il appartient.

Aussitôt que le commandant de la compagnie reconnaît qu'un sous-officier, caporal ou soldat est absent illégalement, il en avertit les autorités, soit militaires, soit civiles du lieu, et prend d'ailleurs toutes les mesures qu'il juge convenables pour amener son arrestation.

Le signalement *(mod. 138)* est envoyé sur le champ à la prévôté de la division ou du corps d'armée, ainsi qu'au commandant de la place ou du camp.

Tout officier qui abandonne son corps ou son poste sur un territoire en état de guerre ou de siège, est déclaré déserteur après les délais déterminés par le paragraphe ci-dessus, et puni de la destitution avec emprisonnement de deux à cinq ans.

Si les recherches ont été sans résultat, le commandant de la compagnie doit considérer le militaire comme étant en état de désertion à l'expiration des délais indiqués ci-dessus selon le cas.

Déclaration de désertion

Aussitôt que les délais, dits *de grâce*, sont expirés, le commandant de la compagnie adresse immédiatement le signalement du déserteur *(mod. 138)*.

1° Au ministre de la guerre.

2° Au préfet du département où l'homme est né, où il était domicilié et où ses parents avaient leur domicile avant son entrée au service.

3° Au colonel de la légion de gendarmerie ou des légions de gendarmerie dans la circonscription desquelles se trouvent ces départements.

Pour le département de la Seine l'envoi est fait au préfet de police et non au préfet de la Seine.

Indépendamment de ces divers endroits, un signalement semblable est transmis à toute autorité qui est présumée être à même de reconnaître la retraite du déserteur ou de faire opérer son arrestation.

Relativement aux militaires qui ne sont pas rentrés à l'expiration d'un congé, on doit, avant de lancer le signalement, écrire au commandant de la gendarmerie du lieu où le militaire jouissait de son congé pour s'informer des motifs de retard.

Ce n'est qu'après sa réponse qu'on envoie, s'il y a lieu, le signalement du déserteur.

Rentrée des déserteurs

Lorsqu'un militaire déserteur est replacé sous la main de l'autorité, il est ramené à sa compagnie avec les papiers constatant de la manière la plus régulière, sa position et sa présentation volontaire ou son arrestation.

A la rentrée du déserteur, le commandant de la compagnie examine si son absence peut être justifiée, dans le cas de la négative, il dresse une plainte *(mod. 139)* pour que le déserteur soit traduit devant un conseil de guerre. En même temps il envoie à toutes les autorités qui ont reçu le signalement de désertion, celui de la rentrée *(mod. 231)*, afin de faire cesser toutes les recherches.

Le signalement adressé au ministre fait connaître si le général de corps d'armée a refusé ou ordonné la mise en jugement.

Si l'homme justifie de son absence, son signalement de rentrée en fait mention.

De la procédure devant les conseils de guerre

Dès qu'un crime ou délit a été commis, la première chose à faire est de le constater, d'en rechercher ou d'en livrer les auteurs à l'autorité chargée d'en poursuivre la répression devant les tribunaux militaires. Ce soin est dévolu à la police judiciaire.

La police judiciaire militaire est exercée sous l'autorité du général commandant le corps d'armée.

Les chefs de corps et de détachement peuvent faire personnellement, ou requérir les officiers de police judiciaire de faire tous les actes nécessaires à l'effet de constater les crimes et les délits et d'en livrer les auteurs aux tribunaux chargés de les punir.

Les chefs de corps peuvent déléguer les pouvoirs qui leur sont donnés par le précédent paragraphe, à l'un des officiers sous leurs ordres, (Art. 85 du code de justice militaire).

Les officiers de police judiciaire reçoivent en cette qualité les dénonciations et les plaintes qui leur sont adressées.

Ils rédigent les procès-verbaux nécessaires pour constater le corps du délit et l'état des lieux.

Ils reçoivent les déclarations des personnes présentes ou qui auraient des renseignements à donner.

Ils se saisissent des armes, effets, papiers et pièces, tant à charge qu'à décharge, et en général de tout ce qui peut servir à la manifestation de la vérité. (Art. 86 du code de justice militaire).

Formalités à remplir pour traduire un militaire devant un conseil de guerre.

Lorsque la compagnie est détachée dans une division active la plainte *(mod. 139)* est établie par le capitaine commandant qui en rend compte immédiatement au chef de corps

La plainte est appuyée :

1° D'un rapport du commandant de la compagnie, relatant les faits et les noms des témoins;

2° De l'état signalétique et des services de l'inculpé *(mod. 215).*

3° Du relevé des punitions *(mod. 118)*

4° De l'extrait présentant la situation de la masse individuelle *(mod. 25).*

Dans le cas de désertion, on y joint, en outre, un état des effets emportés par l'inculpé et non représentés à la rentrée *(mod. 140).*

Le commandant de la compagnie rédige les procès-verbaux d'information et d'interrogation de l'inculpé *(mod. 141 et 142).*

Il est assisté dans cette opération par un greffier pris parmi les sous-officiers de la compagnie et âgé de 25 ans au moins.

Le tout est ensuite envoyé par ses soins au général directeur supérieur du génie, pour être transmis au général commandant le corps d'armée, à qui est dévolu le droit d'ordonner ou de refuser l'information.

Nota. — Le commandant de la compagnie à laquelle appartiennent des militaires qui encourent des condamnations est tenu d'adresser à l'autorité militaire du lieu ou le jugement a été rendu, pour être transmis ensuite au général commandant la division ou les condamnés doivent subir leur peine, les relevés des services et des punitions de ces hommes, sur lesquels il fait relater exactement la date du jugement et le jour à partir duquel il est exécutoire (Notes ministérielles des 15 août 1846 et 2 avril 1864).

CHAPITRE XVI

IMMATRICULATION ET RECRUTEMENT

Hommes passant dans un autre corps

Dès qu'un homme passe dans un autre corps, le commandant de la commagnie dresse en double expédition un extrait du livret matricule, constatant la situation de la masse de cet homme *(mod. 25)*.

La somme à envoyer, d'après l'extrait, est versée dans la caisse du payeur d'armée contre un mandat payable au conseil d'administration du corps ou au commandant de la portion du corps qui reçoit l'homme (Voir demande du mandat *mod. n° 37*).

Une expédition de cet extrait sur laquelle est la déclaration de versement du payeur d'armée, reste à la compagnie comme pièce de dépense; l'autre est adressée avec le mandat, le livret matricule, les factures *(mod. 180* et *185)* des effets emportés par l'homme, soit au président du conseil d'administration du corps ou au commandant de la portion du coprs, soit, si c'est pour une compagnie détachée, au capitaine commandant la compagnie où l'homme est détaché.

Le nouveau corps doit en accuser réception, en renvoyant la facture *(mod. 185)*. revêtue de la prise en charge, ainsi que le reçu du mandat *(mod. 39)*.

Si au lieu d'un avoir à la masse, il y a un débet, il est couvert par la remise que fait le nouveau corps à l'ancien d'une somme équivalente, prélevée sur les fonds de la masse individuelle.

Hommes venant d'un autre corps

Au fur et à mesure des incorporations, le commandant de la compagnie envoie en communication au conseil d'administration central les livrets matricules des hommes pour servir à leur immatriculation.

Lorsqu'il reçoit le fonds de masse, il s'assure à quelle date le mandat est payable, et le jour de son échéance, il met son acquit au verso du mandat, le touche chez le payeur et en fait recette au registre-journal.

Envoi en congé en attendant le passage dans la réserve. — Passage dans la disponibilité ou dans la réserve.

Chaque année au 1er juillet, le capitaine commandant la compagnie adresse aux commandants des bureaux de recrutement sur le registre matricule duquel sont inscrits les hommes, un état nominatif. *(Dit état nominatif d'affectation modèle 9 de l'instruction du 28 décembre 1879)* de ceux des hommes (1re portion, engagés volontaires, etc.) qui doivent être renvoyés par anticipation dans leurs foyers en attendant l'époque de leur passage dans la réserve.

Ces états sont transmis par l'intermédiaire du conseil d'administration central, qui est chargé de s'assurer de l'exactitude des renseignements qu'ils contiennent.

Au moyen de ces états, le commandant du bureau de recrutement procède à l'établissement des certificats de passage dans la disponibilité ou dans la réserve, des ordres de route et des feuilles spéciales, et les fait parvenir quinze jours au moins avant la date du passage ou du renvoi, à la compagnie dans laquelle servent les hommes, il y joint les procès-verbaux de remise de livret.

Le capitaine fait coller les certificats, ordres de route, feuilles spéciales, sur des pages blanches ménagées à cet effet au livret individuel. Il fait en outre l'inscription de la mutation de passage du corps d'affectation et du numéro du répertoire précédé d'un zéro aux pages 2 du livret matricule et 3 du livret individuel.

La compagnie prend ces renseignements aux certificats et ordres de route, et emploie les formules suivantes :

Envoyé le   en disponibilité ou en congé en attendant son passage dans la réserve, qui aura lieu le   affecté au   e régiment du génie stationné à   (le no du répertoire dans la colonne à ce destinée.)

L'indication du corps d'affectation est reproduite dans la même forme (e régiment du génie stationné à   ) ainsi que le numéro du répertoire, précédé d'un zéro, sur la couverture du livret, ce numéro dans la colonne : numéros matricules.

En tête de cette couverture, on inscrit en caractères apparents l'année de la classe de mobilisation; puis le livret est remis au titulaire après signature par lui et par le commandant de la compagnie du procès-verbal de remise, lequel est envoyé ensuite au bureau de recrutement lors du passage effectif.

Au départ des hommes, les autres pièces, livrets matricules, feuilles spéciales, feuilles matricules, procès-verbaux de remise, sont envoyés dans un délai maximum de huit jours et accompagnés d'un bordereau sommaire en double expédition (*mod. 10*, annexé à l'instruction du 28 décembre 1879) au commandant de recrutement, qui conserve une expédition du bordereau et renvoie l'autre à la compagnie ou au corps, après y avoir apposé son visa.

Cet officier supérieur fait ensuite parvenir ces pièces, sans le moindre retard, aux divers corps d'affectation, après avoir inscrit la mutation et les services au registre matricule ou à la liste matricule.

Toutes ces opérations ont la plus grande importance au point de vue de la mobilisation et les commandants de compagnie doivent ordonner, pendant le mois qui précède le départ des hommes, des théories sur les devoirs des réservistes. (Formalités concernant les changements de résidence et de domiciles; distinction à établir entre ces deux déplacements, obligation de déposer le livret à la mairie ou à la gendarmerie, du 15 au 30 novembre de l'année qui précède leur passage dans l'armée territoriale, etc.)

On appelle particulièrement l'attention des hommes sur *l'usage de la feuille spéciale et de l'ordre de route : l'une destinée aux convocations du temps de paix, l'autre réservée pour la mobilisation.*

On opère pour les hommes quittant le corps isolément et dont la date du départ est connue à l'avance, comme il vient d'être prescrit pour l'ensemble de la classe.

Il peut se produire néanmoins, certaines circonstances où l'application de ces mesures ne seraient point possible sans retarder le renvoi de l'homme, on procède alors, de la manière suivante.

La compagnie ou le corps adresse le livret individuel et le livret matricule, au commandant de recrutement d'origine, qui affecte l'homme, établit les certificats, ordres de route, etc. et lui fait remettre le livret par la gendarmerie.

Les engagés volontaires renonçant après le 1er juillet à bénéficier du renvoi par anticipation, et ceux des autres hommes déjà portés à l'état nominatif d'affectation, qui contracteraient des rengagements ou seraient maintenus à un titre quelconque, doivent être signalés au commandant de recrutement.

Certificats de bonne conduite

Lorsque la compagnie reçoit l'ordre d'envoyer des hommes en

congé en attendant leur passage dans la réserve, le capitaine commandant fait établir les *certificats de bonne conduite.*

Le certificat de bonne conduite *(modèle 117)* est délivré par le *président* d'une commission spéciale, composée de la manière suivante : (circulaire ministérielle du 18 juin 1864 et 25 août 1874.)

Le chef de service, président ;

Le capitaine commandant la compagnie, ou en cas d'absence, l'officier de grade immédiatement inférieur ;

Un lieutenant ou sous-lieutenant de la compagnie ;

L'avis de la commission est consigné dans un procès-verbal *(modèle 75 bis)* dont copie conforme est envoyée au conseil d'administration central.

Le président seul signe les certificats.

Ces dispositions s'appliquent au cas de passage dans la disponibilité ou dans la réserve de l'armée active.

Toutefois il ne doit être délivré de certificat de bonne conduite, aux militaires ne comptant pas une année de présence sous les drapeaux. Dans ce cas, on inscrit sur leurs livrets la mention suivante :

Le nommé ne comptant pas une année de présence effective sous les drapeaux n'est pas tenu de justifier d'un certificat de bonne conduite.

Payement de l'avoir à la masse

Pour le payement de l'avoir à la masse, le capitaine commandant dresse un extrait du livret matricule *(modèle 25. —* voir : *paiement de la masse en Algérie.)*

Les hommes qui sont rayés des contrôles pour passer dans la disponibilité ou dans la réserve de l'armée active, avant d'avoir accompli effectivement cinq années de service, subissent sur le décompte de leur masse individuelle une retenue de 12 fr. pour les hommes à pied et 20 fr. pour les hommes à cheval.

En cas d'insuffisance, la totalité de l'avoir à la masse est retenue.

CHAPITRE XVII

RENGAGEMENTS

Rengagement des caporaux ou soldats

Les rengagements sont d'une durée de deux ans au moins et de cinq ans au plus. Il ne peuvent être contractés que par des militaires qui sont dans leur dernière année de service.

Le rengagé choisit le corps où il veut continuer à servire.

Les conditions d'âge sont réglées de manière que le soldat et le caporal ne soient pas maintenus dans le service actif au delà de vingt-neuf ans.

Lorsqu'il y a lieu de rengager un caporal ou un soldat, le commandant de la compagnie envoie au sous-intendant militaire les pièces ci-après :

1° *Un certificat d'acceptation*, signé de lui et du médecin chargé du service médical de la compagnie *(modèle 114.)*

2° *Un état signalétique et des services (modèle 215.)*

Un bordereau énonciatif *(modèle 115)* accompagne l'envoi de ces pièces. Le sous-intendant en reconnaît la régularité, établit l'acte de rengagement et adresse à la compagnie une expédition de cet acte avec le bordereau et les pièces à l'appui. Le capitaine commandant renvoie au sous-intendant, revêtu de son récépissé le bordereau énonciatif qui doit rester annexé à la minute de l'acte de rengagement.

Lorsque le militaire demande à se rengager dans un autre corps, il doit produire un certificat d'acceptation délivré par le chef de ce corps, constatant qu'il peut être admis.

Rengagement des sous-officiers

Les rengagements peuvent être contractés par les sous-officiers dans les conditions de la loi du 23 juillet 1881 ou en conformité de la loi du 27 juillet 1872.

Loi du 23 juillet 1881

Les sous-officiers sont admis à contracter pour *deux ans* au moins et *cinq ans* au plus des rengagements renouvelables d'une durée totale de *dix ans*.

Après dix ans de rengagement ils peuvent être commissionnés et maintenus sous les drapeaux jusqu'à l'âge de 47 ans.

Les sous-officiers peuvent être autorisés à contracter leur premier rengagement dans l'année qui précède le renvoi de leur classe et dans celle qui suit. Il peuvent-être autorisés à contracter des rengagements ultérieurs dans leur dernière année de service ou pendant les six mois qui suivent leur rentrée dans leurs foyers.

Le ministre détermine tous les ans le nombre de sous-officiers qui pourront être, pendant l'année, rengagés ou commissionnés; ce nombre ne peut dépasser, pour l'ensemble de l'armée, les 2/3 de l'effectif des sous-officiers.

Les autorisations de rengagement ou les commissions ne peuvent être refusées aux sous-officiers qu'en cas d'avis défavorable du conseil du régiment.

Les demandes de rengagement ou de commission sont transmises hiérarchiquement au commandant du corps d'armée qui statue.

Il est délivré au sous-officier pour le rengagement un titre formant brevet.

La rétrogadation ou la cassation d'un sous-officier rengagé, la mise à la retraite d'office du commissionné ne peuvent être prononcées que par le commandant du corps d'armée, sur l'avis conforme du conseil du régiment.

La procédure est la même que pour les officiers.

Les sous-officiers sont rengagés ou commissionnés pour le corps dans lequel ils servent. Toutefois, ils peuvent être affectés, sur leur demande et même d'office par le ministre, à un autre corps de la même arme dans lequel le nombre des rengagés ou commissionnés serait insuffisant.

Le sous-officier rengagé à droit à une haute paye de 0 fr. 30 à partir du jour du renvoi de sa classe ou à partir du jour de son rengagement, si cette date est postérieure à celle du renvoi de la classe.

Cette haute paye est portée à 0 fr. 50 après 5 ans de rengagement et à 0 fr. 70 après 10 ans. Le sous-officier marié et logé en ville reçoit une indemnité de logement de 15 francs par mois. Il est alloué aux sous-officiers qui contractent un premier rengagement de cinq ans, une somme de 600 francs à titre de première mise d'entretien et une indemnité de 2,000 francs. La première mise d'entretien est payée immédiatement après la signature le l'acte de rengagement.

L'indemnité de 2,000 francs est conservée par l'Etat tant que le sous-officier reste sous les drapeaux. L'intérêt de 5 p. 0/0, soit 100 francs par an, lui est payé à la fin de chaque trimestre, à partir du jour où commence le rengagement effectif.

Toutefois, si le sous-officier est autorisé à se marier, l'indemnité de rengagement sera mise à sa disposition après l'expiration du premier rengagement de cinq années.

Les rengagements de moins de cinq ans ne donnent droit, en dehors de la haute paye, à aucune indemnité ; les sous-officiers qui contracteront un deuxième rengagement destiné à compléter la durée des cinq ans, auront droit, sur l'indemnité de 2,000 fr., à une part proportionnelle à la durée de ce rengagement.

Le sous-officier rengagé, passant dans la gendarmerie ou appelé à l'un des emplois militaires prévus par les lois et règlements, reçoit sur l'indemnité de 2,000 francs, une part proportionnelle au temps de service qu'il a accompli depuis le jour où compte son engagement effectif. Le sous-officier nommé officier n'a pas droit à cette part proportionnelle.

Le sous-officier rengagé qui est retraité ou réformé, soit pour blessures reçues dans un service commandé, soit pour infirmités contractées dans l'armée (congé de réforme n° 1) à une époque quelconque de son rengagement, reçoit intégralement l'indemnité de 2,000 francs.

En cas de décès sous les drapeaux dans les circonstances indiquées à l'art. 19 de la loi du 11 avril 1831, cette somme est attribuée à la veuve non séparée de corps et à défaut à ses héritiers.

Tout sous-officier rengagé qui est réformé, soit pour blessures reçues hors du service, soit pour infirmités contractées hors de l'armée (congé de réforme n° 2). reçoit en quittant le corps une partie de l'indemnité de 2,000 francs proportionnelle au temps de service accompli depuis le jour ou compte son rengagement effectif.

Il en est de même pour le sous-officier rengagé qui renonce volontairement à son grade ou le perd par rétrogradation, cassation ou jugement.

Si celui-ci redevient sous-officier avant sa libération, il a droit à une nouvelle part de l'indemnité de 2,000 francs, proportionnelle au temps de service accompli depuis la dernière nomination.

En cas de décès la partie de l'indemnité de 2,000 francs correspondant au service est attribuée à la veuve ou aux héritiers.

Les sous-officiers qui, après un premier rengagement de cinq ans, seront admis à en contracter un deuxième de la même durée, auront droit à une deuxième mise d'entretien de 500 francs qui leur sera payée, comme la première, après la signature de l'acte de rengagement, soit en espèces, soit en un livret sur la caisse d'épargne.

Après dix ans de rengagement, ils acquièrent des droits à une pension proportionnelle à la durée de leur service. Après vingt-cinq ans de service, ils ont droit à une pension de retraite.

Les sous-officiers ayant sept ans de service, dont quatre de sous-officier, participent, au point de vue des emplois civils, aux avantages stipulés par l'art, 1er de la loi du 24 juillet 1873.

Les sous-officiers qui ont cinq ans de rengagement et qui seront portés sur les listes de classement des emplois dressés en conformité de l'art 8 de la loi du 24 juillet 1873 pourront être pourvus, dans les six derniers mois de leur service, de l'emploi pour lequel ils ont été désignés.

Dans ce cas, ils seront mis en congé et remplacés. Ceux qui n'auraient pas été pourvus de cet emploi au jour de leur libération, pourront attendre au corps leur nomination pendant un an au plus.

Dans ce cas, ils continueront leur service et ne seront pas remplacés. Ils seront assimilés aux commissionnés.

Ceux qui préfèrent attendre dans leurs foyers leur nomination, ne recevront aucune allocation.

Les sous-officiers proposés pour la gendarmerie, pourront attendre au corps leur nomination pendant un an au plus, dans les mêmes conditions que les sous-officiers proposés pour les emplois civils.

La limite d'âge de trente-six ans, fixée pour l'admission à certains emplois civils est portée à trente sept ans.

Tout sous-officier qui jouira de la pension proportionnelle ou de retraite, sera pendant cinq ans à la disposition du ministre pour le service de l'armée territoriale.

Dispositions relatives au rengagement des sous-officiers
(d'après la loi du 23 juillet 1881).

Les rengagements de 2, 3 ou quatre ans, continuent d'être autorisés ; mais ils ne donnent droit, en dehors de la haute paye, à aucune des indemnités prévues par la loi du 23 juillet 1881. Ces indemnités (sauf l'exception stipulée à l'art. 9) sont exclusivement réservées aux rengagements de cinq ans.

Peuvent être autorisés à contracter un *premier rengagement* de cinq ans.

1° *Les sous-officiers présents dans les corps*, à partir du jour où ils compteront trois ans de service effectif.

2° Les sous-officiers rentrés dans leur foyers depuis une année au plus.

Bien que les instructions ministérielles pour le renvoi anticipé des classes prescrivent la remise des galons au moment du départ, il est entendu que le premier rengagement de cinq ans ne cesse pas d'être accessible à l'ancien sous-officier, qui se trouvait en possession du grade à l'époque du renvoi de la classe.

Peuvent contracter un *second* rengagement de cinq ans dans les conditions de la nouvelle loi :

1° *Les sous-officiers présents au corps lorsqu'ils sont entrés dans la dernière année de service d'un premier rengagement de cinq ans ou d'un rengagement complémentaire souscrit en vertu de l'art. 9.*

2° *Les anciens sous-officiers ayant déjà servi cinq ans comme rengagés avec prime ; pendant les six mois qui suivent leur rentrée dans leurs foyers.*

Enfin, les sous-officiers présents dans les corps, qui auront déjà contracté un rengagement de moins de cinq années pourront, lorsqu'il seront entrés dans la dernière année de ce rengagement, en contracter un second destiné à compléter la durée de cinq ans, et donnant droit, sur l'indemnité de 2,000 fr. prévue par la loi, à une part proportionnelle à la durée de ce nouveau rengagement, dans la dernière année duquel il leur sera loisible de réclamer l'autorisation de contracter le deuxième rengagement prévu par l'art. 13.

Après dix ans de service comme rengagés, les sous-officiers peuvent être maintenus sous les drapeaux, en qualité de commissionnés. Passé cette limite, il ne sont plus admissibles à contracter de rengagements de quelque durée que ce soit, il leur est délivré une commission à l'expiration de leur dernier rengagement.

S'ils réclament la retraite proportionnelle immédiatement après l'accomplissement de leurs dix ans de service comme rengagés, leur dernier rengagement, s'il n'est pas terminé, est annulé de droit pour la période restant à accomplir.

Demandes de rengagement

Les demandes de rengagement doivent être écrites et signées par les pétitionnaires.

Les demandes des sous-officiers présents dans les corps, sont remises par eux à leur commandant de compagnie. Celui-ci, après avoir inscrit son avis sur la demande l'adresse accompagnée : 1° *de l'état signalétique et de service du sous-officier* ; 2° *du relevé de ses punitions* ; 3° *d'un état de situation de sa masse individuelle* ; 4° *d'un certificat d'aptitude au service délivré par le médecin du corps*, au commandant du bataillon, qui y inscrit également son avis, et fait parvenir le tout au chef de corps.

Chacune des demandes de rengagement, établie dans la forme ci-dessus indiquée, sera l'objet d'une délibération spéciale, du conseil du régiment. Le vote sera secret, et il y sera procédé dans les formes adoptées pour le conseil d'enquête ; mais en cas de partage des voix, celle du président sera prépondérante.

Le résultat de la délibération du conseil sera consigné sur le mémoire de proposition *(modèle 230)* qui sera ensuite adressé par la voie hiérarchique, avec les pièces à l'appui, au général commandant le corps d'armée auquel appartient la portion principale du corps, lors même que cette portion serait stationnée en dehors de la région.

Les autorisations de rengager ne peuvent être refusées aux sous-officiers qu'en cas d'avis défavorable du conseil (art. **4** de la loi du 23 juillet 1881.)

Le sous-officier autorisé à se rengager se présentera devant le sous-intendant militaire muni de l'attestation qui lui aura été délivrée par le chef de corps, et sur lequel sera mentionnée la date de la décision du général commandant le corps d'armée. *(L'attestation modèle 119 est accompagnée de l'état signalétique du sous-officier et d'un bordereau.)*

Les sous-officiers ayant contracté un premier rengagement de *cinq ans* doivent recevoir un titre formant brevet. Les chefs de corps auront, en conséquence, dès qu'un acte de cette nature aura été signé, à en donner avis au général commandant le corps d'armée, qui délivrera au sous-officier rengagé un titre formant brevet.

Ce titre est remis à l'intéressé, immédiatement, s'il est présent au corps, ou dès son arrivée au corps s'il s'agit d'un sous-officier rengagé après avoir quitté les drapeaux.

Toutes les fois, qu'un conseil croit devoir refuser le rengagement d'un sous-officier provenant d'un autre corps, les motifs de ce refus doivent être indiqués d'une manière précise sur le mémoire de proposition.

Sous-officiers stagiaires

Aux termes de la loi du 13 mars 1875, les sous-officiers stagiaires du génie sont placés hors cadre et remplacés à leur corps. Ils quittent ainsi les corps de troupe, pour occuper une position où ils ont une solde spéciale Ils remplissent donc un des emplois prévus par l'article 10 de la loi du 23 juillet 1885, et, dans cette situation; ils ne peuvent être admis à contracter des rengagements avec prime.

Les sous-officiers du génie qui auront été admis à souscrire des rengagements de cette nature, et qui sont nommés ultérieurement à la position de *stagiaire,* recevront, sur l'indemnité de 2,000 fr. la part proportionnelle prévue à l'art. 10 ; mais les effets pécuniaires du rengagement étant seuls supprimés, ils resteront liés au service jusqu'à l'expiration du rengagement précédemment souscrit. Ce moment arrivé, ils contracteront, s'il y a lieu, un nouveau rengagement en vertu de la loi du 27 juillet 1872, jusqu'à leur nomination au grade d'adjoint du génie de 3e classe.

Compagnies détachées en Algérie. Pour les compagnies détachées en Algérie, la composition du conseil sera la même que pour les compagnies formant corps *(La composition du conseil de régiment pour une compagnie formant corps est la suivante : un chef de bataillon, deux capitaines, un lieutenant.*

Pour les conseils d'enquête, un sous-officier est adjoint au conseil de régiment par le général commandant le corps d'armée ; la présidence sera exercée par l'officier supérieur commandant les troupes du génie de la province. Les deux capitaines seront l'un, celui qui commande la compagnie, et l'autre, un capitaine de l'état-major particulier du génie.

Avis des rengagements autorisés par le conseil du régiment ci-dessus indiqué sera immédiatement donné au chef de corps.

Solde

Les sous-officiers pourront recevoir la solde de présence dans les conditions déterminées par le décret du 27 novembre 1868 et l'ordonnance du 25 décembre 1837 pour les permissions n'excédant pas 30 jours et dans une certaine limite pendant les congés de convalescence et pour se rendre aux eaux : pour les autres congés *(affaires personnelles)* ils auront droit à une solde d'absence qui est fixée provisoirement à la moitié de la solde de présence, lorsqu'elle pourra être obtenue exactement et forcée d'une unité, lorsqu'il y aura lieu pour éviter le 3e chiffre décimal.

Génie, solde d'absence		
	adjudant. . .	1,89.
	sergent-major.	0,91.
	sergent . . .	0,59.

Les sous-officiers jouissant d'une permission avec solde de présence pourront obtenir une prolongation avec solde d'absence en conservant la solde de présence pour la durée totale de la permission primitive, à la condition toutefois que la durée totale de la permission et de la prolongation n'excède pas 30 jours.

Lorsque la prolongation d'une permission accordée avec solde de présence a pour effet d'étendre l'absence au delà de 30 jours, le titulaire n'a plus droit qu'à la solde de congé pour toute la durée de l'absence.

Les sous-officiers rengagés, traités dans les hôpitaux, n'auront droit jusqu'à nouvel ordre, à aucune solde (instruction ministérielle du 8 septembre 1881.)

Haute-paie journalière d'ancienneté

La 1re, la 2e et la 3e hautes-paies journalières d'ancienneté sont décomptées pour chacun des jours dont se compose le mois. Elles sont allouées dans les positions donnant droit à la solde de présence ou à la solde d'absence et même dans le cas de congé sans solde, aux sous-officiers rengagés ou commissionnés.

Les sous-officiers de cette catégorie proposés pour la retraite et maintenus au corps après l'expiration du rengagement qui les lie au service jusqu'à la concession de leur pension ont droit à la haute-paie jusqu'au jour exclus de leur radiation des contrôles. Il en est de même des sous-officiers rengagés ou commissionnés qui attendent au corps leur titre d'admission à la gratification renouvelable.

Le sous-officier rengagé a droit à une haute-paie de 0 fr. 30 à partir du jour du renvoi de sa classe ou à partir du jour de son rengagement si cette date est postérieure à celle du renvoi de sa classe.

Cette haute-paie est portée à 0 fr. 50 après 5 ans de rengagement et à 0 fr. 70 après 10 ans.

Masse individuelle

Les sous-officiers rengagés ou commissionnés auront droit à la prime journalière d'entretien de la masse individuelle pour toutes les journées donnant droit à la solde de présence.

Les feuilles de journées feront en conséquence, ressortir un nombre de journées de prime de la masse individuelle égal à celui des journées de présence.

Indemnité de logement

L'indemnité de logement de 15 francs, attribuée par la loi du 23 juillet 1881 aux sous-officiers rengagés ou commissionnés et qui mariés, sont logés en ville leur sera payée à la fin de chaque mois.

La dépense résultant de cette allocation sera imputée sur les fonds de la masse générale d'entretien (2e portion.)

Le décompte sera fait sur le pied de : 15 francs par mois de 30 jours, 7 fr. 50 par quinzaine et 0 fr. 50 par jour.

La dépense est régularisée par un état émargé *(modèle 75)* qui devra indiquer la date de l'autorisation donnée aux sous-officiers de loger en ville.

Le droit des sous-officiers à cette indemnité sera acquis dans la position de présence à partir du jour où, autorisés à loger en ville, ils cesseront d'occuper un local dans les bâtiments militaires et elle sera due pour toutes les journées passées même en position d'absence régulière pourvu que l'intéressé reste titulaire de sa résidence ou, dans le cas contraire, jusqu'à l'expiration de la quinzaine durant laquelle aura eu lieu la notification du changement de position de l'unité à laquelle il appartient et pour la quinzaine suivante.

Lorsqu'un sous-officier cessera d'être logé aux frais de l'Etat, dans le courant d'une quinzaine, l'indemnité de logement lui sera attribuée ainsi qu'il a été spécifié ci-dessus à partir du jour où il logera en ville, si au contraire le sous-officier rentre dans les bâtiments militaires avant l'expiration d'une quinzaine l'indemnité sera due pour la durée de la quinzaine commencée et pour la quinzaine suivante.

Cette dernière disposition sera appliquée dans le cas du changement de résidence et de départ en congé en attendant un emploi civil, sans toutefois, dans le premier cas que la même allocation puisse être payée pour la même quinzaine à la nouvelle destination.

Enfin dans le cas où un sous-officier aura à se déplacer pour le service, l'indemnité de logement lui sera acquise pour la durée de ce déplacement, quand même durant cette période, il aurait été logé aux frais de l'Etat, à la condition que pendant ce temps il reste titulaire de sa résidence, ou dans le cas contraire jusqu'à l'expiration de la quinzaine durant laquelle aura eu lieu la notification du changement de position de l'unité à laquelle il appartient et pour la quinzaine suivante.

Article 8 de la loi du 23 juillet 1881. — Aux termes de cet article, le sous-officier qui est autorisé à se marier peut toucher l'indemnité de 2,000 francs après l'expiration du premier rengagement de 5 années, dans ce cas, il est bien entendu que les intérêts de cette somme cessent d'être dus à partir du jour où elle aura été payée.

Art. 9 — Le sous-officier qui, après avoir contracté un rengagement de moins de 5 ans en contractera un second destiné à compléter la durée des 5 ans, aura droit sur l'indemnité de 2,000 fr. à une part proportionnelle à partir de ce second engagement et aux intérêts de cette part proportionnelle à partir du jour où commencera son second rengagement. Toutefois, il ne pourra recevoir aucune somme à titre de première mise d'entretien pour ce second rengagement.

Art. 10. — Le sous-officier nommé officier n'a pas droit à la part proportionnelle de l'indemnité de rengagement, mais cette disposition ne sera pas applicable aux sous-officiers rengagés en vertu de la loi du 22 juillet 1878 qui continueront, par conséquent, à toucher cette part proportionnelle lorsqu'ils seront nommés officiers.

La solde d'absence sera régularisée provisoirement dans les feuilles de journées en traçant à la main une colonne dans l'espace libre entre les colonnes 16 et 17; elle portera comme titre « A LA SOLDE D'ABSENCE. » A la récapitulation on prendra également une colonne spéciale pour les journées de solde d'absence dans celles qui sont réservées aux indemnités. (Les journées d'absence ne donnant droit à aucune solde, figureront dans la colonne qui leur est déjà affectée).

Rengagement. — Loi du 27 juillet 1872

Les rengagements sont d'une durée de deux ans au moins et de cinq ans au plus :

Ils ne peuvent être contractés que par les sous-officiers qui sont dans le cours de leur dernière année de service, ou au moment de la libération, par anticipation de la classe à laquelle ils appartiennent et pour le corps dans lequel ils servent.

Les sous-officiers ne peuvent se rengager pour un corps autre que celui où ils servent, sans le consentement *du ministre* en ce qui concerne les sous-officiers qui doivent changer de corps d'armée ;

du commandant du corps d'armée, pour les autres sous officiers. (C^re^ ministérielle du 6 août 1878).

Les conditions d'âge sont réglées de façon que le sous-officier non commissionné ne soit maintenu au corps au-delà de trente-cinq ans accomplis.

Les sous-officiers ne peuvent être admis au rengagement qu'après avoir été acceptés par le conseil du régiment et admis définitivement par le général commandant le corps d'armée, d'après les règles indiquées ci-dessus.

Commissionnés

La loi du 13 mars 1875, modifiée par celle du 15 décembre suivant, a autorisé le ministre à conserver sous les drapeaux en qualité de commissionnés, des hommes de troupe pourvus d'emplois spéciaux et dont l'âge ne permet plus le rengagement.

Dans cette catégorie, se trouvent compris les militaires appartenant à l'état-major, les maîtres maréchaux-ferrants, les soldats-ordonnances des officiers sans troupe, enfin, les trompettes dans la proportion de la moitié.

Les commissions sont délivrées au nom du ministre de la guerre, par le général commandant le corps d'armée.

En principe, les militaires ne doivent être commissionnés que lorsqu'ils ont atteint la limite d'âge par l'article 51 de la loi du 27 juillet 1872. (Vingt-neuf ans accomplis pour les caporaux et soldats et trente-cinq ans accomplis pour les sous-officiers) (Note ministérielle du 9 janvier 1879).

Une distinction doit cependant être faite entre les sous-officiers d'une part et les caporaux et soldats de l'autre :

1° Les sous-officiers en activité de service qui, par application du décret du 30 novembre 1872 et de la loi du 10 juillet 1874, peuvent, même lorsqu'ils sont âgés de plus de trente-trois ans, contracter un engagement de deux ans, ne doivent être admis à servir en vertu de commissions que lorsqu'ils ont atteint l'âge de trente-cinq ans.

2° Quant aux caporaux et soldats qui, sans avoir dépassé l'âge de vingt-neuf ans, se trouvent dans l'impossibilité de contracter des rengagements de deux ans, parce qu'ils ont plus de vingt-sept ans, ils peuvent être maintenus sous les drapeaux, à partir de l'âge de vingt-sept ans et un jour, au moyen de commissions, s'ils réunissent d'ailleurs, les conditions prévues par l'article 35 de la loi du 13 mars 1875, modifiée par la loi du 15 décembre 1875.

Lorsqu'il y a lieu de commissionner un militaire, le commandant de la compagnie établit une demande et l'envoie au chef de corps. Celui-ci, après avoir inscrit son avis sur la demande, l'adresse au général commandant le corps d'armée avec les pièces suivante :

1° Commission conforme au modèle de la décision ministérielle du 28 avril 1877.

2° Etat signalétique et de services *(modèle 215.)*

3° Relevé de punitions *(modèle 118.)*

CHAPITRE XVIII

Officiers d'approvisionnement. (Instruction ministérielle du 17 mars 1882).

Dans chaque demi-compagnie divisionnaire, dans chaque échelon du parc de corps d'armée, dans chaque parc de réserve du génie de corps d'armée, le commandant de l'unité remplit les fonctions d'officier d'approvisionnement ; il peut, sous sa responsabilité, confier le soin des détails à un des officiers sous ses ordres (art. 4).

Attributions en temps de guerre.

Les fonctions de l'officier d'approvisionnement sont les suivantes :

Commandement du train régimentaire et entretien du matériel ;

Prise en charge des denrées qu'il contient, leur garde et leur conservation ;

Distribution aux parties prenantes ;

Approvisionnement du train régimentaire, soit en puisant aux convois administratifs ou à des magasins désignés, soit au moyen d'achats ou de réquisitions.

Les officiers d'approvisionnement entrent en fonctions au jour de la mobilisation ; leur premier acte de gestion consiste à prendre en charge les denrées des voitures régimentaires et le matériel fournis par le comptable des subsistances qui les a en compte en temps de paix (art. 9).

Responsabilité.

Les officiers d'approvisionnement sont responsables de leur gestion (art. 10).

Fonctionnement du service.

Ils reçoivent directement les ordres et les instructions du sous-intendant de l'unité dont ils font partie. Ce fonctionnaire leur donne également tous les renseignements sur les localités à exploiter, sur leurs ressources, sur les prix courants des denrées, sur les mesures à prendre dans les éventualités à prévoir pour le lendemain.

En cas d'urgence, les officiers d'approvisionnement agissent de leur propre initiative, dans le sens des instructions générales qu'ils ont reçues, et eu égard aux nécessités du moment (art. 13).

Zones d'action.

Les généraux, en même temps qu'ils assignent aux troupes leurs cantonnements ou leurs bivouacs, indiquent, chaque jour, au commandant de chaque unité, la zone d'action qui lui est assignée et dans laquelle celle-ci devra opérer seule, si le mode de *vivre sur le pays* est prescrit (art. 14).

Réapprovisionnement des trains régimentaires.

Les officiers d'approvisionnement doivent reconstituer sans délai le complet du chargement des voitures :

Soit par *achat ou réquisition*, si l'ordre d'exploiter le pays a été donné ;

Soit par *réapprovisionnement* sur les convois administratifs ou sur les magasins de vivres assignés par l'ordre (art. 15).

Exécution des achats.

On doit avoir recours aux achats directs en pays ennemi comme à l'intérieur, toutes les fois que les circonstances le permettent.

Les officiers d'approvisionnement traitent directement avec les vendeurs ; ils peuvent aussi s'entendre avec la municipalité pour les détails de la fourniture ; dans ce cas la commune est considérée, fictivement, comme seul vendeur et comme créancier unique.

Les prix de la mercuriale *établie avant l'arrivée des troupes* servent de base, sauf, à les augmenter légèrement, s'il est nécessaire. S'il est établi des tarifs de réquisition, on prend ces tarifs pour base (art. 16)

Constatation des fournitures obtenues par achat.

L'achat est constaté par une facture (pour les sommes au-dessus de 10 fr.), ou une quittance (pour les sommes n'excédant pas 10 fr.), *(modèle 233)*, en deux expéditions, dont une timbrée pour les sommes au-dessus de 10 fr.

Les frais de timbre (timbre de dimension et timbre de quittance) sont précomptés au livrancier lors du paiement. Les timbres sont apposés sur les factures en présence des vendeurs, par les officiers d'approvisionnement, qui doivent toujours en avoir une quantité suffisante, fournie et renouvelée par les comptables des subsistances. Ces quittances ou factures portent l'acquit du fournisseur, la prise en charge des denrées par l'officier d'approvisionnement et sont soumises au visa du sous-intendant.

Les quittances ou factures sont établies, suivant le cas, au nom du livrancier réel, ou au nom du Maire représentant la commune considérée comme livrancier unique (art. 17.

Paiement des fournitures obtenues par achat

Le paiement des denrées livrées est fait séance tenante, au moyen d'avances faites sur la caisse de la compagnie.

Le remboursement des paiements effectués est fait par le comptable des subsistances sur la production d'un bordereau récapitulatif des achats effectués *(mod. 235)*, en triple expédition, et les deux expéditions des factures ou quittances.

En échange du remboursement, l'officier d'approvisionnement remet un bon général de réapprovisionnement *(mod. 234)*.

Les recettes et les dépenses faites sont inscrites au titre des *fonds divers*.

Lorsque le comptable des subsistances est sur les lieux; le paiement peut être effectué directement par ce comptable. Dans ce cas, l'officier d'approvisionnement se borne à donner au comptable un bon général de réapprovisionnement équivalent aux denrées achetées (art. 18).

Exécution des réquisitions.

Lorsqu'il y a lieu de recourir aux réquisitions, les officiers d'approvisionnement se conforment entièrement aux prescriptions de la loi du 3 juillet 1877 et du décret du 22 août 1877 *(voir réquisitions)*.

Pour l'exécution de ces prescriptions, il sont pourvus d'un *carnet d'ordre de réquisition* portant délégation du droit de requérir et d'un *carnet de reçus de prestations requises* (art. 19).

Constatation des fournitures obtenues par voie de réquisition.

Les prestations obtenues par voie de réquisition sont constatées par des reçus de fournitures délivrés, soit à la municipalité, soit aux habitants qui ont fourni.

Ces reçus, en simple expédition, sont détachés des carnets à souche de reçus de prestations requises, dont chaque chef de détachement doit être pourvu (art. 20).

Paiement des fournitures obtenues par voie de réquisition.

Le paiement des fournitures obtenues par voie de réquisition, n'est opéré en territoire national, qu'ultérieurement.

En pays ennemi, le paiement peut en être effectué conformément à des instructions spéciales (art. 21).

Réquisitions transformées en achats.

Il arrive quelquefois qu'après avoir reçu et exécuté un ordre de réquisition, les autorités locales demandent la transformation de la réquisition en achats à l'amiable; cette opération peut être consentie, sous la condition que l'ordre de réquisition soit rendu, et que les reçus des prestations fournies n'aient pas été délivrés. Cet ordre est annexé au carnet à souche.

L'officier d'approvisionnement paie alors les créanciers, en justifiant les fournitures dans la forme des achats (art. 22).

Constatation des versements faits par un magasin administratif.

Lorsque l'officier d'approvisionnement reçoit des denrées du comptable des subsistances ou d'un magasin administratif pour réapprovisionner le train régimentaire, il remet en échange, un *bon de réapprovisionnement (mod. 234)* établi au titre du corps et distinct par service (vivres, fourrages, chauffage) (art. 23).

Fourniture de la viande fraîche.

La viande fraîche est, en principe, distribuée directement par les services administratifs, en des points fixés par l'ordre du jour.

Néanmoins, en cas de besoin, l'officier d'approvisionnement peut être chargé de se procurer sur place, la viande abattue par le commerce local; il peut aussi recevoir l'ordre de requérir ou d'acheter du bétail sur pied, ou enfin recevoir des animaux sur pied livrés par l'administration; dans ces deux derniers cas, il fait abattre le bétail par les hommes dont il dispose.

Lorsque l'officier d'approvisionnement achète du bétail sur pied; il doit autant que possible en fixer le prix en raison des quantités de viande abattue et dépecée en quartiers, et non en raison du poids du bétail sur pied.

Les peaux, suifs et autres issues sont remises au comptable des subsistances; en cas d'impossibilité, on les remet à la mairie. Mention en est faite sur le reçu des fournitures.

Les quantités de viande abattue excédant les besoins de la distribution courante, sont placées dans des paniers, légèrement salées et emportées pour les distributions du lendemain (art. 24).

Dispositions spéciales à certaines denrées.

Le bois, le foin, la paille, sont nécessairement demandés sur les lieux, par achat ou par réquisition.

A l'intérieur, toute troupe logée ou cantonnée, a droit, en toutes circonstances, au feu et à la chandelle (art. 16 de la loi du 3 juillet 1877); la fourniture du combustible doit donc *être faite par chaque logeur*, soit en fournissant la place au feu, soit un nombre de rations de combustible égal au nombre d'hommes logés.

Si cette fourniture doit être payée, chaque officier d'approvisionnement règle avec la commune, d'après l'effectif réel logé ou cantonné. (Pendant les grandes manœuvres, le combustible est acheté ou requis, réuni et distribué par les soins des officiers d'approvisionnement, les dispositions ci-dessus ne sont pas applicables.)

Lorsque les troupes sont campées ou bivouaquées, il leur est fait des distributions de combustible que l'on se procure par achat ou réquisition et qui est réuni en un point déterminé.

Lorsque les troupes ont droit à la paille de couchage, ou que la fourniture en est spécialement prescrite par le commandement, ladite paille est demandée aux communes, à charge de paiement.

Le tarif de remboursement est fixé en tenant compte de la valeur de la paille laissée sur les lieux.

Les dispositions restrictives concernant le combustible pendant les grandes manœuvres sont applicables à la paille de couchage.

En ce qui concerne le foin et la paille alimentaires, il convient autant que possible, de les obtenir tout rationnés, de les faire réunir en un point déterminé et de les distribuer (art. 25).

Nourriture par l'habitant.

Lorsqu'il est prescrit de vivre chez l'habitant, le cantonnement est réglé de concert avec la municipalité, en évitant d'occuper les locaux inhabités. On peut, sans difficulté, imposer la nourriture à raison de 4 à 6 hommes par feu; en cas de nécessité, on peut imposer à raison de 4 à 6 hommes par habitant.

La composition des repas pour la troupe et pour les officiers, et les prix de remboursement sont notifiés aux populations par les soins de l'autorité militaire, au moyen d'affiches générales.

Les troupes vivent chez l'habitant de la nourriture du pays ; à défaut des aliments réglementaires, elles reçoivent des denrées de substitution.

La nourriture chez l'habitant est ordinairement demandée par voie de réquisition ; lorsqu'elle est donnée à la suite de conventions amiables, elle est assimilée aux achats.

Dans ce dernier cas, les journées ou demi-journées de nourriture sont constatées, en premier lieu, par des certificats partiels *(mod. 236)* établis par chaque commandant de compagnie. Lorsqu'il s'agit d'isolés, les certificats sont établis par la compagnie à laquelle ces hommes appartiennent et leur sont remis au moment de leur départ de la compagnie; à défaut, ils peuvent être établis par les officiers auprès desquels les isolés sont employés. Tous ces certificats sont ensuite réunis par l'officier d'approvisionnement et résumés en une facture collective *(modèle 233)* dans les mêmes conditions que les achats. (Art. 26.)

Exécution des distributions.

En principe, chaque jour, dès l'arrivée du train régimentaire, sauf les cas où les troupes sont nourries chez l'habitant, l'officier d'approvisionnement fait une distribution générale de pain, des petits vivres et de l'avoine portés sur ledit train. Cependant, en ce qui concerne les légumes secs, il convient, lorsque les circonstances le permettent, de les remplacer par des légumes frais achetés ou requis sur place.

Les denrées prélevées sur le train régimentaire, sont ensuite remplacées par des denrées fraîches obtenues par achat ou par réquisition, ou enfin par réapprovisionnement sur les convois administratifs.

Les officiers d'approvisionnement sont pourvus, en principe, d'un outillage de distribution ; dans le cas où ils ne disposeraient d'aucun outillage, ils emploient les procédés sommaires ci-après.

Le pain se compte ; le biscuit se distribue d'après le poids net des caisses ; le riz, le sel, le café torréfié se distribuent à la mesure au moyen d'une gamelle étalonnée ; l'avoine est distribuée au sac, les appoints à la mesure ; le sucre seul se distribue au jugé. (Art. 28)

Distributions aux parties prenantes étrangères.

L'officier d'approvisionnement d'un corps de troupe, assure les distributions aux unités administratives, ou aux parties prenantes individuelles faisant partie de son groupe, mais étrangères au corps au compte duquel il opère.

Les bons de distribution de ces parties prenantes étrangères sont enregistrés sur le journal de l'officier d'approvisionnement mais distinctement de ceux du corps. Périodiquement, ces bons sont remis au comptable des subsistances, qui remet en échange, la quantité de denrées représentée par lesdits bons.

Le train régimentaire fait aussi une simple avance remboursée en nature ; il ne peut donc y avoir confusion entre ces bons et ceux à imputer au corps. (Art. 29.)

Distributions remboursables

Les bons à titre remboursable pour la compagnie ou pour des parties prenantes étrangères, sont inscrits au journal et remis périodiquement au comptable des subsistances, contre des denrées en quantité correspondante.

Les parties prenantes peuvent être autorisées à verser immédiatement dans la caisse de la compagnie qui en fera ultérieurement la remise au trésor, la valeur des denrées perçues à titre remboursable (art, 30).

Régularisation des perceptions de diverses provenances

Les bons de vivres et fourrages sont établis comme à l'intérieur, chaque jour, à raison de l'effectif réel.

Si la distribution est faite par un magasin administratif, ces bons sont comme à l'intérieur, remis au comptable du magasin. Si la distribution est faite par l'officier d'approvisionnement, les bons sont conservés par cet officier et mis à l'appui de sa comptabilité.

Pour permettre l'établissement des trop ou des moins-perçus, les bons feront ressortir le poids de chaque denrée distribuée, et en outre (pour mémoire) le nombre des rations correspondantes (art. 31 et 38).

Ecritures tenues par l'officier d'approvisionnement

Il est tenu un *Journal trimestriel des entrées et sorties (mod. 237)* sur lequel on inscrit au jour le jour et à mesure qu'elles s'accomplissent, toutes les opérations. Les entrées et les sorties sont totalisées journellement, et leur balance donne leur situation journalière.

En fin de trimestre, le journal est arrêté et vérifié, l'officier d'approvisionnement y joint tous les bons, les procès-verbaux et généralement toutes les pièces justificatives (art. 33).

Petit outillage de distribution

La collection se compose de

Peson de 1 à 30 kil., syst. Lemercier.	1	Pour l'ouverture et la fermeture des caisses clouées et vissées.
Ciseau à froid.	1	
Tenaille.	1	
Marteau.	1	
Tournevis emmanché.	1	
Couteaux à conserves	4	Dont on aura soin, dans l'emballage, de tenir la pointe enfoncée dans un bouchon.
Aiguilles d'emballage.	2	Pour réparer les sacs troués,
Pelotte de ficelle de 200 gr. au moins.	1	remplacer une ligature, etc.

Chaque collection pesant environ 2 kil. 300, est logée dans un sachet en forte toile.

En temps de paix, les corps de troupe sont dépositaires des outillage qui leur sont attribués, savoir :

Bataillon du génie . . . . 2 collections.

Ces outillages sont portés, en campagne, sur les fourgons à vivres.

(Voir *(mod 231)* pour assurer les distributions en campagne au moyen des ustensiles de campement).

RÉQUISITIONS

Conditions générales dans les quelles s'exerce le droit de requérir

Le droit de requérir en temps de guerre, n'appartient qu'aux généraux commandant les corps d'armées Les autres autorités n'exercent le droit de réquisition qu'en vertu d'une délégation ou de délégations successives mentionnées au carnet à souche d'ordres de réquisition dont est pourvu tout officier appelé à requérir.

Les reçus délivrés par les officiers chargés de recevoir les prestations sont également extraits d'un carnet à souche.

Des prestations à fournir par voie de réquisition

Les prestations susceptibles d'être habituellement demandées par voie de réquisition sont :

Le logement, le cantonnement, la nourriture journalière, les vivres et le chauffage, le fourrage, la paille de couchage, les moyens d'attelage et de transport, les guides, messagers et conducteurs, le traitement des malades et en général tous les objets et services dont la fourniture est nécessitée par l'intérêt militaire.

Il ne peut être exigé de l'habitant, une nourriture supérieure à l'ordinaire de l'individu requis.

Pour un déplacement de plus de 5 jours (retour compris) l'estimation contradictoire des chevaux, voitures et harnais requis est faite, avant la prise de possession, par l'officier requérant et le maire.

La nourriture des guides, conducteurs et chevaux requis est obligatoire pendant toute la durée de la réquisition.

En toutes circonstances (logement ou cantonnement), les troupes ont droit, chez l'habitant, au feu et à la chandelle.

De l'exécution des réquisitions

Toute réquisition doit être adressée à la commune et notifiée au maire; elle peut être adressée directement aux habitants dans les cas urgents et si l'on est dans l'impossibilité de la notifier régulièrement.

Lorsque des détachements de différents corps ou des troupes de différentes armes se trouvent, à la fois, dans une commune, les réquisitions sont ordonnées seulement par l'officier auquel le commandement appartient.

Les réquisitions ne doivent porter que sur des ressources dispo
nibles, sans pouvoir les absorber complétement. L'autorité militai
peut vérifier. Ne sont pas considérés comme disponibles : 1° le
vivres de famille pour 3 jours ; 2° les fourrages pour quinze jour
La répartition des prestations est faite par le maire assisté d
deux membres du conseil et des deux plus imposés. La répartitio
est obligatoire et sans appel. Si les prestations ne sont pas fourni
dans les délais prescrits, l'autorité militaire fait d'office la répartitio

S'il y a mauvais vouloir de la part des habitants, le recouvre
ment des prestations est assuré, au besoin, par la force, en outr
les habitants sont passibles d'une amende pouvant s'élever au dou
ble de la valeur de la prestation requise.

Quiconque abandonne le service pour lequel il est requis person
nellement est, en temps de guerre, traduit devant le conseil de guerre

Tout militaire qui, en matière de réquisition abuse des pouvoir
qui lui sont conférés, ou qui refuse de donner reçu des quantité
fournies, est puni d'emprisonnement.

Tout militaire qui exerce des réquisitions sans avoir qualité pou
le faire est traduit devant un conseil de guerre. Le tout, sans pré
judice de restitution.

Pièces et renseignements à fournir

(Par le commandant d'une compagnie détachée).

(Il fournit en outre les documents demandés par le Commandement, l'Inten
dance et le Conseil d'administration. Il fait parvenir, en fin d'année, a
Conseil d'administration, les registres et pièces de toute nature qui doiven
être classés dans les archives du corps).

DATES	DÉSIGNATIONS DES PIÈCES	A QUI ADRESSÉES	OBSERVATIONS
Les 1er et 16 de chaque mois	Situation de l'effectif. État pour servir à l'inscription sur les registres-matricules des mutations affectant l'effectif, des campagnes, batailles, blessures, etc.	Au conseil d'administration.	
Le 20 de chaque mois.	Situation par grades (circulaire du 25 mars 1875).		
Au fur et à mesure des radiations	Les livrets matricules des hommes et des chevaux.		
Le 5 de chaque mois au plus tard.	Situation des chevaux (instruction du 27 mars 1867, modifiée par la note ministérielle du 16 mars 1879).	Au ministre de la guerre.	
	Contrôles trimestriels des hommes et des chevaux. Livre de détail (1re et 2e partie).		

Pièces et renseignements à fournir *(Suite).*

DATES	DÉSIGNATION DES PIÈCES	A QUI ADRESSÉES	OBSERVATIONS
Trimestriellement	Feuilles de journées des hommes (3 expéditions).	au conseil d'administration	avec les pièces justificatives
	Feuilles de journées des chevaux (2 expéditions).		avec les pièces justificatives
	Feuilles de journées des subsistants s'il y a lieu.		avec les pièces justificatives
	Feuille spéciale de chauffage (s'il y a lieu).		avec les pièces justificatives
	Feuille de décompte (2 expéditions).		avec le bordereau des dépenses.
	Extrait du registre journal (2 expéditions).		avec les pièces à l'appui
	Extrait certifié du registre des distributions de vivres chauffage et fourrages, relatant les fournitures reçues pendant le trimestre.		
	Registre des entrées et des sorties du matériel.		avec les pièces justificatives
	Situation de munitions.	au ministre de la guerre	(Directement, sans lettre d'envoi 3e direction, 2e bureau. Matériel, 3e section. Poudres et cartouches
Semestriellement	Etat de statistique des chevaux appartenant à l'Etat (note ministérielle du 1er novembre 1879).	au ministre de la guerre	Adressé au plus tard, le 10 janvier et le 10 juillet de chaque année, au général commandant le corps d'armée.
Annuellement	Etat de situation de l'armement.		Adressé le 10 janvier au plus tard au général commandant le corps d'armée.
	Etat numérique des militaires ayant déserté ou étant rentrés (16 février 1867).	au ministre de la guerre	Adressé le 10 janvier au plus tard au général commandant le corps d'armée.

Pièces et renseignements à fournir *(Suite).*

DATES	DÉSIGNATIONS DES PIÈCES	A QUI ADRESSÉES	OBSERVATIONS
Annuellement.	Etat nominatif des jugements et arrêts civils rendus contre des militaires et notifiés à la compagnie (6 juin 1879).	Au ministre de la guerre.	Adressé le 1 janvier a plus tard a général commandant corps d'armée.
	Le livret de solde de l'année écoulée.	au conseil d'administration.	Avec la comptabilité du 4 trimestre.
	Inventaire du matériel de l'artillerie (2 expéditions).		Avant le 1 février.

FIN

TARIFS ET MODÈLES

Modèle n° 1.

	SOLDE nette PAR JOUR		INDEMNITÉS DE ROUTE				INDEMNITÉS EN RASSEMBLEMENT (H)				INDEMNITÉS DE RÉSIDENCE		INDEMNITÉS	INDEMNITÉS DE PERTE DE CHEVAUX ET D'EFFETS			Aux officiers employés à des travaux topographiques		Indemnité d'entrée en campagne	HAUTES-PAYES D'ANCIENNETÉ		
	De présence	D'absence	Journalière	de transport kilométrique : Sur les voies ferrées	de transport kilométrique : En diligence	Fixe de voyage	N° 1	N° 2	N° 3	N° 4	En Algérie	Dans Paris	Aux troupes en marche, en corps ou [illegible]	Montant à allouer aux militaires prisonniers de guerre : Perte d'effets	Montant à allouer aux militaires prisonniers de guerre : Perte de chevaux	Aux militaires non prisonniers de guerre pour chaque cheval tué à l'ennemi	Personnelle par jour	Pour la nourriture de chacun des chevaux y compris celui de l'ordonnance		Après 5 ans de service	Après 5 ans de rengagement	Après 10 ans de rengagement
											(K)		(D)				(F)	(F)	(M)			
OFFICIERS																						
Colonel	24.00	12.00										4.00		[illegible]0.00	900.00				1800.00			
Lieutenant-Colonel	19.70	9.85	5.00	0.031	0.160	5.00	2.00	1.50	1.00	0.50	1.35	4.45	[illegible]	[illegible]0.00	900.00	450.00			1200.00			
Chef de bataillon	16.60	8.30										3.75		[illegible]0.00	450.00				1000.00			
Capitaine de 1re classe	10.00	5.00					1.40	1.05	0.70	0.35	1.03	2.55		[illegible]0.00			10.00	2.00	700.00			
Capitaine de 2e classe	9.00	4.50											[illegible]	[illegible]0.00								
Lieutenant de 1re classe	7.30	3.65	3.00	0.031	0.140	5.00													500.00			
Lieutenant de 2e classe	7.10	3.35					1.00	0.75	0.50	0.25	1.05	2.30										
Sous-lieutenant	7.10	3.55																				
TROUPE																						
Adjudant	3.77	(A) 1.89	3.00	0.028	0.140	»	0.20	»	»	»		0.75	[illegible]									
Sergent-major et maréchal-des-logis-chef	1.82	0.94																		0.30	0.50	0.70
Sergent, sergent-fourrier et maréchal-des-logis	1.17	0.59	1.75	0.017	0.135	»	0.10	»	»	»		0.40	[illegible]									
Caporal-fourrier et brigadier-fourrier	1.02	»																				
Caporal-clairon	1.02	»																				
Caporal et brigadier	0.77	»																				
Maître-ouvrier	0.65	»																		0.12	0.15	(G) »
Trompette	0.65	»																				
Clairon	0.50	»																				
Sapeur-mineur et conducteur de 1re classe	0.49	»	1.25	0.017	0.135	»	0.05	»	»	»		0.57	[illegible]									
Sapeur-mineur et conducteur de 2e classe	0.40	»																				
Enfant de troupe à 15 ans	0.40	»																				
id. avant 15 ans	0.12	»																				
TRAIN DES ÉQUIPAGES (B)																						
Brigadier	0.67																					
Soldats de 1re classe	0.41										0.23											
Soldats de 2e classe	0.32																					

OBSERVATIONS

(A) La solde d'absence est due seulement aux sous-officiers rengagés ou commissionnés.

(B) Les militaires de tous corps, à l'exception du train des équipages, placés en subsistance dans les régiments du génie, reçoivent la solde du génie afférente à leur grade.

(C) Le 31e jour du mois est payé aux officiers qui seront moins d'un mois dans cette position. (Décision ministérielle du 22 janvier 1877).

(D) Pour supplément à l'ordinaire de la troupe.

(F) Cette indemnité se paie par jour y compris le 31e jour lorsque la durée de la mission n'excède pas 30 jours. (Décision ministérielle du 17 juin 1876).

(G) Après 14 ans de services les caporaux et soldats commissionnés reçoivent 0 fr. 20 cent. par jour.

(H) Voir la décision présidentielle du 20 mai 1876, J. M. 1-76 page 772 pour l'indication des places où ces différentes indemnités sont allouées.

(K) Dans le cas où les officiers reçoivent des vivres en nature ils en remboursent la valeur, conformément au tarif ci-après :

Pain	0.18
Riz et légumes	0.01
Viande ou lard	0.15
Sel	0.005
Sucre	0.02
Café	0.035
Chauffage	0.02
	0.44

(M) Le lieutenant en campagne, nommé capitaine en second pour conserver la même position reçoit le complément d'entrée en campagne de 200 fr. lors de la réception de sa lettre de service.

INDEMNITÉ POUR FRAIS DE BUREAU

Modèle n° 2.

		FIXATION DES FRAIS DE BUREAU						OBSERVATIONS
		A L'INTÉRIEUR			EN ALGÉRIE ET AUX ARMÉES			
		par an	par mois	par jour	par an	par mois	par jour	
Officiers commandant un détachement qui s'administre séparément et qui comprend,	une compagnie du génie. . .	180.00	15.00	0.50	198.00	16.50	0.55	
	une fraction de comp. du génie . .	90.00	7.50	0.25	108.00	9.00	0.30	

INDEMNITÉ DE 1re MISE D'ÉQUIPEMENT

Modèle n° 3. — Tarif n° 51.

	FIXATION de l'indemnité	OBSERVATIONS
SOUS-OFFICIERS PROMUS OFFICIERS		
Génie.	570.00	Les sous-lieutenants de sapeurs-mineurs qui passent dans les compagnies de sapeurs-conducteurs ont droit à un supplément de 1re mise de 280 francs.
Sapeurs-conducteurs du génie .	850.00	
Adjoint du génie.	400.00	
Ouvrier d'état	225.00	
Portier-consigne.	140.00	
SOUS-OFFICIERS PROMUS ADJUDANTS		
Génie.	150.00	

MASSE INDIVIDUELLE

Modèle n° 4. — Tarif n° 54.

	Fixation de la 1re mise	Prime journalière	Complet de la masse	SUPPLÉMENT DE 1re MISE aux sous-officiers, caporaux et soldats admis par suite de mutation — Dans un corps de troupe à pied autre que les zouaves et les tirailleurs algériens	Dans les régiments de zouaves et de tirailleurs algériens	Dans un corps de troupe à cheval (spahis excepté)	Supplément à la prime journalière en campagne et en Algérie
Sapeurs-mineurs . . .	49.00	0.13	40.00	»	10.00	40.00	0.05
Sapeurs-conducteurs.	75.00	0.14	55.00	10.00	10.00	»	0.05

MASSE GÉNÉRALE D'ENTRETIEN

Modèle n° 5. — Tarif n° 55.

	PAR AN — 1re portion	PAR AN — 2e portion	OBSERVATIONS
Régiment du génie.	(F) 7.000	(F) 7.500	Cette allocation est fixée pour 23 compagnies. (Loi des cadres). Pour chaque compagnie en plus ou en moins, elle est augmentée ou diminuée de 250 fr. (soit 62 fr. 50 par trimestre).
Par trimestre . . .	(F) 1.750	(F) 1.875	

MASSE D'ENTRETIEN DU HARNACHEMENT ET FERRAGE

Modèle n° 6. — Tarif n° 56.

	FIXATION PAR CHEVAL						OBSERVATIONS
	HORS PARIS		DANS PARIS		EN ALGÉRIE		
	par an	par jour	par an	par jour	par an	par jour	
Chevaux d'officiers appartenant à l'Etat(1)							(1) Selon le taux déterminé dans chaque arme pour les chevaux de troupe.
Sapeurs-conducteurs . . .	30.00	0.08219	30.00	0.08219	40.00	0.10958	
Mulets de bât (y compris l'entretien du bât).	34.00	0.09315	34.00	0.09315	34.00	0.09315	

FIXATION DE LA RETENUE JOURNALIÈRE à opérer sur le traitement des officiers, lorsque le logement avec ou sans ameublement leur est fourni en nature.

Modèle n° 7. — Tarif n° 57.

GRADES	LOGEMENT avec ameublement		LOGEMENT sans ameublement		OFFICIERS campés ou baraqués(1)		OBSERVATIONS
	Dans les places où l'indemnité de résidence dans Paris est allouée	Dans les autres places	Dans les places où l'indemnité de résidence dans Paris est allouée	Dans les autres places	Dans les places où l'indemnité de résidence dans Paris est allouée	Dans les autres places	
Colonel	4.00	2.65	2.65	1.75	1.35	0.90	(1) Décision présidentielle du 22 février 1881. *Nota :* Les officiers sous la tente ou faisant campagne sont, dans tous les cas, dispensés de toute retenue sur leur solde, à moins que le campement ne leur soit fourni à l'intérieur, en temps de paix, au compte de l'Etat (Décision présidentielle du 19 août 1881. Dans ce dernier cas, ils subiront comme les officiers baraqués, la retenue déterminée par la décis. du 22 février 1881.
Lieut.-Colonel	3.50	2.30	2.30	1.55	1.15	0.80	
Chef de bataillon	3.00	2.00	2.00	1.30	1.00	0.65	
Capitaine . . .	1.50	1.00	1.00	0.50	0.40	0.25	
Lieutenant et sous-lieutenant	1.00	0.65	0.65	0.30	0.25	0.15	

Nota : Les retenues ne sont faites que pour les journées donnant droit à la solde de présence.

Modèle n° 8.

Règles à suivre pour le décompte de l'indemnité de route allouée aux hommes de troupe en temps de mobilisation.

INDEMNITÉ JOURNALIÈRE SPÉCIALE.

Conformément à l'article 3 du décret du 20 janvier 1879, une indemnité journalière de 1 fr. 25, désignée sous le nom *d'indemnité journalière spéciale,* est allouée aux réservistes et aux disponibles qui rejoignent directement leur corps et qui n'ont pas droit à l'indemnité de route, soit parce qu'ils résident au lieu même de réunion, soit parce que la distance qui existe entre le chef-lieu du canton du point de départ et le lieu de convocation n'excède pas 24 kilomètres.

La dite indemnité est destinée à subvenir à leurs besoins pendant la journée d'arrivée ; elle est exclusive de la solde, du pain et de la viande.

INDEMNITÉ JOURNALIÈRE DE ROUTE.

Le calcul des indemnités journalières de route, pour les trajets de plus de 24 kilomètres, est établi comme il suit :

1° Pour les hommes qui résident dans la subdivision de région de leur domicile, d'après le nombre de kilomètres effectivement parcourus depuis le chef-lieu de canton de leur domicile jusqu'au point de réunion ;

2° Pour ceux qui se trouvent hors de la subdivision de région de leur domicile, comme ayant changé légalement de résidence, d'après le nombre de kilomètres effectivement parcourus depuis le chef-lieu de la subdivision de région qu'ils quittent et le chef-lieu de la subdivision de région où se trouve le point qu'ils doivent rejoindre.

Sur les routes ordinaires. — Il est alloué autant de fois l'indemnité journalière de 1 fr. 25, que la distance parcourue comprend de fois 24 kilomètres, soit que le trajet s'effectue sur les lignes d'étapes, soit qu'il s'effectue en dehors de ces lignes.

Dans le décompte de ces indemnités, les fins de parcours ne donnent droit à une indemnité journalière de route qu'autant qu'elles sont supérieures à 12 kilomètres.

Sur les voies ferrées. — L'indemnité journalière de route est allouée pour les hommes voyageant isolément, autant de fois que le nombre de kilomètres parcourus contient 360 kilomètres.

Les fins de parcours ne donnent droit à cette indemnité journalière que si elles sont supérieures à 40 kilomètres. En ce qui concerne les hommes formés en détachement, chaque journée passée en route donne droit à une indemnité journalière.

Routes ordinaires et voies ferrées. — Lorsque le parcours emprunte les deux modes de locomotion (trajet à pied et à voies ferrées), le décompte du nombre des indemnités journalières de route s'établit comme il suit :

On calcule le nombre des indemnités journalières dues, à raison d'une indemnité par 24 kilomètres parcourus à pied et par 360 kilomètres franchis en chemin de fer.

Le nombre d'indemnités ainsi obtenu est augmenté, en raison des fins de parcours (1), dans les conditions suivantes :

1° On ajoute une indemnité supplémentaire lorsque, en divisant la fin de parcours en chemin de fer par 15. (Rapport de 360 à 24) et en ajoutant le quotient de cette division à la fin du parcours à pied, on obtient un total supérieur à 12 kilomètres et inférieur à 36 kilomètres.

2° On ajoute deux indemnités supplémentaires lorsque la même opération donne un total supérieur à 36 kilomètres.

3° On ajoute une indemnité supplémentaire lorsque, cette opération ne donnant pas un total supérieur à 12 kilomètres, la somme des deux fins de parcours réelles est néanmoins supérieure à 40 kilomètres.

Toutefois, lorsqu'aucun des trajets partiels (à pied ou en chemin de fer) ne donne droit séparément à une indemnité journalière de route, cette indemnité est acquise si l'ensemble des deux trajets dépasse 24 kilomètres.

INDEMNITÉ KILOMÉTRIQUE.

En cas de mobilisation, l'indemnité journalière est seule allouée aux réservistes et aux disponibles, l'indemnité kilométrique ne leur étant pas nécessaire, puisqu'ils sont transportés gratuitement en vertu du traité à forfait passé avec les compagnies de chemin de fer (circulaire du 6 février 1878.)

---

(1) On considère comme fins de parcours, dans le décompte du nombre des indemnités à allouer, les deux parties du trajet à effectuer, lorsqu'elles sont inférieures à 24 kilomètres sur les routes ordinaires et à 360 kilomètres sur les voies ferrées.

e CORPS D'ARMÉE

Place d

e RÉGIMENT DU GÉNIE

Instruction du 28 décembre 1879.

e BATAILLON

e COMPAGNIE

Liste générale nominative des disponibles et réservistes qui, en cas de mobilisation, doivent se rendre directement au corps, avec l'indication de l'indemnité de route à laquelle ils ont droit.

Modèle n° 9.

Nos d'inscription au répertoire	NOMS (1)	DOMICILE		RÉSIDENCE (indiquée par le nom du chef-lieu de subdiv. de région dont elle dépend) (3)	DÉCOMPTE						Indemnité spéciale de 1 fr. 25 pour la journée d'arrivée aux hommes qui n'ont pas droit à l'indemnité de route	OBSERVATIONS
		Commune	Canton (2)		Nombre de kil. à parcourir		Journées à raison de 1 fr. 25 par jour	Montant de l'indemnité kilométrique	Montant de l'indemnité journalière	Total général du décompte		
					Sur les voies ferrées	Sur les voies de terre						

(1) S'il se trouve plusieurs hommes du même nom, indiquer leurs prénoms.

(2) L'indemnité est allouée comme si l'homme partait du chef-lieu de canton.

(3) L'indemnité est allouée depuis le chef-lieu de la subdivision de région du point de départ jusqu'au chef-lieu de subdivision de région du point d'arrivée.

e CORPS D'ARMÉE
Place d

Instruction du 28 décembre 1879.

Nota. — Pour l'établissement des extraits des listes nominatives servant au payement de l'indemnité de route, on utilise les formules de la nomenclature n° 139 A et 140 A, modifiées d'après le présent modèle. *(Note ministérielle du 26 avril 1880).*

e RÉGIMENT DU GÉNIE

e BATAILLON — e COMPAGNIE

EXTRAIT de la liste nominative pour servir au payement de l'indemnité de route des hommes de la réserve de l'armée active convoqués pour mobilisation, qui rejoignent directement le lieu de réunion à

Modèle n° 10.

Nos d'inscription au répertoire	NOMS (1)	DOMICILE — Commune	DOMICILE — Canton (2)	RÉSIDENCE (indiquée par le nom du chef-lieu de subdiv. de région dont elle dépend) (3)	DÉCOMPTE — Nombre de kil. à parcourir — Sur les voies ferrées	DÉCOMPTE — Nombre de kil. à parcourir — Sur les voies de terre	DÉCOMPTE — Journées de route à raison de 1 fr. 25 par jour	DÉCOMPTE — Montant de l'indemnité kilométrique (4)	DÉCOMPTE — Montant de l'indemnité journalière	Total général du décompte	Indemnité spéciale de 1 fr. 25 pour la journée d'arrivée aux hommes qui n'ont pas droit à l'indemnité de route	ÉMARGEMENT
									Totaux . . .			
									Total général . . .			

Je certifie que le capitaine commandant la e compagnie du e bataillon a compté aux militaires dénommés ci-dessus la somme qui y est désignée comme revenant à chacun d'eux, ainsi qu'il résulte de l'émargement apposé sur l'extrait de cette liste.

A le 188

Le major,

Arrêté le présent extrait à la somme de

A le 188

Le capitaine commandant,

(1) S'il se trouve plusieurs hommes du même nom, indiquer leurs prénoms.
(2) L'indemnité est allouée comme si l'homme partait du chef-lieu de canton.
(3) L'indemnité est allouée depuis le chef-lieu de la subdivision de région du point de départ jusqu'au chef-lieu de subdivision de région du point d'arrivée.
(4) En cas de mobilisation, l'indemnité kilométrique n'est pas allouée.

ARMÉE

° CORPS

DIVISION

° Trimestre 188

° REGIMENT DU GENIE

° BATAILLON

° COMPAGNIE

Décret du 25 décembre 1875.

ETAT pour servir au payement de l'indemnité d'entrée en campagne aux officiers de la compagnie.

Modèle n° 11.

NOMS ET PRÉNOMS	Grades et emplois	Mutations et mouvements qui justifient le droit à l'indemnité	Date de la dernière rentrée d'une armée active	Dates des ordres du ministre de la guerre en vertu desquels l'indemnité d'entrée en campagne est payée	MONTANT de l'indemnité entière	MONTANT de la demi indemnité	MONTANT du complém. de l'indemnité	Total pour chaque officier	ÉMARGEMENT
				TOTAUX. .					

Vu et vérifié par nous, sous-intendant militaire, chargé de la surveillance administrative de la compagnie.

Certifié par nous, capitaine commandant la compagnie, le présent état montant à la somme de

A le 188

Nota. — Lorsqu'il y aura lieu d'allouer le complément d'entrée en campagne, on fera connaître dans la colonne des mutations et mouvements l'ancien grade, la date de la promotion au nouveau grade et celle de la lettre de service.

(Format haut. 0,30, larg. 0,20).

TRIMESTRE 188

—

Versement de fonds d'une portion de corps à l'autre.

° REGIMENT DU GENIE

Art. 31 de l'ordonnance du 10 mai 1844.

° BATAILLON — ° COMPAGNIE —

Modèle n° 12.

Le capitaine commandant la compagnie déclare avoir reçu du trésorier du régiment la somme de
pour les premiers besoins du service administratif de la compagnie ci

A *le* *188*

Vu :
Le sous-intendant militaire,

(Format, haut, 0,30, larg. 0,20).

ARMÉE
de
—
° CORPS
—
° DIVISION

° RÉGIMENT DU GÉNIE

° BATAILLON — ° COMPAGNIE —

ETAT nominatif des militaires entrés en campagne à compter du

Modèle n° 13.

NUMÉROS		NOMS	Grades	OBSERVATIONS	NUMÉROS		NOMS	Grades	OBSERVATIONS
trimestriels	matricules				trimestriels	matricules			

A *le* *188*

Vu et vérifié :
Le sous-intendant militaire

Le capitaine commandant,

ARMÉE

e CORPS

e DIVISION

e RÉGIMENT DU GÉNIE

e BATAILLON — e COMPAGNIE

Modèle n° 14.

CERTIFICAT DE RENTRÉE

Le capitaine commandant la compagnie du e régiment du génie certifie que le nommé (numéros trimestriel et matricule, nom et grade) qui manquait à l'appel du (date en toutes lettres), est rentré volontairement à la compagnie à (lieu) le (date en toutes lettres).

A *le* *188*

Vu : bon pour entrer en solde à compter du (en toutes lettres)
Le sous-intendant militaire

(Format, haut. 0,30, larg. 0 20)

ARMÉE

e CORPS

e DIVISION

e RÉGIMENT DU GÉNIE

e BATAILLON — e COMPAGNIE

Modèle n° 15.

ETAT pour servir au payement de l'indemnité de première mise à M. adjudant sous-officier à la compagnie, nommé sous-lieutenant au e régiment du génie, par décret du et classé à la e compagnie du e régiment du génie par décision ministérielle du

Indemnité de première mise d'équipement . . 570 fr.

Certifié par nous, capitaine commandant la compagnie, le présent état montant à la somme de

Vu et vérifié : *A* *le* *188*

Le sous-intendant militaire Pour acquit de la somme de

A *le* *188*

(Format : papier écolier, 1/2 feuille, haut. 0,30, larg. 0,20) Signature,

ARMÉE

e CORPS

e DIVISION

e *Trimestre 188*

e RÉGIMENT DU GÉNIE

e BATAILLON

e COMPAGNIE

Modèle n° 16.

ETAT pour servir au payement de première mise d'équipement au sieur sergent, nommé adjudant sous-officier le

Indemnité de première mise d'équipement. . . 150 fr.

Certifié par nous, capitaine commandant la compagnie, le présent état, montant à la somme de

Vu et vérifié : *A* *le* *188*

Le sous-intendant militaire

Pour acquit de la somme de

A *le* *188*

(Format : papier écolier, 1/2 feuille, haut. 0,30 larg. 0,20)

Signature,

ARMÉE

e CORPS

e DIVISION

e *Trimestre 188*

e REGIMENT DU GENIE

Instruction ministérielle du 25 mars 1876.

e BATAILLON

e COMPAGNIE

Etat nominatif de MM. les officiers de la dite compagnie qui ont eu droit aux indemnités pour perte d'effets et de chevaux pendant le e trimestre 188

Modèle n° 17.

NOMS et PRÉNOMS	Grades	Officiers prisonniers de guerre rentrés			Chevaux tués		Dates des décisions ministérielles qui ont accordé des indemn. aux officiers		Montant des indem. pour pertes		OBSERVATIONS
		Date de la captivité	Puissances qui les retenaient	Date de leur rentrée	le	à l'affaire de	qui ont perdu des effets par suite de cause extraordin.	qui ont perdu des chev. par suite de caus. extraordin.	d'effets aux officiers	de chevaux aux officiers	*Nota.* — On indiquera dans cette colon. les dates des certif. prescrits par le régl. ainsi que les autorités qui les ont délivr. et les offi. gén. qui ont visé ceux const. des per. de chev.

Vu et vérifié par nous,
Sous-intendant militaire

Certifié par nous, capitaine command. la e comp., le présent état d'ind., s'élev. à la somme de , pour pertes de chev. et d'effets

A *le* *188*

(Format : haut. 0,315 ; larg. 0,205)

ARMÉE

e CORPS

e DIVISION

Trimestre 188

Masse générale d'entretien (2e portion)

Article 18 du décret du 25 décembre 1875.

e REGIMENT DU GENIE

e BATAILLON

e COMPAGNIE

ÉTAT faisant connaître les sommes payées au vaguemestre pendant le e trimestre 188

Modèle n° 18.

Numéros trimestriels	NOM	GRADES	Nombre de journées donnant droit à l'indemnité	Fixation par jour	Montant	ÉMARGEMENT

Certifié par le capitaine commandant, le présent état montant à la somme de

Vu et vérifié : *A* *le* *188*

Le sous-intendant militaire

Nota. — L'indemnité due aux vaguemestres est payée trimestriellement et portée en dépense au registre-journal.

(Format : papier écolier, 1/2 feuille, haut. 0,30 larg. 0,20)

ARMÉE
CORPS
DIVISION

e REGIMENT DU GENIE

BATAILLON — COMPAGNIE

Instruction ministérielle du 25 mars 1876.

ETAT des logements qui ont été assignés dans les bâtiments militaires pendant le cours du e trimestre 188 , aux officiers dénommés ci-après, présentant le décompte des sommes à retenir sur le traitement de chacun d'eux.

Modèle nº 19.

DÉSIGNATION					Officiers à qui les logements ont été assignés			Nombre de journées d'occupation des logements				Fixation de la retenue journalière à exercer	Décompte en deniers des sommes à retenir	Total de la retenue à exercer	OBSERVATIONS
des places	des bâtiments militaires	DES LOGEMENTS			NOMS et PRÉNOMS	Grades ou emplois	Mutations	Meublés		non meub					
		escaliers	Corridors ou étages	Numéros				Dans Paris	Hors Paris	Dans Paris	Hors Paris				
Total des sommes à retenir															

Certifié par nous, sous-intendant chargé de la surveillance administrative du casernement dans la place de , le présent état des logements occupés par MM. les officiers qualifiés ci-dessus.

Constatons en outre que le montant des sommes à retenir aux dits officiers, par suite de l'occupation des logements meublés et non meublés désignés au présent état, s'élève à la somme de qui devra être portée en diminution au tableau nº 7 de la revue de liquidation établie pour le e trimestre 188

A le 188
Le sous-intendant militaire

Le sous-intendant militaire soussigné, chargé de la surveillance administrative du corps certifie que la somme de a été portée au débit de la revue de liquidation établie pour le e trimestre 188

A le 188

(Format : haut. 0,315, larg. 0,205, feuille double]

ARMÉE — ° CORPS — ° DIVISION

° RÉGIMENT DU GÉNIE

° BATAILLON — ° COMPAGNIE —

N° 19

Article 412 de l'ordonnance du 25 décembre 1837.

Modèle n° 20.

CERTIFICAT constatant le nombre de journées pour lequel la prime journalière d'entretien de la masse individuelle est due au militaire dénommé ci-après :

RIEY, Adrien, sergent, mis en subsistance à la ° compagnie du ° régiment du génie, le par ordre, en date du . de M. le (1) et parti le pour rejoindre son corps à

Le capitaine commandant ladite compagnie certifie que le nommé Riey, sergent, (ou que les dénommés ci-contre) dont la mutation est indiquée ci-dessus, ne sera pas compris sur les revues générales de liquidation dudit corps pour journées de prime d'entretien de la masse individuelle auxquelles il a eu droit, et dont le rappel devra lui être fait dans la revue générale de liquidation du corps auquel il appartient.

A le 188

Le capitaine commandant,

Vu et vérifié par nous, sous-intendant militaire chargé de la surveillance administrative de la compagnie,

Nota. — Si plusieurs hommes du même corps ont été en subsistance à la compagnie pendant le trimestre, on les comprendra sur le verso du certificat.

(1) Désigner l'officier général qui a donné l'ordre.

(Format : papier écolier, 1/2 feuille, haut. 0,30, larg 0,20)

MASSE INDIVIDUELLE

—

° TRIMESTRE 188

—

Mois d

RÉGIMENT DU GÉNIE

Article 167 de l'ordonnance du 10 mai 1844.

° BATAILLON ° COMPAGNIE

Etat nominatif des hommes dont les fonds de masse se sont accrus au moyen des versements divers qui y ont été faits pendant le mois d 188 *Modèle n° 21.*

Numéros au contrôle trimestriel	NOMS ET PRÉNOMS	Grades	Sommes versées volontairement	Sommes versées sur le produit du travail	Total	OBSERVATIONS
	TOTAL. . . .					

Certifié par le commandant de la compagnie le présent état s'élevant à la somme de

Vu et vérifié :
Le sous-intend. militaire,

A *le* *188*

(Format : papier écolier, 1/2 feuille).

MASSE INDIVIDUELLE

—

° *Trimestre 188*

° REGIMENT DU GENIE

Article 169 de l'ordonnance du 10 mai 1844.

° BATAILLON ° COMPAGNIE

Décompte du remboursement à faire à la masse individuelle, par la masse d'entretien du harnachement et ferrage, de la valeur des effets de petit équipement détruits le comme ayant servi à des chevaux atteints de maladies contagieuses. *Modèle n° 22.*

Numéros au contrôle trimestriel	NOM de l'homme	GRADE	Désignation des effets	Date à laquelle les effets avaient été distribués	Prix d'ach.	A rembourser par la masse d'entretien du harnach. et ferrage
				TOTAL		

Certifié par le commandant de la compagnie

Vu et verifié,
Le sous-intendant militaire,

A *le* *188*

Nota. — La valeur des effets détruits est remboursée au prix d'achat, si les effets ont été distribués dans le trimestre et sur le pied des deux tiers de ce prix, si leur distribution est plus ancienne.

(Format : papier écolier, 1/2 feuille).

MASSE INDIVIDUELLE

—

e Trimestre 188

Article 170 de l'ordonnance du 10 mai 1844.

e REGIMENT DU GENIE

—

BATAILLON

—

COMPAGNIE

—

Etat nominatif des hommes de troupe présents au (1) pour servir au payement de l'excédant du complet réglementaire de leur masse individuelle, constaté par la feuille de décompte établie pour le e trimestre 188

Modèle n° 23.

Numéros au contrôle trimestriel	NOMS	GRADES	Excédant de la masse à payer comptant	Numéros au contrôle trimestriel	NOMS	GRADES	Excédant de la masse à payer comptant

Certifié par nous, capitaine commandant la compagnie, le présent état s'élevant à la somme de

Vu et vérifié : *A* *le* *188*

Le sous-intendant militaire,

(1) Inscrire la date à laquelle le présent état est certifié par le capitaine commandant.

(Format : haut., 0,33 cent.; larg., 0,22 cent.)

ᵉ TRIMESTRE 188

Masse individuelle

ᵉ RÉGIMENT DU GÉNIE

ᵉ BATAILLON ᵉ COMPAGNIE

Etat nominatif des soldats ordonnances en subsistance au (désigner le corps) pour servir au payement de l'excédant du complet réglementaire de leur masse individuelle constaté par la feuille de décompte du ᵉ trimestre 188 *Modèle n° 24.*

Numéros trimestriels	NOMS	GRADES	Excédant de la masse à payer comptant	ÉMARGEMENT
	TOTAL. . . .			

Vu et vérifié :
Le sous-intendant militaire,

Certifié par nous, capitaine commandant la compagnie, le présent état s'élevant à la somme de

A le 188

(Format, haut, 0,30, larg. 0,20).

ᵉ TRIMESTRE 188

Masse individuelle

(A porter au verso)

DECLARATION DE VERSEMENT

Le payeur d'armée d , soussigné déclare avoir délivré ce jour en mandat n° sur le trésor, à l'ordre de (indiquer le corps), de la somme de versée à sa caisse par le capitaine commandant la ᵉ compagnie du ᵉ bataillon du ᵉ régiment du génie, pour servir au payement de l'excédant de la masse individuelle, à la date du concernant le soldat ordonnance , en subsistance à ce corps ci

A le 188

Vu :
Le sous-intendant militaire,

(Format : papier écolier 1/2 feuille).

MASSE INDIVIDUELLE

—

e Trimestre 188

e RÉGIMENT DU GÉNIE

Art. 171 de l'ordonnance du 10 mai 1844.

e BATAILLON

e COMPAGNIE

BULLETIN présentant, à la date d'aujourd'hui, la situation de la masse individuelle des hommes ci-après désignés

Modèle n° 25.

Numéros au contrôle trimestriel	NOMS	Mutations qui donnent lieu à la radiation des contrôles	Débet à la masse des présents ou absents	AVOIR à la masse non passible de la retenue prescrite par l'article 15 du décret du 10 octobre 1874		AVOIR à la masse non passible de la retenue prescr. par l'article 15 du décret du 10 octobre 1874		Montant de la reprise à exercer sur l'avoir à la masse conformément aux prescriptions de l'article 15 du décret du 10 octobre 1874	Reste net à payer aux militaires	OBSERVATIONS
				des présents quittant le service et des sous-officiers promus adjud. ou sous-lieutenants	Des présents et absents passant à d'autres corps et des absents quittant le service	Des présents quittant le service	Des absents quittant le service			
								Total.		

Certifié le présent bulletin à la somme de

Vu et vérifié : A le 188

Le sous-intendant militaire, Le capitaine commandant,

Nota. — Ce bulletin est établi en double expédition ; celle sur laquelle est la déclaration de versement du payeur d'armée reste à la compagnie comme pièce de dépense; l'autre, sur laquelle il n'y a pas de déclaration, est envoyée au corps où passent les hommes.

(Format : haut de 0,17 et demi sur 0,22. — *Subordonné aux nombre d'hommes à y inscrire.*)

ARMÉE

e DIVISION

Place d

e RÉGIMENT DU GÉNIE

e BATAILLON

e COMPAGNIE

Marché de gré à gré pour l'enlèvement des fumiers

Modèle n° 26.

Je soussigné (noms et prénoms), propriétaire demeurant à où je fais élection de domicile, après avoir pris pleine et entière connaissance du cahier des charges établi le pour l'adjudication des fumiers à provenir de la e compagnie de sapeurs conducteurs du e régiment du génie en garnison à , m'engage envers le capitaine commandant la compagnie, stipulant au nom et pour le compte de l'Etat, à prendre, à raison de par journée de cheval et mulet, les fumiers de tous les animaux de ladite compagnie présents chaque jour à pendant (indiquer la durée) à partir du au

Je m'engage en outre :

1° A verser dans la caisse du commandant de la compagnie la somme de montant de mon cautionnement, conformément à la décision ministérielle du 7 janvier 1873, insérée au cahier des charges ; ledit cautionnement ne produira pas d'intérêts.

2° A payer intégralement les droits de timbres et ceux proportionnels d'enregistrement auxquels donnera lieu le présent marché dans les dix jours de son approbation définitive.

Les droits seront calculés sur une moyenne de chevaux ou mulets, sous une durée fixée à

3° Toutefois dans le cas, où en fin de marché, il serait constaté que le produit des fumiers des chevaux a été supérieur à celui fixé primitivement, je m'engage à payer le supplément, conformément à la circulaire ministérielle du 8 mars 1861, insérée au cahier des charges, dont je déclare avoir pris pleine et entière connaissance.

4° Les fumiers devront être enlevés tous les jours ; néanmoins, en cas de force majeure dûment constatée, ce délai pourra être porté à   jours sur ma demande et sous la réserve des règlements de police et de l'autorisation du commandant de la compagnie.

Le présent marché ne deviendra définitif qu'après avoir été revêtu de l'approbation de M. le sous-intendant militaire.

Fait triple à   , le   188

Le capitaine commandant la e compagnie de s/c du régiment du génie,

L'adjudicataire,

Approuvé :

Le sous-intendant militaire chargé de la surveillance administrative de la compagnie,

Nota. — Ce modèle est donné à titre de simple renseignement, dans le cas où la compagnie serait mise en station.

e TRIMESTRE 188

Mois d

Masse d'entret. du harnachement et ferrage

e RÉGIMENT DU GÉNIE

e BATAILLON

e COMPAGNIE

ETAT des journées de présence des chevaux d'officiers et de troupe dans les diverses écuries pendant le mois de 188 , pour servir au décompte du prix des fumiers.

Modèle n° 27.

Jours du mois	Jours de présence dans les écuries du au		TOTAL GÉNÉRAL des journées	MUTATIONS
	chevaux d'officiers	chevaux de troupe		
				Journées à

Certifié par le capitaine commandant la compagnie le présent état à la quantité de journées de présence des chevaux dans les écuries, dont le montant s'élève à la somme de

A *le* *188*

L'adjudicataire,

Je soussigné, capitaine commandant la compagnie, reconnais avoir reçu du sieur , adjudicataire, la somme de pour le montant du prix des fumiers des chevaux des officiers et de troupe pendant le mois d

A *le* *188*

Vu et vérifié :

Le sous-intendant militaire,

(Format : haut. 0,30 ; larg. 0,20)

PLACE D

Masse d'entret. du harnachement et ferrage.

e RÉGIMENT DU GÉNIE

e BATAILLON e COMPAGNIE

Modèle n° 28.

Le sous-intendant militaire soussigné, certifie que, malgré toute la publicité et les démarches faites par le capitaine commandant la e compagnie de s/c du e régiment du génie à , il ne s'est présenté aucun acquéreur pour l'achat des fumiers à provenir des chevaux ou mulets pour

A *le* *188*

Le capitaine commandant, Le sous-intendant militaire,

Nota. — A mettre à l'appui de l'extrait du registre-journal des recettes et dépenses, lorsqu'il ne se présentera pas d'acquéreurs. (Même modèle pour la vente des dépouilles).

(Format : haut. 0,30, larg. 0,20).

Place d

e RÉGIMENT DU GÉNIE

e BATAILLON e COMPAGNIE

Marché de gré à gré pour l'enlèvement des dépouilles

Modèle n° 29.

Je soussigné (nom et prénoms), propriétaire, demeurant à où je fais élection de domicile, après avoir pris pleine et entière connaissance du cahier des charges établi le pour l'adjudication des dépouilles des chevaux morts ou abattus à provenir de la e compagnie de s/c du e régiment du génie, m'engage envers le capitaine commandant, stipulant au nom et au compte de l'Etat à enlever les dépouilles à provenir de la dite compagnie du au , au prix de par dépouille, payable du 1er au 5 de chaque mois, sur état établi par le capitaine commandant la compagnie et visé par le sous-intendant militaire.

Je m'engage en outre :

1° A verser dans la caisse du commandant de la compagnie, la somme de montant de mon cautionnement, conformément à la décision ministérielle du 7 janvier 1873, insérée au cahier des charges; ledit cautionnement ne produira pas d'intérêts.

2° A payer intégralement les droits de timbre et ceux proportionnels d'enregistrement auxquels donnera lieu le présent marché dans les dix jours de son approbation définitive. Les droits seront calculés sur une moyenne de chevaux ou mulets, sous une durée de

3° A enlever les chevaux ou mulets morts dans les vingt-quatre heures sur l'avis qui m'en sera donné; en me conformant aux lois et réglements de police qui régissent la matière.

Le présent marché ne deviendra définitif, qu'après avoir été revêtu de l'approbation de M. le sous-intendant militaire.

Fait triple à

Le capitaine commandant la e compagnie du bataillon du régiment du génie,

L'adjudicataire,

Approuvé :

Le sous-intendant militaire,

Nota. — Ce modèle est donné à titre de simple renseignement, dans le cas où la compagnie serait mise en station.

PLACE D

—

° *Trimestre 188*

—

Masse d'entret. du harnachement et ferrage.

Produit de la vente des dépouilles des chevaux morts ou abattus.

° RÉGIMENT DU GÉNIE

° BATAILLON

—

° COMPAGNIE

—

ETAT des sommes perçues pour prix de la vente des dépouilles des chevaux morts ou abattus.

Modèle n° 30.

DATE des procès-verbaux de mort ou d'abattage	LIEUX où les chevaux sont morts ou abattus.	NOMBRE de chevaux morts ou abattus	PRIX obtenu de chaque dépouille	TOTAL général de la recette	OBSERVATIONS

Vu et vérifié :
Le sous-intendant militaire,

Certifié par nous, capitaine commandant la compagnie, le présent état montant à la somme de

A *le* *188*

(Format : papier écolier, 1/2 feuille).

e CORPS D'ARMÉE

—

Place d

e RÉGIMENT DU GÉNIE

e BATAILLON

—

e COMPAGNIE

—

Procès-verbal constatant le nombre de becs d'éclairage à entretenir dans le casernement occupé par la compagnie.

L'an mil huit cent le

Nous , sous-intendant militaire, agissant de concert avec M. le chef de service du génie de la place de et le capitaine commandant la e compagnie d du e régiment du génie, nous sommes transporté dans les escaliers, corridors, écuries, etc., du quartier de , occupé par ladite compagnie, à l'effet de déterminer le nombre de becs à placer pour leur éclairage.

L'examen des lieux combinés avec les besoins du service nous a fait considérer comme indispensable à la bonne exécution le nombre de becs, ainsi que les heures d'allumage et d'extinction, fixés dans le tableau ci-dessous.

Modèle n° 31.

TEMPS pendant lequel l'éclairage doit avoir lieu	Fixation des heures		Durée de la lumière par jour	Nombre de jours	Nombre de becs		Dépense par heure et par bec	OBSERVATIONS
	d'allum. le soir	d'extinc. le matin			Escal., corridors, et latrines	Ecuries, infirmerie et falot de ronde		

De tout quoi nous avons dressé le présent procès-verbal que MM. le chef du service du génie et le capitaine commandant la compagnie ont signé avec nous.

A les jour, mois et an que dessus.

Le capitaine command. la compagnie, Le chef de service du génie,

Le sous-intendant militaire,

e TRIMESTRE 188

Masse d'entret. du harnachement et ferrage.

e RÉGIMENT DU GÉNIE

e BATAILLON e COMPAGNIE

FACTURE

DOIT le capitaine commandant la e compagnie du e régiment du génie, au sieur pour l'éclairage des écuries de ladite compagnie pendant le e trimestre 188

Modèle n° 32.

TEMPS pendant lequel l'éclairage a eu lieu	NOMBRE				TOTAL des heures	PRIX par heure	DÉCOMPTE	OBSERVATIONS
	de jours	d'heures par jour	de becs éclairés	d'heures lumière par jour				
TOTAUX. .								

Certifié la présente facture s'élevant à la somme de

A *le* *188*

Vu pour la légalisation de la signature du sieur apposée ci-contre

A *le* *188*

Le maire,

Vu et vérifié
Le sous-intendant militaire,

Le fournisseur,

Le capitaine commandant la compagnie certifie que l'éclairage des écuries a été fourni de la manière ci-dessus.

A *le* *188*

Je soussigné reconnais avoir reçu la somme de montant de la présente facture.

A *le* *188*

Le fournisseur,

Nota. — Il est établi une facture séparée pour l'éclairage des corridors, escaliers, passages et latrines.

SOLDE
ET ACCESSOIRES DE SOLDE

TRAITEMENT
des officiers

Mois d 188

e REGIMENT DU GENIE

Art. 147 de l'ordonnance du 10 mai 1844.

e BATAILLON e COMPAGNIE

FEUILLE D'ÉMARGEMENT

pour servir au paiement du traitement de MM. les officiers, pour le mois de 188

Modèle n° 33.

NUMÉROS de bataillon	NUMÉROS de compagnie	NOMS des OFFICIERS	Grades et classes	MUTATIONS	NATURE des prestations composant le traitement. (Désigner distinctement les espèces de solde et les accessoires de solde acquis à l'officier).	Nombre de journées	DÉCOMPTE EN DENIERS: somme afférente à chaq. espèce de solde	Total			Frais de service	Frais de bureau	Montant du traitement à payer	ÉMARGEMENT
					Solde de présence Solde d'absence									
					Solde de présence Solde d'absence									
					Solde de présence Solde d'absence									
					Totaux . . .									

Certifié la présente feuille d'émargement, s'élevant à la somme de

A le 188

Vu et vérifié,
Le sous-intendant militaire

Nota. — Les vétérinaires figurent aussi sur la présente feuille pour la solde et les accessoires de solde qui leur sont dus. Ils sont portés après les officiers.

SOLDE
ET ACCESSOIRES DE SOLDE
—
TRAITEMENT
du mois de 188
—
(1) Noms, prénoms, grades et mutations.

e REGIMENT DU GENIE

e BATAILLON — e COMPAGNIE

Art. 147 et 148 de l'ordonnance du 10 mai 1844.

QUITTANCE de M. (1) *Modèle n° 34.*

Nature des prestations composant le traitement — Désigner distinctem. les espèces de solde et les accessoires de solde acquis à l'officier.	Nombre en journées.	DÉCOMPTE EN DENIERS — SOLDE ET FRAIS DE SERVICE — Somme afférente à chaque espèce de solde	Total des différentes espèces de solde	A déduire, retenue de 2 p. 0/0 au profit du trésor	Reste net	Indemnité de logement	Indemnité de fourrage		MONTANT du traitement à payer	ÉMARGEMENT

Certifié la présente quittance à la somme de

Vu et vérifié : A *le* *188*

Le sous-intendant militaire, Le capitaine commandant,

SOLDE
ET ACCESSOIRES DE SOLDE
—
TRAITEMENT
des officiers

e REGIMENT DU GENIE

e BATAILLON — e COMPAGNIE

Art. 148 de l'ordonnance du 10 mai 1844.

CERTIFICAT DE CESSATION DE PAYEMENT

Modèle n° 35.

Le capitaine commandant soussigné certifie que M. (nom, prénoms, grade) a été payé de la solde et accessoires de solde, jusqu'au (1) inclusivement, et qu'il reste passible des retenues ci-après détaillées (2) savoir : ou M. n'est passible d'aucune retenue.

A *le* *188*

Vu et vérifié :
Le sous-intendant militaire,

(1) Indiquer en toutes lettres la date du mois.
(2) Indiquer la nature et le montant des retenues à exercer, soit au profit de l'État ou du corps, soit pour dettes envers des particuliers, lorsque le Ministre en a autorisé le remboursement direct aux créanciers.

SOLDE
ET ACCESSOIRES DE SOLDE
—
PRÊT
Mois d 188

e REGIMENT DU GENIE

Art. 154 de l'ordonnance du 10 mai 1844.

e BATAILLON — e COMPAGNIE

Feuille de prêt du au inclus

Modèle nº 36.

GRADES	NOMBRE d'hommes présents au	NOMBRE de jours	DÉCOMPTE en deniers
TOTAUX. . .			
Augmentation d'après les mutations du au inclus. .			
Ensemble. .			
Diminution id. id.			
Reste pour solde proprement dite			
Accessoires de solde { Hautes-payes d'ancien. (Voir à la page suivante).			
Montant du décompte . . .			

Certifié par nous capitaine-commandant la compagnie, la présente feuille de prêt, montant à la somme de dont quittance.

Vu : *A le 188*

Le sous intendant-militaire,

Nota. — L'arrêté en toutes lettres du montant de la feuille de prêt doit toujours être écrit par le capitaine.

(Voir le verso du modèle à la page suivante.) (Format ; haut. 0,250, larg. 0,192).

(*Verso du modèle n° 36*)

Mutations du au inclus
et décompte y relatif.

Numéros au contrôle trimestriel	NOMS (1)	GRADES	MUTATIONS	Nombre de journées				DÉCOMPTE dont le montant est à porter d'autre part	
				en station				en augmentation	en diminution
			TOTAUX.						

(1) Les hommes sont désignés par leur nombre, lorsque, faute d'espace, ils ne peuvent l'être nominativement.

HAUTES-PAYES D'ANCIENNETÉ

Taux de la haute-paye	NOMBRE				DÉCOMPTE en deniers	MUTATIONS du au inclus	Nombre de journées	A compter au décompte ci-contre		RENSEIGNEMENTS
	d'hommes		de journées							
	sous-officiers	autres que les sous-officiers	sous-officiers	autres que les sous-officiers				en augmentation	en diminution	
12c 15c 30c 50c										
	Augmentation ci-contre. .									
	TOTAL. .									
	Diminution ci-contre. . .									
	Montant du décompte . . A porter d'autre part. . .									
						TOTAUX. . .				

ARMÉE
—
e CORPS
—
e DIVISION

e RÉGIMENT DU GÉNIE

e BATAILLON
—

e COMPAGNIE
—

DEMANDE DE MANDATS

Le capitaine commandant la e compagnie dudit bataillon à l'honneur d'inviter M. le payeur d'armée d de lui délivrer, pour le service militaire, les mandats ci-après, savoir : *Modèle nº 37*

DÉPARTEMENTS sur lesquels ils doivent être établis	LIEU de payement	ORDRE	MONTANT
		TOTAL	

A le 188

Vu :
Le sous-intendant militaire,

Le capitaine commandant,

Nota. — On peut comprendre plusieurs mandats sur la même demande.

Format haut 0,30 larg. 0,20

---

e TRIMESTRE 188
—
Indiquer le service auquel se rapporte la dépense

e RÉGIMENT DU GÉNIE

e BATAILLON
—

e COMPAGNIE
—

DÉCLARATION DE VERSEMENT

Modèle nº 38.

Le payeur d'armée de soussigné, déclare avoir délivré ce jour, sous le nº , un mandat sur le Trésor à l'ordre de (*indiquer le détachement ou le corps*) de la somme de versée à sa caisse par le capitaine commandant la e compagnie du e bataillon du e régiment du Génie pour ci (*indiquer la somme en chiffres*).

A le 188

Vu et vérifié :
Le sous-intendant militaire,

ARMÉE

e CORPS

e DIVISION

Service de la solde

e RÉGIMENT DU GÉNIE

e BATAILLON

e COMPAGNIE

Exécution de la décision ministérielle du 27 août 1875.

Modèle n° 39.

Reçu un mandat n° de la somme de provenant du (indiquer le corps), pour avoir à la masse du nommé venu de ce corps.

A *le* *188*

Vu et vérifié :

Le sous-intendant militaire,

Le capitaine commandant,

(Format : papier écolier 1/4 de feuille).

ARMÉE

e CORPS

e DIVISION

e *Trimestre 188*

e RÉGIMENT DU GÉNIE

e BATAILLON

e COMPAGNIE

Décision présidentielle du 3 août 1878.

ETAT pour servir au payement de l'indemnité due aux sous-officiers rengagés.

Modèle n° 40.

Numéros matricules	NOMS et PRÉNOMS	GRADES	ALLOCATIONS					SOMMES à payer	ÉMARGEMENT
			Première mise d'entretien	Deuxième mise d'entretien	Intérêt de l'indemnité de 2,000 fr.	De rengagement proprement dite complète	de rengagement part proportionnelle		
		TOTAUX.							

Vu et vérifié par nous, sous-intendant militaire chargé de la surveillance administrative de la compagnie,

Certifié par nous, capitaine commandant, le présent état s'élevant à la somme de

A *le* *188*

(Format : haut. 0,315 ; larg. 0,205)

ARMÉE

e CORPS

e DIVISION

e REGIMENT DU GENIE

e BATAILLON

e COMPAGNIE

Décision présidentielle du 3 août 1878.

Etat nominatif des sous-officiers qui ont eu droit à l'indemnité de rengagement pendant le e trimestre 188

Modèle n° 41.

Numéros matricules	NOMS et PRÉNOMS	MUTATIONS — Détail des services donnant droit à l'alloc. pour les sous-offic. reng. pendant le trimestre ou rayés des contrôles. Date du rengag. pour les sous-offic. reng. dans un trimestre précédant.	Date ou commence le		ALLOCATIONS					OBSERVATIONS
			Premier rengagement	Deuxième rengagement	Première mise d'entretien	Deuxième mise d'entretien	Intérêt trimestriel de l'indemnité de 2,000 fr	Indemnité de rengagement de 2,000 fr. (Totalité ou part proportionnelle	Total	

Vu et vérifié :
Le sous-intendant militaire,

Certifié par nous, capitaine commandant la compagnie, le présent état s'élevant à la somme de pour indemnité de rengagement.

A le 188

(Format, haut, 0,315, larg. 0,205).

ARMÉE

e CORPS

e DIVISION

e *Trimestre 188*

e RÉGIMENT DU GÉNIE

e BATAILLON

e COMPAGNIE

BON DE PAIN OU DE VIANDE

Distribution du au

Modèle n° 42.

EFFECTIF		RATIONS (1)
	Officiers.	
	Troupe	
	Augmentation . .	
	TOTAL. .	
	Diminution. . .	
	Reste à percevoir.	

BON pour la quantité de rations de pain ou de viande (2).

A le 188

Vu par nous, sous-intendant militaire et enregistré sous le n°

Le capitaine commandant,

(Format des bons de vivres, de fourrage et de chauffage : Papier écolier, 1/4 de feuille.

(1) Les officiers en campagne reçoivent deux rations.

(2) Pour la viande, indiquer la quotité et le nombre de kilogrammes.

ARMÉE

e CORPS

e DIVISION

e *Trimestre 188*

e RÉGIMENT DU GÉNIE

e BATAILLON

e COMPAGNIE

BON DE VIVRES DE CAMPAGNE

Distribution du au

Modèle nº 43.

EFFECTIF		RATIONS (1), (2) Riz	Sucre	Café	Sel
	Officiers				
	Troupe				
	Augmentation. .				
	TOTAL. .				
	Diminution. . .				
	Reste à percevoir.				

BON pour la quantité de rations de riz, de sucre, de café et de sel.

A le 188

Vu par nous sous-intendant militaire, et enregistré sous le nº

Le capitaine commandant,

(1) Les officiers en campagne reçoivent deux rations.
(2) Les denrées du même service, c'est-à-dire celles qui se substituent les unes aux autres, sont comprises dans le même bon.

ARMÉE
° CORPS
° DIVISION
° *Trimestre 188*

REGIMENT DU GENIE

° BATAILLON ° COMPAGNIE

BON DE FOURRAGES

Distribution du au *Modèle n° 44.*

Effectif des chev. et mul.		RATIONS
	D'officiers	
	De selle et de trait	
	Mulets de trait et de bât	
	Augmentation . .	
	Total . .	
	Diminution . . .	
	Total . .	

BON pour la quantité de rations de fourrages à la composition de :

1° rations à { foin, paille, avoine }

2° — { foin, paille, avoine }

3° — { foin, paille, avoine }

Vu par nous, sous-intendant militaire, et enregistré sous le n°

A *le* *188*
Le capitaine commandant,

ARMÉE
° CORPS
° DIVISION
° *Trimestre*

° REGIMENT DU GENIE

° BATAILLON ° COMPAGNIE

BON DE CHAUFFAGE

Distribution du au inclus *Modèle n° 45.*

EFFECTIF		RATIONS à 1 kilog. 20	CONVERSION en kilogrammes
	Officiers		
	Sous-officiers		
	Brigadiers et soldats		
	Augmentation . .		
	Total . .		
	Diminution . . .		
	Reste à percevoir.		

BON pour la quantité de rations de bois de chauffage à

Vu par nous, sous-intendant militaire, et enregistré sous le n°

A *le* *188*
Le capitaine commandant,

TARIF du chauffage pour la cuisson des aliments. *Modèle n° 46.*

DESTINATION DES COMBUSTIBLES	Taux de la ration — Bois	Taux de la ration — charbon de terre	Fagots d'allumage pour le charbon de terre	
ALLOCATIONS COMMUNES A L'INTÉRIEUR ET À L'ALGÉRIE				
Rations des sous-officiers et des parties prenantes au même titre dans les corps qui font usage de fourn. économiq. par homme et par jour. .	1k60	0k80	1 par 20 rations	
Ration collective de l'ordinaire aux troupes faisant usage de fourneaux économiq. — 1° Fourn. à 1 marmite, par fourneau et par jour.	25k00	14k00	2 par ration	
— 2° Fourn. ancien modèle à deux marmit. par fourneau et par jour. .	42.00	24.00		
— 3° Fourn. Choumara et F Vaillant à doub. marm. par fourn. et par jour . .	40.00	22.00		Pour les marm de 75 litres et au-dessous.
	45.00	25.00		Pour les marm. de 75 litres à 100 litres.
				Pour les fourn. d'un modèle spécial ne se rapportant à aucun de ceux énoncés ci-contre, les allocat. sont fixées par le ministre.
Ration individuelle d'ordinaire aux troupes casernées ne faisant pas usage de fourneaux économiques. .	0.80	0.40	1 par 20 rations	Une ration par hom. et par jour avec double ration pour les sous-officiers et parties prenant. trait. commeceux.
Ration individuelle d'ordin. aux troupes en station logées chez l'habitant.	1.00	0.50		
Ration individ. d'ordin. aux troup. campées, baraquées ou bivouaquées	1.20	0.60		
Allocat. supplémentaire spéc. pour la préparat. du café — Troupes recev. la ration collective d'ordinaire.	5.00	3.00		Cette allocation n'est faite à l'intérieur que sur l'autorisat. expresse du ministre.
— Troupes ou parties prenantes recev. la ration individ. d'ordinaire. .	0.05	0.03		

Nombre de rations à allouer pour le chauffage des chambres.

Modèle n° 47.

DÉSIGNATION DES PARTIES PRENANTES	NOMBRE de rations	OBSERVATIONS
Comp. de sap.-mineurs, sur le pied de paix.	une et demie	Décision ministérielle du 30 décembre 1867.
— de sap.-conduct., —	une	
— de sapeurs-mineurs et de sapeurs-conducteurs sur le pied de guerre . .	deux	

TAUX DES ALLOCATIONS. — CHAUFFAGE DES CHAMBRES

Modèle n° 48.

DÉSIGNATION DES RATIONS		Taux de la ration — Bois	Taux de la ration — Charb. de terre	Fagots d'allumage pour le charb. de terre	OBSERVATIONS
Ration collective de chauff. des chambres.	Région chaude (Intérieur et Algérie). .	20^{k}00	12^{k}00	3 par ration	
	Région tempérée (Intérieur).	25.00	15^{k}00		
	Région froide (Intérieur).	30.00	18^{k}00		
Ration individuelle de chauff. des chambrés aux troup. casernées.	Région chaude (Intérieur et Algérie). .	0.50	0.25	1 par 20 rations	Une ration par homme et par jour, avec double rat. pour les sous-officiers, et les parties prenantes traitées comme eux.
	Région tempérée (Intérieur).	0.70	0.35		
	Région froide (Intérieur).	0.80	0.40		
Rat. individ. de chauff. d'hiver aux troup. campées ou baraquées.	Région chaude (Inrieur et Algérie) . .	1.00	0.50		
	Région tempérée (Intérieur).	1.20	0.60		
	Région froide (Intérieur).				
Rations individuelles de chauffage aux troupes bivouaquées . . .		1.20	0.60		
Supplément de chauffage aux troupes bivouaquées pour l'entretien des feux de bivouac (1). . . .		0.60	»		(1) Le ministre et les commandants milit. termin. le cas où le supplém. doit être alloué.

DUREE du chauffage d'hiver (Algérie) *Modèle n° 49.*

MOYENNE RÉGION — DIVISION D'ALGER	MOYENNE RÉGION — DIVISION D'ORAN	MOYENNE RÉGION — DIVISION de Constantine	HAUTE RÉGION — DIVISION D'ALGER	HAUTE RÉGION — DIVISION D'ORAN	HAUTE RÉGION — DIVISION de Constantine
Alger. Douéra. Blidah. Colléab. Dellys. Laghouat. Cherchell. Marengo. Orléans-ville Tenez.	Mascara. Tlemcen. Sebdou.	Constantine. Guelma. Soukarras. Tébessa.	Tizi-Ouzou. Dra-el-Mizan Fort Napol. Aumale. Beni-Mancours. Médéah. Boghar. Djelfa. Milianah. Teniet-el-Haad	Ammi-Moussa. Tiaret. Saïda Géryville. Daya. El-Hacaïba.	Sétif. Batna. Lambèse. Krenchela.

En cas d'occupation de nouvelles places le gouverneur général détermine la région dans laquelle elles doivent être classées.

DURÉE du chauffage d'hiver (intérieur). *Modèle n° 50.*

DÉPARTEMENTS OÙ LE CHAUFFAGE DURE			OBSERVATIONS
3 MOIS — Du 1er Décembre au dern. jour de février inclus	4 MOIS — Du 16 novembre au 15 mars inclus	5 MOIS — Du 1er novembre au 31 mars inclus	
RÉGION CHAUDE	RÉGION TEMPÉRÉE	RÉGION FROIDE	
Alpes-Maritimes. Ardèche. Aude. Bouches-du-Rhône. Gard. Hérault. Var. En Corse : les places de Corte, Prunelli, Vivario, Vizzavona, Boccognano, Sartène.	Allier. Ariège. Aube, moins Clairveaux. Charente. Cher. Côte-d'Or. Creuse. Deux-Sèvres. Dordogne. Drôme. Eure. Eure-et-Loir. Garonne (Haute). Gers. Gironde. Indre. Indre-et-Loire. Landes. Loir-et-Cher. Loire. Loiret. Lot. Lot-et-Garonne. Maine-et-Loire. Mayenne. Nièvre. Oise. Orne. Pyrénées (Basses), moins le fort de Portalet. Pyrénées (Hautes). Pyrénées-Orientales, moins Mont-Louis Rhône. Sarthe. Saône-et-Loire. Seine. Seine-et-Marne. Seine-et-Oise. Tarn. Tarn-et-Garonne. Vaucluse. Vienne. Yonne.	Ain. Aisne. Alpes (Basses). Alpes (Hautes). Ardennes. Aveyron. Calvados. Cantal. Charente-Infér. Corrèze. Côtes-du-Nord. Doubs. Finistère. Ille-et-Vilaine. Isère. Jura. Loire (Haute). Loire-Inférieure. Lozère. Manche. Marne. Marne (Haute). Meurthe-et-Moselle. Meuse. Morbihan. Nord. Pas-de-Calais. Puy-de-Dôme. Saône (Haute). Savoie. Seine-Inférieure. Somme. Vendée. Vienne (Haute). Vosges. Clairveaux (Aube). Mont-Louis (Pyrénées-Orientales. Fort Portalet (Basses-Pyrénées).	NOTA : Bien que le département de la Seine se trouve dans la région tempérée, le chauffage des chambres des troupes formant la garnison de Paris et des forts et postes-casernes, est perçu au taux fixé pour la région froide, mais sans modifications de la durée déterminée pour la région tempérée.

6.

Réglement du 25 décembre 1837 modifié.

TABLEAU de la composition des rations de vivres.

Modèle n° 51.

VIVRES-PAIN	POIDS de la RATION	VIVRES DE CAMPAGNE	POIDS de la RATION	LIQUIDES	QUOTITÉ de la RATION
Pain ord. de repas	0k750	Riz.	0.030	Vin.	0l 25
Pain ord. de soupe	0.250	Riz en Algérie.	0.060	Bière.	0.50
Pain bisc. de repas	0.750	Légumes secs.	0.060	Cidre.	0.50
Pain bisc. de soupe	0.250	Sel.	0.016	Eau de Vie — Ration.	0.0625
Biscuit pour le repas	0.550	Sucre (1).	0.021	Eau de Vie — Rat. hygién.	0.03125
		Café torréfié (1).	0.016		
Biscuit pour la soupe	0.185	Viande fraîche.	0.300		
		Cons. de vian. d'Australie (gelée comp.)	0.200		
		Cons. de vian. de France (nette de gel.)	0.150		
		Bœuf salé.	0.300		
		Lard salé.	0.240		

(1) A l'intérieur, en temps de paix, il est délivré aux troupes 1/4 de ration de sucre et café au taux de : Sucre 0.0025, Café 0.0025 } avec percolat. Sucre 0.0025, Café 0.004 } sans percolat.

En cas de mobilisation, il est distribué par homme :

Vivres du sac

2 jours de biscuit ;
2 jours de pain ;
4 jours de petits vivres (sel, sucre, café, 3 jours de riz, 1 jour de légumes ;
5 jours de viande de conserve.

Vivres de convois régimentaires

2 jours de biscuit ;
2 jours de petits vivres ;
1 jour de viande de conserve.

Modèle n° 52.

TARIF des rations de fourrages à l'intérieur et aux armées

(Décision ministérielle du 27 juillet 1875).
(modifiée par celle du 10 octobre 1881).

DÉSIGNATION des PARTIES PRENANTES	PIED DE PAIX ET RASSEMBLEMENT — Rat. des animaux pend. leur séj. dans les dép. de remonte y compris les chev. des offic. détachés en remonte.			PIED DE PAIX ET RASSEMBLEMENT — Rat. des animaux appartenant aux divers états-maj. aux parties prenantes et aux corps de troupe.			CAMPS DE MANŒUVRES — Animaux boraqués			CAMPS DE MANŒUVRES — Animaux bivouaqués (2)			RATION de ROUTE (2)			PIED de GUERRE (3)			CHEVAUX au VERT			EN MER					OBSERVATIONS
	Foin	Paille	Avoine	Foin	Paille	Avoine	Foin	Paille	Avoine	Foin	Paille	Avoine	Foin	Paille	Avoine	Foin	Paille	Avoine	Foin	Paille	Avoine	Foin	Orge	Farine d'orge	Son	Eau	
Etat-major du génie.-- Train du génie . . .	4	4	4.55	4	4	5.05	4	4	5.05	5	»	5.55	5	»	5.55	4	2	5.80	50	2.50	3.00	3.50	2.50	1.50	0.50	16.00	
Artiller.-- Chevaux de selle et de trait . .	4	4	4.35	4	4	4.85	4	4	5.35	5	»	4.85	5	»	5.35	4	2	5.60	50	2.50	3.00	3.50	2.50	1.50	0.50	16.00	
Chev. des officiers du génie.	3	4	4.15	3	4	4.55	3	4	5.05	4	»	4.55	4	»	5.05	4	2	4.80	45	2.50	2.50	3.00	2.00	1.50	0.50	16.00	
Chev. de race arabe, quelle que soit l'arme	2.5	4	4.00	2.5	4	4	2.5	4	4.75	3	»	4.00	3	»	4.75	3	2	4.50	40	2.50	2.00	2.50	1.75	1.50	0.50	15.00	
Mulets, quelle que soit l'arme	3	4	3.75	3	4	3.75	3	4	4.25	4	»	3.75	4	»	4.25	3	2	4.50	40	2.50	2.00	2.50	1.75	1.50	0.50	15.00	

(1) *Ration dans les camps de manœuvres.* — Lorsque les animaux doivent bivouaquer pendant un certain temps sur le même point, il peut y avoir avantage à remplacer 1 kil. de foin ou 500 grammes d'avoine par 2 kil. de paille pour la litière, s'il y a lieu; la substitution est demandée au ministre.

(2) *Ration de route.* — S'il y est autorisé par le chef de corps, l'officier qui précède les colonnes pour faire le logement a le droit, pour tout ou partie de l'effectif, suivant les circonstances, de réclamer le remplacement, *au plus*, pour chaque ration de 1 kilog. de foin ou de 500 grammes d'avoine par 2 kilog. de paille, la substitution ne peut porter sur les deux denrées à la fois dans le même gîte.

(3) *Ration de guerre.* — *Le taux et la composition indiqués au présent tarif serviront de base aux prévisions pour la formation des approvisionnements de réserve et des moyens de transport, mais elles n'ont rien d'absolu. Pour le service en campagne, les rations varient nécessairement selon la nature et l'importance des ressources des contrées où les armées opèrent.*

TARIF des rations de fourrages en Algérie. J. M. Partie S. 1-79 page 56.

Modèle n° 53.

DÉSIGNATION DES PARTIES PRENANTES	Sur le pied de station: Foin	Paille (1)	Orge	Sur le pied de route en expédit et dans toutes posit. y assimil. (2): Foin	Paille (3)	Orge
ARTILLERIE, GÉNIE ET ÉQUIPAGES MILITAIRES						
Chevaux de selle { de race française. . . .	4	2	4	5	»	4
Chevaux de selle { de race arabe, sarde, etc.	3	2	4	4	»	4
Chevaux de trait.	6.5	2	5.5	7.5	»	5.5
Mulets { de trait. . . .	4	2	4	5	»	5
Mulets { de bât.. . . .	3	2	4	4	»	5
Chevaux et mulets dans toute autre position. .	3	2	4	4	»	4

Nota. — Une dépêche ministérielle du 30 juin 1874 a autorisé M. le gouverneur général à accorder un supplément de 500 grammes d'orge, dans toutes les positions aux chevaux de selle, de race française de l'artillerie, en raison des travaux pénibles.

OBSERVATIONS

(1) La paille est autant que possible de la paille longue de 60 c. au moins. Il est fourni de la paille courte partout où on ne peut faire autrement.

(2) Indépendamment des allocations de paille déterminées par le présent tarif, pour la position de station, il est accordé 3 kil. de paille à titre de première mise pour la litière, à tous les chevaux et mulets des corps arrivant de France ou rentrant d'expédit.

(3) La ration de route sera appliquée à toutes les places et dans toutes les positions où, soit en raison de la difficulté de se procurer de la paille, soit en raison des besoins éventuels des colonnes expéditionnaires, soit pour tout autre motif, M. le gouverneur général reconnaîtra qu'il y a lieu de former exclusivement en foin les approvis. de fourrage.

(4) Dans les places de passage où il existera des approvisionnements suffisants de paille, une troupe en marche ou en expédition pourra demander que cette denrée entre dans la ration des chevaux pendant la durée de son séjour, mais sans dépasser, dans aucun cas, la quantité de 2 kilos de paille pour 1 kilo de foin, selon la proportion admise pour les places de station.

DENRÉES de substitution pouvant entrer dans la ration des fourrages (Intérieur et Algérie).

Modèle n° 54.

FOIN	PAILLE DE FROMENT	AVOINE (INTÉRIEUR) ORGE (ALGÉRIE)	OBSERVATIONS
Sainfoin, poids p. poids Luzerne, id. Paille, double du poids Avoine (Int.) } moitié du poids Orge (Algér.) } moitié du poids Carotte (1) 3 fois le poids	Pailles { de seigle, d'avoine, d'orge } poids pour poids Foin, moitié du poids Avoine (Int.) } quart du poids Orge (Algér.) } quart du poids	Orge (Int.) Avoine (Alg.) poids pour poids Foin et fourrages artificiels, double du poids Paille, 4 fois le poids Son, moitié en sus Far. d'orge, 8/10 du poids	(1) Lorsque la substit. de la carotte au foin peut avoir lieu, elle n'est autorisée que dans la limite et sous les réserves indiquées par la note ministérielle du 2 décembre 1874. — J.-M. page 730.

Aucun changement ne peut-être apporté a la composition des rations déterminées par les tarifs sans l'approbation du ministre.

Fourrages artificiels. — Le sainfoin et la luzerne peuvent être distribués en remplacement de foin jusqu'à concurrence de la moitié de la ration réelle.

Paille de seigle, d'avoine et d'orge. — Ces pailles peuvent être données en remplacement de la paille de froment jusqu'à concurrence de 2/5 de la ration réelle.

Orge à l'intérieur. — L'orge n'est substituée à l'avoine que par exception et sans dépasser, pour les chevaux de race française, le quart de la ration; pour les chevaux de race arabe, cette proportion peut être augmentée.

Carottes. — Lorsqu'on peut se procurer cette racine en quantité suffisante dans le rayon d'approvisionnement, sans imposer de trop lourds sacrifices au Trésor, la carotte est substituée au foin dans la limite et sous les réserves indiquées par la note ministérielle du 2 décembre 1874.

NOTA : (Ces diverses indications concernant la proportion dans laquelle peuvent s'opérer les substitutions d'une denrée à l'autre n'ont rien d'absolu. Des décisions ministérielles spéciales peuvent les modifier selon les circonstances exceptionnelles dont il y a lieu de tenir compte).

Fourrages verts. — 40 kil. de fourrages verts à l'écurie représentent 12 kil. de foin. Une journée de cheval à la prairie équivaut à une quantité de fourrages verts correspondant au taux de la ration déterminée pour chaque arme.

SUBSTITUTIONS EN MER

Le son se remplace par les 2/3 de son poids en orge. La farine d'orge se remplace par les 3/4 de son poids en orge.

EN CAS DE MOBILISATION IL EST ALLOUÉ :

1 jour d'avoine sur le cheval (au taux du pied de guerre 5 kil. 800).

2 jours d'avoine et de foin nécessaires au trajet du chemin de fer, à raison de 5 kil. de foin et 2 kil. d'avoine par cheval et par jour.

VOITURES RÉGIMENTAIRES

2 jours d'avoine (au taux du pied de guerre 5 kil. 800.)

Modèle n° 55.

ARMÉE

° CORPS

° DIVISION

° *Trimestre 188*

Effectif :

° RÉGIMENT DU GÉNIE

° BATAILLON ° COMPAGNIE

ALLOCATIONS EXTRAORDINARES

BON pour la quantité de rations de du , accordées à titre extraordinaire pour la journée , par ordre du général commandant la ° division ou le ° corps d'armée

A le 188

Vu par nous sous-intendant militaire, et enregistré sous le n°

Le capitaine commandant

(1) Il est établi des bons distincts pour les allocations extraordinaires

RATIONS EXTRAORDINAIRES

Modèle n° 56.

DATES des distributions	Ordres en vertu desquels les rations ont été accordées	TEMPS que les distributions concernent	RATIONS DE Vin	Eau-de-vie		OBSERVATIONS
12 mai 188	Ordre de M. le général command^{t} en chef	12 mai				
16 juin	Même ordre	16 juin				
		TOTAUX.	320	310	»	

ARMÉE
—
e CORPS
—
e DIVISION
—
e Trimestre 188

Distribution du
au

Service d

Dates { de la décision ministérielle. de l'autorisation du commandant.

Fournitures remboursables (1).

e RÉGIMENT DU GÉNIE

e BATAILLON — e COMPAGNIE

Modèle n° 57.

BON DE (2)

BON pour la quantité de (espèce de la fourniture.)

A le 18

Vu par nous sous-intendant militaire et enregistré sous le n°

Le capitaine commandant

(1) Les bons sont établis sur papier vert.
(2) Ne porter sur chaque bon que des denrées d'un même service.

Registre des distributions

e RÉGIMENT DU GÉNIE

e BATAILLON — e COMPAGNIE

VIVRES REMBOURSABLES *Modèle n° 58.*

DATE des distributions	Nombre de rations reçues		Sommes à rembourser	Dates des sommes reçues par le capitaine	Reçu du sergent-major	Reçu des officiers	TOTAL	
	de vin à 0,1125 la ration	d'eau-de-vie à 0.056 la ration						
Totaux du e trimestre 188	445	222	62 fr. 49		61.82	0.67	62.49	

e CORPS D'ARMÉE

e DIVISION

Mois d

Vivres remboursables.

e RÉGIMENT DU GÉNIE

e BATAILLON — e COMPAGNIE

ETAT des sommes reçues par le capitaine commandant ladite compagnie pour valeur des rations de vivres remboursables perçues par les officiers ou les hommes de troupe du au *Modèle 58bis.*

DATE des BONS	SUCRE				CAFÉ				LÉGUMES SECS				RIZ				MONTANT des sommes reçues	OBSERVATIONS
	NOMB. DE				NOMB. DE				NOMB. DE				NOMB. DE					
	Rations	Kilogrammes	Prix par kilog.	Total	Rations	Kilogrammes	Prix par kilog.	Total	Rations	Kilogrammes	Prix par kilog.	Total	Rations	Kilogrammes	Prix par kilog.	Total		

Vu et vérifié :
Le sous-intendant militaire,

Certifié par nous, capitaine commandant, le présent état s'élevant à la somme de

A *le* *188*

(Format : papier écolier de 1/2 feuille).

e TRIMESTRE 18

FONDS DIVERS.

Vivres remboursables

e RÉGIMENT DU GÉNIE

e BATAILLON

e COMPAGNIE

ÉTAT des sommes versées au Trésor par précompte sur l'état de solde du pour vivres remboursables perçues pendant le mois d 188

Modèle n° 59.

NOMBRE DE RATIONS				NOMBRE DE KILOG	PRIX DU KILOG.	MONTANT DES SOMMES VERSÉES	OBSERVATIONS
de lard	de	de	de				
					TOTAL		

Vu et vérifié :
Le sous-intendant militaire,

Certifié par nous, capitaine commandant la compagnie, le présent état montant à la somme de

A *le* *188*

Format papier écolier 1/2 feuille.

---

e CORPS D'ARMÉE

e DIVISION

e REGIMENT DU GENIE

Instruction ministérielle du 25 mars 1876.

e BATAILLON

e COMPAGNIE

Etat nominatif des militaires qui ont été admis à la haute paye d'ancienneté pendant le e trimestre 188

Modèle n° 60.

NUMÉROS MATRICULES	NOMS et PRÉNOMS	GRADES	SERVICES	DURÉE EFFECTIVE des services au jour où commencent à courir le rengagem. contr. en vertu de la loi du 27 juillet 1872 et 23 juillet 1878.			DATES		INDICATION par le chiffre 1 des militaires admis à la haute-paye					OBSERVATIONS
				ans	mois	jours	du dernier rengagem.	de l'adm. à la hte-paye	de 0.12	de 0.15	de 0.20	de 0.30	de 0.50	

Vu et vérifié par nous, sous-intendant militaire.

Certifié par nous, capitaine commandant la compagnie,

A *le* *188*

(Format : haut, 0,315 ; larg. 205).

e TRIMESTRE 188

Masse individuelle

e RÉGIMENT DU GÉNIE

e BATAILLON

e COMPAGNIE

Bordereau récapitulatif des imputations faites de la masse individuelle pendant le trimestre 188

Modèle n° 61.

Numéros trimestriels	NOMS	GRADES	Versements volontaires	Linge et chaussure						Réparations exécutées par						Dégradation		Étamage des petites gamelles	TOTAL	Moins-values			TOTAL	Masses payées aux homm. libér.	Excédant de masse payé	TOTAUX GÉNÉRAUX
									TOTAL	L'ouvrier tailleur	L'ouvrier cordonnier	le bourrelier: Au grand équipement	le bourrelier: Au harnachement	l'armurier: A l'armement	l'armurier: Au harnachement	A la literie	Au casernement, campement, etc., etc.			A l'habillement	Au grand équipement	Au campement				

Certifié par nous, capitaine commandant la compagnie, le présent bordereau s'élevant à la somme de

A le 188

(A mettre à l'appui de la feuille de décompte)

Format de la feuille de décompte

ARMÉE

CORPS

e DIVISION

Ordre de mise en subsistance

Conformément aux dispositions de la circulaire ministérielle du 19 août 1834, le général commandant ordonne la mise en subsistance au des militaires ci-après :

Modèle n° 62.

Numéros matricules	NOMS ET PRÉNOMS	GRADES	CORPS auxquels ils appartiennent	ÉPOQUE de la mise en subsistance	AUTORITÉ de laquelle l'ordre émane	CAUSES qui ont motivé la mise en subsistance

A le 188

Le général commandant,

(Format : papier écolier, 1/2 feuille).

ARMÉE

CORPS

e DIVISION

Ordre de cessation de mise en subsistance

Conformément aux dispositions de la circulaire ministérielle du 19 août 1834, le général commandant ordonne la cessation de mise en subsistance au des militaires ci-après :

Modèle n° 63.

Numéros matricules	NOMS ET PRÉNOMS	GRADES	CORPS auxquels ils appartiennent	ÉPOQUE de la cessation de mise en subsistance	AUTORITÉ de laquelle l'ordre émane	CAUSES qui ont motivé la cessation de mise en subsistance

A *le* *188*

Le général commandant,

(Format : papier écolier 1/2 feuille).

ARMÉE

e CORPS

e DIVISION

e REGIMENT DU GENIE

Instruction ministérielle du 25 mars 1876.

e BATAILLON

e COMPAGNIE

Etat nominatif de MM. les officiers de ladite compagnie qui ont eu droit, soit à l'indemnité d'entrée en campagne, soit à la moitié ou au complément de cette indemnité pendant le e trimestre 188 .

Modèle n° 64.

NOMS ET PRÉNOMS	Grades	Mutations et mouvements qui justifient les allocations	DATES		MONTANT			TOTAL pour chaque officier	OBSERVATIONS
			De la dernière rentrée d'une armée active	Des ordres du ministre en vertu desquels les allocations ont été faites	De l'indemnité entière	De la demi-indemnité	Du complément de l'indemnité		
		TOTAUX.							

Certifié par nous, capitaine commandant, le présent état s'élevant à la somme de

Vu et vérifié :

Le sous-intendant militaire,

A *le* *188*

Format haut 0,135 larg. 0,205

ARMÉE

—

e CORPS

—

DIVISION

Instruction ministérielle du 25 mars 1876

e RÉGIMENT DU GÉNIE

e BATAILLON

e COMPAGNIE

Etat nominatif des militaires qui ont eu droit pendant le e trimestre 188 , soit à l'indemnité de première mise d'équipement, soit au supplément de l'indemnité de première mise d'équipement.

Modèle n° 65.

NOMS ET PRÉNOMS	GRADES	Promotions et mouvements qui justifient le droit à l'allocation	Sommes allouées	TOTAL par paragraphe	OBSERVATIONS
		§ 1er sous-officiers promus officiers			
		§ 2e Sous-officiers promus adjudants			
			TOTAL........		

Vu et vérifié :
Le sous-intendant militaire,

(Format, haut, 0,315, larg. 0,205).

Certifié par nous, capitaine commandant la compagnie, le présent état s'élevant à la somme de

A *le* *188*

ARMÉE

—

e CORPS

—

e DIVISION

Circulaire ministérielle du 5 décembre 1874.

—

Modèle A faisant suite au journal des marches et opérations

e REGIMENT DU GENIE

e BATAILLON

e COMPAGNIE

Etat nominatif des officiers, sous-officiers et soldats tués, blessés, faits prisonniers ou disparus au combat de le 188

Modèle n° 66.

NOMS	GRADES	TUÉS	BLESSÉS	PRISONNIERS	DISPARUS	Chevaux tués ou perdus	OBSERVATIONS
	TOTAUX.						
TOTAL GÉNÉRAL....							

ARMÉE
—
e CORPS
—
e DIVISION

e RÉGIMENT DU GÉNIE
———
e BATAILLON
e COMPAGNIE

Circulaire ministérielle du 5 décembre 1874.
—
Modèle B faisant suite au journal des marches et opérations.

Etat nominatif des officiers, sous-officiers et soldats morts des suites de leurs blessures, ou morts de maladie dans les hôpitaux.

Modèle n° 67.

NOMS	GRADES	DATES	LIEUX	MORTS		OBSERVATIONS
				Des suites de blessures	De maladie	
			TOTAUX			

ARMÉE
—
e CORPS
—
e DIVISION

e REGIMENT DU GENIE
———
e BATAILLON
e COMPAGNIE

Circulaire du 5 décembre 1874.
—
Modèle C faisant suite au journal des marches et opérations.

Etat général des pertes éprouvées par la e compagnie pendant la campagne.

Modèle n° 68.

NOMS des batailles, combats et rencontres de toute nature	DATES	OFFICIERS						SOUS-OFFICIERS ET SOLDATS						Chevaux tués ou perdus
		Tués	Blessés	Morts des suites de blessures	Morts de maladie	Prisonniers	Disparus	Tués	Blessés	Morts des suites de blessures	Morts de maladie	Prisonniers	Disparus	
	TOTAUX													
	TOTAUX													
	TOTAL GENERAL													

ARMÉE

e CORPS

e DIVISION

e RÉGIMENT DU GÉNIE

e BATAILLON

e COMPAGNIE

Circulaire ministérielle du 5 décembre 1874.

Modèle D, faisant suite au journal des marches et opérations.

RELEVÉ des mutations survenues pendant la campagne parmi les officiers.

Modèle n° 69.

NOMS ET PRÉNOMS	GRADES	MUTATIONS

ANNÉE 188 .

Article 343 et suivants du règlement du 25 décembre 1837.

e RÉGIMENT DU GÉNIE

e BATAILLON

e COMPAGNIE

M. capitaine en 1er commandant

Livret de Solde

Contenant feuillet qui ont été cotés et paraphés par nous sous-intendant militaire, employé pour servir à l'enregistrement des sommes que les payeurs de la guerre compteront à la ° compagnie du ° bataillon du ° régiment du Génie pour solde, supplément de solde, indemnités et masses diverses, pendant l'année 188 .

A le 188

Modèle n° 70.

LIEUX et DATES des paiements	Indication de l'objet des paiements et du temps que concernent les mandats ou ordonnances. Enregistrement en toutes lettres 1° Du montant des mandats ou ordonnances de paiement. 2° Du montant des sommes retenues en vertu d'opposition juridique des motifs des retenues, noms et grades des officiers sur la solde de qui elles ont été effectuées.	NOMS ET GRADES des ordonnateurs des paiements	MONTANT des mandats ou ordonnances pour soldes, indemnités, et masses diverses.	MONTANT des retenues au profit de tiers effectuées en vertu d'oppos. juridique	MONTANT du net payé à la partie prenante
1er avril 188	Reçu du trésorier du régiment la somme de deux mille francs pour les premiers besoins de la compagnie. *Le capitaine commandant,*	Recette directe.	2000.00	»	2000.00
16 avril 188	Payé la somme de deux mille cinq cents fr. pour solde de la troupe du 16 au 30 avril. *Le payeur,*	M. Pierre, sous-intendant militaire.	2500.00	»	2500.00
1er mai 188	Payé la somme de deux mille neuf cent cinq fr. dix cent., pour solde des officiers et masses pendant le mois d'avril. *Le payeur,*	M. Pierre, sous-intendant militaire.	2905.10	»	2905.10
		(1) Précompté la somme de deux cent vingt fr. pour valeur des denrées perçues à titre remboursables du au *Le payeur,*			
1er mai 188	Reçu la somme de cinquante fr. dix cent., pour rations de vivres remboursables perçues du 16 au 30 avril. *Le capitaine commandant,*	Recette directe.	50.10	»	50.10

(1) La somme précomptée pour vivres remboursables est portée en dépense au registre-journal. La feuille de retenue sert de pièce à l'appui. A défaut, on établi un état modèle n° 59.

Article 125 de l'ordonnance du 10 mai 1844.

ᵉ RÉGIMENT DU GÉNIE

ᵉ BATAILLON — ᵉ COMPAGNIE —

Registre-journal des recettes et dépenses.

Le présent registre contenant feuillets, a été coté et paraphé par nous, sous-intendant militaire, pour servir à l'inscription de toutes les recettes et dépenses qui seront faites pour le compte de la compagnie, à dater du ᵉ trimestre 188 .

A le 188

Modèle n° 71.

DATES	Nos d'ordre Recettes	Nos d'ordre Dépenses	DÉTAIL DES RECETTES ET DÉPENSES	Trimestre auquel s'appliquent les recettes et dépenses	RECETTES	DÉPENSES
1er avril	1	»	Reçu du trésorier du corps pour les premiers besoins de la compagnie.	2e	1000.00	»
6 avril	»	1	Payé le prêt du 1er au 6 avril.......	2e	»	620.00
16 avril	2	»	Reçu du payeur à pour solde de la troupe (2e quinzaine d'avril).	2e	2680.00	»
1er mai	3	»	Reçu du payeur à pour solde des officiers et masses (mois d'avril.	2e	2400.00	»
1er mai	»	2	Payé le traitement des officiers (mois d'avril).........................	2e	»	900.00
1er mai	»	3	Payé au maréchal-ferrant l'entretien de la ferrure (mois d'avril)........	2e	»	320.00
2 mai	»	4	Payé l'avoir à la masse du nommé André, passé au ᵉ bataillon.....	2e	»	25.00
2 mai	»	5	Payé à l'armurier le montant des réparations exécutées à l'armement pendant le 1er trimestre..........	2e	»	12.00
15 mai	»	6	Payé au bourrelier l'abonnement d'entretien du harnachement pendant le mois d	2e	»	360.00
			TOTAUX........		6030.00	2237.00
			Report des dépenses.....		2237.00	»
			Reste en caisse..........		3793.00	

ARRÊTÉ par nous, capitaine commandant la compagnie, le présent registre duquel il résulte que le restant en caisse s'élève à la somme de trois mille sept cent quatre-vingt-treize francs.

A le 188

VÉRIFIÉ sur pièces, par nous, sous-intendant militaire, les recettes et dépenses effectuées depuis le de la balance desquelles il résulte qu'il reste en caisse aujourd'hui une somme de trois mille sept cent quatre-vingt-treize francs qui nous a été représentée.

A le 188

(Format : hauteur, 0,380, largeur, 0,245).

e RÉGIMENT DU GÉNIE

Article 129 de l'ordonnance du 10 mai 1844.

e BATAILLON — e COMPAGNIE —

Registre des distributions de vivres, chauffage et fourrages

Modèle n° 72.

e TRIMESTRE 188 .		VIVRES									LIQUIDE		CHAUFFAGE			FOURRAGES			Vivres remboursables — Nombre de rations perçues				OBSERVATIONS
																			Officiers		Troupe		
Date des distributions	Nombre de jours que les distributions concernent	Pain	Biscuits	Viande fraîche	Conserve de viande	Lard	Riz	Légumes secs	Sucre	Café	Vin	Eau-de-vie	Bois	Charbon de bois	Charbon de terre	Foin	Paille	Avoine	Vin	Eau-de-vie	Vin	Eau-de-vie	
																							Voir les modèles n°s 56 et 58 pour l'inscription des rations extraordin. et des vivres remboursables.
Totaux....																							
Les allocations sont de......																							
Balance { trop perçu.....																							
Balance { moins perçu....																							

(Voir le modèle n° 73, aux pages suivantes)

° CORPS D'ARMÉE

—

° DIVISION

—

Légion d'honneur (1)

° RÉGIMENT DU GÉNIE

° BATAILLON

—

° COMPAGNIE

—

Etat nominatif (2) des membres de l'Ordre appartenant à la dite compagnie à qui on a payé les sommes désignées ci-après, tant pour le ° semestre 188 , que pour les arrérages antérieurs (par mandats sur sur le Trésor n°)

Modèle n° 74.

Numéros matricules	NOMS ET PRÉNOMS	QUOTITÉ du traitement chevalier (3)	DATE de la jouissance	Sommes à payer pour le ° semestre 18	ÉMARGEMENT

Certifié par nous, capitaine commandant, le présent état s'élevant à la somme de qui a été payée (4) aux membres de la Légion d'honneur, faisant partie de la dite compagnie pour le ° semestre 188

Vu et vérifié :
Le sous-intendant militaire,

A le 188

(1) Ou médaille militaire;
(2) ou des militaires de la dite compagnie décorés de la médaille militaire;
(3) Ou décorés de la médaille militaire;
(4) Ou aux décorés de la médaille militaire;

NOTA : Il est établi des états distincts pour la Legion d'honneur et la médaille militaire.

ARMÉE

° CORPS

° DIVISION

° *Trimestre 188*

Nota. — Le développement des recettes et des dépenses par nature de fonds, est rempli par le trésorier.

Article 254 de l'ordonnance du 10 mai 1844

Note ministérielle du 14 avril 1880

(Format { hauteur, 0,380. largeur, 0,245.

° RÉGIMEN U GENIE

° BATAILLON

° COMPAGNIE

EXTRAIT du registre-journal des recettes [...]ses concernant le ° trimestre 188 .

Modèle n° 73.

DATES des recettes	DATES des dépenses	Numéros d'ordre	DÉTAIL des recettes et des dépenses	Recettes	Dépenses	DISTINCTION DES RECETTES: Solde et access. de solde	Masses: Individuelle	Masses: 1er port. Générale d'entret.	Masses: 2e port.	Masses: D'entretien du harnachem. et ferrage	Fonds spéciaux: Fourrages	Nourrit. de chevaux de remon. en route	Hôpitaux	Infirmerie régim. et frais de culte	Service de marche Convois	Habillement et campement	Remonte générale	Harnachement	Artillerie Entret. des armes	Génie	École	[...]

DISTINCTION DES DÉPENSES: Solde et access. de solde	Masses: 1er port. Générale d'entret.	Masses: 2e port.	Masses: D'entretien du harnachem. et ferrage	Fonds spéciaux: Fourrages — Nourrit. des chev. de rem. en route	Hôpitaux — Infirmerie régim. et frais de culte	Service de marche — Convois	Habillement et campement	Remonte générale	Harnachement	Artillerie — Entret. des armes	Génie	Écoles	Légion d'honneur	Fonds divers	Versem. de fonds d'une port. du corps à l'autre

SITUATION de la caisse au jour de l'arrêté de la comptabilité.

Report du total des recettes du ° trimestre...	
Recettes inscrites au titre du ° trimestre....	
Ensemble....	
Report du total des dépenses du ° trimestre..	
Dépenses inscrites au titre du ° trimestre....	
Avoir en caisse { En numéraire............	
Avoir en caisse { En récép. de dépôt au Trésor	

[...]FIÉ par nous, capitaine commandant, le présent extrait duquel il résulte que [...]uation de la caisse, à l'époque de ce jour est de

A *le* *188*

[V]ÉRIFIÉ par nous, sous-intendant militaire, et arrêté : [...]uation de la caisse à la somme de qui nous a été [...]sentée en

A *le* *188*

Le présent extrait a donné lieu aux rectifications détaillées ci-dess[...] qui ont été adressées au capitaine commandant la compagnie.

Totaux reportés au registre de centralisation.																																					

Report des (1).....	
Excédant des (1) sur le ° trimestre 188	

[...]É par nous, membres du conseil d'administration central, les recettes et les [...] portées ci-dessus, de la balance desquelles il résulte un excédant (1) sur [...]ptes du ° trimestre 188 , s'élevant à la somme de

A *le* *188*

Vérifié,

Le sous-intendant militaire,

(1) Recettes ou dépenses.

° CORPS D'ARMÉE

—

PLACE DE

—

° trimestre 188

—

N° au journal des recettes et dépenses.

Service de (1)

° RÉGIMENT DU GÉNIE

—

° BATAILLON ° COMPAGNIE

— —

Chapitre ° Partie Article unique

—

Modèle n° 2 de l'Instruction ministérielle du 1er mars 1880

—

(1) Indiquer le service.
(2) Nature de la dépense
(3) Annuelle ou trimestrielle ou mensuelle.

État émargé des sommes dues aux dénommés ci-après pour (2).

Modèle n° 75.

NUMÉROS de compagnie	NUMÉROS au contrôle trimestriel	NOMS	Grades et emplois	MUTATIONS	Nature des allocations	Nombre de journées donnant droit aux allocations	FIXATION (3)	FIXATION journalière	MONTANT	ÉMARGEMENT

A *le* *188*

Certifié le présent état s'élevant à la somme de

Vu :
Le sous-intendant militaire,

Le capitaine commandant la compagnie,

Format : haut, 0,36, large, 0,23.

ARMÉE

—

° CORPS

—

° DIVISION

° RÉGIMENT DU GÉNIE

—

° BATAILLON ° COMPAGNIE

— —

Exécution de la circulaire ministérielle du 25 août 1874.

L'an mil huit cent le la commission instituée en exécution des décisions ministérielles du 18 juin 1874 et du 25 août suivant, et composées ainsi qu'il suit :

MM.

s'est réunie à l'effet de décider s'il y a lieu de délivrer un certificat de bonne conduite aux hommes désignés ci-après (Indiquer la cause de la radiation) :

Modèle n° 75 bis.

Numéros matricules	NOMS	GRADES	Punitions de prison dépassant 15 jours encourues pendant les deux dernières années	Punitions de cellule de correction encourues pendant les deux dernières années	Mérite un certificat	Ne mérite pas un certificat	Opinion détaillée des membres de la commission

A *le* *18*

Les membres de la commission,

NOTA. — Une copie conforme de ce procès-verbal est adressée au conseil central ; l'original reste dans les archives de la compagnie.

(Format papier écolier feuille entière.)

Tableau indicatif *des divers effets affectés à chaque sous-officier et soldat, ainsi que la durée de ces effets (Intérieur et Algérie).*

1° EFFETS D'HABILLEMENT

Modèle n° 76.

	AU COMPTE DU BUDGET DE L'HABILLEMENT																						OBSERVATIONS
	TUNIQUE (d)			CAPOTE			Manteau en drap 19 ains	Pantalon d'ordon.		PANTALON de cheval (d)			Veste en drap 19 ains	ÉPAULETTES (f)			Porte-mant. en drap 19 ains	Bourgeron en toile	Effets à l'us. des enfants de troupe de 10 à 15 ans				
	En drap 23 ains										En drap 19 ains				de troupe								
	de 1re tenue	de 2e tenue	En drap 19 ains	De tambour-major en drap 23 ains	De sergent-major en drap 19 ains	De troupe en drap 19 ains		En drap 23 ains	En drap 19 ains	Transformat. du pantalon d'ordon. 23 ains	de 1re tenue	de 2e tenue		De tambour-major	p. sous-offic.	pour caporaux et soldats			Tunique vareuse en drap 19 ains	Pantalon à grand pont en drap 19 ains	Vareuse en toile	Pantalon en toile	
Durée des effets — Intér.	1 an 6 mois	1 an 6 mois	3 ans	5 ans	5 ans	3 ans 9 mois	8 ans	1 an	1 an	1 an	1 an	1 an	1 an 3 mois	2 ans	2 ans	2 ans 6 mois	8 ans	1 an 6 mois	2 ans	1 an	1 an	1 an	
Durée des effets — Alg.	1 an 6 mois	1 an 6 mois	3 ans	5 ans	5 ans	3 ans 9 mois	8 ans	1 an	1 an	1 an	1 an	1 an	1 an 3 mois	2 ans	2 ans	2 ans 6 mois	8 ans	1 an 6 mois	2 ans	2 ans	1 an	1 an	
Tambour-Major.	1	1	»	1	»	»	»	1	»	»	»	»	»	1	»	»	»	»	»	»	»	»	(Voir les notes à la page suivante)
Sergent-major ..	1	1	»	»	1	»	»	1	»	»	»	»	»	»	1	»	»	»	»	»	»	»	
Sergent, Sergent-fourrier et caporal-fourrier....	1	1	»	»	»	1	»	1	»	»	»	»	»	»	1	»	»	»	»	»	»	»	
Caporal, soldat et clairon	»	»	1	»	»	1	»	»	1	»	»	»	1	»	»	»	»	»	»	»	»	»	
SAPEURS-CONDUCTEURS																							
Sous-officier....	1	1	»	»	»	»	1	1	»	(a) 1	»	»	»	»	1	»	1	(c) 1	»	»	»	»	
Brigadier, soldat et trompette....	»	»	1	»	»	»	1	»	»	»	1	1	(b) 1	»	»	1	1	1	»	»	»	»	
ENFANTS DE TROUPE																							
De 10 à 15 ans.	»	»	»	»	»	»	»	»	»	»	»	»	»	»	»	»	»	»	1	1	1	1	

(a) Dans certains cas déterminés, les sous-officiers peuvent recevoir un pantalon de cheval neuf en drap 23 ains.

(b) La durée de la veste pour les brigadiers, soldats et trompettes est de 1 an 9 mois en France et en Algérie.

(c) Les sous-officiers de s/c reçoivent un bourgeron en toile (1er octobre 1877).

(d) 1° Le pantalon de cheval distribué *neuf* pour la 2e tenue sera remplacé après avoir accompli 5 trimestres dans cette tenue.

2° Le pantalon de chèval distribué pour la 2e tenue après avoir accompli 1 trimestre en 1re tenue sera également remplacé après 5 trimestres accomplis en 2e tenue.

3° Le pantalon de cheval distribué pour la 2e tenue après avoir accompli 2, 3 ou 4 trimestres en 1re tenue sera remplacé après 4 trimestres accomplis en 2e tenue.

4° Le pantalon de cheval distribué *neuf* aux hommes de la 2e portion du contingent sera versé à l'habillement d'instruction après avoir accompli 4 trimestres.

5° Les tuniques de 1re tenue retirées aux sous-officiers passés dans la disponibilité sont réintégrées en magasin pour 6 trimestres au plus, quelle que soit la durée parcourue, pour être distribuées ensuite comme tuniques de 2e tenue aux sous-officiers nouvellement promus.
S'il arrive exceptionnellement que les effets ne soient pas susceptibles de parcourir les durées indiquées ci-dessus, ils seront proposés pour la réforme à l'inspection générale conformément à la note du 30 juin 1880 (circulaire ministérielle du 29 mars 1881).

(f) La durée des épaulettes des caporaux et soldats des troupes du génie (sapeurs-mineurs) est réduite de 3 ans à 2 ans et 6 mois (décision ministérielle du 12 juin 1881).

2° **Effets de coiffure** (au compte du budget de l'habillement).

Modèle n° 77.

		Shako (1)	KÉPI en drap 23 ains	KÉPI en drap 19 ains	Calotte d'écurie	OBSERVATIONS
Durée des effets	Intérieur	5 ans	2 ans	2 ans	2 ans	
	Algérie	»	1 an	1 an	2 ans	
Sous-officiers, caporaux et soldats	Sapeurs-mineurs	1	1	»	»	(1) Durée de la plaque de shako : 8 ans.
		1	»	1	»	
Sous-officiers, brigadiers et soldats	Sapeurs-conduct.	1	1	»	»	NOTA : Les compagnies en Algérie n'ont pas le shako ; par suite la durée du képi est réduite à un an.
		1	»	1	1	

3° Effets de grand équipement *Modèle n° 78.*

	AU COMPTE DU BUDGET DE L'HABILLEMENT																					Au compte de la masse générale d'entret.	
		Ceinturon en cuir verni		Ceinturon en cuir noir (2)																			
	Havre-sac	d'épée (1)	de sabre (2)	de sapeur-mineur	de sapeur-conducteur	Porte-épée	Porte-épée baïonnette	Bretelle de fusil	Cartouchière	Giberne et porte-giberne	Étui de révolver	Clairon	Cordon de clairon	Trompette	Cordon de trompette	Dragonne de sabre	Courroie de trompette					Giberne porte-musique	Banderole de giberne
Durée des effets (Intérieur et Algérie)	7 ans	2 ans	2 ans	15 ans	20 ans	15 ans	15 ans	12 ans	10 ans	20 ans	5 ans	20 ans	2 ans	20 ans	2 ans	8 ans	6 ans					20 ans	12 ans
Tambour-major.	1	1	»	»	»	»	»	»	»	»	1	1	1	»	»	»	»					»	»
Musiciens de 1re et 2e classe.....	1	1	»	»	»	»	»	»	»	»	»	»	»	»	»	»	»					1	1
Maître d'escrime (sergent)........	1	»	»	1	»	1	»	»	»	»	»	»	»	»	»	»	»					»	»
Sold. musiciens.	1	»	»	1	»	1	»	»	»	»	»	»	»	»	»	»	»					1	1
Sergents-majors	1	1	»	»	»	»	»	»	»	»	1	»	»	»	»	»	»					»	»
Sergents et four.	1	»	»	1	»	1	1	1	2	»	»	»	»	»	»	»	»					»	»
Caporaux et sapeurs-mineurs.	1	»	»	1	»	»	1	1	2	»	»	»	»	»	»	»	»					»	»
Caporaux - clair. et clairons.....	1	»	»	1	»	»	1	1	2	»	»	1	1	»	»	»	»					»	»
Maréchaux-des-logis-chefs.....	»	»	1	»	»	»	»	»	»	»	1	»	»	»	»	1	»					»	»
Maréchaux-des-logis et brigad.	»	»	»	»	1	»	»	»	»	»	1	»	»	»	»	1	»					»	»
Trompettes.....	»	»	»	»	1	»	»	»	»	»	1	»	»	1	1	1	1					»	»
Sapeurs conduct.	»	»	»	»	1	»	»	1	»	1	»	»	»	»	»	1	»					»	»

(1) Durée de la plaque 15 ans
(2) Durée de la plaque 20 ans

Nota. — Pour les sous-officiers et brigadiers de conducteurs l'étui de révolver est en cuir fauve.

4° Effets de petits équipement de petite monture et de pansage.

(au compte de la masse individuelle).

Modèle n° 79.

DÉSIGNATION DES EFFETS	Nombre d'effets dont les hom. doivent être pourvus — Sapeurs mineurs	Nombre d'effets dont les hom. doivent être pourvus — Sapeurs conduct.	OBSERVATIONS
PETIT ÉQUIPEMENT			
Chemises	3	3	
Souliers (paires)	2	»	
Bottes ou bottines éperonnées	»	2	
Cache-éperon (paire)	»	1	
Guêtres en cuir	1	»	
Guêtres en toile	2	»	
Cravates	2	2	
Caleçons	2	2	
Bretelles de pantalon	1	1	
Pantalon de treillis	2	2	
Calotte de coton	1	1	
Gants en coton	2	»	
Gants en peau	»	2	
Courroie dite de sautoir	1	»	
Petite courroie de manteau	»	1	
Mouchoirs	2	2	
Gamelle individ.	1	1	
Etui-musette	1	»	
Sous-pieds de rechange (paires)	2	2	
Petite besace	»	1	
Fouet	»	1	
Serviettes	2	2	
PETITE MONTURE			
Bouchon de fusil	1	1	
Boîte à graisse	1	1	
Brosse à habits	1	1	
Brosse à souliers	1	1	
Brosse à lustrer	1	1	
Brosse à patience	1	1	
Brosse à fusil	1	1	
Patience	1	1	
Fiole à tripoli	1	1	
Martinet	1	1	
Trousse garnie	1	1	
Sac de petite monture	1	»	
Musette de propreté	»	1	
Gobelet ou quart	1	1	
Cuiller	1	1	
EFFETS DE PANSAGE			
Brosse à cheval	»	1	
Epoussette	»	1	
Eponge	»	1	
Etrille	»	1	
Ciseaux (paire)	»	1	
Corde à fourrage	»	1	
Musette	»	2	
Sac à avoine	»	1	
Sabots (paire)	»	1	

Tarif des accessoires d'habillement et des objets d'équipement dont l'achat est confié au commandant d'une compagnie détachée (en Algérie seulement).

Modèle n° 80.

DÉSIGNATION DES EFFETS			PRIX des EFFETS	DURÉE des EFFETS	OBSERVATIONS
AU COMPTE DU BUDGET DE L'HABILLEMENT					
Effets d'habillement	Épaulettes de troupe		2.70	»	
	Galons en laine	écarlate à cul de dé en 22mm	0.40	»	
		à losanges tricolores en 22mm	0.65	»	
	Galons en or	à lézardes en 22 mm	7.90	La durée des effets sur lesq. ils sont apposés	
		à cul de dé en 22 mm	7.90		
		à lézardes en 10 mm	4.50		
		à cul de dé en 12 mm	3.50		
	Toiles d'Armentières pour effets d'enfants de troupe (le mètre)		1.30	»	
	Bourgeron d'écurie		3.80	»	Fourni par les magasins centraux. (1er février 1882)
Effets de grand équipement	Ceinturon en cuir verni pour sergent-major		4.50	»	
	Plaque de ceinturon d'épée pour sergent-major		0.75	»	
	Ceinturon de maréchal-des-logis-chef		5.00	»	
	Clairon		17.55	»	
	Cordon de clairon		3.40	»	
	Trompette		22.00	»	
	Cordon de trompette				
	Courroie de trompette en cuir		3.70	»	
	noir		1.60	»	
	Dragonne de sabre		1.25	»	
AU COMPTE DE LA MASSE GÉNÉRALE D'ENTRETIEN					
Effets divers	Sac à distribution		3.50	1 an	
	Bourgeron de cuisine		3.80	1 an	
	Pantalon de cuisine		3.55	1 an	
	Torchon de cuisine		0.75	»	

Circulaire ministérielle du 26 avril 1880 J. M.

Devis et Tarif pour le remplacement des velours et des boutons de manteaux en bois recouverts en drap (2)

Modèle n° 81.

DÉTAIL des REMPLACEMENTS	DÉSIGNATION des étoffes nécessaires pour les remplacements	PRIX du mètre	QUANTITÉS	Somme à payer par nature d'étoffe	TOTAL
Velours de tunique de sous-officier	Drap écarlate 23 ains	9.50	0.010	0.095	0.5163
	Drap écarlate 23 ains (pour 2 nos).	9.50	0.0014	0.0133	
	Velours	15.00	0.0272	0.408	
Velours de tunique de soldat	Drap écarlate 21 ains	8.54	0.010	0.0854	0.5067
	Drap écarlate 23 ains (pour 2 nos).	9.50	0.0014	0.0133	
	Velours	15.00	0.0272	0.4080	
Velours de capote et de veste	Drap écarlate 21 ains	8.54	0.006	0.0512	0.1995
	Drap écarlate 23 ains (pour 2 nos).	9.50	0.0014	0.0133	
	Velours	15.00	0.009	0.135	
Main-d'œuvre (imputée au service de l'habillement ou à la masse individuelle suivant le cas)	Tunique de sous-officiers	Velours		0.50 (1)	0.47
		Numéros		0.12	
	Tunique de soldat.	Velours		0.50 (1)	0.47
		Numéros		0.12	
	Capote et veste	Velours		0.20	0.32
		Numéros		0.12	

(1) Main-d'œuvre pour les tuniques. — Velours 0 fr. 50 dont 0 fr. 30 pour les velours des parements et 0 fr. 20 pour les velours du collet.

Par décision ministérielle du 5 décembre 1867, rappelée par la circulaire du 8 février 1868, le ministre a décidé que les parties de la tunique et de la capote qui sont confectionnées en velours et drap écarlate, seront de droit remplacées lorsque ces effets auront accompli la moitié de la durée qui leur est assignée.

Par décision ministérielle du 12 juin 1881, le ministre a décidé que les écussons en velours des *capotes* seront remplacés après chaque période de cinq trimestres; ils seront par suite renouvelés deux fois pendant la durée de l'effet (3 ans et 9 mois).

(2) Pour le remplacement des boutons de manteau en bois recouverts de drap il est alloué :

Pour 8 gros boutons (drap en 118). . . 0.014 } Devis du 28 novembre 1881.
Pour 11 petits boutons (drap en 118). . 0.011 } J. M. 2e 81, S. page 515.

Tableau indiquant la quantité de galons allouée pour chaque grade. (Journal militaire 2-67 page 477).

Modèle n° 82.

DÉSIGNATION des GALONS	GRADES	CAPOTES			TUNIQUES			VESTES	Manteaux ou bourgeron	OBSERVATIONS
		0.22	0.012		0.22			0.22	0.012	
Galons en or façon lézarde	Sergent-major	»	»	»	0.84	»	»	»	1.00	
	Maréchal-des-logis-chef	»	»	»	0.84	»	»	»	0.34	
	Sergent	0.44	»	»	0.42	»	»	»	»	
	Maréchal-des-logis	»	»	»	0.42	»	»	»	0.17	
	Fourrier (a)	0.56	»	»	0.52	»	»	»	»	(a) Non compris les galons de sergent ou de caporal.
Galons en laine écarlate	Caporal	0.88	»	»	0.84	»	»	0.84	»	
	Brigadier	»	»	»	0.84	»	»	0.84	0.34	
	Maître-ouvrier	0.61	»	»	0.55	»	»	0.55	»	
	1er sapeur	0.44	»	»	0.42	»	»	0.42	»	
Galons en laine tricolore	Clairon	0.41	»	»	0.38	»	»	0.38	»	
	Trompette	»	»	»	0.38	»	»	0.38	»	
	Manches-parements	»	»	»	0.70	»	»	0.38	»	
Galons en or ou en laine (ancienneté)	Chaque chevron	0.36	»	»	0.34	»	»	»	»	

Frais de pose des boutons et des galons. Régime de clerc à maître.

Modèle n° 83.

Pose de boutons sur les effets de confection civile ou d'aut. provenance.	Prix des boutons la dizaine	gros		0.35
		petits		0.21
	Frais de pose	sur la tunique		0.19
		sur la capote	de sergent-major	0.12
			de troupe	0.18
		sur le manteau (1)	8 moules en bois de 20m 0.03 11 id. 15 0.03 Façon de 19 boutons 0.06 Pose de ces boutons 0.12	0.24
		sur la veste		0.07

(1) Boutons en bois recouverts de drap (28 novembre 1881. J. M. 2. 81. S. page 515).

Frais de pose des boutons et des galons. Régime de clerc à maître. (*Suite*).

Pose des galons	1er sapeur par effet	0.04
	maître-ouvrier id.	0.07
	caporal id.	0.08
	caporal-fourrier id.	0.14
	sergent id.	0.06
	sergent-fourrier id.	0.12
	sergent-major id.	0.12
	clairon sur la tunique	0.12
	clairon sur la capote et la veste	0.04
Pose des chevrons	par chevron en laine	0.05
	par chevron en métal	0.07
Doublure des épaulettes	pose par (paire)	0.12
Pose des fers à bras	par paire	0.10
Prime d'essayage des effets de confection civile	tunique	0.14
	veste	0.07
	capote	0.08
	pantalon	0.05
Rendre apparents les boutons de sous-pied au pantalon de cheval n°2		0.05

NOTA. — La pose du galon de grade, d'ancienneté, des divers ornements et attributs étant comprise dans le prix de l'abonnement pour l'entretien de l'habillement, les fixations ci-dessus ne seront appliquées que quand ces travaux seront exécutés sous le régime de clerc à maître.

Décision ministérielle du 21 avril 1879. — J. M. page 688.

Abonnement annuel pour l'entretien de l'habillement

Du 1er janvier 18 au 31 décembre 18

Modèle n° 84.

Aujourd'hui mil huit cent quatre-vingt

Le capitaine commandant la compagnie du bataillon du régiment du génie et le sieur ouvrier tailleur de la compagnie sont convenus de passer le présent marché d'abonnement pour un an, à partir de ce jour, d'après les clauses et conditions ci-après déterminées :

Effets auxquels s'applique l'abonnement

ARTICLE PREMIER. — Le sieur s'engage à entretenir, réparer, faire entretenir ou réparer à son compte et au fur et à mesure des besoins, les effets d'habillement en cours de durée à l'usage de la compagnie de quelque nature d'ailleurs que soient les travaux d'entretien ou de réparation, quelle que soit la durée parcourue en service par les effets, et sous les seules exceptions mentionnées aux articles 3 et 4 ci-après.

Ces réparations sont également applicables aux effets de cuisine, d'infirmerie, de gymnastique de natation, d'enfants de troupe, ainsi qu'aux sacs à distribution.

L'abonnataire s'engage en outre à poser, quand il y aura lieu, sur les effets en cours de durée ou neufs de toute provenance, les galons de grade, d'ancienneté, les ornements, attributs, insignes d'emploi, récompenses de tir.

Enumération spéciale de certaines réparations ou de certains travaux accessoires compris dans les obligations de l'abonnataire

Art. 2. — Sont notamment à la charge de l'abonnataire :

1° Le remplacement des agrafes, des boutons, des collets, des pattes à numéros ou autres, des parements, des tresses, des brandebourgs, des passe-poils et des martingales ;

2° Le remplacement des écussons à numéros, des ventouses et des boutons de jugulaires des képis ;

3° Le remplacement des doublures des corps d'épaulettes (par remplacement on entend confection et pose).

4° Les retouches nécessaires par suite de changement survenu dans la corpulence des hommes.

5° Les changements nécessaires pour ramener à l'uniforme du corps les effets apportés par les hommes venus isolément d'autres corps, si d'ailleurs ces effets sont susceptibles de continuer leur durée ;

6° La transformation en torchons, des bourgerons et pantalons de cuisine hors de service, qui seraient susceptibles de recevoir cette destination.

7° La réparation des bourgerons avec de la toile provenant d'effets hors de service.

Réparations non comprises dans l'abonnement

Art. 3. — Ne sont pas comprises dans l'abonnement les menues réparations de main-d'œuvre facile que les hommes peuvent exécuter eux-mêmes, sur leurs propres effets, telles que pose de boutons, coutures de doublure dans toute autre partie que l'emmanchure, qui, dans aucun cas, ne peuvent donner droit à une allocation supplémentaire.

Réparations payables en dehors de l'abonnement

Art. 4. — Seront payés supplémentairement à l'abonnataire par imputation à qui de droit :

Au compte de la masse individuelle :

1° Les réparations qui deviendraient nécessaires par la faute ou la négligence des hommes ;

Au compte de la masse générale d'entretien :

2° Les réparations provenant d'un cas de force majeure ;

Au compte du service de l'habillement :

3° Le remplacement des coiffes intérieures des képis réintégrés en magasin pour être remis en service (fourniture et pose) ;

4° La confection et la pose des pattes et écussons à numéros destinés à des effets neufs et des velours, remplacés périodiquement aux effets des troupes du génie ;

5° Les frais de pose et de fourniture de boutons sur des effets provenant des confections civiles et expédiés des magasins de l'état sans être pourvus de ces accessoires ;

6° Les frais d'essayage et d'ajustage des effets provenant des ateliers civils et des effets en cours de durée distribués par le magasin de la compagnie ;

7° La transformation à l'uniforme du corps des effets apportés par des hommes venus en détachement d'autres corps ;

8° Le remplacement des bandes de pantalons ;

9° Les réparations des effets d'habillement réintégrés par les réservistes ou les hommes de l'armée territoriale.

Mode de fourniture des diverses matières et accessoires nécessaires pour les réparations

Art. 5. — Les étoffes de laine, le velours, la toile, le treillis, les galons, les brandebourgs et les jugulaires de képis, seront fournis en nature par le magasin de la compagnie.

Bulletin de réparations

Art. 6. — Les réparations seront constatées par des bulletins de réparations.

Taux et mode de paiement de l'abonnement

Art. 7. — Il sera payé à l'abonnataire pour le couvrir des dépenses que le présent abonnement lui impose, la somme de (1) , par homme et par an pour tous les hommes présents sur le pied de paix.

Le décompte de l'abonnement sera réglé à la fin de chaque trimestre, en prenant pour base le nombre de toutes les journées de prime d'entretien de la masse individuelle, allouées pour les revues générales de liquidation.

Ce nombre sera multiplié par le taux annuel de l'abonnement et le produit sera divisé par 365 ou 366 selon le cas.

Entretien de l'habillement des portions détachées s'administrant elles-mêmes

Art. 8. — Lorsqu'un détachement aura une administration distincte, un ouvrier tailleur pourra être substitué à l'abonnataire pour tous les droits que comporte l'abonnement afférent à cette portion détachée. Ce

(1) 0 fr. 95 pour les sapeurs-mineurs et 1 fr. 05 pour les sapeurs-conducteurs (chiffre maximum).

mode de procéder commencera et finira aux époques que fixera le conseil d'administration du corps.

Dans le but de donner des garanties réciproques aux parties intéressées, une revue des effets d'habillement sera passée, lorsqu'il y aura lieu, afin de constater l'état dans lequel se trouveront les effets de la portion détachée. Les réparations reconnues nécessaires seront immédiatement exécutées au compte de qui de droit.

Il sera procédé de même à l'expiration ou en cas de résiliation, par l'effet d'une circonstance quelconque du présent abonnement. Dans ce cas, toutes les parties de l'habillement seront mises en bon état par les soins de l'abonnataire ou à ses frais.

Faculté de faire exécuter quelques menues réparations par un ouvrier tailleur d'après un taux déterminé

Art. 9. — Lorsque le conseil d'administration jugera plus utile pour l'intérêt du service de faire faire dans les compagnies détachées, les petites réparations courantes, telles que coutures, reprises, morceaux à la doublure, attaches de boutons sur les vêtements, il sera retenu à l'abonnataire sur son abonnement, pour être payé aux ouvriers de compagnies chargés desdites réparations, 0,03 centimes par homme présent et par mois.

Vérification des réparations

Art. 10. — Les effets à réparer seront portés, quand il y aura lieu, à l'atelier de l'abonnataire qui effectuera dans les mêmes conditions le versement de ceux réparés.

Les réparations dont l'exécution ne sera pas reconnue satisfaisante seront refaites d'urgence par l'abonnataire.

Dans le cas où l'abonnataire n'exécuterait pas les réparations en temps utile, le commandant de la compagnie aurait le pouvoir de les faire exécuter par un tiers au compte de l'abonnement.

Cessation de l'abonnement pendant la guerre (1)

Art. 11. — L'abonnement cesserait de plein droit pendant toute la période de guerre pour les portions de corps qui seraient détachées à l'armée, et dont les effets seraient alors entretenus et réparés par application du régime de clerc à maître.

Jugement des contestations auxquelles peut donner lieu l'abonnement

Art. 12. — Les contestations qui s'élèveraient sur la manière d'interpréter les conditions de l'abonnement seront jugées en premier ressort par le sous-intendant militaire, et, s'il y a appel, par l'intendant militaire du corps d'armée qui prononcera définitivement.

Fait à , les jour, mois et an que dessus.

L'abonnement est appliqué aux troupes en Algérie. (Voir les art. 13, 14 et 15 de l'instruction du 21 avril 1879).

Nota. — En Algérie, le prix de l'abonnement excède de 0 fr. 10 le prix fixé pour le régiment à l'intérieur. (Art. 16. Décision ministérielle du 21 avril 1879).

Décision ministérielle du 21 avril 1879. — J. M page 692.

Abonnement annuel pour l'entretien du grand équipement.

Du 1er janvier 18 au 31 décembre 18 .

Modèle n° 85.

Aujourd'hui mil huit cent

Le capitaine commandant la compagnie du bataillon du régiment du génie et le sieur ouvrier cordonnier (ou sellier) de la compagnie, sont convenus de passer le présent marché d'abonnement pour un an à partir de ce jour, d'après les clauses et conditions déterminées par les articles suivants :

Effets auxquels s'applique l'abonnement

Article premier. — Le sieur s'engage

1° A entretenir, réparer, faire entretenir ou réparer à son compte et au fur et à mesure des besoins, les effets de grand équipement y compris les étuis de révolver, les étuis d'outils, les porte-manteaux et les courroies d'ustensiles de campement en service dans la compagnie ;

2° A fournir les pièces nécessaires pour mettre en bon état les effets ci-dessus spécifiés quand ces remplacements sont la conséquence d'un user ou d'une détérioration naturels ;

3° A remplacer les parties en drap de couleur distintive des porte-manteaux ;

4° A ajuster à la taille des hommes les effets de grand équipement bons ou neufs en service ou délivrés du magasin ;

5° A marquer les effets reçus par le magasin de la compagnie ;

6° A poser les D en cuivre dits porte-agrafes aux ceinturons neufs provenant des magasins de l'État ;

Mode de fourniture de diverses matières et accessoires nécessaires pour les réparations

Art. 2. — Les effets et accessoires réformés sont remis à l'abonnataire dans une proportion que déterminera le Conseil d'administration lorsqu'ils seront reconnus susceptibles d'être utilisés pour les réparations, il en sera de même du drap nécessaire pour les réparations à exécuter aux porte-manteaux.

Qualité des matières à fournir par l'abonnataire

Art. 3. — Les fournitures incombant à l'abonnataire ne comprendront que des matières de bonne qualité et conforme aux modèles-types.

Réparations payables en dehors de l'abonnement

Art. 4. — Seront payées supplémentairement à l'abonnataire, par imputation à qui de droit.

Au compte de la masse individuelle

1° Les réparations qui deviendraient nécessaires par la faute ou la négligence des hommes ;

Au compte de la masse générale d'entretien

2° Les réparations provenant de cas de force majeure ; le remplacement des grandes et petites bélières ;

Au compte du service de l'habillement

3° Les réparations que peuvent exiger les effets réintégrés par les réservistes ou les hommes de l'armée territoriale.

Bulletin de réparations

Art. 5. — Les réparations seront constatées par des bulletins de réparations.

Taux et mode de puiement de l'abonnement

Art. 6. — Il sera payé à l'abonnataire pour le couvrir des dépenses que le présent abonnement lui impose la somme de (1) par homme et par an pour tous les hommes présents sur le pied de paix.
Le décompte de l'abonnement (même rédaction que la fin de l'art. 7 abonnement de l'habillement).

Entretien du grand équipement des portions détachées s'administrant elles-mêmes

Art. 7. — Même rédaction que l'art. 8 (abonnement de l'habillement).

Vérification des réparations

Art. 8. — Même rédaction que l'art. 10 (abonnement de l'habillement).

Cessation de l'abonnement pendant la guerre

Art. 9. — Même rédaction que l'art. 11 (abonnement de l'habillement).

Jugement des contestations auxquelles peut donner lieu l'abonnement

Art. 10. — Même rédaction que l'art. 12 (abonnement de l'habillement).

Fait à les jour, mois et an que dessus.

Abonnement pour l'entretien du Harnachement

Décision ministérielle du 22 janvier 1879. J.-M. page 45.

Modèle n° 85bis

Aujourd'hui mil huit cent le capitaine commandant la compagnie du bataillon du régiment du génie et le sieur bourrelier au régiment de , ont conclu le présent marché à compter du

---

(1) 0 fr 30 pour les sapeurs-mineurs, 0 fr. 55 pour les sapeurs-conducteurs (prix maximum).
Nota : En Algérie le prix de l'abonnement excède de 0 fr. 07 le prix fixé pour le régiment à l'intérieur. (Art. 17 du 21 avril 1879).

ARTICLE PREMIER. — Le sieur , s'engage à exécuter, moyennant un abonnement dont les conditions sont spécifiées ci-après, les réparations suivantes :

Harnachement de selle et de trait.

1° Remplacement de la bouclerie, réparation des mors de brides, étriers, et en général de toutes les parties en fer et en cuivre qui entrent dans le harnachement ;

2° Toutes les coutures et piqûres à refaire, au harnachement proprement dit, aux bissacs et aux musettes mangeoires ;

3° Le débourrage et le rembourrage des panneaux ;

4° Toutes les pièces à mettre ou reprises à faire aux couvertures (les morceaux nécessaires aux réparations seront pris sur les couvertures réformées) ;

5° Le remplacement des lanières et de tous les passants (coulants ou fixes) ;

6° La désinfection des harnais ayant servi aux chevaux atteints de maladies contagieuses ;

7° L'ajustage des harnais sur les chevaux et toutes les opérations que comporte cet ajustage ;

8° La main-d'œuvre pour le numérotage et le graissage du harnachement.

Harnachement des mulets.

1° La fourniture de la bouclerie et les réparations des mors de bridons (les autres parties en fer ne font pas partie de l'abonnement);

2° Toutes les coutures et piqûres à refaire au harnachement proprement dit et aux musettes mangeoires ;

3° Le débourrage et le rembourrage des panneaux de bât ;

4° Toutes les pièces à mettre ou reprises à faire aux couvertures (les morceaux nécessaires aux réparations seront pris sur des couvertures réformées);

5° Le remplacement des passants coulants ou fixes, des courroies servant à assujettir le chargement et de toutes les lanières, à l'exception de la grande lanière de surfaix ;

6° Les ganses et épissures aux cordes de charge ;

7° La désinfection des harnais ayant servi aux mulets atteints de maladies contagieuses ;

8° L'ajustage des harnais sur les mulets et toutes les opérations que comportent cet ajustage ;

9° La main-d'œuvre pour le numérotage et le graissage.

ART. 2. — L'abonnement ne s'étend qu'aux réparations rendues nécessaires par le service naturel des objets ; il comprend non-seulement la main-d'œuvre, mais encore les fournitures nécessaires pour les réparations : ces fournitures devront être de première qualité et reçues par le capitaine-commandant.

ART. 3. — Il sera alloué au sieur
pour le couvrir des frais dudit abonnement une somme de six francs par année et par harnais en service à la compagnie. Cette somme lui sera

payée chaque mois et décomptée comme si le mois était composé de 30 jours et l'année de 360 jours. Les harnais de cheval de selle, de porteur ou de sous-verge, de derrière ou de devant, ainsi que les harnais de mulet ou de cheval de bât, seront comptés indistinctement chacun pour une unité.

Art. 4. — Le sieur s'engage à exécuter, sans autre indemnité que celle qui lui est allouée par l'article précédent, les réparations indiquées ci-après aux bâches, aux prélats, et en général aux couvertures de toutes espèces qui pourront être mises à la disposition de la compagnie pour préserver certaines parties du chargement, savoir :

1° Toutes les reprises, coutures et piqûres à faire ;

2° Le remplacement de la bouclerie.

Il s'engage de même à refaire les coutures aux courroies des poignées de coffres modifiées pour le transport des effets.

Art. 5. — Le sieur s'engage enfin à exécuter toutes les réparations ou remplacements autorisés par les règlements moyennant les prix mentionnés au tarif ci-annexé. Toutefois ces prix seront augmentés de 25 0/0 tant que la compagnie restera en campagne.

Art. 6. — Le sieur consent à subir les retenues nécessaires pour le paiement des matières et outils qui lui seront fournis, et, en outre, une retenue de 1/4 des sommes à lui dûes, jusqu'à la constitution d'une masse de garantie s'élevant à 1 fr. 50 par harnais soumis à l'abonnement.

Art. 7. — A l'expiration du présent marché ou en cas de résiliation, les réparations incombant à l'abonnement seront faites par l'abonnataire ou à ses frais ; après vérification, il lui sera donné décharge de la masse de garantie.

Art. 8. — Le présent marché restera exécutoire, sauf le cas de force majeure, jusqu'à ce que, la compagnie étant rentrée en station, les circonstances aient permis de passer une visite contradictoire de harnachement.

Il sera soumis à l'approbation du sous-intendant militaire.

Les contestations que soulèverait toute interprétation seront jugées administrativement.

Le capitaine-commandant se réserve le droit de résiliation en cas de non-exécution des conditions stipulées ou de mauvaise conduite du bourrelier-abonnataire.

A le 18

Le bourrelier-abonnataire, *Le Capitaine-commandant,*

Approuvé :

Le Sous-Intendant militaire,

° CORPS D'ARMÉE

Désigner le corps et la fraction de corps

Modèle B. de la note ministérielle du 22 janvier 1879.

Bulletin des réparations exécutées par le bourrelier au compte des masses individuelles.

Modèle n° 86.

NOMS	Nos trimestriels	DÉSIGNATION des effets	Nos des effets	NATURE des OPÉRATIONS	PRIX du TARIF	OBSERVATIONS

Pour acquit de la somme de

A

Le bourrelier abonnataire,

Certifié, le présent bulletin montant à la somme de

le 188

Le capitaine commandant,

° CORPS D'ARMÉE

Désigner le corps et la fraction de corps

Modèle C. de la note ministérielle du 22 janvier 1879.

Bulletin des réparations exécutées par le bourrelier au compte de la masse générale d'entretien du harnachement et ferrage pendant le mois de

Modèle n° 87.

DÉSIGNATION des effets	Nos des effets	NATURE DES RÉPARATIONS	PRIX du TARIF	OBSERVATIONS
		TOTAL. . . .		
		Prime de 25 p. 0/0 allouée sur ce total. .		
		Prime de 25 p. 0/0 allouée sur le montant des réparations exécutées au compte des masses individuelles pendant le mois de		
		TOTAL A PAYER. . .		

Pour acquit de la somme de

A

Le bourrelier abonnataire,

Certifié, le présent bulletin montant à la somme de

le 188

Le capitaine commandant,

° CORPS D'ARMÉE

Désigner le corps et la fraction de corps

Modèle D. de la note ministérielle du 22 janvier 1879.

Etat des sommes dues au bourrelier de la compagnie, pour l'abonnement de l'entretien du harnachement pendant le mois de

Modèle n° 88.

		Nombre de harnais (1)	Nombre de journées par harnais (2)	Nombre des journées dans le mois	OBSERVATIONS
Calcul du nombre de journées de harnachement	L'effectif au 1er était	150	30	4.500	(1) Harnais de selle, de porteur ou de sous-verge de devant ou de derrière, ou harnais de mulets indistinctement. (2) Elles sont toujours décomptées comme pour un mois de 30 jours.
	Gains. — 2 harnais reçus du magasin du régiment (procès-verbal du 15) .	2	15	30	
	Totaux . . .	152		4.530	
	Pertes. — 1 harnais de selle perdu par cas de force majeure le 5	1	25	25	
	Effectif au 30	151			
	Nombre de journ. donnant droit à l'abonnem.			4.505	

Décompte en deniers. — 4.505 journées, à raison de 6 fr. pour 360 jours. . 75 f, 08

Pour acquit de la somme de soixante-quinze francs huit centimes

A *le* *188*

Le bourrelier abonnataire,

Certifié le présent bulletin montant à la somme de soixante-quinze francs huit centimes.

A *le* *188*

Le capitaine commandant,

° CORPS D'ARMÉE

Désigner le corps et la fraction de corps

Modèle E. de la note ministérielle du 22 janvier 1879.

Bulletin des réparations à exécuter par le bourrelier au compte de la masse d'entretien du harnachement et ferrage pour cas de force majeure.

Modèle n° 89.

Désignation des effets	Nos des effets	NATURE DES RÉPARATIONS	Indicat. sommaire des causes qui ont motivé les réparations	PRIX du tarif	OBSERVATIONS
		TOTAL . . .			
		Prime de 25 0/0 allouée pour les réparations en campagne . . .			
		Total de la dépense à imputer à la masse d'entretien du harnachement et ferrage			

Approuvé :

Le sous-intendant militaire,

A le 188

Le capitaine commandant certifie que les réparations indiquées ci-dessus dont la dépense s'élève à la somme de : ont été nécessitées par cas de force majeure, suivant le rapport ci-joint et il demande, en conséquence, qu'elles soient exécutées au compte de l'Etat.

A le 188

Décision ministérielle du 18 octobre 1877, modifiée par celle du 2 mai 1878.

Abonnement pour l'entretien de la ferrure des chevaux de troupe et des chevaux d'officiers appartenant à l'état, en station, en marche et en campagne

Modèle n° 90.

Cejourd'hui (en toutes lettres). le capitaine commandant la compagnie du bataillon du régiment du génie et le sieur maréchal-ferrant, sont convenus de passer le présent abonnement pour ans, à dater du jusqu'au aux clauses et conditions déterminées par les articles suivants :

ARTICLE 1er. — Le sieur s'engage à ferrer et à faire ferrer à son compte les chevaux des officiers appartenant à l'Etat, ceux des autres officiers n'appartenant pas à des corps de troupes, dans les cas prévus par le règlement ministériel du 3 juillet 1855 (article 7), les chevaux et mulets de troupe comptant à l'effectif de la compagnie.

ART. 2. — Il s'engage à fournir des fers d'une forme particulière pour les chevaux auxquels il sera reconnu nécessaire d'en adapter.

Art. 3. — Le maréchal-ferrant se soumet aux obligations suivantes :

1° Maintenir les dimensions d'épaisseur et de largeur dans les limites ci-après, fixées par la circulaire du 27 avril 1870 :

Fers de devant : largeur, 0,0235 ; épaisseur, 0,013.
Fers de derrière : largeur, 0.027 ; épaisseur, 0,014.

Ces dimensions seront contrôlées au moyen d'un calibre dont chaque maréchal-ferrant abonnataire sera toujours pourvu.

Les fers de derrière seront munis de crampons permanents toute l'année. Ces appendices seront levés droit et carrément à l'extrémité de chaque branche. Ils auront une épaisseur et une largeur égales à celles des branches elles-mêmes et une hauteur égale à l'épaisseur du fer. (1)

2° Renouveler complètement la ferrure de chaque cheval ou mulet tous les trente jours, sans qu'on puisse exiger de lui qu'il ferre toujours les quatre pieds à la fois, mais toujours les deux pieds de devant ou les deux pieds de derrière.

3° S'abstenir de faire servir les vieux fers sans les avoir forgés de nouveau.

4° Etre pourvu de l'approvisionnement d'une ferrure complète par cheval, en fers ajustés et numérotés (Décision ministérielle du 27 avril 1870.)

5° En hiver, fournir des fers à crampons et des clous à glace pour tous les chevaux, lorsque le capitaine le juge nécessaire.

6° Poinçonner et numéroter les fers.

7° Les frais de marque du sabot et le renouvellement des jeux de marques seront à la charge du maréchal-ferrant.

Art. 4. — Le maréchal-ferrant sera tenu de payer à ses aides une rétribution mensuelle dont la quotité sera réglée par le capitaine de la compagnie, d'après l'avis du vétérinaire.

Art. 5. — L'entretien de la ferrure des chevaux de l'état-major, des compagnies ou portions de corps, qui accidentellement n'auraient pas de maréchal-ferrant, sera confié à l'un des maréchaux-ferrants.

Art. 6. — La ferrure des chevaux venus d'autres corps est à la charge du maréchal-ferrant, à partir du jour où ces chevaux se mettent en route pour rejoindre la compagnie, et celle des chevaux de remonte, à partir du jour où ils quittent le dépôt.

La ferrure des chevaux qui cesseront, à quelque titre que ce soit, de faire partie de l'abonnement, sera mise en bon état jusqu'au jour du départ exclusivement.

Art. 7. — Il est loisible aux officiers de faire entretenir la ferrure des chevaux qui sont leur propriété, par le maréchal-ferrant de la compagnie, soit par voie d'abonnement au taux fixé à l'article 13, soit au prix de trois francs par ferrure complète.

(1) Cette dernière prescription n'est applicable qu'aux régiments de cavalerie.

Le maréchal-ferrant sera payé directement par les officiers propriétaires des chevaux.

Art. 8. — Quand un maréchal-ferrant abonnataire quitte la compagnie ou change d'emploi, il doit mettre la ferrure en bon état, et le prix de son approvisionnement d'une ferrure complète lui est remboursé par son successeur, ce dernier sera tenu de prendre le présent abonnement aux mêmes conditions, et, dans le cas où il n'aurait pas d'argent pour rembourser l'approvisionnement, ce remboursement aura lieu selon les dispositions de la circulaire ministérielle du 9 janvier 1846, à l'aide d'une avance faite par le commandant de la compagnie ; alors il sera retenu, tous les mois jusqu'à acquittement, un sixième de la somme avancée.

En cas de contestation sur la valeur des objets à remettre par le maréchal-ferrant sortant à son successeur, le différend sera réglé par le capitaine commandant.

Art. 9. — Dans le cas de départ de la compagnie pour l'armée, l'excédant d'approvisionnement sera réparti proportionnellement, au prix fixé par le conseil d'administration, entre les maréchaux-ferrants abonnataires des autres compagnies.

Art. 10. — Le maréchal-ferrant abonnataire ne pourra, sans l'autorisation du capitaine, employer pour ses travaux, des maréchaux-ferrants étrangers au corps.

Il lui est interdit de faire aucune espèce de travaux concernant l'éperonnerie et d'avoir une clientèle civile.

Art. 11. — Pour les clauses et conditions stipulées au présent abonnement, le maréchal-ferrant sera et demeurera responsable, envers le capitaine, du bon état de la ferrure des chevaux de troupe et des chevaux d'officiers fournis par l'Etat. Le capitaine de la compagnie se réserve le droit de résiliation du présent abonnement, en cas de non-exécution des conditions qui y sont stipulées.

Art. 12. — Le maréchal-ferrant sera tenu de se pourvoir, à ses frais du charbon, du fer, des outils ou ustensiles nécessaires à l'exercice de sa profession, à l'exception seulement des objets que le département de la guerre doit fournir en nature ou par location, en vertu de l'article 49 du réglement du 30 juin 1856 sur le service du casernement (1).

Art. 13. — Il sera payé au maréchal-ferrant, pour le couvrir des dépenses mises à sa charge par le présent abonnement, par cheval et

---

(1) Dans l'artillerie et les trains seulement, les maréchaux-ferrants devront en outre, conformément à la circulaire ministérielle du 10 mars 1877, être munis pour chacun des aides qui leur sont donnés sur le pied de guerre, d'une paire de sacoches en cuir renfermant : 1 boutoir, 1 brochoir, 1 rogne-pied, 1 repoussoir et une paire de tricoises.

par mois, les prix fixés dans les différentes positions par la circulaire ministérielle du 2 mai 1878 savoir :

INTÉRIEUR			ALGÉRIE (3)		
DÉSIGNATION DES ARMES	Taux de l'abonnement par mois et par cheval		DÉSIGNATION DES ARMES	Taux de l'abonnement par mois et par cheval	
	en station	en marche		en station	en marche
	Pied de paix ou de rassemblem. campés baraqués (2)	Routes, grandes manœuv., reconnais. de brigad., troupes en camp.		Dans toutes les positions, celle d'expédition exceptée.	Expédition
Chevaux d'officiers de toutes armes.........	2.00	4.00	Chevaux d'officiers de toutes armes.........	2.20	3.30
Génie { Chev. de selle et chev. de trait....... Mul. de trait et mulets de bat........	1.75	3.50	Génie { Chev. de race arabe......	1.75	2.65
			Génie { Chev. de race française et mulets de toute prov.	1.95	2.85
Remonte quelle que soit l'arme.	1.60	»	Dépôts de remonte et d'étal.	1.70	»

(2) Pour les corps ou détachements en garnison à Paris ou à Lyon, les prix ci-dessus seron augmentés de 0 fr. 15.

(3) Il est alloué dans les régiments montés en chevaux arabes, lorsqu'ils reçoivent des chevaux non ferrés (ce qui doit être constaté par un procès-verbal), 1 fr. par cheval pour demi-ferrure de première mise.

Le montant de l'abonnement sera payé mensuellement au maréchal-ferrant, par le capitaine commandant dans les premiers jours du mois pour le mois écoulé, sur un état établi par le capitaine commandant la compagnie, signé par lui et visé par le sous-intendant militaire, constatant :

1° Le nombre de journées à payer et le décompte en argent de ces journées ;

2° Que la ferrure des chevaux est en bon état ;

3° Qu'il n'est rien dû aux marchands pour fournitures faites au maréchal-ferrant pendant le mois écoulé ou antérieurement ;

4° Que les aides-maréchaux ont été régulièrement payés.

Le décompte de l'abonnement sera réglé définitivement à la fin de chaque trimestre, d'après le nombre de journées légalement constatées par les revues.

Le maréchal-ferrant recevra pour comptant sur ce décompte, le montant des pièces justificatives des dépenses qui auront été acquittées pour le ferrage des chevaux détachés ou ayant marché isolément à l'intérieur, quand ces chevaux seront compris dans l'effectif de la compagnie.

Le maréchal-ferrant sera également tenu de recevoir et de prendre, aux prix fixés par le Ministre de la guerre, les fers et les clous provenant des magasins de l'Etat, qui, sur un ordre, pourront être délivrés à la compagnie.

Art. 14. — Aux grandes manœuvres, ou en cas de mobilisation, le maréchal-ferrant qui aura reçu l'ordre de ferrer les chevaux d'officiers attachés à l'état-major de leur corps d'armée, ainsi que les chevaux ou mulets des divisions d'infanterie (que ces derniers soient immatriculés ou simplement requis) sera tenu d'exiger ou de présenter à titre de pièce justificative, un bon signé, dans le premier cas, par les officiers possesseurs des animaux ferrés, et visé par le chef de l'état-major, et dans le second cas par le capitaine faisant fonction de major ou par l'officier payeur.

Ces bons, pour le remboursement, seront envoyés par le capitaine commandant la compagnie dont le maréchal-ferrant fait partie aux conseils d'administration des régiments auxquels appartenaient les chevaux ferrés.

Art. 15. — Le présent abonnement sera soumis à l'approbation du sous-intendant militaire, et les contestations qui s'élèveraient sur la manière d'interpréter les conditions qui y sont énoncées seront jugées en premier ressort par ce fonctionnaire, et, s'il y a appel, par l'intendant militaire du corps d'armée qui statuera définitivement.

Fait à   les jour, mois et an que dessus.

L'abonnataire,   Le Capitaine commandant la compagnie,

Approuvé :

par nous, sous-intendant militaire,

° TRIMESTRE 188
—
Fonds divers

Désigner le corps et la fraction de corps

Exécution de la circulaire ministérielle du 26 juin 1876.

Etat des sommes retenues au maréchal-ferrant pendant le mois de 188 , pour remboursement des ferrures délivrées par au départ de la dite compagnie en campagne.

Modèle n° 91.

N° matricule	NOMS et PRÉNOMS	GRADES	MONTANT des ferrures délivrées	° RETENUE exercée (1)	RESTE à rembourser au corps	OBSERVATIONS
						(1) Indiquer la retenue

Vu et vérifié :
Le sous-intendant militaire,

Certifié par nous, capitaine commandant la dite compagnie, le présent état montant à la somme de

A *le* *188*

Nota. — Cet état est établi en trois expéditions, dont deux sont revêtues de la preuve de remboursement au trésor. La première est mise à l'appui de la recette du registre-journal ; la seconde appuie la dépense, et la troisième est adressée au sous-intendant militaire avec le récépissé de versement.

° TRIMESTRE 188
—
Fonds divers

(A porter sur le verso)

Dépense n°

Preuve de remboursement

Le payeur d'armée de soussigné, certifie que le capitaine commandant la ° compagnie du ° bataillon du ° régiment du génie désigné ci-contre, a versé au trésor, suivant récépissé n° du la somme de pour (1) versement du montant des ferrures remises à titre de remboursement au maréchal-ferrant de cette compagnie à son départ en campagne, ci.

A *le* *188*

Vu :
Le sous-intendant militaire,

(1) Indiquer le versement.

° CORPS D'ARMÉE

° DIVISION

° *Trimestre 188*

Masse de harnachement et ferrage.

Désigner le corps et la fraction de corps

Etat pour servir au payement des sommes dues au maréchal-ferrant pour abonnement du ferrage des chevaux et mulets pendant le mois de conformément à son marché du 188

Modèle n° 92.

	CHEVAUX		MULETS	TOTAL	OBSERVATIONS
	Fournis par l'état aux officiers	de troupe			
Effectif au 1er jour du mois écoulé.					
Nombre de journées résultant de la multiplication de l'effectif ci-dessus avec le nombre de jours dont s'est composé le mois.....					
A augmenter					
TOTAL...					
A diminuer					
Reste à décompter.....					
A raison de par cheval d'officier et par mois...............					
A raison de par cheval de troupe et par mois..................					
A raison de par mulet de trait ou de bât et par mois..........					
Il doit être payé..........					

Certifié par le capitaine commandant :

1° Le présent état montant à la somme de qui est à payer au maréchal-ferrant ;

2° Que la ferrure des chevaux est en bon état,

3° Qu'il n'est rien dû aux marchands par le maréchal-ferrant pour fournitures faites pendant le mois de

4° Que les aides-maréchaux ont été régulièrement payés.

Vu : et vérifié A *le* *188*

Le sous-intendant militaire, Pour acquit de la somme de

A *le* *188*

Le maréchal-ferrant,

° CORPS D'ARMÉE

° DIVISION

Désigner le corps et la fraction de corps

Marché passé avec le sieur ouvrier cordonnier pour les réparations à la chaussure au compte de la masse individuelle.

—

Aujourd'hui , le capitaine commandant la ° compagnie du ° bataillon du ° régiment du génie et le sieur ont conclu le présent marché pour les réparations incombant à la masse individuelle, à compter de ce jour jusqu'au

Article premier. — Le sieur s'engage, pour tout le temps fixé ci-dessus et dans toutes les positions, d'entretenir constamment la chaussure de la compagnie en bon état, au compte de la masse individuelle, et moyennant les prix débattus contradictoirement séance tenante, et dont le détail suit :

Modèle n° 93.

DÉTAIL DES RÉPARATIONS		PRIX	OBSERVATIONS
Bottes ou bottines	Remontage y compris la pose des éperons payés 0,10 à l'armurier Ressemelage..................... Demi ressemelage avec talons. Demi ressemelage sans talons. Remplacer une paire de talons (quelle que soit la chaussure). Remplacer de 1 à 10 clous (quelle que soit la chaussure........		
Souliers	Ressemelage..................... Demi ressemelage avec talons. Demi ressemelage sans talons.		

Art. 2. — Toute réparation reconnue mauvaise, soit par la nature des matières qui y auraient été employées, soit par la confection défectueuse, sera rejetée au compte de l'abonnataire, qui sera tenu de remplacer les tiges de bottes qui auraient été endommagées.

Art. 3. — Les réparations seront faites de telle manière que la chaussure soit toujours semblable au modèle type.

Art. 4. — Le montant des réparations sera payé à l'abonnataire à la fin de chaque trimestre, et conformément aux prescriptions en vigueur.

Art. 5. — Le sieur s'engage à verser entre les mains du commandant de la compagnie une somme de à titre de cautionnement.

Fait en double à les jours, mois et an que dessus.

L'ouvrier cordonnier abonnataire,

Le capitaine commandant la compagnie,

Approuvé :

Le sous-intendant militaire,

Nomenclature des pièces à produire à l'appui du registre des entrées et des sorties

Modèle n° 94.

Numéros des modèles du manuel	DÉSIGNATION des modèles	NATURE ET MOTIFS DES OPÉRATIONS	Numéros des modèles. (Instruction du 1er mars 1880).	ARTICLES de L'INSTRUCTION
173	Mémoire ou quittance.	Frais de confection, menues fournitures, et toutes réparations aux effets d'habillement.	1	Art. 22.
176	Facture d'achat (à talon).	Achats d'effets d'habillement, de grand et de petit équipement, d'accessoires d'effets de coiffure et d'habillement, objets mobiliers du corps et divers.	3	Art. 22, 130, 253 bis.
177	Facture d'achat (sans talon).	Comme ci-dessus, mais n'est établie que lorsque la dépense doit être remboursée par l'État.	3 bis	Art. 22.
178	Bordereau des achats sur place (à talon). Entrée à charge de paiement (1).	Achats de tous objets qui ne doivent pas être pris en compte par la compagnie, c. à d. faisant l'objet d'une consommation courante, tels sont les ingrédients etc). (1)	4	Art. 22, 130, 253 bis.
179	Certificat administratif ou ordre de prise en charge.	Réintégration par des tiers d'animaux ou d'objets appartenant à l'État. — Naissance de poulains. Effets de petit équipement provenant des hommes rayés pour quelque cause que ce soit.	5	Art. 130 et 253 bis.
180	Facture de livraison ou d'expédition pour les entrées.	Doit comprendre les effets expédiés directement suivant ordre ministériel ou de l'intendance, ainsi que ceux emportés par les hommes passant d'un corps dans un autre.	6	Art. 130, 228, 235, 245, 248.
181	Procès-verbal d'excédant.	Pour toutes recettes d'office, provenant d'excédants constatés.	7	Art. 258.
182	Extrait du procès-verb. d'exc.	Comme ci-dessus, sert à appuyer les comptes de la compagnie.	8	Art. 130, 253 bis, 258.
183	Certificat administratif.	Pour les confections et réparations exécutées par les ouvriers, lorsqu'il a été employé des matières en étoffes (un seul certificat justifie les entrées et les sorties).	9	Art. 130, 131, 253 bis.
184	Certificat administr. constatant un changement de classement (entr. et sorties).	Comprend tous les effets remplacés après durée expirée, par procès-verbal, réforme ou imputation	10	Art. 130, 253 bis.

(1) Ce modèle ne sera employé qu'en temps de guerre, lorsqu'il ne sera pas possible d'établir une facture pour chaque fournisseur.

Nomenclature des pièces à produire à l'appui du registre des entrées et des sorties (*suite*).

Numéros des modèles du manuel	DÉSIGNATION des modèles	NATURE ET MOTIFS DES OPÉRATIONS	Numéros des modèles. (Instruction du 1er mars 1880).	ARTICLES de L'INSTRUCTION
185	Facture de livraison ou d'expéd. (Ordre du capitaine command.	Comprend toutes les matières, étoffes et accessoires délivrés aux ouvriers pour les confections ou les réparations.	11	Art. 130, 131, 189, 235, 240, 245, 248, 253, 253 bis.
186	Facture de livraison ou d'expéd. (Ordre du ministre de la guerre).	Comprend tous les effet passés d'un corps à un autre ou à un autre service.	11	Art. 130, 131, 189, 228, 240, 245, 248, 253 bis.
187	Procès-verbal de déficit.	Pour toutes pertes résultant d'un déficit constaté.	12	Art. 258.
188	Extrait du procès-verbal de déficit.	Comme ci-dessus, sert à appuyer les comptes de la compagnie.	13	Art. 130, 253 bis 258.
189	Certificat admin. ou ordre de sortie ne donnant pas lieu à paiement.	Pour tous les effets ou objets abandonnés aux hommes qui en étaient détenteurs; consommation de munitions, emploi à l'entretien du matériel.	14	Art. 130, 132, 253 bis.
190	Procès-verbal de perte (cas de force majeure).	Comprend les effets, matières et objets détruits ou détériorés par cas de force majeure.	15	Art. 130, 251, 253 bis.
191	Extrait du procès-verbal de perte. (force majeure).	Comme ci-dessus, sert à appuyer les comptes de la compagnie.	16	Art. 130, 251, 253 bis.
192	Extrait du procès-verbal de vente.	Pièce établir chaque fois qu'une livraison au domaine est faite.	17	Art. 130, 245. 253 bis.
193	Etat des sommes imputées, pour pertes, dégradat. etc. (à talon).	Comprend tous les effets imputés aux hommes pour pertes ou mises hors de service et aux détenteurs qui n'ont pas de masse individuelle.	18	Art. 130, 182, 253 bis.
194	Etat d'emploi du matériel hors de service.	Pièce à établir pour répartir le matériel h. d. s. suivant les besoins ou le livrer au domaine.	21	Art. 245.

Nomenclature des pièces à fournir à l'appui des inventaires du matériel de l'artillerie et des équipages militaires par les compagnies détachées en Algérie ou en campagne. (Des copies conformes de ces pièces sont mise à l'appui du registre des entrées et des sorties. Section V.) Les originaux sont conservés par les compagnies pour leur servir à l'établissement des inventaires.

Modèle n° 95.

Nos des modèles du manuel	DÉSIGNATION des modèles	NATURE ET MOTIFS DES OPÉRATIONS	Nos des modèles (Instruction du 7 février 1875)	Articles de l'instruction	Par qui les pièces doivent être établies
	Ordre de prise en charge ou facture d'expédition.	Cessions par d'autres services du département de la guerre, à charge de remboursement.	3 ou 4	Art. 6 et 8	Comptabl.
	Certif. administ. Procès-verb. d'exc.	Excédants, bons ou revenants-bons de toute nature.	3 et 5	Art. 8	id.
	Factures de livraison ou d'expédition.	Objets reçus des divers établissements de l'artillerie et des équipages militaires.	4	Art. 6	Établissement ou parcs *
	Ordre de prise en charge.	Vieilles matières recueillies après les exercices de tir.	3	Art. 8	Comptabl.
	Certificat administratif.	Transformations, confections, fabrications, réparations, démolitions.	6	Art.10	id.
	Certificat administratif.	Déclassements et changements de numéros de classification (1).	7	Art.10	id.
	Factures d'expédition (entrée).	Versements d'objets d'un corps à un autre.	4	Art.11	id.
	Factures de livraison.	Versements ou accessoires donnant lieu à remboursement.	8	Art. 7	id.
	Proc.-verb. de défic.	Manquants et déficits imputés.	9	Art. 7	id.
	Récépissé-comptable.	Versements des matières et objets dans les établissements de l'artillerie.	»	Art. 9	Établissements ou parcs
	Ordre de sortie.	Distributions et consommation effectuées, consommations de munitions.	10	Art. 9	Comptabl.
	Procès-verbal de perte.	Incinérations, destructions et pertes par cas de force majeure.	11	Art. 9	id.
	Extr. de procès-verb.	Remises au domaine.	12	Art. 9	id.
	Certificat administratif.	Transformations, fabrications, réparations, confections, démolitions.	6	Art.10	id.
	Factures d'expédition (sortie).	Versements d'objets d'un corps à un autre.	8	Art.12	id.

(1) Les déclassements et changements de classification, ne doivent se faire que sur un ordre ministériel.

TRIMESTRE

Carnet auxiliaire de munitions (cartouches).

Circulaire ministérielle du 6 mars 1882.

ENTRÉES

Modèle n° 95 bis.

DATES	DÉTAIL	CARTOUCHES A BALLE — MODÈLE 1874 — Vernies	CARTOUCHES A BALLE — MODÈLE 1874 — Non vernies	CARTOUCHES A BALLE — MODÈLE 1879	CARTOUCHES A BALLE	CARTOUCHES A BALLE	CARTOUCHES A BALLE — Modèle 1873	Cartouches sans balle — Modèle 1874	Cartouches sans balle	Cartouches sans balle — Modèle 1873	Provenance numéros du mois et année du chargement	OBSERVATIONS — (Provenance, trimestre et année de fabricat. des étuis. — Espèce, provenance, numéro et année du lot de poudre.

SORTIES
(même en-tête que pour les entrées)

TRIMESTRE

Carnet auxiliaire de munitions (munitions non confectionnées et objets divers).

ENTRÉES

DATES	DÉTAIL	Matières pour le tir réduit — Etuis de cartouches mod. 1874	Matières pour le tir réduit — Poudre F. 1	Matières pour le tir réduit — Amorces	Matières pour le tir réduit — Couvre-amorces	Matières pour le tir réduit	Matières pour le tir réduit	Matières provenant du tir — Modèle 1874	Matières provenant du tir — Ou mod. 1869	Matières provenant du tir — Etuis de cartouc. — Mod. 1873	Matières provenant du tir — Etuis de cartouc. — Déb. de cuiv.	Matières provenant du tir — Plomb	Caisses, barils etc., objets divers — Pinces à désamor.	Caisses, barils etc., objets divers — Caisses blanc. n° 3	Caisses, barils etc., objets divers	Caisses, barils etc., objets divers — Boîtes à amorces	Caisses, barils etc., objets divers	Caisses, barils etc., objets divers	Caisses, barils etc., objets divers	Caisses, barils etc., objets divers	OBSERVATIONS

SORTIES
(même en-tête que pour les entrées)

N° au registre-journal

e TRIMESTRE 188

(1) Ou infirmerie, ou musique, ou école de etc.

(2) Bon ou bulletin de versement de dépôt etc.

(3) Distinguer les effets objets, ustensiles etc. ou indiquer qu'il s'agit d'armes.

MODÈLE N° 36.

Art. 132 de l'ordonnance modifiée par décret du 1er mars 1880

e RÉGIMENT DU GÉNIE

e BATAILLON (1) e COMPAGNIE

(2) B D. (3)

Modèle n° 96.

Nos matricules	NOMS	GRADES												Classe du recrutement à laquelle l'homme appartient	Mutations ou causes qui donnent lieu aux distributions ou aux réintégrations
		TOTAUX. . .													
		Dont { neufs. . / bons (1).													
	Quantités d'effets, objets ou armes indiquées en toutes lettres.	neufs. .													
		bons (1).													

(1) Ou instruction.

(4) Reçu de l'officier d'habillement les quantités d'effets, objets ou armes énoncées ci-dessus.

Certifié le présent ou bulletin au quantités d'effets, objets ou armes énoncées ci-dessus.

(4)

A le 188

Approuvé : Le major, Le capitaine,

Pour l'établissement des différents bons ou bulletins voir les instructions du manuel.

Nº au registre-journal

ᵉ TRIMESTRE 188

RÉGIMENT DU GÉNIE

ᵉ BATAILLON ᵉ COMPAGNIE

Modèle nº 39.

Article 132 de l'ordonnance modifiée par décret du 1ᵉʳ mars 1880.

BON des effets de petit équipement nécessaires aux hommes ci-après dénommés.

Modèle nº 97.

Numéros du contrôle trimestriel	NOMS	Grades	Situation de la masse individ. Avoir	Situation de la masse individ. Débet	DÉSIGNATION DES EFFETS Besaces	Bottes (paire)	Bottines (paire)	Bretelles de pantalon (paire)	Brosse à cheval	Cache-éperon	Caleçon	Calottes	Chemises	Ciseaux (paire)	Corde à fourrage	Cravates	Eponges	Epoussettes	Fouets	Gamelles	Gants (paire)	Mouchoirs	Musettes	Pantalons de treillis	Peignes à cheval	Plumet avec étui	Pompon	Sabots (paire)	Sac à avoine	Sac de petite monture (complet)	Trousse complète	VALEUR DES EFFETS
	Prix de chaque effet . .																															
	Totaux. . .																															
Quantité et valeurs des effets distribués indiquées en toutes lettres.																																

Reçu de l'officier d'habillement les quantités d'effets ci-dessus énoncées dont la valeur est également indiquée.

A *le* *188*

Approuvé : *Le major,*

Le capitaine,

Masse individuelle

—

• Trimestre 188

DÉSIGNER { le corps { ; le bataillon / la compagnie {

Modèle n° 61.

—

Article 182 de l'ordonnance modifiée par décret du 1er mars 1880.

Bulletin d'imputation sur la masse individuelle, de la valeur du matériel perdu ou mis hors de service par la faute d homme qui en étai détenteur .

Modèle n° 98.

Nos au contrôle trimestriel	NOMS	GRADES	Nombre et désignation des effets	Motif de l'imputation	Durée des effets	Nomb. de trim. restant à faire	Nos au contrôle général	Classement des effets ou objets	Valeur de chaque eff. ou obj. neuf	Valeur de l'objet ou décompte de la moins-value de l'effet	Montant des imputations par homme	OBSERVATIONS

Certifié par nous, le présent bulletin pour servir à l'imputation de la masse individuelle de la somme de

A *le* *188*

Le capitaine, *L'officier d'habillement,*

Approuvé : Le major, Vérifié : Le sous-intendant militaire,

Masse individuelle

—

° Trimestre 188

—

N°

e RÉGIMENT DU GÉNIE

• BATAILLON

—

e COMPAGNIE

—

BULLETIN des réparations à exécuter au compte de (1) par le (2)

Modèle n° 99.

Nos Trimestriels	Noms des hommes	Désignation des effets ou armes	Détail des réparations	Prix des réparations
			Somme à payer après réparations (en lettres) ci...	

A *le* *188*

L'officier de section, *Le capitaine cammandant,*

NOTA : Le format des bulletins est subordonné au nombre à y inscrire.

(1) De la masse individuelle ou la deuxième portion de la masse générale d'entretien.

(2) Désigner l'ouvrier.

Masse individuelle — ° REGIMENT DU GENIE — *Modèle n° 67*

° Trimestre 188 — ° BATAILLON — ° COMPAGNIE — Article 211 de l'ordonnance du 10 mai 1844

Bordereau d'enregistrement journalier des bulletins des réparations exécutées au compte de la masse individuelle, par les ouvriers de la compagnie, pendant le ° trimestre 188

Modèle n° 100.

N°s des bulletins	NOMS des HOMMES	Désignation des effets ou armes	Montant des réparations à exécuter par								OBSERVATIONS
			L'ouvrier tailleur à l'habillement	l'ouvrier cordonnier à la chaussure	le bourrelier			l'armurier			
					A la coiffure	Au grand équipement.	Au harnachement	Au grand équipement	A l'armement	Au harnachement	
		TOTAUX.									

Certifié le présent bordereau par nous, capitaine commandant la compagnie.

A *le* *188*

(Format sur feuille entière, haut. 0,35, larg. 0,22.)

MASSE GÉNÉRALE d'entretien (2e portion) — ° RÉGIMENT DU GÉNIE — Exécution de la note ministérielle du 13 juin 1873 et de la circulaire du 21 avril 1879.

° *Trimestre 188*

° BATAILLON — ° COMPAGNIE

Bordereau d'enregistrement journalier des bulletins des réparations exécutées au compte de la masse générale d'entretien (2e portion), par les ouvriers de la compagnie pendant le ° trimestre 188 .

Modèle n° 101.

N°s des bulletins	NOMS des hommes	DESIGNATION des effets	Montant des réparations à exécuter par			
			Le tailleur à l'habillem.	Le bourrelier		L'armurier au grand équipement
				A la coiffure	Au grand équipem.	
		TOTAUX. . .				

Vu :

Le sous-intendant militaire,

Certifié le présent bordereau par nous, capitaine commandant la compagnie.

A *le* *188*

(Format sur feuille entière, haut. 0,35, larg. 0,22).

MASSE INDIVIDUELLE

e Trimestre 188

e RÉGIMENT DU GÉNIE

Art. 212 de l'ordonnance du 10 mai 1844.

e BATAILLON

e COMPAGNIE

Bordereau récapitulatif des bulletins constatant les réparations de toute nature exécutées par les ouvriers de la compagnie à la charge de la masse individuelle, pendant le e trimestre 188 , pour servir au payement des dites réparations.

Modèle n° 102.

TAILLEUR		CORDONNIER		BOURRELIER				ARMURIER					TOTAUX des sommes à payer
					Sommes à payer				Sommes à payer				
Nombre de bulletins	Somme à payer — (Habillement)	Nombre de bulletins	Somme à payer — (Chaussure)	Nombre de bulletins	Coiffure	Grand équipement	Harnachement	Nombre de bulletins	Coiffure	Grand équipement	Armement	Harnachement	
TOTAUX.													

Vu et vérifié :

Le sous-intendant militaire,

Certifié par nous, capitaine commandant le présent bordereau montant à la somme de

A *le* *188*

Quittance des parties prenantes

(Elles seront mises sur le verso).

NOMS DES OUVRIERS	SOMMES A PAYER	ÉMARGEMENT

Vu : A le 188

Le sous-intendant militaire, *Le capitaine commandant,*

(Format sur feuille entière, haut. 0,35, larg. 0,22).

MASSE INDIVIDUELLE

—

e Trimestre 188

e RÉGIMENT DU GÉNIE

Exécution de la note ministérielle du 13 juin 1873 et de la circulaire du 21 avril 1879.

e BATAILLON —

e COMPAGNIE —

Bordereau récapitulatif des bulletins constatant les réparations exécutées par les ouvriers de la compagnie à la charge de la masse d'entretien (2e portion) pendant le e trimestre 188 , pour servir au paiement desdites réparations.

Modèle n° 103.

TAILLEUR		BOURRELIER			ARMURIER		TOTAUX
Nombre de bulletins	Sommes à payer — Habillem.	Nombre de bulletins	SOMMES A PAYER à la coiffure	SOMMES A PAYER au grand équipem	Nombre de bulletins	Sommes à payer — grand équipement	des sommes à payer

Vu et vérifié :

Le sous-intendant militaire,

Certifié par nous, capitaine commandant le présent bordereau, montant à la somme de

A le 188

Quittances des parties prenantes

(Elles seront mises sur le verso).

NOMS DES OUVRIERS	SOMMES A PAYER	ÉMARGEMENT

Vu : *A le 188*

Le sous-intendant militaire, *Le capitaine commandant,*

(Format sur feuille entière haut. 0,35, larg. 0,22).

Masse individuelle

—

e Trimestre 188

Modèle n° 69.

—

Art. 211 de l'ordonnance du 10 mai 1841

e RÉGIMENT DU GENIE

e BATAILLON

e COMPAGNIE

Bordereau d'enregistrement journalier des bulletins des réparations exécutées à prix débattu, au compte de la masse individuelle pendant le ° trimestre 188

Modèle n° 104

NOMS et profession des ouvriers	Nos des bulletins	NOMS des HOMMES	Désignation des effets	Montant des réparations						TOTAL
				A l'habillement	A la chaussure	A la coiffure	Au grand équip.	A l'armement	Au harnachement	
			TOTAUX.							

Certifié par nous, capitaine commandant la compagnie, le présent bordereau montant à la somme de (en toutes lettres.)

Vu et vérifié :

Le sous-intendant militaire, *A* *le* *188*

(VERSO)

Récapitulation.

NOM DES OUVRIERS	SOMME A LEUR PAYER	ÉMARGEMENT
SOMME ÉGALE.		

Vu : *A* *le* *188*

Le sous-intendant militaire, *Le capitaine commandant,*

(Format sur feuille entière, haut. 0,35 larg. 0,22.)

Masse individuelle

TRIMESTRE 188

(Format, haut. 0,36 cent. larg. 0,23.)

° RÉGIMENT DU GENIE

° BATAILLON — ° COMPAGNIE

Modèle n° 62

Art. 182 de l'ordonnance du 10 mai 1844, modifié par le décret du 1er mars 1880.

ETAT récapitulatif des imputations faites sur la masse individuelle pendant le ° trimestre 188 , pour servir au versement dans la caisse de M. le payeur d'armée de la valeur des (1) appartenant à la ° compagnie du dit bataillon, qui ont été perdus ou mis hors de service par les hommes qui en étaient détenteurs.

Modèle n° 105.

NUMÉROS du bataillon	NUMÉROS de la compagnie	NOMBRE de bulletins D'IMPUTATION	montant des imputations	NUMÉROS du bataillon	NUMÉROS de la compagnie	NOMBRE de bulletins D'IMPUTATION	Montant des imputations
						REPORT.	
		A REPORTER.				TOTAL.	

Vu et vérifié :

Le sous-intendant militaire,

Certifié par nous, capitaine commandant la compagnie, le présent état, montant à la somme de

A le 188.

(1) Effets ou armes.

(VERSO)

Preuve de remboursement.

Le payeur d'armée d soussigné certifie que le capitaine commandant la ° compagnie du ° bataillon du ° régiment du génie désigné ci-contre, a versé au trésor, suivant récépissé n° du 188, la somme de montant de la valeur des (indiquer les effets ou armes). Perdus ou mis hors de service par les hommes qui en étaient détenteurs pendant le ° trimestre 188 .

Vu : *A le 188*

Le sous-intendant militaire,

NOTA : Cet état, établi en simple expédition, doit servir avec les bulletins d'imputation, à justifier la dépense en deniers.

ARMÉE

° CORPS

° DIVISION.

° RÉGIMENT DU GÉNIE

° BATAILLON ° COMPAGNIE

Demande de récépissé.

Le capitaine commandant la ° compagnie du dit bataillon à l'honneur d'inviter M. le payeur (indiquer le corps d'armée ou la division) à lui délivrer pour le service militaire les récépissés ci-après :

Modèle n° 106.

Objet des récépissés	MONTANT
Un récépissé constatant le versement au trésor de la valeur des effets de petit équipement reçus de.	650 »»
Un récépissé pour versement au trésor du montant des moins-values pendant le ° trimestre 188	62 »»
TOTAL. .	712 »»

Vu : *A le 188*

Le sous-intendant militaire, *Le capitaine commandant,*

NOTA : Pour tout versement au trésor, établir une demande de récépissé et une preuve de remboursement conforme au modèle ci-après, si cette preuve ne figure pas sur la pièce comptable, en vertu de laquelle le versement est effectué.

° *Trimestre 188*

Indiquer le service auquel se rapporte la défense.

° RÉGIMENT DU GÉNIE

° BATAILLON ° COMPAGNIE

Modèle n° 107.

Preuve de remboursement.

Le payeur d'armée d soussigné, certifie que le capitaine commandant la ° compagnie du ° bataillon du ° régiment du génie désigné ci-contre, a versé au trésor, suivant récépissé n° du 188 , la somme de montant (indiquer la cause.)

A le 188

Vu et vérifié :
Le sous-intendant militaire,

ARMÉE

e CORPS

e DIVISION

Service du campement

e RÉGIMENT DU GÉNIE

e BATAILLON

e COMPAGNIE

ETAT indiquant les effets de campement nécessaires à la dite compagnie.

Modèle n° 108.

DÉSIGNATION DES EFFETS	QUANTITÉS		OBSERVATIONS
	EN CHIFFRES	EN LETTRES	

Vu :

Certifié le présent état par le commandant de la compagnie.

Le sous-intendant militaire, A le 188

Le sous-intendant militaire chargé de la surveillance administrative des magasins de réserve autorise la distribution des effets détaillés ci-dessus.

A le 188

(Format, papier écolier, 1/2 feuille).

ARMÉE

e CORPS

e DIVISION

Service du campement

e RÉGIMENT DU GÉNIE

e BATAILLON

e COMPAGNIE

ETAT des effets de campement à verser au magasin de par la dite compagnie.

Modèle n° 109.

NUMÉROS de la CLASSIFICATION		**DÉSIGNATION** des effets	Nombre total en chiffres	Classement légalement constaté au moment du versement				OBSERVATIONS
SOMMAIRE	DÉTAILLÉE			Neuf	Bon	à réparer	Hors de service	

Vu :

Certifié le présent état par le capitaine commandant la compagnie.

Le sous-intendant militaire, A le 188

Le sous-intendant militaire chargé de la surveillance administrative des magasins de réserve autorise le versement des effets détaillés ci-dessus.

A le 188

(Format, papier écolier, 1/2 feuille).

ARMÉE

° CORPS

° DIVISION

Harnachement

° REGIMENT DU GENIE

Décision ministérielle du 14 décembre 1849.

° BATAILLON

° COMPAGNIE

Demande d'effets de harnachement à l'époque du 188

Chapitre Ier : Effectif des chevaux. — Chapitre II : Effets de harnachement.

Modèle n° 110.

Besoins { Nécessaires d'après l'effectif ci-dessus. Approvision. réglementaire.															
Différence en plus....															
Ressources à la disposition de la compagnie..															
Balance { Manquant aux besoins..... Excédant les besoins.....															

Vu :

Le sous-intendant militaire,

Vu et transmis :

Le général commandant l'artillerie du ° corps d'armée,

Certifié véritable,

A , le 188

Le capitaine commandant,

Nota. — Ce modèle servira aussi pour une demande de versement, après le mot demande, on ajoutera : *de versement*. Cette demande est établie en double expédition.

(Format : haut. 0,36, larg. 0,23).

ARMÉE · CORPS · DIVISION

Inspection générale de

° REGIMENT DU GENIE

· BATAILLON

· COMPAGNIE

Modèle XXIX

Article 266 du réglement du 1er mars 1854.

Contrôle nominatif pour servir à la visite des armes de la dite compagnie.

Modèle n° 111.

NUMÉROS		NOMS des sous-officiers et soldats	GRADES	(1)			DÉTAIL des réparations au compte de (2)			OBSERVATIONS (4)
matricules	des armes			Bon	A réparer	Hors de service	De l'armement	Du soldat	De l'Etat (3)	

Certifié par le capitaine commandant la compagnie quant à l'effectif.

A *le* *188*

Vérifié et arrêté par le capitaine d'artillerie chargé de la visite des armes et par le lieutenant d'armement.

Le lieutenant d'armement, *Le capitaine commandant l'artillerie chargé de la visite des armes,*

(1) Indiquer l'espèce et le modèle des armes présentées à la visite.
(2) Les noms doivent être suffisamment espacés pour que l'on puisse écrire distinctement dans cette colonne vis-à-vis le nom de chaque homme les réparations relatives à son arme.
(3) Pour défaut de fabrication seulement, lorsque le corps est sous le régime de l'abonnement.
(4) Ce qui concerne les accessoires doit être inscrit dans cette colonne.

NOTA. — Les armes modèles 1866 et 1874 sont classées sur cette feuille par ordre alphabétique des séries A. B. C. et dans chaque série par ordre de numéro d'armes.

(Format, 0,38 sur 0,25).

ARMÉE
e CORPS
e DIVISION
Armes portatives

e RÉGIMENT DU GÉNIE

e BATAILLON

e COMPAGNIE

Modèle nº 2, du 1er mai 1854 modifiée par la note ministérielle du 15 décembre 1879.

Etat de situation de l'armement

de la e compagnie du e bataillon du e régiment du génie à l'époque du 31 décembre 188 , indiquant les entrées et les sorties qui ont eu lieu pendant la dite année

Modèle nº 112.

DATES — Des ordres	DATES — Des recettes et consomm.	DÉTAIL des entrées et des sorties (1)	Service courant (2)	Service de réserve (2)	e territorial (2)	OBSERVATIONS
		L'existant au 1er janvier 188 était de				(1) Détailler sur une ligne séparée chaque opération d'entrée ou de sortie ; relater les ordres ; indiquer les nos des corps, les établissements, etc.
		Entr. de l'année				(2) Indiquer les modèles dans l'ordre suivants : Armes à feu ; Armes blanches ; Accessoir d'armes ; Armes de théories ; Caisses d'armes ;
		Totaux . . .				Ouvrir autant de colonnes que de modèles ; les armes modèle 1874 et celles de 1866-1874, doivent faire l'objet de colonnes distinctes.
		Sort. de l'année				Dans les armes de théories, on ne doit comprendre que les différ. modèles d'armes de la série X.
		Totaux . . .				
		L'existant du 31 décembre 188 est de. . . .				
		Dont en service aux port détachées / au dépôt.				
		Dont au magasin de la compagnie .				
		Total égal à l'existant..				
		Report de l'armement de réserve				
		Total général de l'armement existant tant en service à la compagnie que dans ses propres magasins.				

Vu : Le sous-intendant militaire chargé de la police administrative de la compagnie,

Certifié par nous, capitaine commandant,

A le 188

(Format : haut. 0,38, larg. 0,25)

ARMÉE
e CORPS
e DIVISION

e RÉGIMENT DU GÉNIE

e BATAILLON　　e COMPAGNIE

Etat pour servir à l'inscription sur les registres matricules du corps des mutations affectant l'effectif, des campagnes, siéges, batailles, combats, actions d'éclat, citations à l'ordre du jour, blessures et récompenses des dénommés ci-après, pendant la (1re ou 2e quinzaine du mois d

Modèle n° 113.

NUMÉROS		NOMS ET PRÉNOMS	GRADES	MUTATIONS
Trimestriels	Matricules			

Vu :
Le sous-intendant militaire,

Certifié par le capitaine commandant la compagnie.
A　　le　　188

NOTA. — Cet état doit contenir tous les faits qui doivent être portés sur les registres matricules du corps à sa réception. La compagnie doit donc les inscrire d'abord sur les livrets des hommes exactement comme ils sont portés sur l'état.

ARMÉE
e CORPS
e DIVISION

e RÉGIMENT DU GÉNIE

e BATAILLON　　e COMPAGNIE

Modèle n° 114.

Certificat d'aptitude.

Délivré au sieur
qui a déclaré vouloir contracter un rengagement de　　ans pour continuer à servir dans l'armée.

Nous soussigné, capitaine commandant la　e compagnie du　e bataillon du　e régiment du génie, certifions :

1° Que le sieur　　né le　　à　　canton de　　département de　　fils de　　et de　　domiciliés à　　canton de　　département de　　cheveux et sourcils　　front　　yeux　　nez　　bouche　　menton　　visage　　taille d'un mètre　　centimètres, a droit à son congé définitif du service actif le　　18　, et demande à contracter un engagement de　　ans.

2° Qu'il a toujours tenu une bonne conduite pendant son séjour au corps.

3° Qu'il a été visité en notre présence par M. chargé du service; qu'il résulte de cette visite qu'il est sain, robuste et bien constitué, et qu'il réunit d'ailleurs, les qualités requises pour faire un bon service.

4° Et qu'il peut être admis à continuer de servir dans l'arme et à rester au corps.

En foi de quoi, nous lui avons délivré le présent certificat, signé de nous et du sieur

A le 188

Le capitaine commandant,

A le 188

Le médecin,

(Format haut. 0,30, larg., 0,20.)

ARMÉE

° CORPS

° DIVISION

° RÉGIMENT DU GENIE

BATAILLON

° COMPAGNIE

Note ministérielle du 17 avril 1840

Bordereau énonciatif des pièces à l'appui de l'acte de rengagement de ans du sieur passé le devant M. sous-intendant militaire, à

SAVOIR :

Modèle n° 115.

	NOMBRE DE PIÈCES
1°	
2°	
3°	
NOMBRE TOTAL DES PIÈCES.	

A le 188

Vu : Reçu les pièces énoncées ci-dessus

Le sous-intendant militaire, *Le capitaine commandant.*

NOTA. — Ce bordereau, portant récépissé du nombre et de la nature des pièces, est renvoyé au sous-intendant militaire pour rester annexé à la minute de rengagement.

(Feuille double.)

e CORPS D'ARMÉE

e RÉGIMENT DU GÉNIE

e BATAILLON — e COMPAGNIE

Modèle n° 116.

Je soussigné, RIEY (ADRIEN), sergent à la 1re compagnie du 17e bataillon du 2e régiment du génie, demande à contracter un rengagement de cinq ans dans les conditions de la loi du 22 juin 1878.

Montpellier, le 3 mai 1879.

Signé : RIEY.

Avis du capitaine commandant.

Le sergent Riey est un excellent sujet, instruit et intelligent, qui mérite à tous égards la faveur qu'il sollicite.

En conséquence, le capitaine commandant a l'honneur de demander qu'une suite favorable soit donnée à la demande de rengagement de ce sous-officier.

A Montpellier, le 3 mai 1879.

Le capitaine commandant,
Signé : HUSSON.

(Feuille double haut. 0,30 larg. 0,20.)

ARMÉE

e CORPS

e DIVISION

e RÉGIMENT DU GÉNIE

e BATAILLON — e COMPAGNIE

Certificat de bonne conduite.

Modèle n° 117.

Le président de la commission spéciale du (1) instituée en exécution des décisions ministérielles du 10 juin 1874 et du 25 août suivant,

Certifie que le sieur (2) né le à canton de département d cheveux sourcils yeux front nez bouche menton visage marques particulières taille d'un mètre centimètres, a tenu une bonne conduite pendant le temps qu'il est resté sous les drapeaux et qu'il y a constamment servi avec honneur et fidélité.

(Voir les notes à la page suivante).

La présente attestation est donnée sur la proposition du capitaine de (3) et du chef d (4) auxquels appartient le sieur après examen au registre de punitions, en ce qui le concerne.

Certifie en outre que, durant les deux dernières années de présence sous les drapeaux, il a encouru les punitions suivantes :

Prison au corps (5) jours,
Cellule de correction (5) jours,

et qu'il (6)

Fait à le 188

Approuvé par nous, général de brigade,

Le président de la commission spéciale,

(1) Désignation du corps de troupe.
(2) Nom, prénoms, et grade du militaire.
(3) La compagnie.
(4) Bataillon.
(5) Mentionner les punitions de prison dépassant 15 jours et les punitions de cellule de correction de 8 jours, encourues pendant les deux dernières années. S'il n'y a pas eu de punitions, mettre le mot *néant*.
(6) 1° Qu'il n'a aucune infirmité apparente ou cachée qui puisse l'empêcher de reprendre du service, ou bien qu'il a (indiquer le genre d'infirmité) ; 2° Qu'il n'est pas marié ou qu'il est veuf et sans enfants ; ou bien qu'il est marié ou veuf avec enfants.

Nota. — Cette pièce une fois perdue ne peut-être remplacée par duplicata.

° RÉGIMENT DU GÉNIE

° BATAILLON

° COMPAGNIE

RELEVÉ des punitions du nommé (nom, prénoms, grade et n° matricule).

Modèle n° 118.

DATE DES PUNITIONS	NOMBRE DE JOURS DE				GRADES de ceux qui ont infligé les punitions	MOTIFS DES PUNITIONS
	consigne	salle de police	prison	cellule de correct.		
TOTAUX . .						
TOTAL GÉNÉRAL .						

Certifié conforme au livret matricule.

A *le* *188*

Le capitaine commandant,

16e CORPS D'ARMÉE

e RÉGIMENT DU GÉNIE

Exécution de la circulaire ministérielle du 6 août 1878.

e BATAILLON

Modèle n° 119.

Attestation.

Le chef de bataillon commandant le 17e bataillon du 2e régiment du génie certifie :

1° Que le nommé RIEY (Adrien), numéro matricule 1125, sergent à la 1re compagnie du dit escadron, a été autorisé par décision de M. le général commandant le 16e corps d'armée, en date du , à contracter un rengagement de cinq ans dans les conditions de la loi du 23 juillet 1881.

2° Que ce sous-officier est dans sa dernière année de service.

A Montpellier, le

Le chef de bataillon commandant le 17e bataillon du 2e régiment du génie,

Signé : DUVAL.

Nota. — Pour les sous-officiers autorisés à se rengager dans les conditions de la loi du 23 juillet 1881, cette attestation doit constater que le sous-officier est dans sa dernière année de service actif, ou qu'il fait partie de la classe qui est renvoyée par anticipation avant d'être entrée dans sa dernière année de service.

ARMÉE

e CORPS

e DIVISION

e RÉGIMENT DU GÉNIE

e BATAILLON

e COMPAGNIE

Certificat d'origine de blessures.

Nous soussignés,

François, sergent, 1er témoin ;
Pierre, caporal, 2e témoin ;
Jules, 1er sapeur-mineur, 3e témoin ;

tous trois faisant partie de la 1re compagnie du 17e bataillon du 2e régiment du génie et présents à la bataille du 16 juin 1871.

Certifions que le nommé PICARD (Joseph), numéro matricule 237, sergent à la compagnie, a eu le petit doigt de la main gauche déchiré par une balle, qui lui a brisé en même temps la poignée du fusil à la bataille du 16 juin 1871.

Fait au camp de le 188

Le 1er témoin, *Le 2e témoin,* *Le 3e témoin,*

Le médecin chargé du service de la compagnie,

Nous soussigné, capitaine commandant la 1re compagnie du 17e bataillon du 2e régiment du génie, certifions que les signatures apposées ci-dessus sont bien celles des dénommés au présent certificat.

Vu pour la légalisation des signatures apposées ci-dessus :

Le capitaine commandant, *Le sous-intendant militaire,*

ou bien,

. . . . et présents à la compagnie.

Certifions qu'il est à notre connaissance personnelle que, le 12 juin 1874, à huit heures du soir, le nommé CESAR (Auguste), numéro matricule 612, caporal à la compagnie, en transmettant le service, a eu son pied droit engagé dans des cordages, qu'il est tombé, et que sa chute a occasionné une luxation cubito-humérale du bras gauche.

Fait à etc.

Nota. — A ce certificat, établi en triple expédition, est joint un rapport du médecin faisant le service de la compagnie.

ARMÉE

e CORPS

e DIVISION

e REGIMENT DU GENIE

e BATAILLON

COMPAGNIE

Note ministérielle du 15 juillet 1870.

Etat nominatif des militaires tués ou blessés (1)

Modèle n° 121.

Numéros matricules	NOMS et PRÉNOMS (2)	GRADES	LIEU	DATE	RENSEIGNEMENTS PARTICULIERS (Préciser autant que possible les blessures et leur degré de gravité).

A le 188

Le capitaine commandant,

(1) Numéroter les états successifs afin de prévenir les erreurs.
(2) Mettre les noms de famille en grosses lettres, par grade.

ARMÉE

° CORPS

° DIVISION

° REGIMENT DU GÉNIE

° BATAILLON

° COMPAGNIE

Note ministérielle du 15 juillet 1870.

Etat nominatif des militaires français tombés au pouvoir de l'ennemi (1).

Modèle n° 122.

Numéros matricules	NOMS et PRÉNOMS (2)	GRADES	Lieu de la capture	Date de la capture	Blessures et circonstances particulières	Derniers renseignements connus précisant les dates et les informations	OBSERVATIONS

A le 188

Le capitaine commandant,

NOTA. — Cet état ne doit contenir que les noms des militaires dont la captivité est certaine.

(1) Numéroter les états successifs, afin de prévenir les erreurs.
(2) Mettre les noms de famille en grosses lettres, par grade.

ARMÉE

° CORPS

° DIVISION

° RÉGIMENT DU GENIE

BATAILLON

° COMPAGNIE

Modèle n° 8

Du règlement sur les prisonniers de guerre.

Etat nominatif des militaires disparus (1).

Modèle n° 123.

Numéros matricules	NOMS et PRÉNOMS (2)	GRADES	Date et lieu de la naissance	Date de la disparition	Circonstances connues	Envoi des actes de disparition	OBSERVATIONS

A le 188

Le capitaine commandant,

(1) Numéroter les états successifs afin de prévenir les erreurs.
(2) Mettre les noms de famille en grosses lettres, par grade.

NOTA. — Tous ces militaires doivent être l'objet d'un acte de disparition conforme au modèle n° 125.

ARMÉE

—

e CORPS

—

e DIVISION

e REGIMENT DU GENIE

Note ministérielle du 15 juillet 1870.

e BATAILLON

—

e COMPAGNIE

—

ETAT rectificatif ou complémentaire concernant (1)

Modèle n° 124.

Numéros matricules	NOMS ET PRÉNOMS (2)	GRADES	OBSERVATIONS

A le 188

Le capitaine commandant,

(1) Indiquer la catégorie à laquelle appartiennent les militaires dont il s'agit : tués, blessés ou disparus.
(2) Mettre les noms de famille en grosses lettres, par grade.

ARMÉE

—

e CORPS

—

e DIVISION

e RÉGIMENT DU GÉNIE

e BATAILLON

—

e COMPAGNIE

—

Acte de disparition.

Modèle n° 125.

Nous soussigné, capitaine commandant la e compagnie du e bataillon du e régiment du génie, certifions que le nommé (nom et prénoms), fils de (nom et prénoms du père) et de (nom et prénoms de la mère), né le (date) à (lieu de naissance), département de (grade) inscrit sous le n° du registre matricule, a disparu le (date et lieu de la disparition) et que, depuis cette époque, toutes les recherches auxquelles il a été procédé pour découvrir son sort sont demeurées infructueuses.

Circonstances de la disparition.

(Donner tous les détails possibles ; mentionner s'il y a présomption de décès et les témoignages).

Fait à le 188

Vu : *Le sous-intendant militaire,* *Le capitaine commandant,*

ARMÉE

e CORPS

e DIVISION

e RÉGIMENT DU GÉNIE

e BATAILLON

e COMPAGNIE

Mémoire de proposition pour soldat de 1re classe, dressé en exécution de l'article 235 du règlement du 2 novembre 1833.

Modèle n° 126.

Numéros matricules	NOMS et PRÉNOMS	GRADES	Notes de l'officier de section	Notes du capitaine commandant	Décision du chef de bataillon commandant	OBSERVATIONS
			Signature	Signature	Signature	

A le 188

Le capitaine commandant,

ARMÉE

e CORPS

e DIVISION

e RÉGIMENT DU GÉNIE

e BATAILLON

e COMPAGNIE

Etat des sous-officiers, caporaux, sapeurs et ouvriers proposés pour être portés au tableau d'avancement.

Modèle n° 127.

Numéros matricules	NOMS et PRÉNOMS	GRADES	AGE	DATES de l'entrée au service	DATES de la dernière promotion	DATES de la libération	TITRE sous lequel il sert	NOTES du capitaine commandant	AVIS du chef de bataillon commandant	DÉCISION du général commandant (1)

A le 188

Le capitaine commandant,

(1) Général sous les ordres duquel on est placé, ou désigné pour cette opération.

ARMÉE

° CORPS

° DIVISION

° REGIMENT DU GENIE

° BATAILLON

° COMPAGNIE

Article 12 de l'ordonnance du 16 mars 1838.

Mémoire de proposition pour un emploi (1) de vacant à la compagnie en remplacement du sieur (2).

Modèle n° 128.

Numéros matricules	NOMS et PRÉNOMS	GRADE	AGE	DATE DE l'entrée du service	DATE DE la promotion au grade actuel	Titre sous lequel ils sont liés au service	Note du capitaine commandant la compagnie dans laquelle se trouve le candidat	Décision du

A le 188

Le capitaine commandant,

(1) Sergent-major ou fourrier.
(2) Nom, prénoms et mutation du sous-officier qui a fait la vacance.

NOTA. — Les capitaines commandant les compagnies dans lesquelles se trouvent les candidats signeront au bas de la case où sont inscrites leurs notes.

ARMÉE

° CORPS

° DIVISION

° RÉGIMENT DU GÉNIE

° BATAILLON

° COMPAGNIE

Etat des sous-officiers proposés pour être portés au tableau d'avancement pour le grade de sous-lieutenant.

Modèle n° 129.

Numéros matricules	NOMS et PRÉNOMS	Grade et emploi actuel	DATES de la naissance	DATES de l'entrée au service (1)	DATES de la nomination au grade de sous-officier (2)	DATES de la nomination à l'emploi actuel	Nombre et détail des campagnes (3)	Grade ou emploi pour lesquels ils sont proposés	Notes du capitaine commandant	Avis de l'officier supérieur commandant le régiment du génie	Avis du général de division (4)	Décision du général commandant le corps d'armée

A le 188

Le capitaine commandant,

(1) Interruptions déduites.
(2) Indiquer la date à laquelle remonte la promotion au grade de sous-officier.
(3) Indiquer pour chaque campagne ou période de campagne le jour où elle a commencé et le jour où elle a fini.
(4) S'il y a lieu

ARMÉE

e CORPS

e DIVISION

e RÉGIMENT DU GÉNIE

e BATAILLON

e COMPAGNIE

État des officiers proposés pour être portés au tableau d'avancement.

Modèle n° 130.

NOMS et PRÉNOMS	Grades et emplois actuels	Dates de la promotion				Nombre et détail des campagnes (1)	Grade et emploi pour lesquels ils sont proposés	Note du capitaine commandant	Avis du chef de bataillon commandant	Décision du général commandant le corps d'armée
		de la naissance	de l'entrée au service	au grade actuel	à la 1re classe de ce grade					

A le 188

Le capitaine commandant,

(1) Indiquer pour chaque campagne ou période de campagne le jour où elle a commencé et le jour où elle a fini.

ARMÉE

e CORPS

e DIVISION

e RÉGIMENT DU GÉNIE

e BATAILLON

e COMPAGNIE

ETAT des militaires proposés pour obtenir la médaille militaire.

Modèle n° 131.

Numéros matricules	NOMS et PRÉNOMS	Grades et date de la promotion au dernier grade	DATES		Totalité des services effectifs au 31 décembre prochain interruptions déduites	Nombre et détail des campagnes (1)	Blessures, actions d'éclat, citations ou services extraordin., batailles, sièges, expéditions, etc.	Notes du capitaine commandant	Avis du chef de bataillon commandant le génie	Décision du général commandant le corps d'armée
			de la naissance	de l'entrée au service						

A le 188

Le capitaine commandant,

(1) Indiquer pour chaque campagne ou période de campagne le jour où elle a commencé et le jour où elle a fini.

ARMÉE

· CORPS

· DIVISION

e RÉGIMENT DU GÉNIE

· BATAILLON e COMPAGNIE

Médaille militaire

Mémoire de proposition établi en faveur du sieur pour obtenir la médaille militaire (décrets des 22 janvier et 29 février 1852).

Modèle n° 132.

Etat des services et campagnes, blessures, actions d'éclat, citations etc.	ans	Mois	Jours	Notes du chef de corps ou service à l'appui de la proposition.
N° matricule.				—
Entré au service comme				Rappeler les propositions antérieures et les circonstances dans lesquelles elles se sont produites. —
Totalité des services, interruptions déduites au 31 décembre prochain.				Avis du général commandant. —
Campagnes (Les compter toujours simples).				Avis du général commandant le corps d'armée. —
Total des services et campagnes au 31 décembre prochain.				

A le 188

Le capitaine commandant,

(VERSO)

Relevé remontant à cinq ans, des punitions du sieur

DATES DES PUNITIONS	Genre de punitions et nombre de jours: Consigne	Salle de police	Prison	Cellule de correct.	Par qui les punitions ont été infligées	MOTIFS DES PUNITIONS
Totaux . .						
Total général						

Certifié par le capitaine commandant la compagnie.

A le 188

ARMÉE

e CORPS

e DIVISION

e REGIMENT DU GENIE

e BATAILLON

e COMPAGNIE

ETAT des officiers, sous-officiers, caporaux et sapeurs proposés pour être admis dans l'ordre national de la légion d'honneur ou pour y obtenir de l'avancement.

Modèle nº 133.

Numéros matricules	NOMS et PRÉNOMS	Grade et date de la nomination au dernier grade.	DATES		Totalité des services effectifs au 31 décembre prochain interruptions déduites	Nombre et détail des campagnes (1)	Blessures et actions d'éclat, citations, services extraordinaires	Médaille militaire ou grade dans la légion d'honneur déjà obtenus et date de la nomination	Grade dans la légion d'honneur pour lequel la proposition est faite	NOTES du capitaine commandant	AVIS du chef de bataillon commandant	DÉCISION du général commandant le corps d'armée
			De la naissance	De l'entrée au service								

A le 188

Le capitaine commandant,

(1) Indiquer pour chaque campagne ou période de campagne le jour où elle a commencé et le jour où elle a fini.

ARMÉE
—
° CORPS
—
° DIVISION

° RÉGIMENT DU GÉNIE

° BATAILLON
—

° COMPAGNIE
—

Ordre national de la légion d'honneur

Mémoire de proposition pour le grade de chevalier établi en faveur de M. (Nom, prénoms, grade).

Modèle n° 134.

Né à le Entré au service le Nommé au grade actuel le Nommé à la 1re classe de ce grade le				Décoré de la médaille militaire le Grades déjà obtenus dans l'ordre national de la légion d'honneur { Chevalier du / Officier du
N° matricule (Pour les sous-officiers et soldats).	ans	mois	jours	**Notes** du chef de corps ou de service à l'appui de la proposition
Totalité des services effectifs au 31 décembre prochain, interruptions déduites				
Détail des campagnes (Les compter toujours simples) —				**Avis** du général commandant
Total des services et campagnes				
Batailles, sièges, expéditions, etc. auxquels le militaire a participé — Blessures, actions d'éclat, citations ou services extraordinaires (Instruction du 7 avril 1831 et article 138 de l'ordonnance du 3 mai 1832).				**Avis** du général commandant le corps d'armée

A le 188

Le capitaine commandant,

e CORPS D'ARMÉE
—
e DIVISION
—
e BRIGADE D
—
Objet :
Au sujet de la plainte en cassation (rétrogradation ou suspension) contre le nommé (nom, prénoms, grade numéro matricule).

le 188

Art. 352 de l'ordonnance du 2 novembre 1833.
—
Modèle n° 4.
—
Instruction ministérielle du 28 mai 1880.

Modèle n° 135.

Rapport du capitaine (indiquer le nom) commandant la e compagnie du e bataillon du e régiment du génie, sur le (grade, noms, prénoms, n° matricule).

Le (mettre la date) le (grade et nom) s'est rendu coupable de (indiquer la dernière faute, préciser les fautes habituelles, l'inconduite, le manque de dignité, le mauvais penchant, le changement de conduite, les avertissements donnés, enfin, clairement, la principale cause de l'établissement de la plainte).

En conséquence, le capitaine commandant la compagnie demande que le (grade et nom)........... soit cassé de son grade et remis soldat de 2e classe (ou rétrogradé ou suspendu.)

Ci-joint : 1° l'état des services ; 2° le relevé des punitions.

(Signature N.)

(VERSO.)

Avis (1) du chef de bataillon commandant.	(1) Décision s'il s'agit d'une suspension, ou d'une cassation d'un soldat de 1re classe, et les cases suivantes deviennent inutiles.
Avis (2) du général de brigade.	(2) Décision s'il s'agit d'un caporal non médaillé, et les cases suivantes deviennent inutiles.
Avis (3) du général de division.	(3) Décision s'il s'agit d'un sous-officier non décoré ou d'un caporal médaillé d'Italie, du Mexique etc. et la case suivant devient inutile.
Décision (4) du ministre.	(4) Pour les sous-officiers et caporaux décorés.

NOTA. — Les généraux commandant, soit une armée en campagne, soit une division, située ou stationnée au-delà des mers, ont la faculté de prononcer la cassation des sous-officiers et celle des caporaux, membres de la Légion-d'honneur ou décorés de la médaille militaire, sous la condition de rendre compte sur-le-champ au ministre de leurs decisions, avec toutes les pièces à l'appui.

ᵉ CORPS D'ARMÉE

—

ᵉ *Division d*

—

ᵉ BRIGADE D

—

Objet:

Au sujet de la plainte en cassation (ou rétrogradation) contre le nommé (nom, prénoms, grade, nº matricule).

(Sous-officiers rengagés).

Exécution de la circulaire ministérielle du 16 août 1878.

le 188

Modèle nº 136.

Rapport du capitaine (indiquer le nom) commandant la ᵉ compagnie du ᵉ bataillon du ᵉ régiment du génie, sur le (grade nom, prénoms et nº matricule).

Le (mettre la date) le (grade et nom) s'est rendu coupable de (exposer sommairement les faits).

En conséquence, le capitaine commandant la compagnie, demande que le (grade et nom) soit cassé de son grade et remis soldat de 2ᵉ classe (ou rétrogradé).

Ci-joint : 1º l'état des services ; 2º le relevé des punitions.

(Signature).

(VERSO)

AVIS du conseil du bataillon institué conformément à l'article 9 de la loi du 22 juin 1878.	
AVIS du général de brigade (ou de division).	
DÉCISION du général commandant le corps d'armée.	

ARMÉE

e CORPS

e DIVISION

e RÉGIMENT DU GÉNIE

e BATAILLON

e COMPAGNIE

Feuille de renseignements sur le nommé (nom, prénoms, grade et numéro matricule).

Entré au service le comme et libérable le

Modèle n° 137.

Punitions	Consigne.	jours	jours
	Salle de police.	jours	
	Prison du corps	jours	
	Cellule de correction . . .	jours	
	Prison de la place.	jours	
Cassations et suspensions . . .			
Condamnations			
Nature des faits les plus habituels.			
Caractère, moralité			
Faits qui motivent une proposition spéciale			
Opinion du capitaine commandant la compagnie.			
Opinion et proposition du chef de corps			
Décision du général commandant.			

A le 188

Le capitaine commandant,

(Format, papier écolier, feuille simple).

ARMÉE

° CORPS

° DIVISION

° RÉGIMENT DU GÉNIE

° BATAILLON

° COMPAGNIE

Signalement d'un militaire absent illégalement et qui doit être ramené au corps.

Modèle n° 138.

NOMS et PRÉNOMS	SIGNALEMENT	Etat des services de l'homme absent illégalement	Jour où il a manqué à l'appel	Circonstance de l'absence illégale et désignation des effets qu'il a emportés	OBSERVATIONS
N° matricule (1)	Fils de et de domiciliés à arrondissement de département de né le à arrondissement de département de domicilié avant son entrée au service à arrondissement de département de taille d'un mètre millimètres cheveux sourcils yeux front nez bouche menton visage teint marqué	Entré au service le			

Certifié par le capitaine commandant la compagnie.

A le 188

(1) Le nom sera inscrit en bâtarde.

(Format, 0,35 cent. sur 0,22 en travers, feuille simple).

ᵉ ARMÉE

ᵉ CORPS

ᵉ DIVISION

PLAINTE

Modèle n° 139.

A Monsieur (1)

Le soussigné (2) a l'honneur de vous représenter que le nommé fils d et d domiciliés à canton d arrondissement d département d domicilié avant son entrée au service, à canton d arrondissement d département d taille d'un mètre millimètres, visage front yeux nez bouche menton cheveux sourcils teint ayant pour marques particulières :

Entré au service le

Inscrit au contrôle du corps sous le n° a abandonné ses drapeaux le du mois d an à heures du pour déserter et n'a plus reparu au corps depuis cette époque jusqu'au du mois d qu'il est arrivé à où il a été déposé à la prison d

Les témoins de la désertion sont :

Les pièces à l'appui de la procédure, au nombre de sont ci-jointes.

Pourquoi il vous demande qu'il en soit informé afin que le dit soit ensuite jugé conformément aux dispositions du code de justice militaire, et qu'il soit donné au soussigné un récépissé de la présente plainte

Fait à le 188

(Signature.)

(1) Cette plainte doit toujours être adressée au général commandant le corps d'armée.
(2) L'officier qui porte plainte fera mention de sa qualité et du corps auquel il appartient.

ᵉ RÉGIMENT DU GÉNIE

ᵉ BATAILLON

ᵉ COMPAGNIE

Etat des effets emportés par le nommé déserteur, le et non représentés à sa rentrée.

Modèle n° 140.

Désignation des effets	Nombre	OBSERVATIONS

A le 188

Le capitaine commandant,

Procès-verbal d'information au corps.

—

Art. 85 et 86 du Code de justice militaire

e RÉGIMENT DU GENIE

e BATAILLON · COMPAGNIE

Circulaire ministérielle du 23 juin 1875.

Modèle n° 141.

L'an mil huit cent le devant nous (nom et prénoms), capitaine commandant la e compagnie du e bataillon du e régiment du génie, agissant en vertu des articles 85 et 86 du Code de justice militaire, comme officier de police judiciaire, assisté du sieur (nom, prénoms, grade et compagnie) du dit bataillon, faisant fonctions de greffier, et à qui nous avons préalablement fait prêter serment de bien et fidèlement remplir les dites fonctions, dans (indiquer le lieu), avons fait comparaître, par devant nous, les témoins ci-après dénommés, à l'effet de faire leur déclaration en la présente information.

Lesquels, après avoir individuellement et successivement prêté serment entre nos mains, de parler sans haine et sans crainte, de dire la vérité, toute la vérité, rien que la vérité, et lecture faite à eux de la loi sur les faux témoins, ont déclaré n'être ni parent, ni allié du prévenu, et ont fait leur déposition chacun séparément, hors la présence l'un de l'autre, ainsi qu'il suit :

Le premier témoin a déclaré se nommer (nom, prénoms, grade, compagnie et bataillon), en résidence à être âgé de ans et a déposé ainsi qu'il suit :

DEMANDES	RÉPONSES

Lecture faite au témoin de sa déclaration, il a dit qu'elle a été fidèlement rendue, qu'il y persiste, et a signé avec nous et notre greffier.

L'officier de police judiciaire, *Le greffier,* *Le témoin,*

Nota. — Pour les deuxième, troisième témoins, etc., suivre la même formule que pour le premier.

Procès-verbal d'interrogatoire au corps.

Art. 85 et 86 du Code de justice militaire.

° REGIMENT DU GENIE

Circulaire ministérielle du 23 juin 1875.

° BATAILLON

° COMPAGNIE

Modèle nº 142.

L'an mil huit cent le

Devant nous (nom et prénoms), capitaine commandant la ° compagnie du ° bataillon du ° régiment du génie, agissant en vertu des articles 85 et 86 du Code de justice militaire, comme officier de police judiciaire, assisté du sieur (nom, prénoms, grade et compagnie), faisant fonctions de greffier, et à qui nous avons préalablement fait prêter serment de bien et fidèlement remplir lesdites fonctions, dans (indiquer le lieu), avons fait extraire de la prison, à l'effet de l'interroger, le nommé (nom et prénoms, numéro matricule, grade, compagnie et bataillon), inculpé de

En conséquence, nous avons fait amener devant nous ledit (nom du prévenu), que nous avons interrogé ainsi qu'il suit :

Interpellé de déclarer ses nom, prénoms, âge, lieu de naissance, profession et domicile, a répondu se nommer (nom et prénoms), âgé de né à canton d département d fils d et d demeurant, avant son entrée au service à canton d département d et aujourd'hui (indiquer la position du prévenu).

DEMANDES	RÉPONSES

Lecture faite au prévenu de son interrogatoire, il a déclaré ses réponses être fidèlement transcrites, qu'elles contiennent la vérité, qu'il y persiste, et il a signé avec nous et le greffier.

L'officier de police judiciaire, *Le greffier,* *L'inculpé, (1.)*

Nota. — Le greffier, pris parmi les sous-officiers de la compagnie, doit être âgé de vingt-cinq ans.

(1) Si le prévenu ne sait signer, le procès-verbal en fera mention.

DÉPARTEMENT D

ARRONDISSEMENT D

Commune d

(A) Si la période d'occupation comprend des nuits afférentes à plusieurs trimestres, il est établi des états distincts par trimestre.

e TRIMESTRE 188 .

e RÉGIMENT DU GÉNIE

e BATAILLON e COMPAGNIE

Loi du 3 juillet 1877.

Article 30 du décret du 2 août 1877.

Instruction ministérielle du 25 avril 1878.

Modèle n° 1.

Etat numérique des officiers, sous-officiers, chevaux et mulets qui ont été logés dans la commune d du au inclus (A).

Modèle n° 143.

PÉRIODES D'OCCUPATION	EFFECTIF					NOMBRE DE NUITS				
	Officiers logés seuls	Officiers logés par deux (1)	Sous-officiers	Soldats	Chevaux et mulets	Officiers logés seuls	Officiers logés par deux (1)	Sous-officiers	Soldats	Chevaux et mulets
Effectif des hommes présents au 1er jour du trimestre ou de l'occupation et nombre de nuits qu'il en résulte. A augmenter d'après les mutations inscrites ou dos du présent. . .										
TOTAUX. . . .										
A diminuer pour les mêmes motifs										
Effectif au dernier jour du trimestre (ou de l'occupation) et totaux des nuits.										

Certifié le présent état montant aux quantités de (2)

A *le* *188*

Vu : Le (3)

Le sous-intendant militaire,

(1) On ne compte dans cette colonne qu'une nuit pour deux officiers logés ensemble.
(2) Indiquer en toutes lettres le nombre de nuits pour chaque catégorie.
(3) Capitaine commandant la compagnie ou chef de détachement.

(*VERSO*)

Etat nominatif (1) des militaires et animaux qui ont éprouvé des mutations du au inclus

NUMÉROS		Numéros matricules	NOMS et PRÉNOMS	GRADES	MUTATIONS et MOUVEMENTS	AUGMENTATIONS										DIMINUTIONS									
						Officiers logés seuls		Officiers logés par deux (2)		Sous-officiers		Soldats		Chevaux et mulets		Officiers logés seuls		Officiers logés par deux (2)		Sous-officiers		Soldats		Chevaux et mulets	
du bataillon	de la compag.					Effectif	Nombre de nuits	Effectif	Nombre de nuits	Effectif	Nombre de nuits	Effectif	Nombre de nuits	Effectif	Nombre de nuits	Effectif	Nombre de nuits	Effectif	Nombre de nuits	Effectif	Nombre de nuits	Effectif	Nombre de nuits	Effectif	Nombre de nuits
					La compagnie ou le détachement est parti de le																				
					TOTAUX. . .																				

Vu :

Le sous-intendant militaire,

Certifié par le (3)

A *le* *188*

(1) Les mutations provenant de départ et d'arrivée de détachement ne sont portées que numériquement..
(2) On ne compte dans cette colonne qu'une nuit pour deux officiers logés ensemble.
(3) Capitaine commandant la compagnie ou chef de détachement.

DÉPARTEMENT
d

—

ARRONDISSEMENT
d

—

Commune d

e TRIMESTRE 188 .

—

e **RÉGIMENT DU GÉNIE**

—

e BATAILLON e COMPAGNIE

Loi du 3 juillet 1877.

—

Article 30 du décret du 2 août 1877.

—

Instruction ministérielle du 25 avril 1878.

—

Modèle n° 1.

Etat numérique des officiers, sous-officiers, chevaux et mulets qui ont été cantonnés dans la commune d du au 188 (1)

Modèle n° 144.

PÉRIODES D'OCCUPATION	EFFECTIF		NOMBRE DE NUITS	
	Officiers et hommes de troupe	Chevaux et mulets	Officiers et hommes de troupe	Chevaux et mulets
Effectif des hommes présents au 1er jour du trimestre (ou de l'occupation) et nombre de nuits qui en résulte . .				
A augmenter d'après les mutations inscrites au dos du présent				
TOTAUX. . .				
A diminuer pour les mêmes motifs. . .				
Effectif au dernier jour du trimestre (ou de l'occupation), et totaux des nuits. .				

Certifié le présent état montant aux quantités de (2).

Vu : *A* *le* *188*

Le sous-intendant militaire, Le (3)

(1) Si la période d'occupation comprend des nuits afférentes à plusieurs trimestres, il est établi des états distincts par trimestre.
(2) Indiquer en toutes lettres le nombre de nuits pour chaque catégorie.
(3) Le capitaine commandant ou chef de détachement.

(VERSO)

Etat nominatif (1) des militaires et animaux qui ont éprouvé des mutations du au inclus.

NUMÉROS		Numéros matricules	NOMS ET PRÉNOMS	GRADES	MUTATIONS ET MOUVEMENTS	AUGMENTATIONS				DIMINUTIONS			
						officiers et hommes de troupe		chevaux et mulets		officiers et hommes de troupe		chevaux et mulets	
du bataillon	de la compagnie					effectif	nombre de nuits	effectif	nombre de nuits	effectif	nombre de nuits	effectif	nombre de nuits

Vu :
Le sous-intendant militaire,

Certifié par le (2)
A *le* *188*

(1) Les mutations provenant de départ ou d'arrivée de détachements ne seront portées que numériquement.
(2) Capitaine commandant ou chef de détachement.

---

e CORPS D'ARMÉE

e DIVISION

e Régiment du génie
e bataillon
e compagnie

Modèle n° 1.

Instruction ministérielle du 28 mai 1880.

Objet: *le* *188*

N°

*Modèle n° **145.***

Le capitaine (indiquer le nom) commandant la e compagnie du e bataillon du e régiment du génie, au ministre de la guerre (e direction e bureau).

Monsieur le ministre,

J'ai l'honneur

(Signature N.)

NOTA. — Le format tellière 21 centimètres sur 32 centimètres est exclusivement employé pour toutes les pièces adressées au ministre ; le format écolier, pour toute la correspondance dans l'intérieur du corps d'armée.
Sur toute communication de service, on rappelle dans l'angle supérieur droit du recto de la première page, la dépêche, note ou circulaire à la suite de laquelle elle est établie (décret du 24 juillet 1880).

Modèle n° 2.

Instruction ministérielle du 28 mai 1880.

° CORPS D'ARMÉE

° DIVISION

Régiment du Génie

° Bataillon

° Compagnie

le 188

Objet :

N°

Modèle n° 146.

Le capitaine (indiquer le nom) commandant la ° compagnie du ° bataillon du ° régiment du génie, au général commandant la ° brigade d' à

Mon général,

J'ai l'honneur,

(Signature N.......)

Nota. — Ce modèle s'applique, en changeant les appellations, aux différents fonctionnaires de l'armée.

Modèle n° 4.

Instruction ministérielle du 28 mai 1880.

° CORPS D'ARMÉE

° DIVISION

° BRIGADE

le 188

Objet:

au sujet de

N°

Modèle n° 147.

Rapport du capitaine (indiquer le nom) commandant la ° compagnie du ° bataillon du ° régiment du génie sur

Le (mettre la date et exposer sommairement les faits.)

(Signature N.)

Nota. — Ce modèle s'applique, en changeant les appellations, aux différents fonctionnaires de l'armée. Les avis des chefs hiérarchiques seront consignés, s'il y a lieu, à la suite du rapport.

e CORPS D'ARMÉE
—
e DIVISION
—
e BRIGADE
—
e Régiment du Génie
e Bataillon
e Compagnie
—
N°

Modèle n° 5.
—
Instruction ministérielle du 28 mai 1880.

le 188

Modèle n° 148.

Le capitaine (indiquer le nom) commandant la e compagnie du e bataillon du e régiment du génie, au
à

Bordereau d'envoi.

DÉSIGNATION DES PIÈCES	NOMBRE	OBSERVATIONS

Reçu : A le 188
A le 188

ARMÉE
—
e CORPS
—
e DIVISION

e REGIMENT DU GÉNIE
—
e BATAILLON
—
e COMPAGNIE
—

Article 19 du réglement du 26 décembre 1876.

RAPPORT fait par la commission régimentaire sur un cheval atteint de maladie incurable et dont on demande l'abatage.

Modèle n° 149.

Numéros matricules	SIGNALEMENT				MOTIFS DE L'ABATAGE	OBSERVATIONS
	NOM robe et particularités	Sexe	Age	Taille		

Avis de la commission

A le 188

Les membres de la commission,

ARMÉE
—
° CORPS
—
° DIVISION

° REGIMENT DU GENIE

° BATAILLON
—

° COMPAGNIE
—

Article 19 du réglement du 26 décembre 1876.

Demande faite à M. le général commandant la brigade ou la ° division, de l'autorisation d'abatage d'un cheval atteint de maladie incurable.

Modèle n° 150.

Numéros matricules	SIGNALEMENT				MOTIF DE L'ABATAGE	AVIS DE LA COMMISSION
	NOM, robe et particularités	Sexe	Age	Taille		

A le 188

Le capitaine commandant,

L'abatage du cheval signalé ci-dessus est autorisé.

A le 188

Le général commandant la brigade ou la division,

ARMÉE
—
° CORPS
—
° DIVISION

° REGIMENT DU GÉNIE

° BATAILLON
—

° COMPAGNIE
—

Article 21 du réglement du 26 décembre 1876.

Rapport d'autopsie d'un cheval.

Modèle n° 151.

Numéro matricule	SIGNALEMENT				Dépôt de remonte d'où il provient	DATES			Maladie à laquelle il a succombé ou qui a nécessité son abatage
	NOM, robe et particularités	Sexe	Age	Taille		de l'immatriculation	de l'entr. à l'infirmerie	de la mort ou de l'abat	

ANTÉCÉDENTS

Maladie dont il a été antérieurement atteint, époque et durée de chaque maladie.	....
Cause de la maladie à laquelle le cheval a succombé ou qui a nécessité l'abatage.	....
Traitement mis en usage contre cette maladie.	....

(VERSO)

Autopsie (1)

(heure après la mort température atmosphérique.)

A *le* *188*

Le vétérinaire chargé du service de la compagnie,

Vu :

Le capitaine commandant,

(1) L'autopsie aura lieu dans le plus bref délai possible, on entrera dans des détails très-circonstanciés. — On fera connaître l'état extérieur du cadavre, celui des muscles et des articulations.

On explorera avec soin les trois cavités. — On décrira d'une manière complète l'état du sang etc.

ARMÉE

e CORPS

e DIVISION

e RÉGIMENT DU GÉNIE

e BATAILLON e COMPAGNIE

Annexe de l'état n° 1 de la note ministérielle du 15 mars 1879.

REVUE TRIMESTRIELLE D

Chevaux réformés. (1)

Modèle n° 152.

Unité administrative 1	Numéros matricules 2	NOMS 3	SEXE 4	Age au 1er janvier de l'année courante 5	Provenance au jour de l'entrée au service 6	Unité administrative 1	Numéros matricules 2	NOMS 3	SEXE 4	Age au 1er janvier de l'année courante 5	Provenance au jour de l'entrée au service 6
								Report..			
		A reporter.						Total des chevaux réformés			

Certifié conforme à l'état n° 1, arrêté à chevaux par l'inspecteur délégué,

A *le* *188*

Le capitaine commandant,

(1) Pièce destinée à M. le sous-intendant militaire.

Modèle n° 17 modifié.

—

Instruction ministérielle
du 1er mars 1880.

° CORPS D'ARMÉE

—

° DIVISION

—

Place d

—

Mois de 188

—:—

N° au registre des entrées et des sorties.

—

N° au compte annuel.

SERVICE DE LA REMONTE

° REGIMENT DU GENIE

° BATAILLON — ° COMPAGNIE

Extrait du procès-verbal de vente

—:—

SORTIE NE DONNANT PAS LIEU AU PAYEMENT

Le receveur des domaines au bureau de , soussigné, certifie avoir reçu et vendu au profit de l'Etat, les animaux, impropres au service, ci-après désignés, qui leur ont été remis ce jour par le capitaine commandant la ° compagnie du ° bataillon du ° régiment du génie, et qui ont produit les sommes indiquées ci-dessous, savoir :

Modèle n° 153.

Numéros de la classification		Désignation des animaux	Unité réglementaire	Classement	Quantité	Produit de la vente	OBSERVATIONS
sommaire	détaillée						
							Mentionner dans cette colonne les numéros matricules et les noms des chevaux.

Vu : A le 188

Le sous-intendant militaire, *Le capitaine commandant,*

(Format : haut. 0,36 cent., larg. 0.23 cent.)

ARMÉE — ° CORPS — ° DIVISION

REVUE TRIMESTRIELLE D

° REGIMENT DU GENIE

° BATAILLON ° COMPAGNIE

Etat n° 2 annexé à la note ministérielle du 15 mars 1879.

Chevaux passant du service des officiers à celui de la troupe, ou échangés entre les officiers

Modèle n° 154.

Unité administrative 1	Numéros matricules 2	NOMS 3	Age au 1er janvier de l'année courante 4	NOM ET GRADE DE l'officier détenteur (S'il s'agit d'un échange, noms et grades de l'ancien et du nouveau détenteur.) 5	Durée de profession décomptée par année et par mois 6	Motifs de la proposition 7	Décision de l'inspecteur délégué 8
Chevaux de l'État affectés au service des officiers de la compagnie et proposés pour passer au service de la troupe.							
Chevaux que les officiers demandent à échanger entre eux.							
						A le 188 *Le capitaine commandant,*	

Nota. — Cet état comprend :

1° Les chevaux de l'état affectés au service des officiers de la compagnie et proposés pour passer au service de la troupe.

L'inspecteur opérant par délégation du général commandant le corps d'armée prononce ces mutations qui reçoivent leur exécution le jour où l'officier est autorisé par le commandant de compagnie à prendre une nouvelle monture parmi les chevaux disponibles.

2° Les chevaux que les officiers demandent à échanger entre eux. — Ces mutations ont lieu le lendemain du jour où l'inspecteur a autorisé l'échange.

Arrêté à la quantité de chevaux.

A le 188

L'inspecteur délégué,

ᵉ CORPS D'ARMÉE — ᵉ DIVISION — *Place d* — Mois de 188 —:— Nº au registre des entrées et des sorties. Entrée nº Sortie nº — Nºˢ au compte annuel Entrée nº Sortie nº	SERVICE DE LA REMONTE ᵉ REGIMENT DU GENIE ᵉ BATAILLON ᵉ COMPAGNIE — CERTIFICAT ADMINISTRATIF — *Changement de classement.* —:— **Entrée et sortie.** —	Modèle nº 10 modifié. — Instruction ministérielle du 1ᵉʳ mars 1880.

Le capitaine commandant la compagnie, soussigné, certifie qu'à la suite d'un ordre du (1) les animaux ci-après désignés, ont subi le changement de classement qu'indique le tableau suivant.

Il certifie, en outre, qu'il a fait sortie des animaux portés ci-dessous, et s'est en même temps chargé en recette des mêmes animaux sous leur nouveau classement.

Modèle nº 155.

SORTIES (ancien classement).							ENTRÉES (nouveau classement).							OBSERVATIONS
Nºˢ de la classificat.		DÉNOMINATION des animaux	Unité réglementaire	Classement et quantités			Nºˢ de la classificat.		DÉNOMINATION des animaux	Unité réglementaire	Classement et quantités			
sommaire	détaillée			neuf	bon	total	sommaire	détaillée			neuf	bon	total	
														Mentionner dans cette colonne les numéros matricules et les noms des chevaux.

Vu : A le 188

Le sous-intendant militaire, *Le capitaine commandant,*

(Format, haut. 0,36, larg. 0,23).

ARMÉE
— ᵉ CORPS
— ᵉ DIVISION

REVUE TRIMESTRIELLE D

ᵉ REGIMENT DU GENIE

Annexe de l'état nᵒ 3 de la note ministérielle du 15 mars 1879.

ᵉ BATAILLON — ᵉ COMPAGNIE

Chevaux passant du service de la selle à celui du trait et réciproquement.

Modèle nᵒ 156.

Unité administrative	Nᵒˢ matricules	NOMS	Sexe	Age au 1ᵉʳ janvier de l'année courante	Taille	PROVENANCE au jour de l'entrée au service	Motifs de la proposition par le commandant de la compagnie	DÉCISION de l'inspecteur délégué
1	2	3	4	5	6	7	8	
Chevaux passant du service de la selle à celui du trait.								
Chevaux passant du service du trait à celui de la selle.								
							A le 188 *Le capitaine commandant,*	

Arrêté à la quantité de . chevaux.

A le 188

L'inspecteur délégué,

ARMÉE
— ᵉ CORPS
— ᵉ DIVISION

ᵉ RÉGIMENT DU GÉNIE

ᵉ BATAILLON — ᵉ COMPAGNIE

Modèle nᵒ 157

PROCÈS-VERBAL faisant connaître les causes de la mort (ou des blessures) **d'un cheval appartenant à l'Etat**

L'an mil huit cent le nous (nom), vétérinaire en 2ᵉ à la dite compagnie, certifions que le cheval nᵒ (indiquer le signalement complet) appartenant à M. (nom et grade de l'officier) est mort de (genre de maladie).

A les jour, mois et an que dessus.

Le vétérinaire en 2ᵉ, chargé du service.

ou bien

Certifions que le cheval n° (signalement complet), appartenant à (nom et grade de l'officier, est atteint de (genre de maladie), et que, par suite du caractère de cette maladie, le dit cheval n'est plus susceptible de monter un officier.

Le capitaine commandant la ° compagnie du ° bataillon du ° régiment du génie certifie que le cheval n° (indiquer le signalement complet), appartenant à M. (nom et grade de l'officier), est mort (genre de maladie), et qu'il résulte des motifs relatés ci contre que la mort dudit cheval n'engage en rien la responsabilité de cet officier.

A le 188

ou bien

Certifie que le cheval n° (indiquer le signalement complet), appartenant à M. (nom et grade de l'officier), et en bon état d'entretien, et que la responsabilité de l'officier n'est nullement engagée.

Nota. — L'avis du commandant de la compagnie est mentionné au verso du certificat du vétérinaire.

ARMÉE

° CORPS

° DIVISION

° RÉGIMENT DU GÉNIE

° BATAILLON ° COMPAGNIE

Modèle n° 158.

ETAT signalétique des chevaux ou mulets reçus de la remonte.

Numéros matricules	NOMS	SEXE	Année de la naissance	Taille	Robe et particularités	Provenance au jour de l'entrée au service				Situations successives jusqu'au jour de l'inscription au registre matricule	Date de l'arrivée à la compagnie	Serv. auquel le chev. est affecté			OBSERVATIONS
						Prix	Date de l'achat	Dépôt de remonte, régiment ou établissement auquel appartient la commission qui opère l'achat	N° matric. du dépôt ou du corps acheteur			Selle: Troupe	Selle: Officiers	Trait	
1	2	3	4	5	6	7	8	9	10	11	12	13	14	15	16

A le 188

Le capitaine commandant,

e CORPS D'ARMÉE

—

e DIVISION

—

Place d

—

e Trimestre 188

—:—

N° au registre des entrées et des sorties.

—

N° au compte annuel.

SERVICE DE LA REMONTE

e REGIMENT DU GENIE

e BATAILLON e COMPAGNIE

ENTRÉE SANS DÉPENSES EN DENIERS

Instruction ministérielle du 1er mars 1880.

—

Modèle n° 5 modifié.

Le capitaine commandant la dite compagnie certifie avoir pris en charge dans ses comptes les animaux ci-après désignés :

Modèle n° 159.

Numéros de la classification		Désignation des animaux	Unité réglementaire	Classement	Qualités	OBSERVATIONS
sommaire	détaillée					

Vu : A le 188

Le sous-intendant militaire, *Le capitaine commandant,*

 (Format : haut. 0,36 cent., larg. 0.23 cent.)

ARMÉE
—
ᵉ CORPS
—
ᵉ DIVISION

ᵉ RÉGIMENT DU GÉNIE

ᵉ BATAILLON
—

ᵉ COMPAGNIE
—

ETAT signalétique d'un poulain pour lequel on demande la remise au domaine pour être vendu.

Modèle n° 160.

Numéros matricules	NOM	SEXE	SIGNALEMENT	Date de la naissance	Motif de la vente	OBSERVATIONS

Vu : A le 188

Le sous-intendant militaire, *Le capitaine commandant,*

ARMÉE
—
ᵉ CORPS
—
ᵉ DIVISION

ᵉ REGIMENT DU GENIE

ᵉ BATAILLON
—

ᵉ COMPAGNIE
—

Article 149 de l'ordonnance du 2 novembre 1833.

Modèle n° 161.

Commission du vaguemestre.

Le capitaine commandant la ᵉ compagnie du ᵉ bataillon du ᵉ régiment du génie, autorise le sieur (nom, prénoms, grade) à retirer de la poste les lettres, paquets, argent et effets adressés au capitaine commandant, ainsi qu'aux officiers, sous-officiers et soldats de la compagnie.

Vu : A le 188

Le sous-intendant militaire, *Le capitaine commandant,*

e RÉGIMENT DU GÉNIE

Art. 150 de l'ordonnance du 2 novembre 1833.

e BATAILLON

e COMPAGNIE

Registre du vaguemestre.

Modèle n° 162.

Le présent registre contenant feuillets a été coté et paraphé par nous, capitaine commandant la e compagnie du e bataillon du e régiment du génie, pour servir à l'enregistrement des lettres chargées et articles d'argent adressés aux militaires de ladite compagnie, et qui doivent être retirés des bureaux de poste, ainsi que ceux qui doivent être chargés et déposés aux bureaux de poste par le vaguemestre, en conformité de l'article 110 du règlement du 2 novembre 1833.

Vu par nous, sous-intendant militaire, A le 188

Le capitaine commandant,

PREMIÈRE PARTIE

Sommes et lettres chargées à retirer des bureaux de poste

Numéros d'ordre	Remise des reconnaissances d'articles au vaguemestre						Remise des chargem. et paiement des art. pour les bureaux de poste			Acquit des destinataires		Reçu des directeurs ou employés pour les objets non distribués	OBSERVATIONS
	Dates	Nos d'enregistrement	Nos matricules des hommes	Noms des milit. auxquels les titres sont adressés	Bureaux de départ	Dates des reconnaissances	Dates	Objet	Désignat. des bureaux et signat. des direct. ou employés	Dates	signatures		
1	6 mai	22	625	Pierre	Castres	6 mai	8 mai	50 fr.	»	10 mai	Pierre	«	

DEUXIÈME PARTIE (1)

Chargements à faire par le vaguemestre

Numéro d'enregistrement	Dates	Remise par les envoyeurs des lettres à charger ou des articles à déposer				Remise des bulletins ou mandats délivrés par les directeurs	
		Envoyeurs	Objets	Destination	Bureaux où les chargements et dépôts ont été faits	Dates	Signatures des envoyeurs

(1) On destine les trois quarts du registre à la première partie et l'autre quart à la seconde.

ARMÉE

— ° CORPS

— ° DIVISION

Acte de mariage.

Modèle n° 163.

Aujourd'hui (date du mois et de l'an, indication du jour, de l'heure et du lieu), devant nous (prénoms, nom et grade de l'officier remplissant les fonctions d'officier de l'état-civil, avec la désignation du corps auquel il appartient) se sont présentés (prénoms, nom, âge et lieu de naissance du futur, le corps auquel il appartient, le bataillon et la compagnie, ainsi que le numéro sous lequel il est signalé au registre matricule), fils (majeur ou mineur) de (prénoms, nom, profession, âge et domicile des père et mère du futur) d'une part; et (prénoms, nom, âge, lieu de naissance, profession et domicile de la future épouse), fille (majeure ou mineure) de (prénoms, nom, domicile, âge et profession des père et mère de la future), d'autre part; lesquels, en présence de (prénoms, noms, âges et grades des quatre témoins; bataillon et compagnies auxquels ils appartiennent ou leurs professions), leurs témoins (désigner séparément chaque témoin en énonçant s'il est parent et à quel degré), et sous l'autorisation et consentement de leurs père et mère (ou aïeul ou aïeule, s'il a été fait des actes respectueux, en faire mention), nous ont requis de procéder à la célébration de leur mariage

A quoi nous, remplissant les fonctions d'officier de l'état-civil et ci-dessus dénommé, déférant, avons donné lecture :

1° Des actes de naissance des futurs ;

2° Des actes des publications mises à l'ordre du jour du corps dans les délais prescrits par l'article 94 du code civil, sur lesquels il n'est survenu aucune opposition.

3° Des actes des publications faites en la commune de (nom de la commune), lieu du dernier domicile du futur, et en celle de (nom de la commune), lieu du dernier domicile de la future, les (dates des publications).

4° Des certificats délivrés, les (dates des certificats), par les officiers de l'état-civil des dites communes, constatant qu'il n'est survenu aucune opposition ;

5° Des actes contenant les consentements voulus par la loi par chacun des futurs (ou des actes respectueux s'il en a été fait);

6° De la permission de mariage exigée par l'article (indiquer le numéro de l'article, suivant le grade du militaire, article 1er pour les officiers, article 2 pour les hommes de troupe du décret du 16 juin 1808.

7° De la déclaration qu'il (a été ou n'a pas été) fait de contrat de mariage (si le contrat existe, sa date, ainsi que les noms et lieu de résidence du notaire qui l'a reçu);

8° Enfin du chapitre VI du titre de mariage, sur les droits et devoirs des époux. Après quoi, nous avons demandé audit futur époux qu'il entend prendre pour sa femme; il nous a répondu à haute et intelligible voix qu'il demande à s'unir à (prénoms, nom de la future).

Avons ensuite demandé à la future qui elle entendait prendre pour époux; elle nous a répondu aussi à haute et intelligible voix qu'elle désirait avoir pour mari (prénoms, nom du futur).

En conséquence nous avons prononcé, au nom de la loi, que (prénoms et noms des futurs) sont unis par le mariage.

De tout ce que dessus, nous avons dressé le présent acte, et, après en avoir donné lecture, nous l'avons signé avec les parties et les témoins, les dits jour et an (si quelqu'un ne sait pas signer en faire mention).

Nota. — S'il existait un enfant naturel et que les époux fussent dans l'intention de le reconnaître conformément aux dispositions de l'article 331 du code civil, l'acte de mariage devrait alors être suivi de la déclaration ci-dessous :

Lesdits époux nous ayant déclaré qu'il existe un enfant naturel, fruit de leurs œuvres; que cet enfant n'a pas été reconnu lors de sa naissance, et qu'il a été présenté à l'officier remplissant les fonctions d'officier de l'état-civil, à (désigner le corps ou la commune; si c'est dans l'intérieur), sous les prénoms et nom de (indications des prénoms et nom qui ont été donnés à l'enfant), qu'ils désirent le reconnaître pour leur enfant, attendu qu'il n'est ni adultérin, ni incestueux, et qu'à cet effet, ils nous le présentent; sur quoi nous, remplissant les fonctions d'officier de l'état-civil, après avoir examiné cet enfant, que nous attestons être du sexe (indiquer le sexe de l'enfant), avons déclaré que (prénoms, nom de l'enfant), enfant naturel des dits (prénoms et noms des époux) est légitimé, et que mention de la présente légitimation sera faite en marge de son acte de naissance.

De tout ce que dessus, nous avons dressé le présent acte, qui a été signé par les parties, les témoins, et par nous, après lecture faite, lesdit jour et an.

ARMÉE

e CORPS

e DIVISION

Acte de naissance

Modèle n° 164

Aujourd'hui (date du mois et de l'an, indication du jour, de l'heure et du lieu), devant nous (prénoms, nom et grade de l'officier remplissant les fonctions d'officier de l'état-civil, avec la désignation du corps auquel il appartient), s'est présenté (prénoms, nom, âge du requérant et désignation de son grade, ainsi que de la compagnie et du bataillon auxquels il appartient, et du numéro sous lequel il est signalé au registre matricule, s'il est sous-officier ou soldat) ; lequel nous a requis de dresser l'acte de naissance de (nom et prénoms que l'on donne à l'enfant) son fils ou sa fille (si l'enfant est présenté par toute autre personne que le père, indiquer les nom et prénoms de cette personne et sa profession), auquel a donné le jour (prénoms, âge et nom de famille de l'épouse), son épouse (indiquer le jour et l'heure de l'accouchement).

Il nous a en conséquence, représenté cet enfant, en nous déclarant qu'il produit pour témoins de cet acte (noms, prenoms et âges des deux témoins, lesquels doivent toujours être majeurs et du sexe masculin, avec l'indication des compagnies ou bataillons auxquels ils appartiennent, ou de leurs professions); sur quoi, nous remplissant les fonctions d'officier de l'état civil et ci-dessus dénommé, après avoir, en présence desdits témoins, examiné l'enfant, avons reconnu qu'il est du sexe (désigner le sexe de l'enfant).

De tout quoi nous avons dressé le présent acte, qui a été signé sur le registre par le requérant, les témoins et nous, après qu'il en a été donné lecture, les-dits jour et an (si quelque témoin ne savait signer, il faudrait en faire mention.

ARMÉE
° CORPS
° DIVISION

Acte de décès.

Modèle n° 165.

Aujourd'hui (date du mois et de l'an indication du jour, de l'heure et du lieu) devant nous (prénoms, nom et grade de l'officier remplissant les fonctions d'officier de l'état civil, désignation du corps auquel il appartient), sont comparus (prénoms, noms, âges et grades des trois témoins voulus par l'article 96 du code; corps, bataillon et compagnie auxquels ils appartiennent, ou leur profession), lesquels nous ont déclaré que (prénoms, nom, grade du militaire décédé, corps, bataillon, compagnie auxquels il appartient, numéro sous le quel il est signalé au registre matricule, s'il est sous-officier ou soldat) est décédé ce jour, à (désigner l'heure et le lieu), par suite de (indication du genre de mort lorsqu'il y a lieu). Ce militaire était marié à (désigner le nom de la veuve et son domicile), et était fils de (noms des père et mère du décédé et leur domicile).

De tout quoi nous avons dressé le présent acte, qui a été signé par nous et les trois témoins après lecture faite, lesdits jour et an.

ARMÉE
° CORPS
° DIVISION

° RÉGIMENT DU GÉNIE

° BATAILLON
° COMPAGNIE

Extrait d'acte de naissance.

Modèle n° 166.

Nous soussigné (prénoms, nom et grade de l'officier remplissant les fonctions d'officier de l'état civil), certifions qu'il résulte du registre destiné à l'inscription des actes de l'état civil faits hors du territoire français pour le (désigner le corps), que le nommé (prénoms et nom du père ou de la personne qui a présenté l'enfant ; désignation de sa profession ou du corps, du bataillon ou de la compagnie auxquels il appartient, ainsi que du numéro sous lequel il est signalé), nous a déclaré, en présence de deux témoins mâles et majeurs voulus par la loi, que le (date de la naissance de l'enfant) son époux ou épouse de (nom et état du père, prénoms et nom de la mère), est accouchée à (indiquer le lieu et l'heure) d' (d'un garçon ou d'une fille) à qui ils ont donné les prénoms de (prénoms de l'enfant), et ont, le père (ou celui qui a présenté l'enfant) et les témoins signé avec nous au registre.

A (désigner le lieu), le (date du mois et l'an 188)

Pour extrait conforme :

Nota. — Cet extrait est adressé au maire du dernier domicile du père de l'enfant, dans les dix jours qui suivent l'inscription de l'acte de naissance au registre de l'état civil. Un double de cet extrait est, en outre, envoyé au Ministre de la guerre.

La transmission de tous les extraits d'actes de l'état civil se fait par l'intermédiaire du conseil d'administration central

---

ARMÉE

e CORPS

e DIVISION

e RÉGIMENT DU GÉNIE

e BATAILLON — e COMPAGNIE

Extrait d'acte de mariage.

Modèle n° 167.

On ne doit point envoyer extrait de ces sortes d'actes, mais bien une copie littérale du registre, conformément aux dispositions de l'article 95 du code civil.

Nota.— Immédiatement après l'inscription sur le registre de l'acte de célébration du mariage, il en est envoyé une expédition au maire du dernier domicile de chacun des époux.

ARMÉE

e CORPS

e DIVISION

e RÉGIMENT DU GÉNIE

e BATAILLON — e COMPAGNIE

Modèle n° 168.

Extrait d'acte de mort.

Nous soussigné (prénoms, nom et grade de l'officier remplissant les fonctions d'officier de l'état civil), certifions qu'il résulte du registre destiné à l'inscription des actes de l'état civil fait hors du territoire français pour le (désigner le corps), que le nommé (prénoms, nom et grade du décédé, désignation du corps, du bataillon et de la compagnie), fils de et de (prénoms et noms des père et mère), natif de (lieu de naissance), marié à (prénoms et nom de la veuve ainsi que son domicile), signalé au registre matricule sous le n° (indiquer le numéro), est décédé à (indiquer le lieu), par suite de (déterminer le genre de mort, lorsqu'il y a lieu), le (la date et l'heure du décès), d'après la déclaration à nous faite le (indiquer la date), par les trois témoins mâles et majeurs voulus par la loi, lesquels ont signé au registre avec nous.

A *le* *188*

Pour extrait conforme :

Nota. — Cet extrait doit être établi en deux expéditions qui sont envoyées : l'une dans les dix jours au maire du dernier domicile du décédé ; l'autre tous les mois avec les autres extraits d'actes faits pendant le mois, au ministre de la guerre.

L'extrait destiné au ministre doit contenir la mention suivante :

Un duplicata de cette pièce a été adressé le à M. le maire de département de

---

Procuration générale.

Modèle n° 169.

Aujourd'hui (date en lettres), s'est présenté devant nous capitaine commandant la ° compagnie du ° bataillon du ° régiment du génie, le sieur soldat à ladite compagnie, immatriculé sous le n° , lequel a par ces présentes, constitué pour son mandataire général et spécial, M. , cultivateur, demeurant à auquel il donne pouvoir de, pour lui et en son nom, gérer et administrer activement et passivement tous les biens mobiliers et immobiliers qui lui appartiennent actuellement, ceux dont il pourra devenir propriétaire à quelque titre que ce soit.

Recevoir les sommes capitales dues au constituant par titres publics ou privés ; accepter le remboursement de tous capitaux de rentes ; recevoir également ses loyers et fermages, ses arrérages de rentes, les intérêts de ses capitaux et généralement toutes les sommes principales et accessoires dont il pourra être créancier ; consentir, renouveler et résilier les baux de ses immeubles ; donner et accepter les congés ; faire faire les réparations et reconstructions que le procureur constitué jugera utiles ; arrêter et signer à ce sujet tous marchés et devis ; faire faire tous états des lieux ; entendre débattre, clore et arrêter tous comptes ; en fixer les reliquats ; les recevoir ou payer selon que M. se trouvera créancier ou débiteur ;

Employer les sommes reçues en placements sur immeubles, sur effets publics, sur billets ou effets commerciaux, faire tous les emprunts par

obligations publiques ou privées ; donner tous les meubles en gages et tous les immeubles en antichrèse (1) : consentir ou accepter toutes constitutions de rentes perpétuelles ou viagères ; vendre tout ou partie des biens meubles et immeubles appartenant ou qui appartiendront à M.
faire tous échanges avec ou sans soulte ; transporter toutes créances ; obliger le constituant à toutes garanties ;

Tirer et accepter tous mandats et lettres de change ; signer tous endossements et avals ; poursuivre toutes liquidations de créances, soit sur le gouvernement, soit aux particuliers ; retirer toutes ordonnances, inscriptions, bons, mandats et autres valeurs qui seraient donnés en payement ; faire les déclarations et affirmations requises ;

Recueillir les successions, donations et legs auxquels M. pourrait être appelé ; requérir opposition et levée de scellés ; procéder à tous les inventaires et récolements, et faire, en procédant, tous dires, réquisitions réserves et protestations ; nommer tous officiers gardiens et dépositaires ; prendre connaissance des charges et des forces desdites successions, donations et legs ; les accepter purement et simplement ou sous bénéfice d'inventaire, ou bien y renoncer ; faire ou refuser toutes délivrances de legs ; procéder à toutes liquidations ou partages ; composer les masses ; former les lots, les tirer au sort ou les accepter, ou abandonner par voie et attributions ; payer ou recevoir toutes soultes ; poursuivre toutes licitations ou y défendre ; surenchérir et se rendre adjudicataire pour le compte du mandant ; rendre tous comptes de bénéfices d'inventaires ou autres ;

Se faire remettre tous dépôts ; retirer de la poste aux lettres ou autres bureaux toutes lettres chargées, paquets, caisses, ballots ;

Acheter à l'amiable ou se rendre adjudicataire d'une maison (désigner les biens), appartenant à M. , aux prix, charges et conditions que le mandataire jugera à propos ; obliger le constituant au payement du prix, soit comptant, soit à terme ; retirer tous titres de propriété et pièces y relatives ; faire faire toutes transcriptions, et ensuite, s'il y a lieu, remplir les formalités nécessaires pour purger ;

Faire faire toutes estimations d'immeubles, ainsi que tous mesurages, arpentages et bornages des biens ruraux ; nommer tous experts, signer tous procès-verbaux, approuver ou contredire ces opérations ;

Passer et requérir tous titres, nouvelles de titres de créances et rentes ; prendre toutes inscriptions, renoncer à toutes prescriptions.

Faire opérer la dissolution de toutes sociétés existantes entre le constitué et autres ; en contracter de nouvelles en son nom ; prendre et acquérir tous intérêts dans les entreprises que le mandataire croira avantageuses, y faire toutes mises de fonds et s'obliger à exécuter toutes les conditions qui lui seront imposées par les actes qui les établiront ;

Paraître à toutes assemblées de créancier, des débiteurs faillis du constituant ; prendre part à leurs délibérations, signer tous contrats d'union, d'atermoiements et concordats ; faire vérifier les créances du constituant, affirmer qu'elles sont sincères et véritables, et qu'il

(1) Contrat par lequel on abandonne les revenus d'une propriété à un créancier.

ne prête son nom directement ni indirectement à qui que ce soit ; poursuivre l'homologation contre les créanciers refusants ;

En cas de difficulté ou contestation de qui que ce soit, citer et paraître, tant en demandant qu'en défendant, devant tous juges de paix et autres et devant tous tribunaux ; constituer avoués ; les révoquer, en constituer d'autres ; plaider, s'opposer, appeler, se pourvoir en cassation ou par requête civile ; former toutes demandes ; obtenir jugements et arrêts, les faire exécuter, accorder termes et délais, faire toutes remises, traiter et transiger, composer et compromettre, nommer arbitres sur arbitres, experts et tiers-experts : exercer toutes poursuites, former oppositions et saisies-arrêts, assigner en validité ; faire faire toutes saisies-exécutions et ventes, consigner des aliments ; faire faire toutes saisies immobilières ou expropriations forcées ; donner à cet effet, à tel huissier que bon semblera au mandataire, le pouvoir spécial prescrit en pareil cas ; surenchérir, provoquer tous ordres et distributions, y produire ou retirer tous les bordereaux de collocation, en recevoir le montant, remettre ou retirer tous titres et pièces, donner quittance et décharges, signer tous acquits et émargements, consentir toutes subrogations avec ou sans garanties ; passer et signer tous actes ; faire échanger toutes élections de domicile ; substituer une ou plusieurs personnes dans tout ou partie des présents pouvoirs ; révoquer les substitués et en nommer d'autres.

Fait et donné, à le

Legs universel.

Modèle 170.

Je soussigné (prénoms, nom, grade, compagnie, bataillon), signalé au registre matricule du corps sous le n° , institue légataire universel de tous mes biens, meubles et immeubles que j'aurai et délaisserai au jour de mon décès, le sieur (prénoms, nom), mon cousin, cultivateur, demeurant à , département de , pour qu'il en dispose en pleine propriété et jouissance.

Fait et écrit en entier de ma main, à (indiquer le lieu), le (dates du mois et de l'an en lettres).

(Signature).

Legs universel fait à plusieurs, avec conditions d'accroissement.

Modèle 171.

Je soussigné (prénoms, nom, grade, compagnie, bataillon), signalé au registre matricule du corps sous le n° , institue légataire universel, conjointement et avec droit d'accroissance, en cas de décès de l'un d'eux, au profit des suivants, MM. et dame , mes cousins et cousine.

Fait et écrit en entier de ma main, à (indiquer le lieu), le (dates du mois et de l'an en lettres).

(Signature).

Legs avec appel d'un tiers, à défaut de l'institué.

Modèle nº 172.

Je soussigné (prénoms, nom, grade, compagnie, bataillon), signalé au registre matricule du corps sous le nº , donne et lègue à M. (prénoms, nom), mon ami, la totalité des biens, meubles et immeubles qui composent ma succession, pour en disposer comme chose lui appartenant en toute propriété et jouissance, à compter du jour de mon décès.

Et pour le cas où il ne recueillerait pas ce legs, j'appelle pour le recueillir M. (prénoms, nom), mon autre ami, à qui, le cas prévu arrivant, je donne et lègue tous les biens, meubles et immeubles que j'aurai au jour de mon décès.

Fait et écrit en entier de ma main, à (désigner le lieu), le (dates du mois et de l'an en lettres).

(Signature).

---

e CORPS D'ARMÉE

—

Place d

—

e Trimestre 188

—

Nos au journal des recettes et dépenses.

Service

de (1)

c

Chapitre — e Partie. — Article unique.

(2) ....

(3) ....

Modèle nº 1.

—

Instruction ministérielle du 1er mars 1880 art. 22.

Pour payement des frais de main-d'œuvre et menues fournitures dont le détail suit (4).

Modèle nº 173.

Nature des dépenses	Quantité	Prix	Montant	OBSERVATIONS
TOTAL. . .				

NOTA. — Pour les quittances, n'indiquer que le lieu et la date du payement, et supprimer le reçu.

Certifié véritable

A le 188

Le capitaine commandant la compagnie, certifie l'exécution des travaux et menues fournitures détaillées ci-dessus dont le montant s'élève à la somme de

A le 188

Vu et vérifié :

Le sous-intendant militaire,

Reçu la somme de

A le 188

(1) Indiquer le service.
(2) Mémoire ou quittance.
(3) Doit le... ou reçu du conseil d'administration ou le (désigner le grade) commandant.
(4) La somme de (en toutes lettres).

NOTA. — Classer les effets confectionnés dans l'ordre adopté pour les différentes nomenclatures.

Format : haut. 0,25, larg. 0,17.

• CORPS D'ARMÉE

—

Place d

—

• Trimestre 188

—:—

N° au journal des recettes et dépenses.

de (1)

•

Service

Chapitre . — ° Partie. — Article unique.

Modèle n° 1 modifié.

—

Instructions ministérielles des 1er mars 1880 et 1er mars 1881.

(2) ....

(3) ....

Pour payement des frais de main-d'œuvre et menues fournitures dont le détail suit (4).

Modèle n° 174

Quantités	Détail des objets fournis et de la main-d'œuvre	PRIX DU TARIF		Montant de la dépense au compte de l'État	OBSERVATIONS
		Pièce d'armes	Main-d'œuvre		
Montant total de la dépense au compte de l'État. . . .					

Nota. — Pour les quittances, n'indiquer que le lieu et la date du payement, et supprimer le reçu.

Certifié véritable,

A le 188

Le capitaine commandant la compagnie certifie l'exécution des travaux et menues fournitures détaillées ci-dessus, dont le montant, s'élève à la somme de. . . . .

A le 188

Reçu la somme de

A le 188

Vu et vérifié :

Le sous-intendant militaire,

(1) Indiquer le service.
(2) Mémoire ou quittance.
(3) Doit le... ou reçu du conseil d'administration ou le (désigner le grade) commandant.
(6) La somme de (en toutes lettres)

Nota. — Classer les effets confectionnés dans l'ordre adopté pour les différentes nomenclatures.

Format : 0,25 — 0,17.

e CORPS D'ARMÉE	**Service de (1)**	*Modèle n° 1. modifié*
Place d e		Instructions ministérielles des 1er mars 1880 et 1er mars 1881.
e Trimestre 188	**Chapitre — e Partie. — Article unique.**	
Nos au journal des recettes et dépenses.	(2) .... (3)	

Pour payement des frais de main-d'œuvre et menues fournitures dont le détail suit (4).

Modèle n° 175.

Quantités	Détail des réparations au compte de l'État	PRIX DU TARIF		MONTANT		Total au compte de l'État
		Pièces d'armes	Main-d'œuvre	des pièces d'armes	de la main-d'œuvre	
Montant de la main-d'œuvre au compte des hommes. . .						
Total de la main-d'œuvre.						
Prime de allouée à l'armurier sur la totalité de la main-d'œuvre et des pièces d'armes.						
Total au compte de l'État. . . .						

Certifié véritable,

A *le* *188*

Le capitaine commandant la compagnie certifie l'exécution des travaux et menues fournitures détaillées ci-dessus, dont le montant s'élève à la somme de

A *le* *188*

Reçu la somme de

Vu et vérifié :

A *le* *188*

Le sous-intendant militaire,

(1) Indiquer le service.
(2) Mémoire ou quittance.
(3) Doit le ou reçu du conseil d'administration ou le (désigner le grade) commandant.
(4) La somme de (en toutes lettres).

NOTA. — Pour les quittances n'indiquer que le lieu et la date du payement, et supprimer le reçu.

Format, 0,26, sur 0,17.

• CORPS D'ARMÉE

—

• DIVISION

—

Place d

—

Mois d 188 .

—:—

N° au journal des recettes et dépenses.

—

N° au registre des entrées et des sorties.

—

N° au compte annuel.

SERVICE

de (B)

—:—

° RÉGIMENT DU GÉNIE

• BATAILLON • COMPAGNIE

Chap. XII. — ° Partie. — Art. unique.

ENTRÉE A CHARGE DE PAIEMENT

Modèle n° 3.

Instruction ministérielle du 1er mars 1880 art. 22, 150, 253 bis.

Service (A).

(A) Courant ou de réserve.
(B) Indiquer le service

Talon de la (1) facture des (2) matières et objets livrés par le sieur demeurant à pendant le mois de en exécution de (3) l'ordre du capitaine commandant la ° compagnie du ° bataillon du ° régiment du génie.

Nos de la classification — sommaire	Nos de la classification — détaillée	DÉSIGNATION des (2) objets	Unité réglementaire	Classement	Quantités	Prix d'achat	Montant	OBSERVATIONS
	7	Galons de laine de grade et de chevron . . .	mèt.	neuf	30	0.38	11.40	
		A reporter. . . .					11.40	

Nota. — Le présent talon ayant uniquement pour objet de faciliter le contrôle administratif n'est point soumis à la formalité du timbre. (Décision ministérielle du 15 octobre 1851).

(1) Facture ou quittance.
(2) Matières, denrées, objets, animaux.
(3) De son marché en date du ou de l'ordre du en date du

e CORPS D'ARMÉE

—

e DIVISION

—

Place d

—

Mois d 188 .

—:—

No au journal des recettes et dépenses.

—

No au registre des entrées et des sorties.

—

No au compte annuel.

SERVICE

de (B)

—:—

e RÉGIMENT DU GÉNIE

—

e BATAILLON — e COMPAGNIE

—

Chap. XII. — e Partie. — Art. unique.

ENTRÉE A CHARGE DE PAIEMENT

Modèle no 3.

—

Instruction ministérielle du 1er mars 1880, art. 22, 130, 253 bis.

—

Service (A).

(A) Courant ou de réserve.

(B) Indiquer le service.

(1) **Facture** des (2) matières et objets livrés par le sieur demeurant à pendant le mois de pour le service de l'habillement en exécution de (3) l'ordre du capitaine commandant la e compagnie du e bataillon du e régiment du génie en date du

Modèle no 176.

Nos de la classification sommaire	Nos de la classification détaillée	NATURE de la dépense et dénomination des (2) objets	Unité réglementaire	Classement	Quantités	Prix d'achat	Montant	OBSERVATIONS
	7	Galons de laine de grade et de chevron . . .	mèt.	neuf	30	0.38	11 40	
		A reporter . . .					11.40	

(1) Facture ou quittance.

(2) Matières, denrées, objets, animaux.

(3) De son marché en date du ou de l'ordre du en date du

(VERSO)

(Format, 0,36 sur 0,23).

(VERSO)

Nos de la classification — sommaire	Nos de la classification — détaillée	NATURE de la dépense et désignation des (1)	Unité réglementaire	Classement	Quantités	Prix d'achat	Montant	OBSERVATIONS
		Report. . . .					11.40	
		TOTAL.					11.40	
		IMPUTATIONS DIVERSES f. c.						
		Reste à payer pour solde					11.40	

Reçu la somme de onze francs, quarante centimes, montant de la présente facture

A le 188

Le fournisseur,

Vu et vérifié :

Le sous-intendant militaire,

Vu :

Le sous-intendant militaire,

(*) Facture ou quittance.
(1) Matières, denrées, objets et animaux.

La présente (*) facture, montant à la somme totale de onze francs, quarante centimes certifiée véritable par le fournisseur soussigné.

A le 188

(Signature du fournisseur),

Reçu et pris en charge les quantités ci-dessus et arrêté la présente facture à la somme totale de onze francs quarante centimes, de laquelle déduisant les à-compte et imputations détaillées ci-dessus, il reste à payer la somme de onze francs quarante centimes.

A le 188

Le capitaine commandant la compagnie,

(VERSO)

Nos de la classification sommaire	Nos de la classification détaillée	DÉNOMINATION des (1) objets	Unité réglementaire	Classement	Quantités	Prix d'achat	Montant	OBSERVATIONS
		Report. . . .					11.40	
		TOTAL.					11.40	
		IMPUTATIONS DIVERSES f. c.						
		Reste à payer pour solde					11.40	

Reçu la somme de onze francs, quarante centimes, montant de la présente facture (*).

A le 188

Le fournisseur,

Vu et vérifié :

Le sous-intendant militaire,

Vu :

Le sous-intendant militaire,

(*) Facture ou quittance.
(1) Matières, denrées, objets et animaux.

Le présent talon, montant à la somme totale de onze francs, quarante centimes, certifié véritable et conforme à la (*) la présente facture (*) facture dont il a été détaché par le fournisseur.

A le 188

(Signature du fournisseur),

Reçu et pris en charge les quantités ci-dessus.

A le 188

Le capitaine commandant la compagnie,

ᵉ CORPS D'ARMÉE
—
ᵉ DIVISION
—
Place d
—
Mois d , 188
—
Nº au journal des recettes et dépenses.
—
Nº au registre des entrées et des sorties.
—
Nº au compte annuel

Service de (B)

ᵉ **REGIMENT DU GENIE**

ᵉ BATAILLON ᵉ COMPAGNIE

Chap. XII. — ᵉ Partie. Article unique.

Entrée à charge de payement.

Expédition.

Modèle nº 3 (bis)
—
Instruction ministérielle du 1er mars 1880 art. 23.
—
Service (A)

(A) courant ou de réserve
(B) Indiquer le service
(Format, 36 sur 23.)

(1) **Facture** des (2) matières et objets livrés par le sieur pendant le mois de pour le service de l'habillement, en exécution de (3) l'ordre du capitaine commandant la ᵉ compagnie du ᵉ bataillon du ᵉ régiment du génie en date du *Modèle nº 177.*

Nº de la classification		Nature de la dépense et désignation des (2)	Unité réglementaire	Classement	Quantités	Prix d'achat	Montant	OBSERVATIONS
Sommaire	Détaillée							
		Total.						
		Imputations diverses.						
		fr. c.						
		Reste à payer pour solde.						

Reçu la somme de (en toutes lettres) montant de la présente (*) facture.

A le 188

Le fournisseur,

(*) Facture ou quittance,

La présente (*) facture montant à la somme totale de (en toutes lettres) certifiée véritable, par le fournisseur soussigné.

A le 188

Vu et vérifié :
Le sous-intendant militaire,

Vu :
Le sous-intendant militaire,

Reçu et pris en charge les quantités ci-dessus, et arrêté la présente facture à la somme totale de (en toutes lettres) de laquelle déduisant les à-comptes et imputations détaillées ci-dessus, il reste à payer la somme de (en toutes lettres)

A le 188

Le capitaine commandant la compagnie,

Pour expédition certifiée conforme :

Le sous-intendant militaire,

(1) Facture ou quittance.
(2) Matières, denrées, objets, animaux,
(3) De son marché en date du ou de l'ordre du en date du

(Voir le modele 178 aux pages suivantes).

° CORPS D'ARMÉE

—

° DIVISION

—

Place d

—

° Trimestre 188 .

—

N° au journal des recettes et dépenses.

N° au registre des entrées et des sorties.

N° au compte annuel.

(Format, 0,36, sur 0,23).

Service

de (B)

—

° REGIMENT DU GENIE

—

° BATAILLON ° COMPAGNIE

— —

Entrée (1)

—

Certificat administratif ou ordre de prise en charge.

—

N° 364
de la nomenclature

—

Modèle n° 5.

Instruction ministérielle du 1er mars 1880, art. 130, 253 bis.

Service (A)

(A) Courant ou de réserve.

(B) Indiquer le service.

Nota. — Dans le cas d'entrée sans dépenses en deniers les colonnes du décompte ne doivent pas être remplis et la preuve du remboursement doit être bâtonnée.

Le capitaine commandant la compagnie certifie avoir pris en charge dans ses comptes les (2) ci-après désignés, provenant de (4) savoir :

Modèle n° 179.

N° de la classification		DÉNOMINATION des (2)	Unité réglementaire	Classement	Quantités	DÉCOMPTE		Observations
Sommaire	Détaillée					Prix de l'unité	Montant	
					Total. . .			

Vu et vérifié : A le 188

Le sous-intendant militaire, *Le capitaine commandant la Cie,*

PREUVE DE REMBOURSEMENT (3.)

Le soussigné, certifie que la partie prenante désignée ci-dessus a versé au trésor, suivant récépissé n° du la somme de montant de la valeur des (2) mentionnés au présent ordre de prise en charge.

Vu : A le 188

Le sous-intendant militaire,

(1) A charge de paiement, ou sans dépenses en deniers.
(1) Matières, denrées, objets, animaux.
(3) Si le remboursement n'a pas lieu par voie de versement au Trésor, l'administration centrale indiquera dans l'espace laissé en blanc le mode employé.
(4) Indiquer la provenance.

e CORPS D'ARMÉE — e DIVISION — *Place d* — Mois d 188 . —:— N° au journal des recettes et dépenses. — N° au registre des entrées et des sorties. — N° au compte annuel.	SERVICE de (B) —:— e REGIMENT DU GÉNIE — e BATAILLON e COMPAGNIE — — ENTRÉE A CHARGE DE PAIEMENT —	N° 363. de la nomenclature — Modèle n° 4 (*) — Instruction ministérielle du 1er mars 1880 art. 22, 130, 253 bis. — *Service (A).* (A) Courant ou de réserve. (B) Indiquer le service.

Talon du bordereau récapitulatif des (1) achetés sur place par le , sans marché ni facture, pendant le mois d

Nos de la classification		DÉSIGNATION des (1) objets	Unité réglementaire	Classement	Quantités	Prix d'achat	Montant	OBSERVATIONS
sommaire	détaillée							

Le présent talon montant à la somme de certifié sincère et véritable par le

A le 188

Le capitaine commandant la compagnie,

Vu :

Le sous-intendant militaire,

(*) Ce modèle ne sera employé qu'en temps de guerre, lorsqu'il ne sera pas possible d'établir des factures pour chaque fournisseur.

(1) Matières, denrées, objets, animaux.

° CORPS D'ARMÉE

° DIVISION

Place d

Mois d 188 .

N° au journal des recettes et dépenses.

N° au registre des entrées et des sorties.

N° au compte annuel.

SERVICE

de (B)

° REGIMENT DU GENIE

° BATAILLON ° COMPAGNIE

ENTRÉE A CHARGE DE PAIEMENT

N° 363.
de la nomenclature

Modèle n° 4 (*)

Instruction ministérielle du 1er mars 1880, art. 22, 130, 253 bis.

Service (A).

(A) Courant ou de réserve.
(B) Indiquer le service.

Bordereau récapitulatif des (1) achetés sur place par le sans marché ni facture, pendant le mois de

Modèle n° 178.

Nos de la classification		DÉNOMINATION des (1)	Unité réglementaire	Classement	Quantités	Prix d'achat	Montant	OBSERVATIONS
sommaire	détaillée							

Le présent bordereau montant à la somme de certifié conforme au talon, dont il est détaché.

A le 188

Vu :

Le capitaine commandant la compagnie,

Le sous-intendant militaire,

(*) Ce modèle ne sera employé qu'en temps de guerre, lorsqu'il ne sera pas possible d'établir des factures pour chaque fournisseur.

(1) Matières, denrées, objets, animaux.

(Format, 0,36 sur 0,23).

e CORPS D'ARMÉE

—

e DIVISION

—

Place d

—

Mois d 188

—:—

Nos au journal des recettes et dépenses.

—

No au registre des entrées et des sorties.

—

No au compte annuel.

Service

de (B)

e **REGIMENT DU GENIE**

e BATAILLON e COMPAGNIE

— —

Entrée (1) sans dépense en deniers.

Facture d'expédition des (2) objets à l'adresse de la e compagnie du e bataillon du e régiment du génie, en exécution de l'ordre du général commandant le e corps d'armée en date du

Numéro 365 de la nomenclature.

—

Modèle no 6.

—

Instruction ministérielle du 1er mars 1880 articles 130, 228, 235, 245, 248.

Service (A)

(A) courant ou de réserve

(B) Indiquer le service.

(Format, 0,36 sur 0,23).

Modèle no 180.

EXPÉDITION												Réception (4)			
COLIS (3)			Nos de la classification		DÉSIGNATION des (2) objets	Unité réglementaire	Classement	Quantités	Décompte			Nos de la classification		Classement	Quantités
Numéros	Nature	Poids	Sommaire	Détaillée					Prix de l'unité		Montant	Sommaire	Détaillée		
							TOTAL.								

(1) Recette à charge de paiement ou réelle sans dépense en deniers ou d'ordre.

(2) Matières, denrées, objets animaux.

(3) Ces colonnes ne seront remplies que lorsque l'expédition n'aura pas lieu par la voie des transports généraux.

(4) Les colonnes « réception » ne seront remplies que lorsque les différences constatées à l'arrivée seront mises à la charge de l'expédition.

Nota. — Dans le cas d'entrée réelle sans dépense en deniers ou d'ordre, les colonnes du décompte ne doivent pas être remplies et ce qui est relatif au remboursement sera bâtonné.

(VERSO)

(VERSO)

RÉCAPITULATION PAR NATURE D (1)											OBSERVATIONS
Numéros des colis	EXPÉDITION						RÉCEPTION (2)				
	Nos de la classification			Unité réglementaire	Classement	Quantités	Nos de la classification		Classement	Quantités	
	sommaire	détaillée					sommaire	détaillée			

La présente facture certifiée véritable par le conseil d'administration expéditeur.

A le 188

Vu et vérifié :

Le sous-intendant militaire,

La vérification des (1) objets expédiés faite à l'arrivée dans la forme réglementaire (2) n'ayant fait ressortir aucune différence à mettre à la charge de l'expéditeur, le capitaine commandant la ᵉ compagnie du ᵉ bataillon du ᵉ régiment du génie, déclare prendre en charge les quantités indiquées ci-dessus (4).

A le 188

Vu :

Le sous-intendant militaire,

Preuve de remboursement (5).

Le , soussigné certifie que la partie prenante désigné ci-dessus a versé au Trésor, suivant récépissé nº du la somme de montant de la valeur des (1) mentionné à la présente facture.

Vu : A le 188

Le sous-intendant militaire,

(1) Matières, denrées, objets animaux.

(2) Les colonnes (réception) ne seront remplies que lorsque les différences constatées à l'arrivée seront mises à la charge de l'expéditeur.

(3) N'ayant fait ressortir aucune différence à mettre à la charge de l'expéditeur ou ayant fait ressortir les différences détaillées dans le procès-verbal de réception dont extrait est ci-joint, différences à mettre à la charge du comptable expéditeur.

(4) On ajoutera « à la réception » lorsque les colonnes comprises sous ce titre seront remplies.

(5) Si le remboursement n'a pas lieu par voie de versement au Trésor, l'administration centrale indiquera dans l'espace laissé libre le mode employé.

e CORPS D'ARMÉE

—

Place d

—

Mois d 188

—

N° au répertoire du sous-intendant militaire.

—

(1) Matières, objets, denrées, animaux.

Service de (B)

—

e RÉGIMENT DU GÉNIE

e BATAILLON e COMPAGNIE

— —

Procès-verbal d'excédant.

—

Modèle n° 7.

—

Instruction ministérielle du 1er mars 1880 article 238.

—

Service (A)

(A) courant ou de réserve.

(B) Indiquer le service.

L'an mil huit cent le nous, sous-intendant militaire chargé de la surveillance administrative de la e compagnie, du e bataillon du e régiment du génie, sur l'avis qui nous a été donné par avons procédé au recensement du matériel existant dans le magasin de cette compagnie.

Le résultat ayant fait ressortir comparativement aux écritures, un excédant composé des (1) objets ci-après désignés, dont l'origine n'a pu être constatée, il est prescrit au capitaine commandant la e compagnie dudit bataillon de s'en charger en recette, savoir :

Modèle n° 181.

Nos de la classification		Désignation des objets	Unité réglementaire	CLASSEMENT ET QUANTITÉS				Observations
Sommaire	Détaillée			Neuf	Bon	A réparer ou instruction	TOTAL	

A le 188

Le sous-intendant militaire,

N°. . . . approuvé :

A le 188

L'intendant militaire du e corps d'armée,

(Format, 0,36, sur 0,23).

e CORPS D'ARMÉE

e DIVISION

Place d

Mois d 188

N° au répertoire du sous-intendant militaire,
N° au registre des entrées et des sorties,
N° au compte annuel,

Service
de (B)

e RÉGIMENT DU GÉNIE

e BATAILLON e COMPAGNIE

Extrait de procès-verbal.

Entrée (1) sans dépense en deniers.

Modèle n° 8.

Instruction ministérielle du 1er mars 1880.

Art. 130, 233 bis, 238.

Service (A.)

(A) courant ou de réserve.
(B) Indiquer le service.

(1) Sans dépense en deniers.
(2) Le ministre ou l'intendant selon le cas.
(3) Matières, denrées, objets, animaux.

(Format, 0,36, sur 0,23).

Il appert du procès-verbal rapporté le mil huit cent par le sous-intendant militaire chargé de la surveillance administrative de la e compagnie du e bataillon du e régiment du génie, et approuvé par (2) l'intendant militaire du e corps d'armée le (N°), que le recensement du matériel existant dans les magasins de la compagnie à la date du ayant fait ressortir comparativement aux résultats des écritures de ladite compagnie un excédant composé des (3) objets ci-après désignés dont l'origine n'a pu être constatée, il est prescrit au capitaine commandant la e compagnie de s'en charger en recette, savoir :

Modèle n° 182

N° de la classification		Désignation des (3) objets	Unité réglementaire	CLASSEMENT ET QUANTITÉS				Observations
Sommaire	Détaillée			Neuf	Bon	à réparer ou instruction	TOTAL	

A le 188

Le sous-intendant militaire,

Déclaration de prise en charge.

Le Capitaine commandant la compagnie, soussigné, certifie qu'il s'est chargé en recette, pour en tenir compte envers l'État, des objets désignés ci-dessus.

A le 188

Vu
Le sous-intendant militaire,

Le Capitaine commandant la compagnie,

Modèle n° 9.

Instruction ministérielle du 1er mars 1880, art. 130, 131, 253 bis.

Service (A).

(A) Courant ou de réserve.
(B) Indiquer le service

° CORPS D'ARMÉE

° DIVISION

Place d

° Trimestre 188 .

N° au journal des recettes et dépenses.

N° au registre des entrées et des sorties.

Entrées n° Sorties n°

SERVICE

de (B)

° REGIMENT DU GENIE

° BATAILLON ° COMPAGNIE

CERTIFICAT ADMINISTRATIF
constatant une confection et des réparations

Entrée et Sortie.

Le (1) soussigné, certifie qu'il chargé, en recette des quantités d (2) qui ont été (3) par (4) en exécution de (5) et qui ont été admis par la commission de vérification.

Il constate, en outre, qu'il a été fait emploi dans la (6) des (7) qui sont portés en sortie sur la présente pièce.

Modèle n° 183.

N° de la classification		DÉNOMINATION des (2)	Unité réglementaire	Classement	Quantités	Décompte de l'opération		OBSERVATIONS
sommaire	détaillée					Montant des espèces d'objets	Prix de l'unité	
						fr. c.	fr. c.	
						TOTAL. . .		

A le 188

Vu : *Le capitaine commandant la compagnie,*

Le sous-intendant militaire,

(1) Membres du conseil d'administration ou (désigner le grade) commandant.
(2) Matières, denrées, objets, animaux.
(3) Confectionnés, réparés ou transformée.
(4) Indiquer le nom de l'entrepreneur ou si l'opération a eu lieu par économie.
(5) De son marché en date du ou de l'ordre de
(6) Confection, réparation, transformation.
(7) Les matières et objets employés ne sont portés que lorsque les objets employés proviendront des magasins.

Nota. — Lorqu'il s'agira d'une opération sans dépense en deniers les colonnes du décompte ne devront pas être remplies. On relève distinctement les opérations de chaque portion de corps, s'il y a lieu, et on totalise par nature de matières ou d'objets (Voir modèles nos 10 et 14).

(Format, 0,36 sur 0,23).

e CORPS D'ARMÉE

e DIVISION

Place d

Mois d 188

N° au registre des entrées et des sorties.
Entrées n° Sorties n°

N° au compte annuel
Entrées n° Sorties n°

Service de (B)

e RÉGIMENT DU GÉNIE

e BATAILLON e COMPAGNIE

CERTIFICAT ADMINISTRATIF

Changement de classement.

Entrée et sortie.

Modèle n° 10

Instruction ministérielle du 1er mars 1880 art. 23.

Service (A)

(A) courant ou de réserve
(B) Indiquer le service

(Format, 36 sur 23).

Le capitaine commandant la compagnie, certifie qu'à la suite de (1) les (2) ci-après désigné (3) ont subi le changement de (4) qu'indique le tableau suivant.

Il certifie, en outre, qu'il a été fait sortie des quantités portées ci-dessous, et qu'il s'est en même temps chargé en recette des mêmes objets, sous leur (5)

Modèle n° 184.

SORTIES (ancien classement).									ENTRÉES (nouveau classement).									OBSERVATIONS
N° de la classification		DÉNOMINATION des (3)	Unité réglement.	Classement et quantités					N° de la classification		DÉNOMINATION des (3)	Unité réglement.	Classement et quantités					
sommaire	détaillée			neuf	bon	à l'instruction	Total		sommaire	détaillée			neuf	bon	hors de service	Total		
		(6)																

A le 188

Vu :
Le sous-intendant militaire,

Le capitaine commandant la compagnie,

(1) D'une vérification, d'un inventaire, d'un ordre, des réintégrations, des mises en service, etc.
(2) Matières, denrées, objets, animaux.
(3) Existant en magasin ou provenant de
(4) Dénomination, classification, classement.
(5) Nouveau classement ou nouvelle classification.
(6) On porte distinctement les opérations de chaque portion de corps ayant une administration distincte.

° CORPS D'ARMÉE

° DIVISION

Place d

° Trimestre 188

N° au journal des recettes et dépenses.

N° au registre des entrées et des sorties.

N° au compte annuel.

(A) Cour. ou de réserve.
(B) Indiquer le service.

Service de (B)

° RÉGIMENT DU GÉNIE

° BATAILLON ° COMPAGNIE

Facture (1) d

Sortie (2)

En vertu de l'ordre du capitaine commandant la compagnie, en date du 188 , il a été (3) par le magasin du corps les (4) ci-après indiqué, savoir :

Modèle n° 185.

Numéro 369 de la nomenclature.

Modèle n° 11.

Instruction ministérielle du 1er mars 1880, art. 130, 131, 189, 240, 228, 245, 248, 253 bis.

Service (A).

Nota. — Dans le cas de sortie réelle ne donnant par lieu à paiement ou de sortie d'ordre, les colonnes de décompte ne seront pas remplies et ce qui est relatif au remboursem. sera bâtonné.

(6)								RÉCEPTION (5)				OBSERVATIONS
N° de la classificat.		DÉSIGNATION des (4)	Unité réglementaire	Classement	Quantités	Décompte		N° de la classificat.		Classement	Quantités	
sommaire	détaillée					Prix de l'unité	Montant	sommaire	détaillée			

(1) De livraison ou d'expédition.
(2) Réelle à charge, paiement ou réelle ne donnant pas lieu à paiement, ou d'ordre.
(3) Cédé, délivré ou expédié.
(4) Matières, denrées, objets, animaux.
(5) Les colonnes « réception » ne seront remplies que lorsqu'il s'agira d'une expédition et que les différences constatées à l'arrivée seront mises à la charge de l'expéditeur.
(6) Livraison ou expédition.
(7) Indiquer la partie prenante. Si le remboursement n'a pas lieu par voie de versement au Trésor, l'administration centrale indiquera, dans l'espace laissé libre, le mode employé.
(8) On ajoutera « à la réception » lorsque les colonnes comprises sous ce titre seront remplies.

Certifié par le capitaine commandant la compagnie soussigné :
A *le* *188*

Vérifié la présente facture montant à la somme totale d
dont le montant doit être versé au trésor par les soins d (7)
Le sous-intendant militaire,

Récépissé

Le soussigné reconnait avoir reçu les (4) porté ci-dessus (8), dont pris en charge sous le n° des entrées et dont le remboursement sera opéré dans les caisses du trésor.

A le 188

Vu : *Le capitaine commandant*
Le sous-intendant militaire, *la compagnie.*

Preuve de remboursement

Le trésorier payeur général soussigné certifie que la partie prenante désignée ci-dessus a versé au trésor, suivant récépissé n° du la somme de montant des (2) mentionné à la présente facture.

Vérifié : *Le Major,* *A* *le* *188* .

Vu :

Le sous-Intendant-militaire,

(Format, 0,36 sur 0,23).

CORPS D'ARMÉE

° DIVISION

Place d

Mois d 188 .

N° au journal des recettes et dépenses.

N° au registre des entrées et des sorties.

N° au compte annuel.

Nota. — Dans le cas de sortie réelle ne donnant pas lieu à payement, ou de sortie d'ordre, les colonnes du décompte ne seront pas remplies et ce qui est relatif au remboursement sera bâtonné.

Service de (B)

° **REGIMENT DU GENIE**

° BATAILLON ° COMPAGNIE

FACTURE (1) DE LIVRAISON

Sortie (2) à charge de payement.

N° 369 de la nomenclature

Modèle n° 11.

Instruct. ministérielle du 1er mars 1880, art. 130, 131, 189, 240, 228, 245, 248, 253 bis.

Service (A).

(A) Cour. ou de réserve.
(B) Indiquer le service.

En vertu de l'ordre du ministre de la guerre en date du , il a été (3) par la masse individuelle du corps, à l'habillement d'instruction, les (4) objets ci-après indiqués, savoir :

Modèle n° 186.

(1) LIVRAISON								RÉCEPTION (5)				OBSERVATIONS
Nos de la classification		Dénomination des (4)	Unité réglementaire	Classement	Quantités	Décompte		Nos de la classification		Classement	Quantités	
sommaire	détaillée					Prix de l'unité	Montant	sommaire	détaillée			
		Total. . .										

Certifié par le capitaine commandant la compagnie soussigné.

A *le* *188*

(Voir les notes à la page suivante).

Vérifié la présente facture montant à la somme totale de dont le montant doit être (6) remboursé aux fonds de la masse individuelle du corps cessionnaire.

Le sous-intendant militaire,

Récépissé

Le soussigné reconnaît avoir reçu les (4) portés ci-dessus (7) dont il a été pris en charge sous le n° des entrées (section) et dont le remboursement sera opéré par le service de (B)

A le 188

Vu et vérifié : *Le capitaine commandant la compagnie,*

Le sous-intendant militaire,

Preuve de remboursement

Le soussigné certifie que la partie prenante désignée ci-dessus a versé au Trésor, suivant récépissé n° du , la somme de montant de la valeur des (4) mentionnés à la présente facture.

A le 188

Vu :

Le sous-intendant militaire,

(1) Livraison ou expédition.
(2) A charge de paiement au réelle ne donnant pas lieu à paiement ou d'ordre.
(3) Cédé, délivré ou expédié.
(4) Matieres, denrées, objets, animaux.
(5) Les colonnes « réception » ne seront remplies que lorsqu'il s'agira d'une expédition et que les différences constatées à l'arrivée seront mises à la charge de l'expéditeur.
(6) Indiquer la partie prenante. Si le remboursement n'a pas lieu par voie de remboursement au Trésor, l'administration centrale indiquera, dans l'espace laissé libre, le mode employé.
(7) On ajoutera « à la réception » lorsque les colonnes comprises sous ce titre seront remplies.

(Format, 0,36 sue 0,23).

e CORPS D'ARMÉE

e DIVISION

Place d

Mois d 188 .

N° au répertoire du sous-intendant militaire.

SERVICE de (B).

e RÉGIMENT DU GÉNIE

e BATAILLON e COMPAGNIE

Procès-verbal de déficit.

Modèle n° 12.

Instruction ministérielle du 1er mars 1880 art. 258.

Service (A).

(A) Courant ou de réserve.
(B) Indiquer le service.

L'an mil huit cent quatre-vingt, nous sous-intendant militaire chargé de la surveillance administrative du nous étant procuré tous les renseignements nécessaires, avons constaté que le recensement du matériel existant dans la dite compagnie a fait ressortir, comparativement aux écritures, un déficit composé des (1) ci-après, savoir : *Modèle n° 187.*

Nos de la classification		DÉSIGNATION des (1)	Unité réglementaire	Classement	Quantités	DÉCOMPTE		OBSERVATIONS
Sommaire	Détaillée					Prix de l'unité	Montant	
					TOTAL.			

Le déficit ne résultant pas d'un cas de force majeure, nous demandons à M. l'intendant militaire du corps d'armée de vouloir bien proposer au Ministre d'en imputer la valeur au capitaine commandant la e compagnie du e bataillon du e régiment du génie.

A le 188

Le sous-intendant militaire,

N° (2) approuvé les conclusions du sous-intendant militaire et transmis à M. le ministre de la guerre.

A le 188

L'intendant militaire du corps d'armée,

Approuvé :

A le 188

Le Ministre de la guerre,

(1) Matières, denrées, objets, animaux.

(2) Suivant le cas, l'intendant formule ses observations et propositions ou ajoute simplement : Approuvé les conclusions du sous-intendant militaire et transmis à M. le Ministre de la guerre.

(Format : 0,36, sur 0,23.)

° CORPS D'ARMÉE
—
° DIVISION
—
Place d
—
Mois d 188 .

N° au répertoire du sous-intendant militaire.

N° au journal des recettes et des dépenses.
—
N° au registre des entrées et des sorties.

SERVICE de (B)

—:—

° REGIMENT DU GENIE

—

° BATAILLON ° COMPAGNIE

Extrait de procès-verbal.

Sortie (1)

—

(*Déficit imputé.*)

—o:o—

Modèle n° 13.
—
Instruction ministérielle du 1er mars 1880, art. 130, 253 bis, 258.

Service (A).
—
(A) Courant ou de réserve.
(B) Indiquer le service.

Il appert du procès-verbal rapporté le par le sous-intendant militaire chargé de la surveillance administrative du et approuvé par le Ministre de la guerre le.

1° que le recensement du matériel existant dans les magasins de cette compagnie a fait ressortir, comparativement aux écritures, un déficit composé des (2) ci-après savoir: *Modèle n° 188.*

N^os de la classification		DÉSIGNATION des (2)	Unité réglementaire	Classement	Quantités	DÉCOMPTE		OBSERVATIONS
Sommaire	Détaillée					Prix de l'unité.	Montant	
					TOTAL. .			

2° que le capitaine commandant la compagnie a été invité à comprendre les dits objets dans ses comptes en matières, au titre des sorties réelles donnant lieu à remboursement, attendu que n'ayant pu faire connaître la cause du déficit ci-dessus signalé, il a été constitué débiteur envers l'Etat du montant des objets désignés dans le tableau qui précède.

A le 188

Le sous-intendant militaire,

Preuve du remboursement.

Le trésorier-payeur général soussigné certifie que le capitaine commandant la compagnie a versé au trésor, suivant récépissé n° du la somme de montant des objets mentionnés plus haut.

Vu : A le 188

Le sous-intendant militaire,

(1) sortie à charge de paiement (manquants et déficits imputés.)
(2) Matières, denrées, objets, animaux.
(3) Les objets de classement différents appartenant à un même numéro détaillés devant être portés en bloc sur l'inventaire, les quantités afférentes aux divers classements seront totalisées par numéros détaillés.

(Format : 0,36, sur 0,23).

ᵉ CORPS D'ARMÉE

—

ᵉ DIVISION

—

Place d

—

Année. 188

—

Nº au registre des entrées et des sorties.

Nº au compte annuel.

(1) Indiquer les motifs de la sortie.

(2) Matières, denrées, objets, animaux.

Service

de (B)

—

ᵉ REGIMENT DU GENIE

—

ᵉ BATAILLON ᵉ COMPAGNIE

— —

Certificat administratif ou ordre de sortie.

—

SORTIE NE DONNANT PAS LIEU A PAIEMENT.

—

N 339 de la nomenclature

—

Modèle nº 14.

Instruction ministérielle du 1ᵉʳ mars 1880, art. 130, 132, 253 bis.

Service (A)

—0:0—

(A) Courant ou de réserve.

(B) Indiquer le service.

Le capitaine commandant la compagnie certifie avoir porté en sortie dans ses comptes, à la date du ies (1) ci-après désignés figurant au registre-journal comme abandonnés aux détenteurs.

Modèle 189.

Nᵒˢ de la classification		DÉSIGNATION des (2)	Unité réglementaire	CLASSEMENT ET QUANTITÉS				OBSERVATIONS
Sommaire	Détaillée			Neuf	Bon	instruction	TOTAL	

A le 188

Le capitaine commandant la compagnie,

Vu :

Le sous-intendant militaire,

(Format, 0,36 sur 0,23).

° CORPS D'ARMÉE

° DIVISION

Place d

Mois d 188

N° au répertoire du sous-intendant militaire.

1 Indiquer l'évènement de force majeure qui a causé la perte, la détérioration ou la mise hors de service.

(2) Matières, denrées, objets, animaux.

SERVICE d (B)

° REGIMENT DU GENIE

° BATAILLON ° COMPAGNIE

Perte et détérioration par cas de force majeure.

Modèle n° 15.

Instruction ministérielle du 1er mars 1880 art. 130, 251, 253 bis.

Service (A).

(A) courant ou de réserve.

(B) Indiquer le service.

L'an nous, sous-intendant militaire, chargé de la surveillance administrative du constatons, sur le rapport du capitaine commandant ladite compagnie, que les objets ci-après désignés ont été perdus ou détériorés dans les circonstances suivantes : (1).

Modèle n° 190.

Nos de la classification		DÉSIGNATION (1) des	Unité réglementaire	CLASSEMENT ET QUANTITÉS				OBSERVATIONS
Sommaire	Détaillée			Neuf	Bon	A réparer ou instruction	TOTAL.	

En conséquence, nous (2) le capitaine commandant la ° compagnie du ° bataillon du ° régiment du génie à porter en sortie dans ses comptes-matières, comme perte à supporter par l'État, les (1) désigné au présent procès-verbal, plus, à comprendre dans ses comptes-deniers les dépenses de main-d'œuvre, s'élevant à la somme de

A le *188*

Le sous-intendant militaire,

N° (3) approuvé :

A le 188

L'intendant-militaire,

A le 188

Approuvé :

La dépense sera imputée sur

Le Ministre de la guerre,

(1) Matières, denrées, objets, animaux,
(2) Autorisons ou proposons d'autoriser
(3) Suivant le cas, l'intendant-militaire formule ses observations et propositions, ou ajoute simplement : Approuvé les conclusions du sous-intendant militaire et transmis à M. le Ministre de la guerre.

(Format : 0,36, sur 0,23.)

e CORPS D'ARMÉE

e DIVISION

Place d

Mois d 188

N° au répertoire du sous-intendant militaire

N° au registre des entrées et des sorties

N° au compte annuel

Service de (B)

e RÉGIMENT DU GÉNIE

e BATAILLON e COMPAGNIE

Extrait du procès-verbal

SORTIES (1)

Modèle n° 16.

Instruction ministérielle du 1er mars 1880 article 130, 251, 253 bis.

Service (A)

(A) courant ou de réserve.
(B) Indiquer le service.

Format, 0,36 sur 0,23

Perte et détérioration par le cas de force majeure.

Il appert d'un procès-verbal rapporté le par le sous-intendant militaire et approuvé par (2) 1° (3) que les objets ci-après ont été perdus ou détériorés savoir :

Modèle n° 191.

Nos de la classification		DÉSIGNATION des (4)	Unité réglementaire	Classement et quantités				OBSERVATIONS
sommaire	détaillée			neuf	bon	à réparer ou instruction	total	

2° Que le capitaine commandant la compagnie a été autorisé à porter ces objets en sortie dans ses comptes matières.

A le 188

Le sous-intendant militaire,

Le capitaine commandant la compagnie certifie avoir porté en sortie les matières et objets mentionnés au présent extrait.

Vu : A le 188

Le sous-intendant militaire,

(1) Sorties réelles ne donnant pas lieu à paiement (perte par cas de force majeure, détérioration, mise hors de service, destruction de matériel).
(2) Le ministre ou l'intendant, suivant le cas.
(3) Indiquer l'évènement de force majeure qui a causé la perte.
(4) Matières, denrées, objets animaux.

e CORPS D'ARMÉE	SERVICE D (B)	*Modèle n° 17.*
e DIVISION		Instruction ministérielle du 1er mars 1880, art. 130, 245, 253 bis.
Place d	e RÉGIMENT DU GÉNIE	
Mois d 188	e BATAILLON e COMPAGNIE	Service (A).
N° au registre des entrées et des sorties.	EXTRAIT DU PROCÈS-VERBAL DE VENTE	(A) courant ou de réserve.
N° au compte annuel	*Sortie (1) ne donnant pas lieu à*	(B) Indiquer le service.

Le receveur des domaines au bureau d soussigné, certifie avoir reçu et vendu au profit de l'État les (3) impropres au service ci-après désignés, qui lui ont été remis ce jour par le (2) et qui ont produit les sommes indiquées ci-dessous, savoir :

Modèle n° 192

Nos de la classification		DÉSIGNATION des (3)	Unité réglementaire	Classement	Quantités	Produit de la vente	OBSERVATIONS
Sommaire	Détaillée						
						fr. c.	

Vu : A le 188

Le sous-intendant militaire,

(1) Sortie ne donnant pas lieu à paiement (remise au domaine).

(2) Le capitaine commandant la compagnie.

(3) Matières, denrées, objets, animaux.

NOTA. — Il est établi un extrait par section du registre des entrées et des sorties.

(Format : 0,36, sur 0,23).

ᵉ CORPS D'ARMÉE — Place d — ᵉ Trimestre 188

(Voir le modèle 193 aux pages suivantes).

Service de (B)

ᵉ RÉGIMENT DU GÉNIE

ᵉ BATAILLON — ᵉ COMPAGNIE

Modèle n° 21.

Instruction ministérielle du 1ᵉʳ mars 1880, art. 245.

(A) Indiquer le service.

État d'emploi du matériel hors de service existant au corps.

Modèle n° 194.

N° de la nomenclature		DÉNOMINATION des matières, effets et objets	Unité réglementaire	Quantités	Indication de l'emploi proposé						OBSERVATIONS
sommaire	détaillée				réparations	couverture de petits bidons	habillement des enfants de troupe	confection de calottes d'écurie et de trav.	versement à d'autr. corps ou établis.	à remettre au domaine	

Certifié par le capitaine commandant la compagnie.

A le 188

Vu :

A le 188

Le sous-intendant militaire,

Approuvé :

A le 188

L'intendant militaire,

(Format, 0,36 sur 0,23).

ᵉ CORPS D'ARMÉE — ᵉ DIVISION — ᵉ *Brigade* — Place de

ᵉ RÉGIMENT DU GÉNIE

ᵉ BATAILLON — ᵉ COMPAGNIE

Modèle n° 4.

Instruction ministérielle du 9 mars 1879 art. 71.

(Format, 36 sur 23).

Bulletin constatant la vérification des expédiés le par le magasin administratif de en exécution de l'ordre du

Modèle n° 195.

Désignation des effets			Nom du fabricant ou du confectionneur	Année et trimestre de fabrication ou de confection	Époque de l'admission par la commission de réception	Observations et propositions du conseil d'administration	Avis du sous-intendant militaire	Décision ou avis de l'intendant militaire du corps d'armée	DÉCISION du ministre
Nature	Nombre								
	reçus	critiqués							

Vu et vérifié :

Le sous-intendant militaire,

A le 188

Le capitaine commandant la compagnie,

e CORPS D'ARMÉE
—
e DIVISION
—
Place d
—
e Trimestre 188
—
N° au journal des recettes et dépenses.
—
N° au registre des entrées et des sorties.
—
N° au compte annuel

(1) Matières, denrées, objets, animaux.

Service de (B)

e RÉGIMENT DU GÉNIE

e BATAILLON e COMPAGNIE

Talon de l'état des sommes mises à la charge du corps pour pertes ou dégradations des (1) mis à sa disposition.

N° 373 B de la nomenclature
—
Modèle n° 18.
—
Instruction ministérielle du 1er mars 1880, art. 130, 182, 253 bis.

(B) Indiquer le service.

Nos de la classification		DÉSIGNATION des (1)	Unité réglementaire	Quantités des (1)			Prix du tarif des (1)	Dégradations		Montant des sommes imputées	OBSERVATIONS
sommaire	détaillée			perdus	à réparer	hors de service		nature	montant		
									Total		

Certifié par le capitaine commandant la compagnie, le présent état s'élevant à la somme de

A le 188

Le capitaine commandant la compagnie,

Vérifié et approuvé par nous, sous-intendant militaire, le présent état d'imputation s'élevant à la somme de qui sera immédiatement versée dans les caisses du trésor par le (2)

A le 188

(2) Indiquer la partie qui doit faire le versement ou le mode de remboursement lorsqu'il n'aura pas lieu par voie de versement au trésor.

(Format, 0,36 sur 0,23).

e CORPS D'ARMÉE

e DIVISION

Place d

e Trimestre 188

N° au journal des recettes et dépenses.

N° au registre des entrées et des sorties.

N° au compte annuel.

(1) Matières, denrées, objets, animaux.

Service de (B)

e RÉGIMENT DU GÉNIE

e BATAILLON — e COMPAGNIE

Etat des sommes mises à la charge du corps pour pertes ou dégradations des (1) mis à sa disposition.

Modèle n° 193.

N° 373 B de la nomenclature

Modèle n° 18.

Instruction ministérielle du 1er mars 1880, art. 130, 182, 253 bis.

(B) Indiquer le service

Nos de la classification		DÉSIGNATION des (1)	Unité réglementaire	Quantités des (1)			Prix du tarif des (1)	Dégradations		Montant des sommes imputées	OBSERVATIONS
sommaire	détaillée			perdus	à réparer	hors de service		nature	montant		
						TOTAL					

Certifié par le capitaine commandant la compagnie le présent état, s'élevant à la somme de

A le 188

Le capitaine commandant la compagnie,

Vérifié et approuvé par nous, sous-intendant militaire, le présent état d'imputation s'élevant à la somme de qui sera immédiatement versée dans les caisses du trésor par le (2)

A le 188

DÉCLARATION DE VERSEMENT AU TRÉSOR

La somme de a été versée au trésor, ainsi que le constate le récépissé n° en date du délivré par le (3) de l'arrondissement d du département d

A le 188

Vérifié : *Le major,* Vu :

Le sous-intendant militaire,

(2) Indiquer la partie qui doit faire le versement ou le mode de remboursement lorsqu'il n'aura pas lieu par voie de versement au trésor.
(3) Trésorier-payeur général ou receveur, etc.

Modèle n° 6.

ᵉ CORPS D'ARMÉE ᵉ **REGIMENT DU GENIE**

ᵉ BATAILLON ᵉ COMPAGNIE

Instruction ministérielle du 9 mars 1879 art. 94.

Etat récapitulatif et évaluatif des retouches ou réparations exécutées aux effets reçus des magasins administratifs par les corps de troupe, pendant le ᵉ trimestre 188 *Modèle n° 196.*

DÉSIGNATION des corps	Nombre et nature des effets	NATURE DES		DÉPENSE			OBSERVATIONS
		défectuosités	réparations	par effet	pour la totalité des effets	total par corps de troupe	
1° Dépenses autorisées par le Ministre.							
2° Dépenses autorisées par l'intendant-militaire du corps d'armée.							
Total général de la dépense.							

A le 188

Le capitaine commandant la compagnie,

Modèle n° 1.

ᵉ CORPS D'ARMÉE ᵉ **REGIMENT DU GENIE**

ᵉ DIVISION

ᵉ *Brigade*

ᵉ BATAILLON ᵉ COMPAGNIE

Instruction ministérielle du 9 mars 1879, art. 12 et 32.

(A) trimestrielle ou spéciale.

AU TITRE DU SERVICE COURANT

(Format, 0,36, sur 0,23).

ÉTAT de demande (A) des effets d nécessaires en prévision des besoins courants du ᵉ trimestre 188 *Modèle n° 197.*

DÉSIGNATION des effets	Besoins à prévoir pour le dit trimestre		Total des besoins	A ajouter — Manquant à la fixation du service courant	A déduire	Excédant de la fixation du service courant ou réintégrations présumées	Quantités demandées	OBSERVATIONS
	1re mise	remplacement						

Vu et vérifié: A le 188

Le sous-intendant militaire *Le capitaine commandant la Compagnie,*

• CORPS D'ARMÉE — ᵉ DIVISION — ᵉ Brigade

ᵒ REGIMENT DU GENIE

ᵉ BATAILLON — ᵉ COMPAGNIE —

Modèle nº 2. — Instruction ministérielle du 9 mars 1879, art. 22, 25, 37 et 38.

(A) Trimestrielle ou spéciale

(B) Courant ou de réserve.

Au titre du service (B)

(Format, 0,36, sur 0,23.

Etat de demande (A) des effets d nécessaires dans le cours du ᵉ trimestre 188 pour maintenir au complet l'approvisionnement du corps.

Modèle nº 198.

DÉSIGNATION DES EFFETS	QUANTITÉS	OBSERVATIONS

A le 188

Vu et vérifié : *Le capitaine commandant la compagnie,*

Le sous-intendant militaire,

Nota. — Ne pas perdre de vue qu'il doit être établi des états de demande distincts :

1º Pour les casques, chapeaux et képis d'élèves d'administration ;
2º Pour les effets de grand équipement ;
3º Pour les effets de campement ;
4º Pour les matières premières, accessoires d'effets d'habillement, et effets d'habillement autres que ceux compris au tableau A du cahier des charges du 16 septembre 1878.

TRANSPORTS de la guerre	Facture.- Mois d -Article.- e Trimestre 188	N° 162 de la nomenclature.

e CORPS D'ARMÉE ou gouvernement militaire

d

Place de destination

Service

(Suivant les chapitres du budget)

Procès-verbal de pertes et avaries, etc. dans le matériel transporté.

Modèle (E).
(Art. 32 du traité de 1868.)
(Novembre 1876).

Modèle n° 199.

NOTES essentielles à consulter

1. — La minute de ce procès-verbal est ouverte par le sous-intendant militaire chargé de la surveillance administrative du corps ou de l'établissement destinataire, à la date de la première livraison du matériel et close le jour où les conclusions de cet acte ont pu être définitivement arrêtées. Ce fonctionnaire conserve cette minute dans ses archives et en délivre trois expéditions destinées, savoir : une au comptable réceptionnaire, deux à joindre à l'avis d'expédition devant accompagner le relevé mensuel H (2e partie) à adresser à l'intendance militaire de la 1re division, qui transmet une de ces deux ampliations à l'agent général des Cies des chemins de fer, et remet l'autre à la liquidation ministérielle.

2. — Mêmes formalités à remplir pour les réintégrations qui sont constatées sur cette formule appropriée aux circonstances lorsque ces réintégrations ont eu lieu après la production dudit relevé mensuel H. Dans ce cas, les deux ampliations destinées à l'intendant militaire de la 1re division lui sont adressées immédiatement par la voie hiérarchique et par bordereau d'envoi.

3. — Il en sera de même : 1° pour les différences de poids reconnues à destination (art. 32 du traité); 2° pour l'expertise prévue par l'article 13 dudit traité.

(1) Lieu de départ.
(2) Indiquer le corps ou l'établissement expéditeur ou transitoire.
(3) Date en toutes lettres.
(4) Destination finale ou transitoire.
(5) Nom, grade et emploi du destinataire ou transitoire, ainsi que la désignation du corps ou de l'établissement.
(6) Noms et qualité des experts requis.
(7) Du moment que le préposé veut inscrire des protestations ou réserves, l'expertise prévue par les articles 13 et 32 du traité est obligatoire.
(8) Il est très-essentiel que ce tableau reproduise exactement le nombre et le poids total de l'expédition, tant au départ qu'à l'arrivée.

Ordre de transport délivré le (3) 188

Expédition de (1)
par (2)

L'an mil huit cent quatre-vingt et le (3)
Nous sous-intendant militaire dans la place (4)
sur le rapport qui nous a été fait par (5) M.
nous avons, en sa présence et en celle :
1° Du sieur préposé des transports de la guerre ;
2° De M. (6) expert juré requis par nous, sous-intendant militaire, sur les protestations du préposé (7) ;
3° De M. (6) expert juré choisi par le délégué de l'entreprise,

Procédé à l'examen du matériel de l'expédition ci-après détaillée, et en avons constaté les résultats ainsi qu'il suit, savoir :

1° Conditionnement extérieur, numéros et poids de l'expédition (8).

Désignation sommaire de la totalité du matériel expédié (conforme à la lettre de voiture.)	Quantités annoncées				Quantités reconnues à l'arrivée				Manquants constatés				Indication sommaire des motifs des différences constatées
	Nombre de colis	Poids en kilogrammes		Total	Nombre de colis	Poids en kilogrammes		Total	Nombre de colis	Poids en kilogrammes		Total	
		du matériel ou denrées	des récipients			du matériel ou denrées	des récipients			du matériel ou denrées	des récipients		

2° Causes des pertes et avaries, et avis des experts (A).

....

....

....

Ouï les avis ci-dessus exprimés, et considérant que (B).

....

....

....

Nous avons décidé que le dommage résultant des pertes et avaries ci-dessus constatées doit être mis à la charge de (C).

....

....

....

En conséquence, après avoir pris connaissance des factures d'expédition des objets perdus ou mis hors de service, et consulté les experts sur la dépense que nécessitera la réparation des avaries, nous avons établi, ainsi qu'il suit le décompte des imputa-

(A) Afin de mettre la liquidation à même d'apprécier les réclamations de l'entreprise, il est de toute nécessité que les articles 32 à 36 du traité soient appliqués à la lettre, et que les décisions du contrôle local soient basées sur les règles du droit commun et les usages du commerce, surtout lorsqu'il s'agit d'expéditions faites sans emballage. (Voir l'instruction ministérielle du 10 mars 1868)

(B) Le sous-intendant consignera ici les motifs de sa décision.

(C) L'entreprise des transports, l'expéditeur ou l'État. Dans le cas où chacune de ces trois parties devrait supporter une portion du dommage, on l'exprimera sommairement et l'on déterminera la part de chacune dans le décompte qui terminera le procès-verbal.

(D) Établir le décompte des effets dont la valeur ou la réparation a été mise à la charge de chacune des trois parties ci-dessus désignées.

tions à faire suivant les conclusions ci-dessus exprimées, savoir (D) :

	Nombre et quantité par espèce d'objets ou denrées, perdus, avariés, hors de service ou conservés	Poids en kilogrammes — Perdus — objets ou denrées	Poids en kilogrammes — Perdus — récipients	Poids en kilogrammes — Avariés et conservés — objets ou denrées	Poids en kilogrammes — Avariés et conservés — récipients	Prix de l'unité d'après la facture d'expédition	A déduire conformément au 3e paragraphe de l'art. 33 du traité de 1868	Restant à imputer — au transporteur	Restant à imputer — à l'expéditeur	Restant à imputer — à l'État
Matériel appartenant à l'Etat										
	Totaux. .									
	Poids brut. .									
	TOTAUX. . . .									
	Valeur totale du matériel (perdu ou avarié) appartenant à l'État. . . .									

	Nombre et quantité par espèce d'objets ou denrées perdus, avariés, hors de service ou conservés.	Poids en kilogrammes — Perdus — objets ou denrées	Poids en kilogrammes — Perdus — récipients	Poids en kilogrammes — Avariés et conservés — objet ou denrées	Poids en kilogrammes — Avariés et conservés — récipients	Prix de l'unité d'après la facture d'expédition	A déduire conformément au 3e paragraphe de l'art. 33 du traité de 1868	Restant à imputer — au transporteur	Restant à imputer — à l'expéditeur	Restant à imputer — à l'État
Matériel n'appartenant pas à l'Etat										
	Totaux . .									
	Poids brut. .									
	Total des sommes remboursables aux caisses des corps par les soins du ministre et après liquidation ministérielle									
	Report de la valeur du matériel appartenant à l'État,									
	Totaux réunis. . .									
	Total général des imputations à effectuer. .									

D'où il résulte que le dommage s'élève à la somme totale de (I)

imputable, savoir :

Au transporteur.	ci	
A l'expéditeur.	ci	
A l'Etat.	ci	
Total égal. .		

Et avons clos ce procès-verbal qui a été signé à la minute par nous, avec le destinataire, les experts et le proposé.

Fait à le (3) 188

Les experts; Le sous-intendant militaire,

Le Destinataire,

Le préposé des transports (K)

Conclusions définitives du sous-intendant militaire (L)

Vu pour homologation (M)

Le sous-intendant militaire de l'arrondissement administratif,

Le sous-intendant militaire,

(I) Indiquer en toutes lettres la somme mise à la charge de chaque partie.

(K) Le préposé pourra inscrire, avant de signer, les réserves qu'il croira devoir faire dans l'intérêt de l'entreprise.

(L) Si malgré l'avis émis contradictoirement par les experts requis, le préposé persiste et fait précéder sa signature d'une mention quelconque, le sous-intendant militaire rapporteur doit formuler, à l'appui de ces protestations ou réserves, ses conclusions, sans s'inquiéter de l'avis des experts qu'il n'est pas tenu de suivre mais aussi sans perdre de vue l'obligation d'apprécier les pertes et avaries suivant les règles du droit commun et les usages commerciaux. Ce mode d'opérer a le double avantage d'annihiler les réclamations plus ou moins fondées de l'entreprise et de mettre l'administration à même de se prononcer sans porter atteinte au jugement du contrôle local.

(M) Le sous-intendant de l'arrondissement administratif homologue tous les procès-verbaux de pertes ou d'expertise etc. rapportés par ces suppléants, conserve la minute dans ses archives après l'avoir fait enregistrer et en transmet les expéditions à qui de droit (voir au recto du premier feuillet la note essentielle à consulter).

e CORPS DARMÉE
—
Département d
—
Place d

e REGIMENT DU GENIE

e BATAILLON — e COMPAGNIE —

Décision ministérielle du 30 juin 1854.

Demande d'abatage.

Modèle n° 200.

En exécution de l'ordre de M. le colonel commandant le régiment, la commission spéciale, formée conformément à la décision ministérielle du 30 juin 1854, s'est réunie aujourd'hui pour examiner le cheval dont le signalement suit, atteint de jetage suspect :

N° matricule n° annuel nom sexe âge taille robe origine date de l'arrivée au corps.

La commission, ayant reconnu que le susdit cheval est atteint de la morve, en propose immédiatement l'abatage.

A le 188

Le vétérinaire, *Le commandant de la compagnie,* *Le capitaine instructeur,*
Le chef de bataillon président,

L'abatage du cheval signalé ci-dessus est autorisé, Vu transmis à M. le général commandant,

A le 188

Le général de brigade commandant, *Le colonel commandant le régiment,*

---

e CORPS D'ARMÉE
—
Place d
—
Procès-verbal de mort d'un cheval.

Service vétérinaire.

e REGIMENT DU GENIE
—
e BATAILLON — e COMPAGNIE —

Art. 19 du réglement du 26 décembre 1876.
—
Modèle n° 4.

PROCÈS-VERBAL DE MORT D'UN CHEVAL.

Modèle n° 201.

Nous sous-intendant militaire employé à

Sur l'avis à nous donné qu'un cheval du e régiment du génie était mort et gisait dans une écurie du quartier de

Nous y avons trouvé M. vétérinaire dudit régiment, lequel nous a présenté le cadavre d'un cheval signalé comme il suit : n° matricule.

Interrogé sur les causes de la mort de ce cheval M. vétérinaire a déclaré qu'il avait succombé à

De tout quoi, nous avons dressé le présent procès-verbal que MM. ont signé avec nous.

A le 188

Le vétérinaire, *Le capitaine commandant la compagnie,*

Le sous-intendant militaire,

ETAT N° 1.

REVUE TRIMESTRIELLE DU MOIS D 188 .

e RÉGIMENT DU GÉNIE

e BATAILLON e COMPAGNIE

Chevaux réformés.

Modèle n° 202.

Les chevaux sont inscrits dans l'ordre des unités administratives.

On inscrit sur la première expédition tous les chevaux proposés par le chef de corps, et pour ceux qui ne sont pas acceptés par le général on porte la mention (refusé) dans la colonne 9.

Sur la deuxième expédition, on ne porte que les chevaux acceptés.

Les chevaux reçus de la remonte depuis moins de 12 mois, sont réformés dans les mêmes conditions que les autres, mais on adresse pour eux, au ministre, un rapport détaillé, indiquant les causes de la réforme anticipée, les accidents ou la maladie qui l'ont motivée, la nature et la durée du traitement, etc.

Les chevaux de l'Etat affectés au service des officiers sont aussi réformés par l'inspecteur.

Trois extraits du présent état, conformes au modèle ci-dessous contenant seulement les colonnes 1, 2, 3, 4, 5 et 6, et certifiés dans les formes déterminées par l'ordonnance du 10 mai 1844, sont envoyés au sous-intendant dans les 24 heures qui suivent le prononcé de la réforme, afin que les chevaux soient rayés de l'effectif à bref délai.

Les livrets matricules des chevaux réformés sont présentés sur le terrain de la vente au sous-intendant militaire, afin que ce fonctionnaire puisse en constater l'identité.

Unités administratives 1	Numéros matricules 2	NOMS 3	Sexe 4	Age au 1er janvier de l'année courante 5	Provenance ou jour de l'entrée au service 6	Date de l'entrée au service et nom du détenteur s'il s'agit d'un cheval d'officier 7	Motifs de la proposition par le chef de corps 8	Décision de l'inspecteur délégué 9

A le 188

Le chef de corps,

Arrêté à la quantité de (1) chevaux réformés à livrer au domaine dans le plus bref délai.

A le 188

L'inspecteur délégué,

(1) En toutes lettres.

Modèle n° 2.

DIVISION MILITAIRE

Place d

e RÉGIMENT DU GÉNIE

Réglement du 3 juillet 1855, article 8.

e BATAILLON e COMPAGNIE

Demande en remplacement des chevaux d'officiers fournis par l'Etat.

1° Morts ou abattus ;
2° Réformés ;
3° Reconnus impropres à monter convenablement un officier ;
4° Devenus la propriété de l'officier ;
5° Laissés en Afrique.
6° Versés à d'autres corps.

Modèle n° 203.

NOMS des officiers	GRADES	CHEVAL A REMPLACER							MOTIFS de la demande	CHOIX exprimé par l'officier	CHEVAUX à accorder aux officiers en raison de leur taille	OBSERVATIONS
		N° du contrôle spécial	NOMS et signalement	Sexe	Âge	Origine	Date de la réception au corps	Date de la remise à l'officier				

Vu : A le 188

Le sous-intendant militaire, *Le colonel,*

Approuvé :

Le général de brigade, *Le général de division,*

° CORPS D'ARMÉE
—
Subdivision d
—
Place d

° **REGIMENT DU GENIE**
—
° BATAILLON
—
° COMPAGNIE
—

Modèle n° 1.
—
Réglement du 3 juillet 1855, art. 8.

Proposition en faveur de M. pour obtenir un cheval de première mise ou de deuxième monture.

Modèle n° 204

NOMS et prénoms	GRADE	Position qui ouvre droit à un cheval de première mise ou de deuxième monture	Choix exprimé par l'officier	Cheval à accorder à l'officier en raison de sa taille	OBSERVATIONS

Vu : A le 188
Le sous-intendant militaire, *Le colonel,*
Le général directeur, Approuvé :
Supérieur du génie des corps, *Le général de division*

° CORPS D'ARMÉE
—
° DIVISION
—
Place d

° **RÉGIMENT DU GÉNIE**
—
° BATAILLON
—
° COMPAGNIE
—

Demande de réintégration de chevaux d'officiers appartenant à l'État.

Modèle n° 205.

Noms des officiers	Grades	Cheval à réintégrer: Nos du contrôle spécial	Noms et signalement	Sexe	Age	Origine	Date de la réception au corps	Date de la remise à l'officier	Motifs de la demande	OBSERVATIONS

Vu : A le 188
Le sous-intendant militaire, Approuvé : *Le colonel,*
Le général directeur supérieur du génie, des ° corps. Le général de division.

* CORPS D'ARMÉE	Demande de munitions { } suivant le cas		Dimension de papier, 0,36 c. sur 0,23.
* Subdivision			
Place d	* REGIMENT DU GENIE		*Modèle nº XXVIII.*
Munitions	* BATAILLON	* COMPAGNIE	Art. 207 du réglement du 1er mars 1854.
Exercice 188			

État de demande de munitions

portant indication des matières à verser dans les magasins de l'artillerie.

Modèle nº 206.

Il existait au corps au 1er janvier 188												
Reçu depuis cette époque . .												
Totaux . .												
Consommé depuis cette époque :												
Totaux . .												
Reste actuellement . .												
L'effectif actuel, en déduisant les hommes qui ne doivent pas recevoir de munitions est de												
Cartouches												
Dont armés de : fusil (a) hommes à raison de . . . . (b) à balle												
à poudre de (c) gr.												
carabine (a) hommes à raison de . . . . à balle												
à poudre de (c) gr.												
révolvers (a) hommes à raison de . . . . à balle												
à poudre de (c) gr.												
Capsules pour tir simulé à raison de colonne nº 7.) (d) par homme armé												
id. de fusil.												
id de carabine.												
id. de révolver.												
Totaux .												
Report de l'existant . .												
Reste à recevoir												
Reste à verser												

(a) Indiquer le nombre d'hommes.
(b) — la quantité fixée pour le corps.
(c) Indiquer le poids de la charge.
(d) — la quantité fixée pour le corps.

Vu et vérifié :
Le sous-intendant militaire,

Certifié le présent état, duquel il résulte que le corps doit recevoir des magasins de l'artillerie et doit y verser

Approuvé :
Le général directeur supérieur du génie des corps.

A le 188
Le capitaine commandant la compagnie,

Vu bon à

A *le* *188*

. Le colonel Directeur de l'Artillerie,

Je soussigné, Lieutenant d'armement délégué par le reconnais avoir reçu des magasins d'artillerie de la place d , les objets désignés ci-dessus savoir :

A *le* *188*

Je soussigné, garde d'artillerie dans la place d reconnais avoir reçu du lieutenant d'armement délégué par le les objets désignés ci-dessous lesquels doivent être classés comme il suit :

---

e CORPS D'ARMÉE

e Subdivision

Place d

ARMEMENT

Exercice 188 .

e RÉGIMENT DU GÉNIE

e BATAILLON e COMPAGNIE

ETAT de situation de l'armement, indiquant le nombre et l'espèce des armes et des accessoires dont la compagnie a besoin à l'époque du

Modèle n° 3.

Art. 40 du règlement du 1er mars 1854.

Applicable à tous les corps en changeant convenablement les indications de la 1re colonne.

Demande d'armes.

Modèle n° 207.

Situation de l'effectif à l'époque du		DÉSIGNATION DES ARMES ET DES ACCESSOIRES															OBSERVATIONS
Désignation des grades et des classes des sous-officiers et soldats, d'après l'espèce d'armes qu'ils doivent recevoir.	Effectif présent																
Total de l'effectif																	
Total du nécessaire des armes																	
L'existant à l'époque de ce jour est de.																	
Manquant au complet de l'effectif . .																	

Certifié le présent état, tant de l'effectif en hommes que de la situation en armes par nous capitaine commandant la compagnie.

A *le* *188*

Vérifié et certifié :

Le sous-intendant militaire, chargé de la police administrative du corps,

Approuvé :

Le général directeur du service du génie de la e région.

• CORPS D'ARMÉE — • DIVISION — *Place d* — ARMEMENT Exercice 188 . — Demande de versement d'armes.	• REGIMENT DU GENIE — • BATAILLON — • COMPAGNIE —:—	Modèle n° 4. — Art. 50 du réglement du 1er mars 1854.

Etat de situation de l'armement, indiquant le nombre et l'espèce des armes et des accessoires qui excèdent les besoins de la Cie à l'époque du

Modèle n° 208.

Situation de l'effectif d' à l'époque du		DÉSIGNATION DES ARMES ET DES ACCESSOIRES														OBSERVATIONS
Désignation des grades et des classes des sous-officiers et soldats, d'après l'espèce d'armes qu'ils doivent avoir.	Effectif présent															
Total de l'effectif.																
Pour les besoins présumés																
Total du nécessaire en armes.																
L'existant à l'époque de ce jour est de. . .																
Excédant le nécessaire.																

Certifié le présent état, tant de l'effectif en hommes que de la situation en armes, par nous, *capitaine commandant la compagnie,*

A le 188

Vérifié et certifié :	Approuvé :
Le sous-intendant militaire chargé de la police administrative du corps,	*Le général directeur du service du génie de la • région.*

ᵉ CORPS D'ARMÉE

ᵉ subdivision

Place d

ARMEMENT

Exercice 188 .

ᵉ RÉGIMENT DU GÉNIE

ᵉ BATAILLON ᵉ COMPAGNIE

Modèle n° 15.

Art. 145 du règlement du 1er mars 1854.

Etat des pièces d'armes de rechange, demandées à la manufacture d'armes de le 188 .

Modèle n° 209.

Désignation des pièces et de l'état de fabrication dans lequel elles doivent être fournies.	QUANTITÉS DEMANDÉES POUR						OBSERVATIONS NOTA. Donner dans cette colonne tous les renseignements propres à empêcher qu'une pièce puisse être confondue avec une autre.

Reçu le présent état de demande certifié par le lieutenant d'armement, quant à l'exactitude de la désignation des modèles et l'état des pièces demandées.

Le directeur de la manufacture, *Le lieutenant d'armement,*

Vu et vérifié :

Le capitaine commandant la compagnie,

A le 188

e DIVISION MILITAIRE

Place d

ARMEMENT

Exercice 188

Procès-verbal constatant une perte d'armes par cas de force majeure.

e REGIMENT DU GENIE

e BATAILLON — e COMPAGNIE

Modèle n° 8.
Art. 66 du réglement du 1er mars 1854.

Applicable à tous les corps.

Perte d'armes.

Modèle n° 210.

L'an mil huit cent le
Nous, sous-intendant militaire, employé à la résidence de sur l'invitation qui nous a été faite par le capitaine commandant ladite compagnie du dit bataillon, de constater les pertes survenues à l'armement de la compagnie, par cas de force majeure, nous sommes transportés à où nous avons trouvé réunis MM.

Après nous être fait représenter les rapports du capitaine qui relatent les circonstances dans lesquelles les pertes ont eu lieu et avoir pris tous les renseignements propres à nous éclairer à cet égard, nous estimons que les objets détaillés dans le tableau ci-dessous doivent être portés au compte de l'Etat :

NOMS et PRÉNOMS	Grades	DÉSIGNATION des armes	NUMÉROS des armes	PRIX	MONTANT	Circonstances dans lesquelles les pertes ont eu lieu.

En foi de quoi nous avons dressé le présent procès-verbal, que le capitaine, commandant la compagnie a signé avec nous.

A le 188

Le capitaine commandant la compagnie, *Le sous-intendant militaire,*

Vu :

L'intendant militaire de la division.

Approuvé :
Paris, le 188

Le ministre de la guerre,

• CORPS D'ARMÉE
ou
GOUVERNEMENT MILITAIRE
d

TRANSPORT
de la guerre

(1) Ou son suppléant légal.
(2) Gare ou magasin.

° REGIMENT DU GENIE

° BATAILLON ° COMPAGNIE

N° 162 sexiès de la nomenclature (Art. 71 de l'instruction du 10 mai 1868.

Bulletin de réclamation d'avis d'expédition non parvenu au destinataire au moment de la livraison, par l'entreprise, du matériel ci-après mentionné.

SAVOIR :

Modèle n° 211.

Expédition . . { de / sur — département / département — { en passe-debout. / par / magasin transitaire du / service du

Corps ou établissement { expéditeur . . { primitif / transitaire / destinataire.

Date . . . . | de l'ordre de transport.
Vitesse ordonnée | Ordre ministériel du

Colis . . . . { Nombre . . . . / Numéros et marques particulières . . . . / Contenance sommaire . . . . / Poids brut . . . .

Camionnage . | Lieu d'enlèvement (2). . . . .
Réexpédition . | Dates . . { d'arrivée en (2) . . . . / de l'ordre de continuation de route.

A *le* *188*

Le destinataire,

Vu et transmis à M. le sous-intendant militaire (1) chargé du service des transports à avec prière de vouloir bien m'adresser d'urgence, par original ou duplicata fait à la main, l'avis d'expédition précité qui ne m'est pas parvenu, et s'il y a lieu, l'appendice à y annexer, en double expédition, etc., etc.

A *le* *188*

Le sous-intendant militaire chargé des transports,

NOTA. — Ce bulletin devra être utilisé pour toutes les réclamations et tous les redressements des pièces de transports.

CORPS D'ARMÉE
ou
GOUVERNEMENT MILITAIRE
d

Transports de la guerre

PLACE D'EXPÉDITION

Mois d 188

N° d'enregistrement au registre II (première partie) de l'expéditeur.

° RÉGIMENT DU GÉNIE

° BATAILLON ° COMPAGNIE

N° 162 ter. de la nomenclature

Modèle n° 1.

Art. 9 à 14 et 67 de l'instruction du 31 décembre 1879.

Demande d'ordre de transport ordinaire (A).

En exécution d'un ordre émanant de M. et daté du

Modèle n° 212.

Désignation sommaire du matériel.	QUANTITÉS expédiées		Vitesse ordonnée (B)	Camionnage — Lieu d'enlèvement. (C)	DESTINATION			OBSERVATIONS
	Nombre de colis	Poids brut en kilog.			Lieu d'arrivée	Département	Corps ou établissement destinataire	Indiquer dans cette colonne si les colis sont confectionnés et le jour où ils pourront être enlevés soit en gare, soit en magasin.

Vu bon à délivrer À le 188

Le sous-intendant militaire chargé de la surveillance administrative,

L'expéditeur,

(A) Dans les places où résident plusieurs sous-intendants militaires, celui chargé du service des transports ne doit délivrer les formules bleues (à remplir par l'expéditeur et sous sa responsabilité personnelle) que sur la présentation de cette demande préalablement visée par le fonctionnaire chargé de la surveillance administrative du corps ou de l'établissement expéditeur. Ces demandes sont conservées dans les archives du sous-intendant militaire chargé des transports, où elles sont classées par mois, par corps ou établissement et par ordre de date.

Les demandes émanant des fournisseurs de la gendarmerie doivent en outre indiquer : 1° la date de la commande ; 2° celle de la réception par la commission.

(B) Pour la vitesse accélérée ou mixte, indiquer dans cette colonne la date de l'ordre qui l'a prescrite et l'autorité de laquelle il émane (ministre ou intendant du corps d'armée).

(C) A indiquer par la lettre G ou M.

• CORPS D'ARMÉE
ou
GOUVERNEMENT MILITAIRE
d

Transports de la guerre

Place d'expédition.

Mois d 188

° RÉGIMENT DU GÉNIE

° BATAILLON ° COMPAGNIE

N° 162 bis
de la nomenclature

Modèle n° 1

(Art. 71 de l'instruction du 10 mars 1868.)

Demande d'ordre de transport particulier (1).

Pour l'expédition des effets ci-après désignés, à prendre au domicile de M. (2) demeurant à , rue n° et à effectuer sur département d

Mutation

Se rendant de à par suite d (3).

Modèle n° 213.

Désignation sommaire du matériel à transporter.	Nombre de colis	Vitesse demandée	Nom, grade, corps, et domicile du destinataire ou transitaire (2).	OBSERVATIONS

A *le* *188*

L'expéditeur,

(1) Dès que la confection des colis à expédier est terminée, cette demande est adressée par l'expéditeur au sous-intendant militaire chargé des transports. Ce fonctionnaire délivre la formule jaune (mod. A) à l'expéditeur chargé de la remplir ; ce dernier y laisse les dates en blanc, ainsi que le poids (s'il n'a pas de moyens de pesage), et les restitue audit fonctionnaire, lequel les date, après régularisation, et les remet au préposé.

(2) Nom, grade, rue et numéro (ou caserne) des expéditeurs destinataire ou transitaire.

(3) Indiquer les motifs du déplacement et la date de l'ordre en vertu duquel il a lieu.

° CORPS D'ARMÉE
ou
GOUVERNEMENT MILITAIRE
d

Transports de la guerre

PLACE D'EXPÉDITION

Mois d 188

N° d'enregistrement au registre H (première partie) de l'expéditeur.

° RÉGIMENT DU GÉNIE

° BATAILLON ° COMPAGNIE

N° 162 ter. X de la nomenclature

Modèle 1

Art. 9 à 14 et 71 de l'instruction du 10 mars 1868.

(Décret du 16 décembre 1876.)

Demande d'ordre de transport ordinaire (A).

En exécution d'un ordre émanant de M. et daté du

Modèle n° 214.

Désignation sommaire du matériel.	QUANTITÉS expédiées		Vitesse ordonnée (B)	Camionnage	Lieu d'enlèvement. (C)	DESTINATION			OBSERVATIONS
	Nombre de colis	Poids brut en kilog.				Lieu d'arrivée	Département	Corps ou établissement destinataire	Indiquer dans cette colonne si les colis sont confectionnés et le jour où ils pourront être enlevés soit en gare, soit en magasin.

Vu bon à délivrer *A* *le* *188*

Le sous-intendant militaire chargé de la surveillance administrative,

L'expéditeur,

(A) Dans les places où résident plusieurs sous-intendants militaires, celui chargé du service des transports ne doit délivrer les formules bleues (à remplir par l'expéditeur et sous sa responsabilité personnelle) que sur la présentation de cette demande préalablement visée par le fonctionnaire chargé de la surveillance administrative du corps ou de l'établissement expéditeur. Ces demandes sont conservées dans les archives du sous-intendant militaire chargé des transports, où elles sont classées par mois, par corps ou établissement et par ordre de date.

Les demandes émanant des fournisseurs de la gendarmerie doivent en outre indiquer : 1° la date de la commande ; 2° celle de la réception par la commission.

(B) Pour la vitesse accélérée ou mixte, indiquer dans cette colonne la date de l'ordre qui l'a prescrite et l'autorité de laquelle il émane (ministre ou intendant du corps d'armée).

(C) A indiquer par la lettre G ou M.

N° matricule

RÉGIMENT DU GÉNIE

• BATAILLON • COMPAGNIE

Etat signalétique et de service du nommé (nom, prénoms et grade).

Modèle n° 215

<table>
<tr><th>SIGNALEMENT</th><th>SERVICES SUCCESSIFS, CAMPAGNES ET BLESSURES</th></tr>
<tr><td>Dernier domicile à
canton d département d
profession d
né le
18 , à
canton d département
d fils d
et de
domiciliés à département
d
Taille de 1m cent.
Visage front
yeux nez
bouche menton
cheveux et sourcils

Marques particulières :

Marié le à
domicilié à
département d</td><td>Entré au service comme

Campagnes et blessures

Libération

Epoques auxquelles l'homme devra passer. { Dans la réserve de l'armée active.
Dans l'armée territoriale.</td></tr>
</table>

Vu par nous, Certifié par le capitaine commandant,

Sous-intendant militaire, A le 188

N. B. — Voir les modèles n°s 216 et 216 *bis* à la page 200, les modèles n°s 217 et 218 ayant nécessité cette transposition.

TUNIQUE DU GÉNIE

Sapeurs-Mineurs

(Armée active)

Modèle n° 217

Numéros des subdivisions	Types et quantités à couper — Longueur des tailles — A 0.48 à 0.47	B 0.46 à 0.45	C 0.44 à 0.43	D 0.42 à 0.41	E 0.40	Demi-grosseur — Sous les bras	Demi-grosseur — A la ceinture	Longueur — Du collet	Longueur — Des manches mesurée au milieu du dos
1	2	3	4	5	6	7	8	9	10
1						0,53 à 0,52 confectionnée 0,59 à 0,58	0,48 à 0,44 confectionnée 0,45 à 0,43	0,45 à 0,44 confectionnée 0,47 à 0,46	91 89 87 / 86 84 82 / 81 79 77
							0,42 à 0,40 confectionnée 0,44 à 0,42		91 89 87 / 86 84 82 / 81 79 77
2						0,51 à 0,50 confectionnée 0,57 à 0,56	0,43 à 0,41 confectionnée 0,45 à 0,43	0,45 à 0,44 confectionnée 0,47 à 0,46	91 89 87 / 86 84 82 / 81 79 77
							0,42 à 0,40 confectionnée 0,44 à 0,42		91 89 87 / 86 84 82 / 81 79 77
3						0,49 à 0,48 confectionnée 0,55 à 0,54	0,42 à 0,40 confectionnée 0,44 à 0,42	0,44 à 0,43 confectionnée 0,46 à 0,43	91 89 87 / 86 84 82 / 81 79 77
							0,41 à 0,39 confectionnée 0,43 à 0,41		91 89 87 / 86 84 82 / 81 79 77
4						0,47 à 0,46 confectionnée 0,53 à 0,52	0,41 à 0,39 confectionnée 0,43 à 0,41	0,43 à 0,42 confectionnée 0,45 à 0,44	91 89 87 / 86 84 82 / 81 79 77
							0,40 à 0,38 confectionnée 0,42 à 0,40		91 89 87 / 86 84 82 / 81 79 79
5						0,45 à 0,44 confectionnée 0,51 à 0,50	0,40 à 0,38 confectionnée 0,42 à 0,40	0,42 à 0,41 confectionnée 0,44 à 0,43	91 89 87 / 86 84 82 / 81 79 77
							0,39 à 0,37 confectionnée 0,41 à 0,39		91 89 87 / 86 84 82 / 81 79 77

Observations (11)

Les tuniques confectionnées doivent avoir selon leur type et leur subdivision :

1° 2 centimètres en plus de la longueur de taille portée aux colonnes 2, 3, 4, 5 et 6.

2° 6 centimètres en plus de la demi-grosseur de sous-bras, portée à la colonne 7.

3° 2 centimètres en plus de la demi-grosseur de ceinture portée à la colonne 8.

4° 2 centimètres en plus de la longueur de collet, portée à la colonne 9.

Les chiffres placés dans les colonnes 2 à 6 en regard des longueurs de manches, indiquent le nombre des effets auxquels ces longueurs correspondent et doivent être affectées.

Afin de faciliter la distribution des tuniques, on a adopté un nouveau mode de marquage qui consiste à indiquer à l'encre bleue, sur la doublure de l'effet confectionné :

1° La lettre du type correspondant à la longueur de la taille de l'homme.

2° Le numéro de la subdivision correspondant à la demi-grosseur du sous-bras.

3° La demi-grosseur de ceinture de l'homme.

4° La longueur des manches mesurée au milieu du dos.

Exemple : Soit une tunique confectionnée pour un homme mesurant :

0m46 de longueur de taille.

0m45 de demi-grosseur de sous-bras.

0m38 de demi-grosseur de ceinture.

0m77 de longueur de manches.

Ces dimensions seront marquées de la manière suivante :

B — 38 / 8 — 77

En un mot, les mesures reproduites sur la doublure, devront être celles de l'homme et non celles de l'effet confectionné.

CAPOTE DE SAPEURS-MINEURS DU GÉNIE.

Armée active.

Modèle n° 218.

Numéros des subdivisions	TYPES ET QUANTITÉS A COUPER — Longueur du dos. A 1m28 à 1m26	B 1m25 à 1m23	C 1m22 à 1m20	D 1m19 à 1m17	E 1m16 à 1m14	F 1m13 à 1m11	G 1m10 à 1m08	Demi-grosseur sous les bras	Demi-largeur de la carrure	Longueur du collet	Longueur des manches prises à l'emmanchure
1	2	3	4	5	6	7	8	9	10	11	12
1								0.53 à 0.52 confectionnée 0.66 à 0.65	0.24 à 0.23	0.45 confectionnée 0.50	0.72 à 0.70 0.69 à 0.67 0.66 à 0.64 0.63 à 0.61 0.60 à 0.58
2								0.51 à 0.50 confectionnée 0.64 à 0.63	0.23 à 0.22	0.45 à 0.44 confectionnée 0.50 a 0.49	0.72 à 0.70 0.69 à 0.67 0.66 à 0.64 0.63 à 0.61 0.60 à 0.58
3								0.49 à 0.48 confectionnée 0.62 à 0.61	0.22 à 0.21	0.44 à 0.43 confectionnée 0.49 à 0.48	0.72 à 0.70 0.69 à 0.67 0.66 à 0.64 0.63 à 0.61 0.60 à 0.58
4								0.47 à 0.46 confectionnée 0.60 à 0.59	0.22 à 0.21	0.43 à 0.42 confectionnée 0.48 à 0.47	0.72 à 0.70 0.69 à 0.67 0.66 à 0.64 0.63 à 0.61 0.60 à 0.58
5								0.45 à 0.44 confectionnée 0.58 à 0.57	0.21 à 0.20	0.42 à 0.41 confectionnée 0.47 à 0.46	0.72 à 0.70 0.69 à 0.67 0.66 à 0.64 0.63 à 0.61 0.60 à 0.58

OBSERVATIONS (13)

Les capotes confectionnées devront avoir, selon leur type, la longueur du dos indiquée au-dessous de la lettre du type.

Les chiffres placés en regard des longueurs de manches indiquent le nombre des effets auxquels ces longueurs de manches correspondent et doivent être affectées.

Les dimensions portées aux colonnes 9 et 11 sont celles de l'homme; les capotes après confection devront avoir, suivant leur type et leur subdivision, 13 centimètres en plus de leur demi-grosseur sous les bras et 5 centimètres en plus de la longueur du collet.

Afin de faciliter la distribution des capotes, on a adopté un nouveau mode de marquage qui consiste à indiquer à l'encre bleue sur la doublure de l'effet.

1° La lettre du type correspondant à la longueur du dos de l'homme.

2° Le n° de subdivision correspondant à la demi-grosseur sous les bras de l'homme,

3° La longueur des manches (mesurée à l'emmanchure).

Exemple : sur une capote confectionnée pour un homme mesurant :

1m15 de longueur de dos.

0m47 de demi-grosseur sous les bras.

0m58 de longueur de manches. Ces dimensions seront apposées de la manière suivante :

E — 4
58

En un mot, les mesures reproduites sur la doublure doivent être celles de l'homme, et non celles de l'effet confectionné.

ARMÉE

DIVISION

LÉGION D'HONNEUR

e RÉGIMENT DU GÉNIE

e BATAILLON — e COMPAGNIE

Etat nominatif des membres de l'ordre appartenant à la dite compagnie à qui on a payé les sommes désignées ci-après, tant pour le e semestre 188 , que pour les arrérages antérieurs (par mandats sur le trésor n°).

Modèle n° 216

NUMÉROS matricules	NOMS et prénoms	QUOTITÉ du traitement — Chevalier	DATE de la jouissance	SOMMES à payer pour le e semestre 188	ÉMARGEMENT

Certifié par nous, capitaine commandant, le présent état s'élevant à la somme de qui a été payée aux membres de la Légion d'honneur, faisant partie de la dite compagnie pour le e semestre 188

Vu et vérifié :

Le sous-intendant militaire, A le 188

Format, haut. 0.30 larg. 0.20.

ARMÉE

CORPS

Division

Médaille militaire

e RÉGIMENT DU GÉNIE

e BATAILLON — e COMPAGNIE

Etat nominatif des militaires de la dite compagnie décorés de la médaille militaire à qui on a payé les sommes désignées ci-après, tant pour le e semestre 188 que pour les arrérages antérieurs.

Modèle n° 216 bis

NUMÉROS matricules	NOMS et prénoms	Quotité du traitement — Décoré de la médaille militaire	DATE de la jouissance	Sommes à payer pour le e semestre 188	ÉMARGEMENT

Certifié par nous, capitaine commandant le présent état s'élevant à la somme de qui a été payée aux décorés de la médaille militaire faisant partie de la dite compagnie pour le e semestre de 188

Vu et vérifié

Le sous-intendant militaire. A le 188

Format, haut. 0.30 larg. 0.20.

Manteau de sapeurs-conducteurs du Génie.

(Armée active.)

Modèle n° 219

Types	Longueur du dos	Demi-grosseur sous les bras	Longueur des manches mesurée à l'emmanchure.	Quantités à couper »»	»»	OBSERVATIONS
1	2	3	4	5	6	7
A	1 27 à 1 25		0 69 à 0 67 0 66 à 0 64 0 63 à 0 61 0 60 à 0 58			
B	1 24 à 1 22		0 69 à 0 67 0 66 à 0 64 0 63 à 0 61 0 60 à 0 58			
C	1 21 à 1 19	0 48 confectionné 0 77	0 69 à 0 67 0 66 à 0 64 0 63 à 0 61 0 60 à 0 58			
D	1 18 à 1 16		0 69 a 0 67 0 66 a 0 64 0 63 a 0 61 0 60 a 0 58			
E	1 15 à 1 13		0 69 a 0 67 0 66 a 0 64 0 63 a 0 61 0 60 a 0 58			
			Totaux....			

Les dimensions portées aux colonnes 2 et 4 sont celles de l'homme et en même temps celles de l'effet confectionné.

Les manteaux confectionnés devront avoir, selon leur type :

1° La longueur du dos indiquée à la colonne 2.

2° 0,29 c. en plus de la demi-grosseur de sous-bras portée a la colonne 3.

3° La longueur des manches portée a la colonne 4.

Les longueurs de manches doivent être reparties très exactement entre chaque type, d'après les proportions indiquées en regard par les chiffres portés à la colonne 5.

Afin de faciliter la distribution des manteaux, on a adopté un nouveau mode de marquage qui consiste a indiquer a l'encre bleue, sur la doublure de l'effet confectionné,

1° La lettre du type correspondant a la longueur du dos de l'homme mesurée a 33 centimètres de terre ; 2° Cette longueur de dos ; 3° La longueur de manche mesurée a l'emmenchure.

Exemple : Soit un manteau confectionné pour un homme mesurant :

1m18 de longueur de dos.

0m60 de longueur de manches.

Ces dimensions seront marquées de la manière suivante :

D — 1m18
0m60

Pantalons d'ordonnance du Génie.

Régiments, hommes à pied.

(Armée active).

Modèle n° 220.

Types 1	LONGUEUR De côté 2	 D'entre-jambes 3	Demi-grosseur de ceinture 4	Quantités à couper » 5	 » 6
A	1,12 a 1,11	84 83 82	0.43 a 0 42 0,41 a 0.40 0.39 a 0.38 0.37 a 0.36 0.35 a 0.34		
B	1,10 a 1.09	82 81 80	0.43 a 0.42 0.41 a 0.40 0.39 a 0.38 0.37 a 0.36 0.35 a 0.34		
C	1,08 a 1,07	80 79 78	0.43 a 0.42 0,41 a 0.40 0.39 a 0.38 0.37 a 0.36 0.35 a 0.34		
D	1,06 a 1,05	78 77 76	0.43 a 0.42 0.41 a 0.40 0.39 a 0.38 0.37 a 0.36 0.35 a 0,34		
E	1,04 a 1,03	76 75 74	0.43 a 0.42 0.41 a 0.40 0.39 a 0.38 0.37 a 0.36 0.35 a 0.34		
F	1,02 a 1,01	74 73 72	0.43 a 0.42 0.41 a 0.40 0.39 a 0.38 0,37 a 0.36 0.35 a 0.34		
G	1,00 a 0,99	72 71 70	0.43 a 0.42 0.41 a 0.40 0,39 a 0.38 0.37 a 0.36 0,35 a 0.34		
H	0,98 a 0,97	70 69 68	0.43 a 0.42 0,41 a 0.40 0.39 a 0.38 0.37 a 0.36 0.35 a 0,34		
I	0,96 a 0,95	69 68	0.43 a 0.42 0.41 a 0.40 0.39 a 0.38 0,37 a 0.36 0,35 a 0.34		
	Totaux.				

OBSERVATIONS

7

Les dimensions portées aux colonnes 2, 3 et 4 sont celles de l'homme.

Les pantalons confectionnés devront avoir selon leur type :

1° Les longueurs de côté et d'entre-jambes portées aux colonnes 2 et 3.

2° 3 centimètres en plus de la demi-grosseur de ceinture portée à la colonne 4.

Les demi-grosseurs de ceinture devront être reparties très-exactement entre chaque type, d'après les proportions indiquées en regard par les chiffres portés à la colonne 5,

Afin de faciliter la distribution des pantalons, on a adopté un nouveau modèle de marquage qui consiste à indiquer à l'encre bleue, sur la doublure de l'effet confectionné : 1° la lettre du type correspondant à la longueur de côté de l'homme ; 2° cette longueur de côté; 3° la demi grosseur de ceinture de l'homme.

Exemple : Soit un pantalon confectionné pour un homme mesurant : 1m06 de longueur de côté, 0m37 de demi grosseur de ceinture,

Ces dimensions seront marquées de la manière suivante :

D — 1m06
37

En un mot, les mesures reproduites sur la doublure doivent être celles de l'homme et non celles de l'effet confectionné.

Pantalon de cheval du Génie

Avec fausses bottes doublées en toile (Sapeurs-conducteurs)

(Armée active)

Modèle nº 221.

TYPES 1	LONGUEUR De côté 2	LONGUEUR D'entre-jambes 3	Demi-grosseur de ceinture 4	Quantités à couper » 5	Quantités à couper » 6
A	1.14 a 1.13 confectionné 1.19 a 1.18	86 85 84 confectionné 91 90 89	0.43 a 0.42 0.41 a 0.40 0.39 a 0.38 0.37 a 0.36 0.35 a 0.34		
B	1.12 a 1.11 confectionné 1.17 a 1.16	84 83 82 confectionné 89 88 87	0.43 a 0.42 0.41 a 0.40 0.39 a 0.38 0.37 a 0.36 0.35 a 0.34		
C	1.10 a 1.09 confectionné 1.15 a 1.14	82 81 80 confectionné 87 86 85	0.43 a 0.42 0.41 a 0.40 0.39 a 0.38 0.37 a 0.36 0.35 a 0.34		
D	1.08 a 1.07 confectionné 1.13 a 1.12	80 79 78 confectionné 86 84 83	0.43 a 0.42 0.41 a 0.40 0.39 a 0.38 0.37 a 0.36 0.35 a 0.34		
E	1.06 a 1.05 confectionné 1.11 a 1.10	78 77 76 confectionné 83 82 81	0.43 a 0.42 0.41 a 0.40 0.39 a 0.38 0.37 a 0.36 0.35 a 0.34		
F	1.04 a 1.03 confectionné 1,09 a 1.08	76 75 74 confectionné 81 80 79	0,43 a 0.42 0.41 a 0.40 0.39 a 0.38 0,37 a 0.36 0.35 a 0.34		
G	1.02 a 1.01 confectionné 1.07 a 1.06	74 73 72 confectionné 79 78 77	0.43 a 0.42 0.41 a 0.40 0.39 a 0.38 0.37 a 0.36 0.35 a 0.34		
H	1.00 a 0.99 confectionné 1.05 a 1.04	72 71 70 confectionné 77 76 75	0.43 a 0.42 0.41 a 0,40 0.39 a 0.38 0.37 a 0.36 6.35 a 0.34		
I	0.98 a 0.97 confectionné 1.03 a 1.02	71 70 69 confectionné 75 74 73	0.43 a 0.42 0.41 a 0.40 0.39 a 0.38 0.37 a 0.36 0.35 a 0.34		
			Totaux. .		

OBSERVATIONS
7

Les dimensions portées aux colonnes 2 et 3, au-dessus du mot confectionné, et à la colonne 4 sont celles de l'homme.

Les pantalons confectionnés devront avoir, selon leur type :

1° 5 centimètres en plus de la longueur de côté et d'entre-jambes portées aux colonnes 2 et 3.

2° 3 centimètres en plus de la demi-grosseur de ceinture portée à la colonne 4.

Les demi-grosseurs de ceinture devront être réparties très exactement entre chaque type, d'après les proportions indiquées en regard par les chiffres portés à la colonne 5.

Afin de faciliter la distribution des pantalons de cheval, on a adopté un nouveau mode de marquage qui consiste à indiquer à l'encre bleue, sur la doublure de l'effet confectionné.

1° La lettre du type correspondant à la longueur de côté de l'homme.

2° Cette longueur de côté.

3° La demi-grosseur de ceinture.

Exemple : Soit un pantalon confectionné pour un homme mesurant : 1m10 de longueur de côté ; 0m37 de demi-grosseur de ceinture.

Ces dimensions seront marquées de la manière suivante :

C — 1.10
37

En un mot, les mesures reproduites sur la doublure doivent être celles de l'homme et non celles de l'effet confectionné.

Képi pour toutes armes

(Armée active)

Modèle n° 222.

NUMÉROS	Tour de tête	Quantités à couper	Types de visières affectées aux pointures	OBSERVATIONS
1	0.51		N° 1	
2	0.52		N° 1	
3	0.53		N° 1	
4	0.54		N° 1	
5	0.55		N° 2	
6	0.56		N° 2	
7	0.57		N° 3	
8	0.58		N° 3	
9	0.59		N° 3	
10	0.60		N° 3	
11	0.61		N° 3	
	Total.			

TABLEAU fixant les proportions des tailles qui doivent servir de base à l'approvisionnement de ceinturons des magasins de l'armée active.

Modèle n° 223.

			Armée active			
			Proportion			Fixation par corps
			1re taille	2e taille	3e taille	taille exceptionnelle
Génie Sapeurs-mineurs.	Taille exceptionnelle...	1.15	6/10	4/10	»	150
	1re taille.....	1.05				
	2e taille......	0.90				
Génie Sapeurs-conducteurs	Taille exceptionnelle...	1.15	5/10	4/10	1/10	30
	1re taille.....	1.10				
	2e taille.....	0.95				
	3e taille.....	0.90				

Souliers et bottines et guêtres de cuir.

Modèle n° 224.

Désignation des armes	Numéros des pointures	Proportions pour cent: 1re grosseur	2e grosseur	3e grosseur	4e grosseur	Total pour cent et par pointures	Tailles correspondantes pour les guêtres de cuir
Régiment du Génie.	27	2	2	2	2	8	3e
	28	7	8	7	8	30	
	29	9	8	9	9	35	2e
	30	4	4	4	3	15	
	31	3	2	3	2	10	1e
	32	»	1	»	1	2	
Total..............		25	25	25	25	100	»

Pantalons de treillis.

Modèle n° 225.

		GÉNIE									
		Hommes à pied					Hommes montés				
		Longueur de ceinture (B)				Tot. p. typ.	Longueur de ceinture (B)				Tot. p. typ.
	(A)	1.	2.	3.	4.		1.	2.	3.	4.	
C	114—113	»	»	»	»	»	»	»	1	»	1
D	112—111	»	»	1	»	1	»	1	2	1	4
E	110—109	»	1	2	1	4	»	3	6	1	10
F	108—107	»	3	6	1	10	»	4	7	2	13
G	106—105	»	4	7	2	13	1	6	12	3	22
H	104—103	1	6	12	3	22	1	7	13	3	24
I	102—101	1	7	13	3	24	»	5	10	2	17
K	100— 99	»	5	10	2	17	»	2	4	1	7
L	98— 97	»	2	4	1	7	»	1	1	»	2
M	96— 95	»	1	1	»	2	»	»	»	»	»
	Totaux,	2	29	56	13	100	2	29	56	13	100

OBSERVATIONS

(A) Les dimensions indiquées dans cette colonne sont les longueurs de côté mesurées sur l'homme. Aux termes de la description du 15 mars 1879, l'effet doit être tenu plus long de 0m06 par le bas.

Le type A représente en conséquence un pantalon de 124c—123c
Le type B id. 122c—121c
Le type C id. 120c—119c

(B) Les longueurs de ceinture proportionnées conformément aux tableaux de pointures des divers pantalons d'ordonnance représentent pour les pantalons de treillis les demi-largeurs de ceinture ci-après :

1re largeur 51 à 49c
2e id. 48 à 46c
3e id. 45 à 43c
4e id. 42 à 40c

Ces mesures sont celles indiquées par les tableaux de pointure de chaque arme, pour les pantalons d'ordonnance, auxquelles on ajoute les 30 m/m d'augmentation prescrits par la description ministérielle du 15 mars 1879.

2e Régiment du Génie.

Nota. — Les tableaux ci-dessus répondent bien aux besoins de la consommation, mais il nous semble inutile de multiplier les types et subdivisions de types comme pour les pantalons d'ordonnance ; les pointures des pantalons de treillis peuvent sans inconvénient êtres résumés en trois tailles comme les chemises et les caleçons savoir :

GÉNIE (1)					
Sapeurs-mineurs et Sapeurs-conducteurs	1re taille, type D	pour les types	D, E, F,	—	15
	2e id. G	id.	G, H, I,	—	59
	3e id. K	id,	K, L, M,	—	26
					100

(1) Armée active et armée territoriale.

CHEMISES

226.

		Armée active et sa réserve — Proportions pour 100 effets		
		1re largeur (2)	2e largeur	Total
GÉNIE	1re taille ou longueur (1). .	4	5	9
	2e id. id. . .	38	38	76
	3e id. id. . .	7	8	15

(1) Les tailles ou longueurs se mesurent au milieu du dos à partir du bas du collet.

La 1re taille mesure 1m02
2e id. 0m98
3e id. 0m92

(2) Les largeurs sont indiquées par *la longueur totale de la pièce d'épaule*, laquelle mesure pour la 1re largeur, 0m570.
2e id. 0m540.

CALEÇONS

Modèle n° 227.

			Armée active — Proportions pour 100 effets		
		(A)	1re largeur (B)	2e largeur (B)	Total
GÉNIE	Sapeurs-mineurs	1re taille.	2	3	5
		2e id. .	38	38	76
		3e id. .	3	10	19
	Sapeurs-conducteurs	1re taille.	7	8	15
		2e id. .	39	40	79
		3e id .	9	3	6

A

		Dimensions par taille — 1re tail.	2e tail.	3e tail.
Longueur	de côté, depuis la ceinture jusqu'au bas.	1	0.95	0.85
	depuis l'enfourchure jusqu'au bas de la jambe.	0.84	0.77	0.68

(B) Les largeurs se mesurent à la fois à la ceinture et au haut des cuisses vis-à-vis de l'enfourchure, elles varient comme il suit suivant les tailles auxquelles appartiennent les effets.

		1re tail.	2e tail.	3e toil
Longueur de chaque côté de la ceinture.	1re largeur	0.41	0.38	0.35
	2e largeur	0.41	0.38	0.35
1/2 largeur des cuisses vis-à-vis de l'enfourchure.	1re largeur	0.45	0.45	0.45
	2e largeur	0.40	0.35	0.33

Tableau A

Effets d'habillement et de coiffure, composant le matériel de la 1re catégorie.

Modèle n° 228.

Effets d'habillement	Bourgerons, Capotes, Collets à capuchon, Ceintures de flanelle, Epaulettes, Manteaux, Pantalons d'ordonnance, Pantalons de cheval, Pantalons de toile de cuisine et d'infirmerie (1), Tuniques, Vestes, Effets à l'usage des enfants de troupe.
Effets de coiffure	Képis, Calottes d'écurie et de travail.

(1) **Les sacs à distribution** à usage collectif **et les torchons de cuisine** sont aussi considérés comme matériel de la 1re catégorie. (Circulaire ministérielle du 30 juin 1880).

CORPS D'ARMÉE

—

Place d

° RÉGIMENT DU GÉNIE

—

° BATAILLON

—

° COMPAGNIE

—

Modèle n° 1 annexé à l'Instruction ministérielle du 15 septembre 1881

—

A établir sur feuille double.

Mémoire de proposition concernant le sieur sous-officier, qui demande l'autorisation de contracter un rengagement.

Modèle n° 230.

Nos matricules	Nom et Prénoms	GRADES — Date de la nomination au grade de sous-officier	DATE de l'entrée au service — Titre sous lequel il sert	Classe à laquelle il appartient par son âge	*Punitions* consigne	salle de police	prison	cellule de correction	Total	*Délibération du conseil de régiment* — Indiquer la date à laquelle elle a été prise, le nombre de voix, et en cas de partage, si celle du président est ou non favorable au sous-officier.
—	—	—	—	—	—	—	—	—	—	
										L'an mil huit cent le le conseil de pour le rengagement des sous-officiers, institué conformément à la loi du 23 juillet 1881 et composé ainsi qu'il suit : MM. . . . Président . . . . } Membres s'est réuni à l'effet de donner son avis sur la demande de rengagement de cinq ans, dans les conditions de la loi du 23 juillet 1881, faite par le sieur à la ° compagnie du ° bataillon du désigné au présent mémoire de proposition. Le conseil, après avoir pris connaissance des pièces composant le dossier de ce sous-officier et procédé au vote secret, conformément à l'instruction ministérielle du 15 septembre 1881 a décidé à l'unanimité des voix que le sieur était digne à tous égards d'être admis pour le rengagement de cinq ans qu'il sollicite. En foi de quoi nous avons établi la présente délibération. Fait à les jour, mois et an que dessus. *Signature des membres du conseil,* Le Président.

Avis du général directeur supérieur du génie	Décision du général commandant le corps d'armée

Nota : Ce mémoire doit être accompagné des pièces suivantes :

1° Demande de l'intéressé.
2° État signalétique et des services.
3° Relevé des punitions.
4° État de situation de la masse individuelle.
5° Certificat d'aptitude au service.

Modèle n° 2

ARMÉE

° CORPS

° DIVISION

2° RÉGIMENT DU GÉNIE

° BATAILLON

° COMPAGNIE

Signalement de rentrée

Instruction ministérielle du 16 février 1847

Signalement enregistré sur le n° (1) sur le contrôle des déserteurs du corps tenu au ministère de la guerre.

Déserteur rentré au corps et à l'égard duquel les recherches doivent cesser.

Modèle n° 231.

NOM et PRÉNOMS	SIGNALEMENT	État des services du déserteur	Date du jour où il a manqué à l'appel pour déserter	Date de la déclaration de désertion	Date de la présentation volontaire ou de l'arrestation et du retour au corps avec indication des agents qui l'ont amené	Décision prise sur le déserteur rentré	*Indication des autorités qui ont reçu le signalement* — Désignation des effets rapportés et observations
N° matricule (2)	Fils de et de domiciliés à arrondissement de département de domicilié avant son entrée au service à arrondissement de département de taille d'un mètre millimètres; cheveux sourcils yeux front nez bouche menton visage teint marque	Entré au service le			(On mettra ici) présenté volontairement le ou arrêté le par et ramené au corps le par		État, au moment de la désertion, libérable le

Format : 35 cent. de larg. et 24 de hauteur.

(1) Laisser en blanc l'indication du numéro.

(2) Le nom sera écrit en bâtarde.

(3) Cette date est celle de la déclaration de la désertion.

Certifié véritable par le capitaine commandant la compagnie.

A le (3) 18

A monsieur { Indication de l'autorité à laquelle est adressé le signalement — Ceux transmis au ministre porteront : A monsieur le ministre de la guerre — 2° direction — 3° bureau — justice millitaire.

Moyens d'assurer les distributions sans le secours d'aucun outillage.

Modèle n° 231 bis.

Nature du CONTENU	Taux réglementaire des rations	Gobelet ou quort tare 92 gr. — contenance — kilog. ou litre	Gobelet ou quort — rations	Petit bidon de 1 litre tare 374 gr. (1) (2) — contenance — kilog. ou litre	Petit bidon — rations	Grand bidon à 4 hommes tare 1 kil. 053 (2) (3) — contenance — kilog. ou litre	Grand bidon — rations	Gamelle individuelle d'infanterie tare 439 gr. (4) — contenance — kilog. ou litre	Gamelle individuelle — rations	Grande gamelle à 4 hommes tare 909 gr. — contenance — kilog. ou litre	Grande gamelle — rations	Marmite à 4 hommes sans le couvercle tare 853 gr. — contenance — kilog. ou litre	Marmite — rations	Couvercle de la marmite à 4 hommes tare 394 gr. — contenance — kilog. ou litre	Couvercle — rations
Riz	k. 0.030	k. 0.220	7.3	»	»	»	»	k. 1.184	39.5	k. 4.140	138.0	k. 4.046	134.9	k. 1.438	47.9
Haricots	0.060	0.222	3.7	»	»	»	»	1.185	19.8	4.180	69.7	4.050	67.5	1.443	24.0
Sel	0.016	0.234	14.6	»	»	»	»	1.243	77.7	4.400	275.0	4.134	258.4	1.545	96.6
Café vert	0.019	0.167	8.8	»	»	»	»	0.926	48 7	3.200	168 4	3.080	162.1	1.100	84.2
Café torréfié en grains { Ration de campagne	0.016	0.080	5.0	»	»	»	»	0.444	27.8	1.546	96.6	1.518	94.9	0.544	34.0
Café moulu — id —	0.016	0.089	5.6	»	»	»	»	0.469	29.3	1.635	102.2	1.310	93.8	0.500	31.3
Vin	l. 0.25	l. 0.25	1	l. 1	4	l. 5	20	l. 1. 25	5	l. 4. 75	19.0	l. 4. 90	19.6	l. 1. 70	6.8
Eau-de-vie	0.0625	0. 25	4	1	16	5	80	1. 25	20	(5) 4. 75	76.0	4. 90	78.4	1. 70	27.2

OBSERVATIONS

(1) Y compris les deux bouchons et les ficelles d'attache.

(2) Ne peut recevoir que des liquides.

(3) Contenance jusqu'à la naissance du bec en dedans.

(4) Y compris le couvercle et sa chaînette.

(5) 5 litres à la rigueur.

—

Nota. — Les contenances ci-contre sont la moyenne de 2 récipients de chaque sorte; elles ont été obtenues en arrasant avec un bois rond, sans tassement.

Vérifier souvent les contenances par le pesage ou le mesurage : la densité des denrées étant variable, et les instruments présentent souvent entr'eux des différences sensibles.

Tableau B

Effets à emporter par les sous-officiers, caporaux, brigadiers et soldats en cas de mutation.

Modèle n° 229.

DÉSIGNATION DES MUTATIONS	GRADES	Chapeau d'élève d'aminist.	Capote-Manteau.	Epaulettes.	Pantalon d'ordonnance	Pantalon de cheval 1re tenue	Pantalon de cheval 2e tenue	Tunique ou Dolman 1re tenue	Tunique ou Dolman 2e tenue	Veste.	Képi.	Calotte d'écurie,	OBSERVATIONS
1° Sous-officiers promus officiers ou nommés à l'un des emplois indiqués au tarif n° 51 annexé au décret du 25 décembre 1875, ou nommés adjudants, chefs armuriers, maîtres selliers, militaires nommés sous-chefs de musique, militaires retraités.	sous-officiers	1	»	»	1	»	»	1	»	«	1	»	Les sous-officiers conservent toujours les effets désignés ci-contre qui se trouvent en leur possession au moment de la mutation. Il en est de même des caporaux, brigadiers et soldats qui ne quittent point l'armée active. Les caporaux, brigadiers et soldats quittant l'armée active pour rentrer dans leurs foyers, conservent ceux des effets désignés ci-contre qui n'ont plus à parcourir pour atteindre le terme de leur durée. 1° Les pantalons et les vestes qu'un trimestre. 2° Les dolmans, tuniques et képis que deux trimestres. Dans tous les autres cas, ces derniers reçoivent des effets choisis dans l'habillement d'instruction étant le plus près du terme de leur durée.
	soldats	»	»	»	1 (1) ou	1 (1)	»	1	»	»	1	»	
2° Militaires de la 1re portion du contingent ou engagés volontaires. A. Renvoyés dans la disponibilité ou la réserve. B. Réformés ou renvoyés par annulation d'acte d'engagement. C. Passent à d'autres corps D. En détention préventive.	sous-officiers	»	»	»	1 (1) ou	1 (1)	»	1 (2)	1	»	1	»	

E. Dirigés à un titre quelconque sur l'Ecole polytechnique ou spéciale militaire ou sur le Prytanée militaire, enfin sur l'Ecole de cavalerie comme faisant partie du cadre F. Dirigés comme élève sur l'Ecole d'administration.	soldats	»	»	»	1 (1) ou 1 (1)			1 (3) ou 1 (3)			1	»	On délivre des vestes à défaut de tuniques ou des dolmans réunissant ces conditions.
3° A. Militaires dirigés sur une Ecole dans tous les autres cas.	sous-officiers	»	1	1	1	1	»	1	1	»	1	»	
B. Engagés conditionnels de 1re et de 2e année.	soldats	»	1	1	1 (1) ou 1 (1) et 1			1	«	1	1	1	
4° Militaires allant aux eaux thermales, à l'hopital, en congé ou en permission, en mission, etc.	sous-officiers et soldats		Le nombre et la nature des effets à emporter sont déterminés par les ordres du ministre ou du commandant local selon les circonstances.										(3) Circulaire ministérielle du 11 août 1880, n° 100.
A. Militaires allant aux bains de mer ou aux eaux thermales.	sous-officiers et soldats	(4) »	1	»	1	»	»	»	1	»	1	«	(4) Note min. du 13 nov. 1880 (n° 54) partie réglementaire. Ces militaires ne reçoivent pas de serviettes des hôpitaux. Par suite ils doivent être constamment munis de celles qui leur appartiennent (note min. du 30 juin 1880). — Le sac est également emporté dans les conditions prescrites par la circulaire du 28 février 1873.
		»	1	»	1 ou	1	»	»	»	1	1	»	

(1) L'un ou l'autre des effets, suivant qu'il s'agit de troupes à pied ou à cheval.
(2) Seulement pour les sous-officiers des régiments d'infanterie de ligne et des sections, nommés élèves à l'Ecole d'administration, qui n'emportent pas la tunique de 2e tenue.
(3) L'un de ces effets ayant la moindre durée à parcourir.

Renseignements sur l'emballage des denrées.

Modèle n° 232

NATURE DES DENRÉES	RÉCIPIENT le plus HABITUEL	POIDS approximatif DES TARES	POIDS net DU CONTENU	OBSERVATIONS
Pain ordinaire	»	»	»	Le pain est quelquefois mis en sac. Conten. hab. 20 pains ou 40 rations. Tare 1 kilog. 100,
Pain biscuité	»	»	»	
Biscuit	caisses vissées, modèle 1879.	désigné sur la caisse	porté sur la caisse	Le poids net est d'environ 50 kilog.
Riz	sac	1k100	80 k	Les sacs sont quelquefois réglés à 60, 70 et 100 kilog.
Légumes secs	sac	1.100	80	
Sel	sac	1.100	80	Rubrique sur les caisses.
Sucre en pain	caisse vissée	14.400 y compris le papier	83	Le poids des pains entiers peut varier de 10 à 12 kilog.
CAFÉ torréfié en grains	sac	1.100	70	Rubrique sur les caisses. Les sacs sont quelquefois réglés à 45 kil.
	caisse avec fermeture	15.100 y compris le papier	48	
	sac double	2.200	40	
CAFÉ moulu	caisse avec fermeture	15.100 y compris le papier	56	
	sac double	2.200	50	
Conserves de viandes en boîtes de 1 kilog.	caisses vissées	porté sur la caisse	porté sur la caisse	Contenance ordinaire en boîtes, 48 kilog. La tare des boîtes est d'environ 230 grammes,
Lard salé	Baril de 90 kilog.	50.000(1)	90	Rubrique sur les barils. (1) Y compris la saumure et le sel de garniture.
	Baril de 100 kilog.	55.000(1)	100	
Viande fraîche	»	»	»	Le rendement, en viande distribuables, du poids sur pied des animaux peut varier de 50 à 60 p. 100.
Vin ou eau-de-vie	Baril rond	9.000	50	Rubrique sur les fûts.
	Bordelaise du commerce	25.000	225	
Avoine	sac	1.100	60	Les sacs sont quelquefois réglés à 70 kilog.

e CORPS D'ARMÉE

e DIVISION

e Trimestre 18

Nº d'enregistrement au journal de caisse.

Service d (1)

e REGIMENT DU GENIE

e BATAILLON e COMPAGNIE

Art. 17 de l'Instruction ministérielle du 17 mars 1882.

Modèle nº 1.

M. (2)

Officier d'approvisionnement

(3) des matières, denrées, objets ou animaux livrés ou des demi-journées de nourriture fournies, en vertu d'appels ou de conventions verbales, à la compagnie sus-indiquée, par les soins d (4) à (5) département d

Modèle nº 233.

INDICATION — des matières, denrées, etc., livrées ou demi-journées de nourriture fournies	*Quantités Fournies* en chiffres	*Quantités Fournies* en toutes lettres	PRIX de L'UNITÉ	Décompte	*Pour Mémoire* — Nombre de rations	OBSERVATIONS
		TOTAL. . . .			La dépense s'élève à. Frais de timbre à précompter s'il y a lieu.	0.70
					Reste à payer. .	

L'officier d'approvisionnement soussigné déclare avoir pris en charge, sous le nº les quantités indiquées ci-dessus,

A le 18

Certifié la présente (3) aux quantités ci-dessus et la somme de dont quittance

A le 18

Le maire ou le livrancier,

Vu :

Le sous-intendant militaire,

(1) Des vivres, du chauffage ou des fourrages.
(2) Nom et grade.
(3) QUITTANCE pour les sommes n'excédant pas 10 fr. FACTURE pour les sommes supérieures.
(4) Indiquer le nom du fournisseur ou de la commune.
(5) désigner la commune.

NOTA. — Cette pièce est établie en deux expéditions, destinées à l'officier d'administration comptable qui rembourse. L'une d'elles doit être revêtue du timbre de dimension, et du timbre de quittance de 10 centimes lorsque la dépense excède 10 francs.

° ARMÉE
—
° CORPS
—
° DIVISION

Bon de réapprovisionnement en bloc.

Sur un magasin administratif.

Instruction ministérielle du 17 mars 1882.
—
Modèle n° 3.
—
Art. 18 et 23.

Modèle n° 234.

Désignation de la portion de corps {

Nom et grade de l'officier d'approvisionnement. — M.

(1) en toutes lettres.

BON pour (1) rations de pain à — kil.
— rations de à — kil.
— rations de à — kil.
— rations de à — kil.

Vu et enregistré sous le n° A le 18

Le sous-intendant militaire. *L'officier d'approvisionnement.*

° CORPS D'ARMÉE
—
° DIVISION
—
° BRIGADE
—o:o—
Exercice 188
—
° *trimestre*
—
Service d (1)

Bordereau récapitulatif

des achats effectués par l'officier d'approvisionnement

Instruction ministérielle du 17 mars 1882.
—
Modèle n° 2.
—
Art 18.

(1) Des vivres, ou des fourrages, ou du chauffage

Format feuille double : 0,36, sur 0,23.

Désignation de la portion de corps {

Bordereau récapitulatif des factures d'achats d'urgence effectués par les soins de l'officier d'approvisionnement du ,

Modèle n° 235.

Numéros des factures	Dates des factures	Quantités (exprimées en mesures métriques)							Décompte de chaque facture	OBSERVATIONS
		pain	viande							
Totaux convertis en rations.										

Arrêté en toutes lettres { pain
viande

Montant à la somme totale de

A le 18

Le capitaine commandant

VERSO DU MODÈLE 235.

Enregistrement de la Créance

Vérifié par nous, intendant militaire d (1) du ° corps d'armée, et arrêté la présente créance à la somme de laquelle est enregistrée sous le n°

A le 18

Le intendant militaire,

Prise en charge (Service d (2))

L'officier comptable des subsistances militaires d (1) du ° corps d'armée, déclare prendre en charge, pour en tenir compte envers l'État, les quantités ci-après, comprises dans le présent bordereau.

(3) . . . .

A le 18

L (4)

REMBOURSEMENT

AU CAS DE MANDATEMENT par un fonctionnaire de l'intendance

Service d (2)

Exercice 18

Section , Chapitre , Article

Mandaté ce jour, sous le n° la somme de au nom d

A le 18

L intendant militaire,

AU CAS DE REMBOURSEMENT par un comptable des subsistances

L (5)

Reconnaît avoir reçu de M. comptable des subsistances de (1) du °corps d'armée, la somme de pour remboursement du montant des achats d'autre part.

A le 188

Le

Vu :

L'intendant militaire,

(1) De la • division d
(2) Des vivres, ou des fourrages ou du chauffage.
(3) Quantités en toutes lettres et en mesures métriques.
(4) Grade et emploi du comptable.
(5) Le capitaine commandant.

Ce bordereau est établi en trois expéditions par le corps de troupe, l'une d'elles lui est rendue après mention, par le comptable, de la prise en charge.

Département d	**CERTIFICAT**	Instruction ministérielle du 17 mars 1882.
Commune d		*Modèle n° 5.*
° RÉGIMENT DU GÉNIE		Art. 26.
° BATAILLON		
° COMPAGNIE		

Modèle n° 236.

Le capitaine soussigné certifie que l'effectif indiqué ci-après a été nourri pendant la demi-journée (matin ou soir, (1).

Savoir :

	Hommes	Chevaux
Par M. . . .	—	—
Par M. . . .	—	—
Par M. . . .	—	—
TOTAUX. . . .	—	

Représentant demi-journées de nourriture d'hommes et demi-journées de nourriture de chevaux.

A le 18

Le capitaine commandant la compagnie,

(1) Biffer l'un ou l'autre de ces deux mots, selon le cas.

NOTA. — L'officier d'approvisionnement établit, au moyen des certificats partiels, une facture collective pour chaque service (vivres, fourrages), comprenant le nombre de demi-journées de nourriture fournie aux hommes et aux chevaux.

ARMÉE

—

° CORPS D'ARMÉE

—

° DIVISION

—

° Brigade

—:—

° RÉGIMENT DU GÉNIE

—

° Bataillon

—

° Compagnie

Subsistances Militaires

Instruction Ministérielle du 17 mars 1882.

Modèle n° 6.

Art. 33.

Journal des mouvements d'entrées et des sorties des approvisionnements et situations journalières.

M. (1) officier d'approvisionnement

Modèle n° 237.

NOTA :

Le journal est divisé en trois parties.
- Du folio 1er au folio 20, pour l'inscription des entrées.
- Du folio 21 au folio 40, pour l'inscription des sorties.
- Du folio 41 au folio 50, pour la situation journalière.

Toutes les denrées du service des subsistances (vivres, chauffage et fourrages) seront portées sur le présent journal ainsi que les fonds avancés par la caisse de la compagnie, et les paiements effectués par les officiers d'approvisionnement.

Quand la troupe sera nourrie chez l'habitant, on indiquera, en regard de la date, le nombre d'hommes ou de chevaux qui auront reçu la nourriture.

Le journal, étant tenu constamment à jour, présentera le débit du corps.

Les entrées ont une série de numéros distincte de celle des sorties.

La première inscription aura pour objet le chargement du convoi régimentaire et la 1re avance de fonds.

On inscrira, aux entrées, les remises faites par les comptables, les achats, les réquisitions, les transformations, les remises de fonds faites par la compagnie, etc.

On portera, aux sorties : les distributions (2), l'emploi aux transformations, les réintégrations faites dans les magasins des comptables, les pertes dûment constatées, les abandons, les avaries, les paiements effectués par les officiers d'approvisionnement, etc.

Chaque jour, les entrées et les sorties seront totalisées, et les totaux reportés à la troisième partie du carnet pour établir la situation des approvisionnements.

Ce journal est tenu par trimestre, par les officiers d'approvisionnement des corps de troupes.

Les restants en fin de trimestre, sont, *en écritures seulement*, reversés dans le magasin et repris comme premier article d'entrées au premier jour du trimestre suivant.

(1) Nom et grade.
(2) En ayant soin de distinguer et de totaliser séparément, chaque jour :
1° Les distributions à la compagnie ;
2° Les distributions à des parties prenantes étrangères ;
3° Celles faites à charge de remboursement.

Verso du modèle 237.

DATES	Numéros d'ordre d'enregistrement.	DÉTAIL des OPÉRATIONS	DENIERS	VIVRES															Demi-journées de nourriture.		FOURRAGES						CHAUFFAGE		
				Farine.	Pain ordinaire	Pain biscuité	Biscuit.	Riz.	Légumes secs.	Sel.	Sucre.	Café torréfié.	Vin.	Eau-de-vie.	Conserves de viande.	Lard.	Viande sur pied.	Viande abattue.	Hommes.	Chevaux.	Foin.	Paille.	Avoine.	Paille de couchage.	Sacs.	Caisses.	Bois.	Charbon.	
		Entrées Sorties (1) Situation journalière (2) Entrées Sorties																											
		Reste, ressources disponibles. Entrées																											
		Totaux Sorties																											
		Reste, ressources disponibles.																											

(1) Même tracé que pour les entrées.
(2) Même tracé que pour les entrées.

CORPS D'ARMÉE

Instruction du 28 juin 1882.

DÉPARTEMENT D

Place d

° Trimestre 188

° RÉGIMENT DU GÉNIE

° BATAILLON ° COMPAGNIE

ÉTAT nominatif des sous-officiers qui ont eu droit à l'indemnité de rengagement et à l'indemnité de logement pendant le ° trimestre 188

Modèle n° 238

Numéros			NOMS et PRÉNOMS	GRADES	*Détail des services* donnant droit aux allocations pour les sous-officiers rengagés pendant le trimestre ou rayés des contrôles. — *Date du Rengagement* pour les sous-officiers rengagés dans un trimestre précédent. — *Date de l'autorisation* de loger en ville. — *Mutations.*	*Indemnité de rengagement*							*Indemnité de logement*			OBSERVATIONS
						Date ou commencement		Allocations								
des bataillons	des compagnies	matricules				1er rengagement	2e rengagement	1re mise d'entretien	2e mise d'entretien	Intérêt trimestriel de l'indemnité de 2,000 fr 00	Indemnité de rengagement de 2,000 fr. 00 (totalité ou part propre)	Total	Nombre de journées donnant droit à l'indemnité de logement	Fixation journalière	Décompte en deniers	
					Totaux. . . .											

Certifié par nous, capitaine commandant la compagnie le présent état s'élevant à la somme de pour indemnité de rengagement et à celle de pour indemnité de logement.

Vu et vérifié : A le 188

Le sous-intendant militaire.

Format : haut. 0,315 larg. 0,205.

ERRATAS

TEXTE

Page 4. — Avant « cessation des droits...... » mettre (1) et au bas de la page mettre : (1) aux hôpitaux les sous-officiers rengagés ou commissionnés recevront la solde d'absence, indépendamment de la haute-paye d'ancienneté qui leur est acquise dans cette position.

Lorsque ces sous-officiers seront traités *aux armées*, dans les hôpitaux ou ambulances pour blessures ou maladies résultant de la campagne et dûment constatées, ils conserveront la solde de présence. (Décision présidentielle du 28 juin 1882).

Page 8. — Avant « des hautes-payes » mettre (1) et au bas de la page mettre : (1) 14e *indemnité de logement*. — L'imdemnité de logement de 15 francs sera payée sur les fonds de la solde (Décision présidentielle du 28 juin 1882).

Cette indemnité payée *mensuellement* aux intéressés, sera comprise sur l'état de solde et par suite sur la feuille de journées des officiers (comme l'indemnité de rengagement) (Instruction ministérielle du 28 juin 1882).

Un état (modèle n° 238) en justifira le paiement.

Page 13. — Supprimer entièrement le paragraphe 10° et le remplacer par « voir page 8, 14° *indemnité de logement*.

Page 16. — Dans l'accolade « 2° *indemnités* » ajouter : de logement dûe aux sous-officiers rengagés ou commissionnés et autorisés à loger en ville.

Page 21. — Avant-dernier paragraphe, après (modèle n° 40) ajouter : voir le modèle n° 238.

Page 23. — 4e ligne au lieu de « modèle n° 41 » mettre : modèle n° 238.

Page 25. — Fin du paragraphe *fourrages*, après « modèle n° 52 » mettre : « et n° 53 »

Page 50. — 9e ligne. Supprimer « (logement des sous-officiers) »

Page 62. — 8e ligne. Au lieu de « fond » lire « fonds »

Page 75. — 6e ligne. Au lieu de « modèle n° 75 bis » lire « modèle n° 95 bis »

Page 117. — Au bas de la page mettre *demande de cheval de 1re mise ou 2e monture* (voir le modèle n° 204) (3 juillet 1855).

Demande de réintégration d'un cheval appartenant à l'état (voir le modèle n° 205).

MODÈLES

Page 107. — modèle n° 120. — Mettre en tête le n° du modèle.

Page 150. — Au bas de la page. Mettre « voir le verso du talon à la page 153 »

Page 153. — Au lieu de « (Verso) » mettre « (Verso du talon du modèle n° 176 page 150) »

TABLE DES MODÈLES

Numéros — Pages

Numéros		Pages

FIN.

www.ingramcontent.com/pod-product-compliance
Lightning Source LLC
Chambersburg PA
CBHW071956270326
41928CB00009B/1457
* 9 7 8 2 0 1 4 5 0 9 8 8 5 *